LÉON DENIS

LE PROBLÈME DE L'ÊTRE

et de

LA DESTINÉE

Crescit eundo.

ÉTUDES EXPÉRIMENTALES
SUR LES ASPECTS IGNORÉS DE L'ÊTRE HUMAIN
LES DOUBLES PERSONNALITÉS — LA CONSCIENCE PROFONDE
LA RÉNOVATION DE LA MÉMOIRE
LES VIES ANTÉRIEURES ET SUCCESSIVES, ETC.
(Les témoignages ; les faits ; les lois)

PARIS
LIBRAIRIE DES SCIENCES PSYCHIQUES
42, RUE SAINT-JACQUES, 42

LE PROBLÈME DE L'ÊTRE
ET DE
LA DESTINÉE

DU MÊME AUTEUR

(Même Librairie)

Après la Mort. — Exposé de la doctrine des Esprits. Solution scientifique et rationnelle des problèmes de la vie et de la mort (21e mille). Un vol. in-18 jésus de 430 pages. 2 50

Christianisme et Spiritisme. — Les vicissitudes de l'Évangile. La doctrine secrète du christianisme ; relations avec les Esprits des morts ; la nouvelle révélation. Un vol. in-18 jésus de 418 pages (6e mille) . . 2 50

Dans l'Invisible (Spiritisme et Médiumnité). — Traité de spiritualisme expérimental ; les faits et les lois. Un vol. in-18 jésus de 466 pages (5e mille). . . . 2 50

Pourquoi la Vie ? Ce que nous sommes ; d'où nous venons ; où nous allons. Brochure de propagande in-18 de 48 pages (85e mille). 0 10

LÉON DENIS

LE PROBLÈME DE L'ÊTRE

ET DE

LA DESTINÉE

Crescit eundo.

ÉTUDES EXPÉRIMENTALES
SUR LES ASPECTS IGNORÉS DE L'ÊTRE HUMAIN
LES DOUBLES PERSONNALITÉS — LA CONSCIENCE PROFONDE
LA RÉNOVATION DE LA MÉMOIRE
LES VIES ANTÉRIEURES ET SUCCESSIVES, ETC.

(*Les témoignages ; les faits ; les lois*)

PARIS
LIBRAIRIE DES SCIENCES PSYCHIQUES
42, RUE SAINT-JACQUES, 42

1908

INTRODUCTION

Une constatation douloureuse frappe le penseur au soir de la vie. Elle résulte aussi, plus poignante, des impressions ressenties à son retour dans l'espace. Il s'aperçoit alors que l'enseignement dispensé par les institutions humaines en général : religions, écoles, universités, s'il nous apprend beaucoup de choses superflues, en revanche ne nous apprend presque rien de ce que nous avons le plus besoin de connaître pour la conduite, la direction de l'existence terrestre et la préparation à l'au-delà.

Ceux à qui incombe la haute mission d'éclairer et de guider l'âme humaine semblent ignorer sa nature et ses véritables destins.

Dans les milieux universitaires, une complète incertitude règne encore sur la solution du plus important problème que l'homme se soit jamais posé au cours de son passage sur la terre. Cette incertitude rejaillit sur tout l'enseignement. La plupart des professeurs et instituteurs écartent systématiquement de leurs leçons tout ce qui touche au problème de la vie, aux questions de but et de finalité.

Nous retrouvons la même impuissance chez le prêtre. Par ses affirmations dénuées de preuves, il ne réussit guère à communiquer aux âmes dont il a charge, une croyance qui ne répond plus aux règles d'une saine critique ni aux exigences de la raison.

En réalité, dans l'Université comme dans l'Église, l'âme moderne ne rencontre qu'obscurité et contradiction en tout ce qui touche au problème de sa nature et de son avenir. C'est à cet état de choses qu'il faut attribuer en grande partie les maux de notre temps, l'incohérence des idées, le désordre des consciences, l'anarchie morale et sociale.

L'éducation que l'on dispense aux générations est compliquée ; mais elle n'éclaire pas pour elles le chemin de la vie ; elle ne les trempe pas pour les luttes de l'existence. L'enseignement classique peut apprendre à cultiver, à orner l'intelligence ; il n'apprend pas à agir, à aimer, à se dévouer. Il apprend encore moins à se faire une conception de la vie et de la destinée qui développe les énergies profondes du moi et oriente nos élans, nos efforts vers un but élevé. Pourtant, cette conception est indispensable à tout être, à toute société, car elle est le soutien, la consolation suprême aux heures difficiles, la source des mâles vertus et des hautes inspirations.

C. du Prel rapporte le fait suivant (1) :

___

(1) C. DU PREL, La Mort et l'Au-Delà, p. 7.

« Un de mes amis, professeur à l'Université, eut la douleur de perdre sa fille, ce qui raviva en lui le problème de l'immortalité. Il s'adressa à ses collègues, professeurs de philosophie, espérant trouver des consolations dans leurs réponses. Ce fut une amère déception : il avait demandé du pain, on lui offrit une pierre ; il cherchait une affirmation, on lui répondit par un « peut-être ! »

Francisque Sarcey, ce modèle accompli du professeur d'Université, écrivait (1) : « Je suis sur cette terre. J'ignore absolument comment j'y suis venu et pourquoi on m'y a jeté. Je n'ignore pas moins comment j'en sortirai et ce qu'il adviendra de moi quand j'en serai sorti. »

On ne peut l'avouer plus franchement : la philosophie de l'école, après tant de siècles d'études et de labeur, n'est encore qu'une doctrine sans lumière, sans chaleur, sans vie. L'âme de nos enfants, ballottée entre des systèmes divers et contradictoires : le positivisme d'Auguste Comte, le naturalisme d'Hegel, le matérialisme de Stuart Mill, l'éclectisme de Cousin, etc., flotte incertaine, sans idéal, sans but précis.

De là le découragement précoce et le pessimisme dissolvant, maladies des sociétés décadentes, menaces terribles pour l'avenir, auxquelles s'ajoute le scepticisme amer et railleur de tant de jeunes hommes à notre époque ; ils ne croient plus qu'à la fortune, n'honorent que le succès, ou bien se jugent vaincus avant d'être descendus dans l'arène.

L'éminent professeur Raoul Pictet signale cet

(1) *Petit Journal*, chronique, 7 mars 1894.

état d'esprit dans l'*Introduction* de son dernier ouvrage sur les sciences physiques (1). Il parle de l'effet désastreux produit par les théories matérialistes sur la mentalité de ses élèves, et conclut ainsi :

« Ces pauvres jeunes gens admettent que tout ce qui se passe dans le monde est l'effet nécessaire et fatal de conditions premières, où leur volonté n'intervient pas ; ils considèrent que leur propre existence est forcément le jouet de la fatalité inéluctable, à laquelle ils sont attachés, pieds et poings liés.

« Ces jeunes gens cessent la lutte à la rencontre des premières difficultés. Ils ne croient plus à eux-mêmes. Ils deviennent des tombes vivantes, où ils enferment pêle-mêle leurs espérances, leurs efforts, leurs désirs, fosse commune de tout ce qui a fait battre leur cœur jusqu'au jour de l'empoisonnement. J'ai connu ces cadavres devant leur pupitre et dans le laboratoire, et ils m'ont fait peine à voir. »

Tout ceci n'est pas seulement applicable à une partie de notre jeunesse, mais aussi à beaucoup d'hommes de notre temps et de notre génération, chez qui on peut constater une sorte de lassitude morale et d'affaissement. Il y a comme un relâchement du caractère et de l'énergie vitale de notre race. Il semble que le sens profond, la véritable notion de l'existence soient perdus pour la plupart des hommes, non seulement chez les malheureux et les désespérés, mais encore chez

---

(1) *Étude critique du matérialisme et du spiritualisme par la physique expérimentale.* Félix Alcan, édit., 1896.

une foule d'êtres humains dont la pensée manque de ressort et de base solide où s'appuyer. F. Myers le reconnaît également : « Il y a, dit-il (1), comme une inquiétude, un mécontentement, un manque de confiance dans la vraie valeur de la vie. Le pessimisme est la maladie morale de notre temps. »

Les théories d'outre-Rhin, les doctrines de Nietzsche, de Schopenhauer, d'Haeckel, etc., n'ont pas peu contribué, elles aussi, à développer cet état de choses. Leur influence s'est partout répandue. On doit leur attribuer, en grande partie, ce lent travail, œuvre obscure de scepticisme et de découragement qui se poursuit dans l'âme contemporaine, cette désagrégation de tout ce qui faisait l'ardeur joyeuse, la confiance en l'avenir, les qualités viriles de notre race.

Il est temps de réagir avec vigueur contre ces doctrines funestes et de rechercher, en dehors de l'ornière officielle et des vieilles croyances, de nouvelles méthodes d'enseignement, qui répondent aux impérieux besoins de l'heure présente. Il faut préparer les esprits aux nécessités, aux combats de la vie présente et des vies ultérieures ; il faut surtout apprendre à l'être humain à se connaître, à développer, en vue de ses fins, les forces latentes qui dorment en lui.

Jusqu'ici, la pensée s'est confinée en des cercles étroits : religions, écoles ou systèmes qui s'excluent et se combattent réciproquement. De là cette division profonde des esprits, ces courants

(1) F. Myers, *Human Personality*.

violents et contraires qui troublent et bouleversent le milieu social.

Apprenons à sortir de ces cercles rigides et à donner un libre essor à la pensée. Chaque système contient une part de vérité; aucun ne contient la réalité tout entière. L'univers et la vie ont des aspects trop variés, trop nombreux pour qu'aucun système puisse les embrasser tous. De ces conceptions disparates, il faut dégager les fragments de vérité qu'elles contiennent, les rapprocher, les mettre d'accord; puis, les unissant aux nouveaux et multiples aspects de la vérité que nous découvrons chaque jour, s'acheminer vers l'unité majestueuse et l'harmonie de la pensée.

La crise morale et la décadence de notre temps proviennent, pour une grande part, de ce que l'esprit humain s'est immobilisé trop longtemps. Il faut l'arracher à l'inertie, aux routines séculaires, le porter vers les hautes altitudes, sans perdre de vue les bases solides que vient lui offrir une science agrandie et renouvelée. Cette science de demain, nous travaillons à la constituer. Elle nous procurera le critérium indispensable, les moyens de vérification et de contrôle, sans lesquels la pensée, livrée à elle-même, risquera toujours de s'égarer.

*
* *

Le trouble et l'incertitude que nous constatons dans l'enseignement se répercutent et se retrouvent, disions-nous, dans l'ordre social tout entier.

Partout, au dedans comme au dehors, c'est un état de crise inquiétant. Sous la surface brillante d'une civilisation raffinée, se cache un malaise profond. L'irritation s'accroît dans les rangs sociaux. Le conflit des intérêts, la lutte pour la vie deviennent de jour en jour plus âpres. Le sentiment du devoir s'est affaibli dans la conscience populaire, au point que beaucoup d'hommes ne savent plus même où est le devoir. La loi du nombre, c'est-à-dire de la force aveugle, domine plus que jamais. De perfides rhéteurs s'appliquent à déchaîner les passions, les mauvais instincts de la foule, à répandre des théories malsaines, parfois criminelles. Puis, quand le flot monte et que le vent souffle en tempête, ils se dérobent ou éludent toute responsabilité.

Où est donc l'explication de cette énigme, de cette contradiction frappante entre les aspirations généreuses de notre temps et la réalité brutale des faits ? Pourquoi un régime qui avait suscité tant d'espérances menace-t-il d'aboutir à l'anarchie, à la rupture de tout équilibre social ?

L'inexorable logique va nous répondre : La démocratie, radicale ou socialiste, dans ses masses profondes et dans son esprit dirigeant, s'inspirant, elle aussi, des doctrines négatives, ne pouvait aboutir qu'à un résultat négatif pour le bonheur et l'élévation de l'humanité. Tant vaut l'idéal, tant vaut l'homme, tant vaut la nation, tant vaut le pays !

Les doctrines négatives, dans leurs conséquences extrêmes, aboutissent fatalement à l'anarchie, c'est-à-dire au vide, au néant social.

L'histoire humaine en a déjà fait plusieurs fois la pénible expérience.

Tant qu'il s'est agi de détruire les restes du passé, de donner le dernier coup aux privilèges restés debout, la démocratie s'est habilement servie de ses moyens d'action. Mais, aujourd'hui, il importe de reconstruire la cité de l'avenir, la cité future, l'édifice vaste et puissant qui doit abriter la pensée des générations. Et devant cette tâche, les doctrines négatives montrent leur insuffisance et révèlent leur fragilité ; nous voyons les meilleurs ouvriers se débattre dans une sorte d'impuissance matérielle et morale.

Aucune œuvre humaine ne peut être grande et durable si elle ne s'inspire, en théorie et en pratique, dans ses principes et dans ses applications, des lois éternelles de l'univers. Tout ce qui est conçu, édifié en dehors des lois supérieures est bâti sur le sable et s'écroule.

Or, les doctrines du socialisme actuel ont une tare capitale. Elles veulent imposer une règle en contradiction avec la nature et la véritable loi de l'humanité : le niveau égalitaire.

L'évolution individuelle et progressive est la loi fondamentale de la nature et de la vie. C'est l'unique solution du problème de la destinée, la raison d'être de l'homme, la norme de l'univers. S'insurger contre cette loi, lui substituer une autre fin, serait aussi insensé que de vouloir arrêter le mouvement de la terre ou le flux et le reflux des océans.

Le côté le plus faible de la doctrine socialiste, c'est l'ignorance absolue de l'homme, de son principe essentiel, des lois qui président à sa destinée. Et lorsqu'on ignore l'homme individuel, comment pourrait-on gouverner l'homme social ?

La source de tous nos maux est dans notre manque de savoir et notre infériorité morale. Toute société restera débile, impuissante et divisée aussi longtemps que la défiance, le doute, l'égoïsme, l'envie, la haine la domineront. On ne transforme pas une société par des lois. Les lois, les institutions ne sont rien sans les mœurs, sans les croyances élevées. Quelles que soient d'ailleurs la forme politique et la législation d'un peuple, s'il possède de bonnes mœurs et de fortes convictions, il sera toujours plus heureux et plus puissant qu'un autre peuple de moralité inférieure.

Une société étant la résultante des forces individuelles, bonnes ou mauvaises, pour améliorer la forme de cette société, il faut agir d'abord sur l'intelligence et sur la conscience des individus.

Mais, pour la démocratie socialiste, l'homme intérieur, l'homme de la conscience individuelle n'existe pas ; la collectivité l'absorbe tout entier. Les principes qu'elle adopte ne sont plus qu'une négation de toute philosophie élevée et de toute cause supérieure. On ne songe guère qu'à conquérir des droits. Et cependant la jouissance des droits ne va pas sans la pratique des devoirs. Le droit sans le devoir, qui le limite et le corrige, n'engendrera que de nouveaux déchirements, de nouvelles souffrances.

C'est pourquoi la poussée formidable du socialisme ne ferait que déplacer les appétits, les convoitises, les souffrances, et substituer aux oppressions du passé un despotisme nouveau, plus intolérable encore.

Déjà, nous pouvons mesurer l'étendue des désastres causés par les doctrines négatives. Le déterminisme, le monisme, le matérialisme, en niant la liberté humaine et la responsabilité, sapent les bases mêmes de l'Éthique universelle. Le monde moral n'est plus qu'une annexe de la physiologie, c'est-à-dire le règne, la manifestation de la force aveugle et irresponsable. Les esprits d'élite professent le nihilisme métaphysique, et la masse humaine, le peuple, sans croyances, sans principes fixes, est livré à des hommes qui exploitent ses passions et spéculent sur ses convoitises.

Le positivisme, pour être moins absolu, n'est pas moins funeste dans ses conséquences. Par sa théorie de l'inconnaissable, il supprime les notions de but et de large évolution. Il prend l'homme dans la phase actuelle de sa vie, simple fragment de sa destinée, et l'empêche de voir devant et derrière lui : Méthode stérile et dangereuse, faite, semble-t-il, pour des aveugles d'esprit, et que l'on a proclamée bien faussement la plus belle conquête de l'esprit moderne.

Tel est l'état actuel de la société. Le danger est immense, et si quelque grande rénovation spiritualiste et scientifique ne se produisait, le monde sombrerait dans l'incohérence et la confusion.

Nos hommes de gouvernement sentent déjà ce qu'il en coûte de vivre dans une société où les bases essentielles de la morale sont ébranlées, où les sanctions sont factices ou impuissantes, où tout se confond, même la notion élémentaire du bien et du mal.

Les Églises, il est vrai, malgré leurs formes usées et leur esprit rétrograde, groupent encore autour d'elles beaucoup d'âmes sensibles; mais elles sont devenues incapables de conjurer le péril, par l'impossibilité où elles se sont mises de fournir une définition précise de la destinée humaine et de l'au-delà, appuyée sur des faits probants et bien établis. La religion, qui aurait, sur ce point capital, le plus haut intérêt à se prononcer, reste dans le vague. De son côté, la philosophie cartésienne, en considérant l'âme comme un pur esprit, s'est enlevé tout moyen de comprendre sa liaison temporaire avec le corps physique, de même que les conditions de sa survivance.

L'humanité, lassée des dogmes et des spéculations sans preuves, s'est plongée dans le matérialisme ou l'indifférence. Il n'y a plus de salut pour la pensée que dans une doctrine basée sur l'expérience et le témoignage des faits.

D'où viendra cette doctrine? De l'abîme où nous glissons, quelle puissance nous tirera? Quel idéal nouveau viendra rendre à l'homme la confiance en l'avenir et l'ardeur pour le bien? Aux heures tragiques de l'histoire, quand tout semblait désespéré, le secours n'a jamais manqué. L'âme humaine ne peut s'enlizer entièrement et périr. Au moment où les croyances du passé se voilent, une conception nouvelle de la vie et de la destinée, basée sur la science des faits, reparaît. La grande tradition revit sous des formes agrandies, plus jeunes et plus belles. Elle montre à tous un avenir plein d'espérances et de promesses. Saluons le nouveau règne de l'Idée, victorieuse de la matière, et travaillons à préparer ses voies !

La tâche à accomplir est grande. L'éducation de l'homme est à refaire entièrement. Cette éducation, nous l'avons vu, ni l'Université, ni l'Église ne sont en mesure de la donner, puisqu'elles ne possèdent plus les synthèses nécessaires pour éclairer la marche des nouvelles générations. Une seule doctrine peut offrir cette synthèse, celle du spiritualisme scientifique; déjà, elle monte à l'horizon du monde intellectuel et semble devoir illuminer l'avenir.

A cette philosophie, à cette science, libre, indépendante, affranchie de toute pression officielle, de toute compromission politique, les découvertes contemporaines apportent chaque jour de nouvelles et précieuses contributions. Les phénomènes du magnétisme, de la radio-activité, de la télépathie, sont des applications d'un même principe, les manifestations d'une même loi qui régit à la fois l'être et l'univers.

Encore quelques années de labeur patient, d'expérimentation consciencieuse, de recherches persévérantes, et la nouvelle éducation aura trouvé sa formule scientifique, sa base essentielle. Cet événement sera le plus grand fait de l'histoire depuis l'apparition du christianisme.

L'éducation, on le sait, est le plus puissant facteur du progrès; elle contient en germe tout l'avenir. Mais, pour être complète, elle doit s'inspirer de l'étude de la vie sous ses deux formes alternantes, visible et invisible; de la vie, dans sa plénitude, dans son évolution ascendante vers les sommets de la nature et de la pensée.

Les précepteurs de l'humanité ont donc un devoir immédiat à remplir. C'est de remettre le spiritualisme à la base de l'éducation, de travailler à refaire l'homme intérieur et la santé morale. Il faut réveiller l'âme humaine, endormie par une rhétorique funeste, lui montrer ses pouvoirs cachés, l'obliger à prendre conscience d'elle-même, à réaliser ses glorieux destins.

La science moderne a analysé le monde extérieur; ses trouées dans l'univers objectif sont profondes; ce sera son honneur et sa gloire; mais elle ne sait rien encore de l'univers invisible et du monde intérieur. C'est là l'empire illimité qui lui reste à conquérir. Savoir par quels liens l'homme se rattache à l'ensemble, descendre dans les replis mystérieux de l'être, où l'ombre et la lumière se mêlent comme dans la caverne de Platon, en parcourir les labyrinthes, les réduits secrets, ausculter le moi normal et le moi profond, la conscience et la subconscience, il n'est pas d'étude plus nécessaire. Tant que les Écoles et les Académies ne l'auront pas introduite dans leurs programmes, elles n'auront rien fait pour l'éducation définitive de l'humanité.

Mais déjà nous voyons surgir et se constituer toute une psychologie merveilleuse et imprévue, d'où vont se dégager une nouvelle conception de l'être et la notion d'une loi supérieure qui embrasse et résout tous les problèmes de l'évolution et du devenir.

*
**

Un temps s'achève; des temps nouveaux s'an-

noncent. L'heure où nous sommes est une heure de transition et d'enfantement douloureux. Les formes épuisées du Passé pâlissent et s'affaissent pour faire place à d'autres, d'abord vagues et confuses, mais qui se précisent de plus en plus. En elles s'ébauche la pensée grandissante de l'humanité.

L'esprit humain est en travail : partout, sous l'apparente décomposition des idées et des principes, partout, dans la science, dans l'art, dans la philosophie et même au sein des religions, l'observateur attentif peut constater qu'une lente et laborieuse gestation se produit. La science, elle surtout, jette à profusion des semences aux riches promesses. Le siècle qui monte sera celui des éclosions puissantes.

Les formes et les conceptions du passé, disions-nous, ne suffisent plus. Si respectable que paraisse cet héritage ; malgré le sentiment pieux avec lequel on peut considérer les enseignements légués par nos pères, on sent généralement, on comprend que cet enseignement n'a pas suffi à dissiper le mystère angoissant du pourquoi de la vie.

Cependant, on veut vivre et agir, à notre époque, avec plus d'intensité que jamais, mais peut-on vivre et agir pleinement sans être conscient du but à atteindre? L'état de l'âme contemporaine appelle, réclame une science, un art, une religion de lumière et de liberté qui viennent la délivrer de ses doutes, l'affranchir des vieilles servitudes et des misères de la pensée, la guider vers les horizons radieux où elle se sent portée par sa nature même et par l'impulsion de forces irrésistibles.

On parle souvent de progrès ; mais qu'entend-on par progrès ? Est-ce là un mot vide et sonore, dans la bouche d'orateurs pour la plupart matérialistes, ou bien a-t-il un sens déterminé ? Vingt civilisations ont passé sur la terre, éclairant de leurs lueurs la marche de l'humanité. Leurs grands foyers ont brillé dans la nuit des siècles, puis se sont éteints. Et l'homme ne discerne pas encore, derrière les horizons limités de sa pensée, l'au-delà sans limites où le porte son destin. Impuissant à dissiper le mystère qui l'entoure, il use ses forces aux œuvres de la terre et se dérobe aux splendeurs de sa tâche spirituelle, celle qui fera sa vraie grandeur.

La foi au progrès ne va pas sans la foi en l'avenir, en l'avenir de chacun et de tous. Les hommes ne progressent et n'avancent que s'ils croient à cet avenir et s'ils marchent avec confiance, avec certitude vers l'idéal entrevu.

Le progrès ne consiste pas seulement dans les œuvres matérielles, dans la création de machines puissantes et de tout l'outillage industriel ; il ne consiste pas davantage à trouver des procédés nouveaux d'art, de littérature ou des formes d'éloquence. Son plus haut objectif est de saisir, d'atteindre l'idée maîtresse, l'idée mère qui fécondera toute la vie humaine, la source haute et pure d'où découleront à la fois les vérités, les principes, les sentiments qui inspireront les œuvres fortes et les nobles actions.

Il est temps de le comprendre : la civilisation ne peut grandir, la société ne peut monter que si une pensée toujours plus élevée, une lumière toujours plus vive viennent inspirer, éclairer les esprits et toucher les cœurs en les rénovant. L'idée seule, la pensée est mère de l'action. La volonté de réaliser la plénitude de l'être, toujours meilleur, toujours plus grand, peut seule nous conduire vers ces cimes lointaines où la science, l'art, toute l'œuvre humaine en un mot, trouvera son épanouissement, sa régénération.

Tout nous le dit : l'univers est régi par la loi d'évolution ; c'est là ce que nous entendons par le mot progrès. Et nous-mêmes, dans notre principe de vie, dans notre âme et notre conscience, nous sommes soumis à jamais à cette loi. On ne saurait méconnaître aujourd'hui cette force, cette loi souveraine ; elle emporte l'âme et ses œuvres, à travers l'infini du temps et de l'espace, vers un but toujours plus élevé ; mais cette loi n'est réalisable que par nos efforts.

Pour faire œuvre utile, pour coopérer à l'évolution générale et en recueillir tous les fruits, il faut avant tout apprendre à discerner, à saisir la raison, la cause et le but de cette évolution, savoir où elle conduit, afin de participer, dans la plénitude des forces et des facultés qui sommeillent en nous, à cette ascension grandiose.

Notre devoir est de tracer sa voie à l'humanité future, dont nous ferons encore partie intégrante, comme nous l'apprennent la communion des âmes, la révélation des grands Instructeurs invisibles, et comme la nature l'apprend aussi par ses milliers de voix, par le renouvellement perpétuel de toutes choses, à ceux qui savent l'étudier et la comprendre.

Allons donc vers l'avenir, vers la vie toujours

renaissante, par la voie immense que nous ouvre un spiritualisme régénéré !

Foi du passé, sciences, philosophies, religions, éclairez-vous d'une flamme nouvelle ; secouez vos vieux linceuls et les cendres qui les recouvrent. Écoutez les voix révélatrices de la tombe ; elles nous apportent un renouveau de la pensée avec les secrets de l'au-delà, que l'homme a besoin de connaître pour mieux vivre, mieux agir et mieux mourir !

LE PROBLÈME DE L'ÊTRE & DE LA DESTINÉE

PREMIÈRE PARTIE

LE PROBLÈME DE L'ÊTRE

I. — L'ÉVOLUTION DE LA PENSÉE

Une loi, avons-nous dit, régit l'évolution de la pensée, comme elle régit l'évolution physique des êtres et des mondes ; la compréhension de l'univers se développe avec les progrès de l'esprit humain.

Cette conception générale de l'univers et de la vie a été exprimée de mille façons, sous mille formes diverses dans le passé. Elle l'est aujourd'hui en d'autres termes plus larges et le sera toujours avec plus d'ampleur, à mesure que l'humanité gravira les degrés de son ascension.

La science voit s'élargir sans cesse son champ d'exploration. Tous les jours, à l'aide de ses puissants instruments d'observation et d'analyse, elle découvre de nouveaux aspects de la matière, de la force et de la vie. Mais ce que ces instruments constatent, l'esprit l'avait discerné depuis longtemps, car l'essor de la pensée devance toujours et dépasse les moyens d'action de la science positive. Les instruments ne seraient rien, sans l'intelligence, sans la volonté qui les dirige.

La science est incertaine et changeante, elle se renouvelle sans cesse. Ses méthodes, ses théories, ses calculs, édifiés à grand'peine, s'écroulent devant une observation plus attentive ou une induction plus profonde, pour faire place à d'autres théories, qui ne seront pas plus définitives (1). La théorie de l'atome indivisible, par exemple, qui, depuis deux mille ans, servait de base à la physique et à la chimie, est maintenant qualifiée d'hypothèse et de pur roman par nos plus éminents chimistes. Combien de déceptions analogues ont démontré dans le passé la faiblesse de l'esprit scientifique ! Celui-ci n'atteindra le réel qu'en s'élevant au-dessus du mirage des faits matériels, vers la région des causes et des lois.

C'est de cette façon que la science a pu déterminer les principes immuables de la logique et des mathématiques. Il n'en est pas de même dans les autres ordres de recherches. Le savant y apporte trop souvent ses préjugés, ses

(1) Le professeur Ch. RICHET le reconnaît : « La science n'a jamais été qu'une série d'erreurs et d'approximations, constamment évoluant, constamment bouleversée, et cela d'autant plus vite qu'elle était plus avancée. » (*Annales des sciences psychiques*, janvier 1905, p. 15.)

tendances, ses routines, tous les éléments d'une personnalité étroite, comme nous pouvons le constater dans le domaine des études psychiques, surtout en France, où il s'est trouvé, jusqu'ici, assez peu de savants courageux et vraiment éclairés pour suivre une voie déjà largement frayée par les plus belles intelligences des autres nations.

Malgré tout, l'esprit humain avance pas à pas dans la connaissance de l'être et de l'univers. Nos données sur la force et la matière se modifient chaque jour ; la personnalité humaine se révèle sous des aspects inattendus. En présence de tant de phénomènes expérimentalement constatés, en présence des témoignages qui s'accumulent de toutes parts (1), nul esprit clairvoyant ne peut plus nier la réalité de la survivance ; nul ne peut plus éluder les conséquences morales et les responsabilités qu'elle entraîne.

Ce que nous disons de la science, on pourrait également le dire des philosophies et des religions qui se sont succédé à travers les siècles. Elles constituent autant d'étapes ou de stations parcourues par l'humanité encore enfant, s'élevant vers des plans spirituels de plus en plus vastes et qui se relient entre eux. Dans leur enchaînement, ces croyances diverses nous apparaissent comme le développement graduel de l'idéal divin, reflété dans la pensée avec d'autant plus d'éclat et de pureté, que celle-ci s'affine et s'épure.

(1) Voir mon ouvrage : *Dans l'Invisible, Spiritisme et Médiumnité, passim*.

C'est pourquoi les croyances et les connaissances d'un temps ou d'un milieu semblent être, pour le temps ou le milieu où elles règnent, la représentation de la vérité telle que les hommes de cette époque peuvent la saisir et la comprendre jusqu'à ce que le développement de leurs facultés et de leurs consciences les rende aptes à percevoir une forme plus haute, une radiation plus intense de cette vérité.

A ce point de vue, le fétichisme lui-même, s'explique, malgré ses rites sanglants. C'est le premier bégaiement de l'âme enfantine, s'essayant à épeler le divin langage et qui fixe, sous des traits grossiers, sous des formes appropriées à son état mental, sa conception vague, confuse, rudimentaire, d'un monde supérieur.

Les paganismes représentent un concept plus élevé, quoique très anthropomorphique. Les dieux y sont semblables aux hommes ; ils en ont toutes les passions, toutes les faiblesses. Mais déjà, la notion de l'idéal s'épure avec celle du bien. Un rayon de l'éternelle beauté vient féconder les civilisations au berceau.

Plus haut voici l'idée chrétienne, toute de sacrifice, de renoncement dans son essence. Le paganisme grec était la religion de la nature radieuse ; le christianisme est celle de l'humanité souffrante, religion des catacombes, des cryptes et des tombeaux, qui a pris naissance dans la persécution et la douleur et garde l'empreinte de son origine. Réaction nécessaire contre la sensualité païenne, elle deviendra, par son exagération même, impuissante à la vaincre, car, avec le scepticisme, la sensualité renaîtra.

Le christianisme, à son origine, doit être considéré comme le plus grand effort tenté par le monde invisible pour communiquer ostensiblement avec notre humanité. C'est, suivant l'expression de F. Myers, « le premier message authentique de l'au-delà ». Déjà, les religions païennes étaient riches en phénomènes occultes de toutes sortes et en faits de *divination*. Mais la résurrection, c'est-à-dire les apparitions du Christ matérialisé après sa mort, constituent la manifestation la plus puissante dont les hommes aient été témoins. Elle fut le signal d'une entrée en scène du monde des Esprits, qui se produisit de mille manières dans les premiers temps chrétiens. Nous avons dit ailleurs (1) comment et pourquoi, peu à peu, le voile de l'au-delà s'abaissa de nouveau et le silence se fit, sauf pour quelques privilégiés : voyants, extatiques, prophètes.

Nous assistons aujourd'hui à une nouvelle poussée du monde invisible dans l'histoire. Les manifestations de l'au-delà, de passagères et isolées, tendent à devenir permanentes et universelles. Une voie s'établit entre les deux mondes, d'abord simple piste, étroit sentier, mais qui s'élargit, s'améliore peu à peu et deviendra une route large et sûre. Tout observateur impartial et attentif reconnaîtra que le christianisme a eu pour point de départ des phénomènes d'une nature semblable à ceux constatés de nos jours dans le domaine des sciences

(1) Voir *Christianisme et Spiritisme*, chap. V.

psychiques. C'est par ces faits que se révèlent l'influence et l'action d'un monde spirituel, véritable demeure et patrie éternelle des Âmes. Par eux, une trouée bleue s'ouvre sur la vie infinie ; l'espérance va renaître dans les cœurs angoissés, et l'humanité se réconciliera avec la mort.

**

Les religions ont contribué puissamment à l'éducation humaine ; elles ont opposé un frein aux passions violentes, à la barbarie des âges de fer, et gravé fortement la notion morale au sein des consciences. L'esthétique religieuse a enfanté des chefs-d'œuvre dans tous les domaines ; elle a participé dans une large mesure à la révélation d'art et de beauté qui se poursuit à travers les siècles. L'art grec avait créé des merveilles. L'art chrétien a atteint le sublime dans ces cathédrales gothiques qui se dressent, bibles de pierre, sous le ciel, avec leurs fières tours sculptées, leurs nefs imposantes, qu'emplissent les vibrations des orgues et des chants sacrés, leurs hautes ogives, d'où la lumière descend à flots et ruisselle sur les fresques et les statues ; mais son rôle s'achève, car, déjà, il se copie, ou se repose, comme épuisé.

L'erreur religieuse, et surtout l'erreur catholique, n'est pas de l'ordre esthétique, qui ne trompe pas ; elle est de l'ordre logique. Elle consiste à enfermer la religion en des dogmes étroits, en des formes rigides. Alors que le mouvement est la loi même de la vie, le catholicisme a immobilisé la pensée, au lieu de provoquer son essor.

Il est dans la nature de l'homme d'épuiser toutes les formes d'une idée, de se porter aux extrêmes, avant de reprendre le cours normal de son évolution. Chaque vérité religieuse, affirmée par un novateur, s'affaiblit et s'altère par la suite, les disciples étant presque toujours incapables de se maintenir à la hauteur où le maître les a attirés. La doctrine devient, dès lors, une source d'abus et provoque, peu à peu, un mouvement contraire dans le sens du scepticisme et de la négation. A la foi aveugle succède l'incrédulité ; le matérialisme fait son œuvre ; et c'est seulement lorsqu'il a montré toute son impuissance dans l'ordre social qu'une rénovation idéaliste devient possible.

Dès les premiers temps du christianisme, des courants divers : judaïque, hellénique, gnostique, se mêlent et se heurtent dans le lit de la religion naissante. Des schismes éclatent ; les déchirements, les conflits se succèdent, au milieu desquels la pensée du Christ se voile peu à peu et s'obscurcit. Nous avons montré (1) de quelles altérations, de quels remaniements successifs la doctrine chrétienne a été l'objet à la suite des âges. Le véritable christianisme était une loi d'amour et de liberté ; les Églises en ont fait une loi de crainte et d'asservissement. De là l'éloignement graduel des penseurs pour l'Église ; de là l'affaiblissement de l'esprit religieux dans notre pays.

(1) *Christianisme et Spiritisme* (1re partie ; *passim*).

A la faveur du trouble qui envahit les esprits et les consciences, le matérialisme a gagné du terrain. Sa morale, prétendue scientifique, qui proclame la nécessité de la lutte pour la vie, la disparition des faibles et la sélection des forts, règne aujourd'hui presque en souveraine dans la vie publique comme dans la vie privée. Toutes les activités se portent vers la conquête du bien-être et des jouissances physiques. Faute d'entraînement moral et de discipline, les ressorts de l'âme française se détendent ; le malaise et la discorde se glissent partout, dans la famille, dans la nation. C'est là, disions-nous, une période de crise et de transition. Rien ne meurt, malgré les apparences ; tout se transforme et se renouvelle. Le doute qui assiège les âmes à notre époque, prépare la voie aux convictions de demain, à la foi intelligente et éclairée qui régnera sur l'avenir et s'étendra à tous les peuples, à toutes les races.

Quoique jeune encore et divisée par les nécessités de territoire, de distance, de climat, l'humanité a commencé à prendre conscience d'elle-même. Au-dessus, au delà des antagonismes politiques et religieux, des groupements d'intelligences se constituent. Des hommes hantés des mêmes problèmes, aiguillonnés par les mêmes soucis, inspirés de l'Invisible, travaillent à une œuvre commune et poursuivent les mêmes solutions. Peu à peu, les éléments d'une science psychologique et d'une croyance universelles apparaissent, se fortifient, s'étendent. Nombre de témoins impartiaux y voient le prélude d'un mouvement de la pensée qui tend à embrasser toutes les sociétés de la terre (1).

L'idée religieuse achève de parcourir son cycle inférieur, et les plans d'une spiritualité plus haute se dessinent. On peut dire que la religion est l'effort de l'humanité pour communier avec l'essence éternelle et divine. Voilà pourquoi il y aura toujours des religions et des cultes, de plus en plus larges et conformes aux lois supérieures de l'esthétique qui sont l'expression de l'harmonie universelle. Le beau, dans ses règles les plus élevées, est une loi divine, et ses manifestations, en se rattachant à l'idée de Dieu, revêtiront forcément un caractère religieux.

A mesure que la pensée mûrit, des missionnaires de tous ordres viennent provoquer la rénovation religieuse au sein des humanités. Nous assistons au prélude d'une de ces rénovations, plus grande et plus profonde que les précédentes. Elle n'a plus seulement des hommes pour mandataires et pour interprètes, ce qui rendrait cette nouvelle dispensation aussi précaire que les autres. Ce sont les esprits inspirateurs, les génies de l'espace, qui exercent à la fois leur action sur toute la surface du globe et dans tous les domaines de la pensée. Sur tous les points, un nouveau spiritualisme apparaît.

(1) Sir O. LODGE, membre de l'Académie royale, voit dans les études psychiques l'avènement prochain d'une nouvelle religion plus libre (*Annales des sciences psychiques*, décembre 1905, p. 765).
Voir aussi MAXWELL, avocat général à la Cour d'appel de Bordeaux : *Les Phénomènes psychiques*, p. 11.

Et aussitôt, la question se pose : Qu'es-tu ? lui demande-t-on : science ou religion ? Esprits étroits, croyez-vous donc que la pensée doit suivre éternellement les ornières que le passé a creusées !

Jusqu'ici, tous les domaines intellectuels ont été séparés les uns des autres, enclos de barrières, de murailles ; la science d'un côté, la religion de l'autre ; la philosophie et la métaphysique sont hérissées de broussailles impénétrables. Alors que tout est simple, vaste et profond, dans le domaine de l'âme comme dans celui de l'univers, l'esprit de système a tout compliqué, rétréci, divisé. La religion a été murée dans la sombre geôle des dogmes et des mystères ; la science, emprisonnée dans les plus bas étages de la matière. Là n'est pas la vraie religion ni la vraie science. Il suffira de s'élever au-dessus de ces classifications arbitraires pour comprendre que tout se concilie et se réconcilie dans une vision plus haute.

Est-ce que, dès aujourd'hui, notre science, quoique élémentaire, dès qu'elle se livre à l'étude de l'espace et des mondes, ne provoque pas aussitôt un sentiment d'enthousiasme, d'admiration presque religieuse ? Lisez les ouvrages des grands astronomes, des mathématiciens de génie. Ils vous diront que l'univers est un prodige de sagesse, d'harmonie, de beauté, et que, déjà, dans la pénétration des lois supérieures, se réalise l'union de la science, de l'art et de la religion par la vision de Dieu dans son œuvre. Parvenue à ces hauteurs, l'étude devient une contemplation et la pensée se change en prière !

Le spiritualisme moderne va accentuer, développer cette tendance, lui donner un sens plus clair et plus précis. Par son côté expérimental, il n'est encore qu'une science ; par le but de ses recherches, il plonge à travers les régions invisibles et s'élève jusqu'aux sources éternelles, d'où découlent toute force et toute vie. Par là, il unit l'homme à la puissance divine et devient une doctrine, une philosophie religieuse. Il est de plus le lien qui réunit deux humanités. Par lui, les esprits prisonniers dans la chair et ceux qui en sont délivrés s'appellent, se répondent ; entre eux, une véritable communion s'établit.

Il ne faut donc pas voir là une religion dans le sens étroit, dans le sens actuel de ce mot. Les religions de notre temps veulent des dogmes et des prêtres, et la doctrine nouvelle n'en comporte pas. Elle est ouverte à tous les chercheurs ; l'esprit de libre critique, d'examen et de contrôle préside à ses investigations.

Les dogmes et les prêtres sont nécessaires, et le seront longtemps encore, aux âmes jeunes et timides qui pénètrent chaque jour dans le cercle de la vie terrestre et ne peuvent se diriger seules dans la voie de la connaissance, ni analyser leurs besoins et leurs sensations.

Le spiritualisme moderne s'adresse surtout aux âmes évoluées, aux esprits libres et majeurs, qui veulent trouver par eux-mêmes la solution des grands problèmes et la formule de leur *Credo*. Il leur offre une conception, une interprétation des vérités et des lois universelles, basée sur l'expérience, sur la raison et sur l'enseignement des Esprits. Ajoutez-y la révélation des devoirs et des responsabilités, qui, seule, donne une base solide à notre instinct de justice. Puis, avec la force morale, les satisfactions du cœur, la joie de retrouver, au moins par la pensée, quelquefois même par la forme (1), les êtres aimés que l'on croyait perdus. A la preuve de leur survivance, se joint la certitude de les rejoindre et de revivre avec eux des vies sans nombre, vies d'ascension, de bonheur ou de progrès.

Ainsi, graduellement, les problèmes les plus obscurs s'éclairent ; l'au-delà s'entr'ouvre ; le côté divin des êtres et des choses se révèle. Par la force de ces enseignements, tôt ou tard, l'âme humaine montera, et, des hauteurs atteintes, elle verra que tout se relie, que les différentes théories, contradictoires et hostiles en apparence, ne sont que les aspects divers d'un même tout. Les lois du majestueux univers se résumeront, pour elle, en une loi unique, à la fois force intelligente et consciente, mode de pensée et d'action. Et par là, tous les mondes, tous les êtres se trouveront reliés dans une même unité puissante, associés dans une même harmonie, entraînés vers un même but.

Un jour viendra, où tous les petits systèmes, étroits et vieillis, se fondront en une vaste synthèse, embrassant tous les royaumes de l'idée. Sciences, philosophies, religions, aujourd'hui divisées, se rejoindront dans la lu-

---

(1) Voir : *Dans l'Invisible* : Apparitions et matérialisations d'esprits, pp. 319 et suivantes.

mière, et ce sera la vie, la splendeur de l'esprit, le règne de la *Connaissance*.

Dans cet accord magnifique, les sciences fourniront, à l'apport commun, la précision et la méthode dans l'ordre des faits ; les philosophies, la rigueur de leurs déductions logiques ; la poésie, l'irradiation de ses lumières et la magie de ses couleurs. La religion y ajoutera les qualités du sentiment et la notion d'esthétique élevée. Ainsi se réalisera la beauté dans la force et l'unité de la pensée. L'âme s'orientera vers les plus hautes cimes, tout en maintenant l'équilibre de relation nécessaire qui doit régler la marche parallèle et rythmée de l'intelligence et de la conscience, dans leur ascension à la conquête du Bien et du Vrai.

II. — LE CRITÉRIUM DE LA DOCTRINE DES ESPRITS

Le spiritualisme moderne repose sur tout un ensemble de faits : les uns, simplement physiques, nous ont révélé l'existence et le mode d'action de forces longtemps inconnues ; les autres ont un caractère intelligent ; ce sont : l'écriture directe ou automatique, la typtologie, les discours prononcés dans la trance ou incorporation. Toutes ces manifestations, nous les avons passées en revue et analysées ailleurs (1).

(1) Voir : *Dans l'Invisible* : Spiritisme et Médiumnité : 2ᵉ partie. Nous ne parlons ici que des seuls faits spirites et non des faits d'animisme ou manifestations des vivants à distance.

Nous avons vu qu'elles s'accompagnent fréquemment de marques, de preuves établissant l'identité et l'intervention d'âmes humaines qui ont vécu sur la terre et sont libérées par la mort.

C'est au moyen de ces phénomènes que les Esprits (1) ont répandu leurs enseignements dans le monde, et ces enseignements ont été, comme nous le verrons, confirmés sur bien des points par l'expérience.

Le nouveau spiritualisme s'adresse donc à la fois aux sens et à l'intelligence. Expérimental, quand il étudie les phénomènes qui lui servent de base ; rationnel, quand il contrôle les enseignements qui en découlent, il constitue un instrument puissant pour la recherche de la vérité, puisqu'il peut servir simultanément dans tous les domaines de la connaissance.

Les révélations des Esprits, disions-nous, sont confirmées par l'expérience. Sous le nom de *fluides*, les Esprits nous ont enseigné théoriquement et démontré pratiquement, dès 1850 (2), l'existence de forces impondérables

---

(1) Nous appelons *esprit* l'âme revêtue de son corps subtil.

(2) Voir ALLAN KARDEC: *Le Livre des Esprits, le Livre des Médiums*.

On peut lire, dans la *Revue spirite* de 1860, p. 81, un message de l'esprit du docteur Vignal, déclarant que les corps rayonnent de la lumière obscure. N'est-ce pas là la radio-activité constatée par la science actuelle, mais qui était ignorée par la science d'alors ?

Voici ce qui a été écrit en 1867 par Allan Kardec, dans *la Genèse* (les fluides), p. 305.

« Qui connaît la constitution intime de la matière tanque la science rejetait alors *à priori*. Le premier, parmi les savants jouissant d'une grande autorité, sir W. Crookes a constaté, depuis, la réalité de ces forces, et la science actuelle en reconnaît chaque jour l'importance et la variété, grâce aux découvertes célèbres de Rœntgen, Hertz, Becquerel, Curie, G. Le Bon, etc.

Les Esprits affirmaient et démontraient l'action possible de l'âme sur l'âme, à toutes distances, sans le secours des organes, et cet ordre de faits ne soulevait pas moins d'opposition et d'incrédulité.

Or, les phénomènes de la télépathie, de la suggestion mentale, de la transmission des pensées, observés et provoqués aujourd'hui en tous milieux, sont venus, par milliers, confirmer ces révélations.

Les Esprits enseignaient la préexistence, la survivance, les vies successives de l'âme.

Et voici que les expériences de F. Colavida, E. Marata, celles du colonel de Rochas, les miennes, etc., établissent que, non seulement les souvenirs des moindres détails de la vie ac-

gible? Elle n'est peut-être compacte que par rapport à nos sens, et ce qui le prouverait, c'est la facilité avec laquelle elle est traversée par les fluides spirituels et les esprits, auxquels elle ne fait pas plus d'obstacle que les corps transparents n'en font à la lumière.

« La matière tangible, ayant pour élément primitif le fluide cosmique éthéré, doit pouvoir, *en se désagrégeant*, retourner à l'état d'éthérisation, comme le diamant, le plus dur des corps, peut se volatiliser en gaz impalpable. *La solidification de la matière n'est en réalité qu'un état transitoire du fluide universel, qui peut retourner à son état primitif quand les conditions de cohésion cessent d'exister.* »

tuelle, jusque dans la plus tendre enfance, mais encore ceux des vies antérieures, sont gravés dans les replis cachés de la conscience. Tout un passé, voilé à l'état de veille, reparaît, revit dans la trance. En effet, ces souvenirs ont pu être reconstitués chez un certain nombre de sujets endormis, comme nous l'établirons plus loin, lorsque nous aborderons plus spécialement cette question (1).

On le voit, le spiritualisme moderne ne saurait, à l'exemple des anciennes doctrines spiritualistes, être considéré comme un pur concept métaphysique. Il se présente avec un tout autre caractère et répond aux exigences d'une génération élevée à l'école du criticisme et du rationalisme, rendue défiante par les exagérations d'un mysticisme maladif et agonisant.

Croire ne suffit plus aujourd'hui ; on veut savoir. Aucune conception philosophique ou morale n'a chance de succès si elle ne s'appuie sur une démonstration à la fois logique, mathématique et positive et si, en outre, elle n'est couronnée par une sanction qui satisfasse tous nos instincts de justice.

« Si quelqu'un, a dit Leibnitz, voulait écrire en mathématicien dans la philosophie et la morale, rien ne l'empêcherait de le faire avec rigueur. »

Et cependant Leibnitz ajoute que la chose a été rarement tentée et qu'elle a encore plus rarement réussi.

On peut remarquer que ces conditions, Allan

(1) Voir *Compte rendu du Congrès spirite* de 1900, pp. 349, 350, et *Revue scientifique et morale du spiritisme*, juillet et août 1901.

Kardec les a parfaitement remplies dans le magistral exposé que contient son *Livre des Esprits*.

Ce livre est le résultat d'un immense travail de classement, de coordination, d'élimination portant sur des millions de communications, de messages, venus de sources diverses, inconnues les unes des autres, messages obtenus sur tous les points du monde et que ce compilateur éminent a réunis, après s'être assuré de leur authenticité. Il a eu soin d'écarter les opinions isolées, les témoignages douteux, pour ne retenir que les points sur lesquels les affirmations étaient concordantes.

Ce travail est loin d'être terminé. Il se poursuit tous les jours, depuis la mort du grand initiateur. Déjà nous possédons une synthèse puissante, dont Kardec a tracé les grandes lignes et que les héritiers de sa pensée s'efforcent de développer avec le concours du monde invisible. Chacun d'eux apporte son grain de sable à l'édifice commun, à cet édifice dont les bases se fortifient chaque jour par l'expérimentation scientifique, mais dont le couronnement s'élèvera toujours plus haut.

Moi-même, je puis le dire, j'ai été favorisé des enseignements de guides spirituels, dont l'assistance et les conseils ne m'ont jamais fait défaut depuis trente années. Leurs révélations ont pris un caractère particulièrement didactique au cours de séances qui se sont succédé pendant huit ans et dont j'ai souvent parlé dans un précédent ouvrage (1).

(1) Voir *Dans l'Invisible*, pp. 299 et suivantes.

Dans l'œuvre d'Allan Kardec, l'enseignement des Esprits est accompagné, pour chaque question, de considérations, de commentaires, d'éclaircissements qui font ressortir avec plus de netteté la beauté des principes et l'harmonie de l'ensemble. C'est en cela que se montrent les qualités de l'auteur. Il s'est attaché, avant tout, à donner un sens clair et précis aux expressions qui reviennent habituellement dans son raisonnement philosophique ; puis à bien définir les termes qui pouvaient être interprétés dans des sens différents. Il savait que la confusion qui règne dans la plupart des systèmes provient du défaut de clarté des expressions familières à leurs auteurs.

Une autre règle, non moins essentielle dans tout exposé méthodique et qu'A. Kardec a scrupuleusement observée, est celle qui consiste à circonscrire les idées et à les présenter dans des conditions qui les rendent compréhensibles pour tout lecteur. Enfin, après avoir développé ces idées dans un ordre et par un enchaînement qui les reliaient entre elles, il a su en dégager des conclusions, qui constituent déjà, dans l'ordre rationnel et dans la mesure des concepts humains, une réalité, une certitude.

C'est pourquoi nous nous proposons d'adopter ici les termes, les vues, les méthodes utilisés par Allan Kardec, comme étant les plus sûrs, en nous réservant d'ajouter à notre travail tous les développements résultant des cinquante années de recherches et d'expérimentation qui se sont écoulées depuis l'apparition de ses œuvres.

On le voit donc par tout ceci, la doctrine des Esprits, dont Kardec était l'interprète et le compilateur judicieux, réunit, au même titre que les systèmes philosophiques les plus appréciés, les qualités essentielles de clarté, de logique et de rigueur.

Mais, ce qu'aucun autre système ne pouvait offrir, c'est l'imposant ensemble de manifestations à l'aide desquelles cette doctrine s'est affirmée d'abord dans le monde, puis a pu être contrôlée, chaque jour, en tous milieux. Elle s'adresse aux hommes de tous rangs, de toutes conditions, et non seulement à leurs sens, à leur intelligence, mais aussi à ce qu'il y a de meilleur en eux, à leur raison, à leur conscience. Ces puissances intimes ne constituent-elles pas, dans leur union, un *critérium* du bien et du mal, du vrai et du faux, plus ou moins clair ou voilé, sans doute, selon l'avancement des âmes, mais qu'on retrouve en chacune d'elles comme un reflet de l'éternelle raison dont elles émanent (1)?

(1) Les faits ne sont rien sans la raison qui les analyse et en dégage la loi. Les phénomènes sont fuyants. La certitude qu'ils nous donnent n'est qu'apparente et n'a pas de durée. La certitude n'est que dans l'esprit. Les seules vérités sont d'ordre subjectif.

L'histoire nous le démontre. Pendant des siècles on a cru, et beaucoup croient encore, que le soleil se lève. Il a fallu découvrir par l'intelligence le mouvement de la terre, inappréciable pour les sens, pour comprendre le retour périodique des mêmes points vers lui. Que deviennent aujourd'hui la plupart des théories de la physique et de la chimie? Il n'y a plus guère de certain que les lois de l'attraction et de la pesanteur, et encore peut-être ne sont-elles vraies que pour une partie de l'univers.

Par conséquent, la méthode qui s'impose, c'est : 1° l'ob-

*
* *

Il y a deux choses dans la doctrine des Esprits : une révélation du monde spirituel et une découverte humaine ; c'est-à-dire, d'une part : un enseignement universel, extra-terrestre. identique à lui-même dans ses parties essentielles et son sens général ; de l'autre, une confirmation personnelle et humaine, qui se poursuit suivant les règles de la logique, de l'expérience et de la raison. La conviction qui s'en dégage se fortifie et se précise de plus en plus, à mesure que les communications deviennent plus nombreuses et que, par cela même, les moyens de vérification se multiplient et s'étendent.

Nous n'avions connu jusqu'ici que des systèmes personnels, des révélations particulières. Aujourd'hui, ce sont des milliers de voix, les voix des défunts qui se font entendre. Le monde invisible entre en action, et dans le nombre de ses agents, d'éminents Esprits se laissent reconnaître par la force et la beauté de leurs enseignements. Les grands génies de l'espace, poussés par une impulsion divine, viennent guider la pensée vers de radieux sommets (1).

---

servation des faits ; 2° leur généralisation et la recherche de la loi ; 3° l'induction rationnelle qui, au delà des phénomènes fugitifs et changeants, perçoit la cause permanente qui les produit.

(1) Voir les communications publiées par ALLAN KARDEC dans *le Livre des Esprits* et *le Ciel et l'Enfer*.

Enseignements spiritualistes obtenus par STAINTON MOSES. Nous signalerons aussi : *le Problème de l'Au-Delà* (Conseils

N'y a-t-il pas là une dispensation autrement vaste et grandiose que toutes celles du passé ? La différence dans les moyens n'a d'égale que celle des résultats. Comparons :

La révélation personnelle est faillible. Tous les systèmes philosophiques humains, toutes les théories individuelles, aussi bien celles d'Aristote, de Thomas d'Aquin, de Kant, de Descartes, de Spinosa que celles de nos contemporains, sont nécessairement influencées par les opinions, les tendances, les préjugés, les sentiments du révélateur. Il en est de même pour les conditions de temps et de lieu dans lesquelles elles se produisent. On pourrait en dire autant des doctrines religieuses.

La révélation des Esprits, impersonnelle, universelle, échappe à la plupart de ces influences, en même temps qu'elle réunit la plus grande somme de probabilités, sinon de certitudes. Elle ne peut être ni étouffée ni dénaturée. Aucun homme, aucune nation, aucune Église n'en a le privilège. Elle défie toutes les inquisitions et se produit là où l'on s'attend le moins à la rencontrer. On a vu les hommes qui

---

des Invisibles), recueil de messages publié par le général AMADE. Leymarie, Paris, 1902.

Les communications d'un « Envoyé de Marie » et d'un « Guide spirituel », publiées dans la Revue l'Aurore de la duchesse DE POMAR, de 1889 à 1894. Celles recueillies par Mme W. KRELL, sous le titre : Révélations sur ma vie spirituelle.

La Survie, recueil de communications obtenues par Mme NŒGGERATH.

Instructions du pasteur B..., éditées par le Journal le Spiritualisme moderne, etc.

lui étaient le plus hostiles, ramenés à d'autres vues par la puissance des manifestations, remués jusqu'au fond de l'âme par les appels et les exhortations de leurs proches décédés, se faire d'eux-mêmes les instruments d'une active propagande.

Les avertis comme saint Paul ne manquent pas dans le spiritisme, et ce sont des phénomènes d'un ordre semblable à celui du chemin de Damas qui ont provoqué leur changement d'opinion.

Les Esprits ont suscité de nombreux médiums dans tous les milieux, au sein des classes et des partis les plus divers et jusqu'au fond des sanctuaires. Des prêtres ont reçu leurs instructions et les ont propagées ouvertement ou bien sous le voile de l'anonyme (1). Leurs

---

(1) Voir RAPHAEL, *Le Doute*.

Père MARCHAL, *L'Esprit consolateur*. Paris, Didier et Cⁱᵉ, édit., 1878.

Révérend STAINTON MOSES, *Enseignements spiritualistes*.

Le Père Didon écrivait (4 août 1876), dans ses *Lettres à Mlle Th. V.* (Plon-Nourrit, édit., Paris, 1902), p. 84 : « Je crois à l'influence que les morts et les saints exercent mystérieusement sur nous. Je vis en communion profonde avec ces invisibles et j'expérimente avec délices les bienfaits de leur secret voisinage. »

Nous avons cité ailleurs les sermons de certains pasteurs ralliés au spiritisme. (Voir *Christianisme et Spiritisme*, pp. 385 à 388.)

Un pasteur éminent de l'Église réformée de France nous écrivait récemment (février 1905), au sujet de phénomènes observés par lui-même :

« Je pressens que le spiritisme pourrait bien devenir une religion positive, non pas à la manière des religions révélées, mais en qualité de religion établie sur des faits d'exparents, leurs amis défunts, remplissaient près d'eux l'office de maîtres et de révélateurs, ajoutant à leurs enseignements des preuves formelles, irrécusables, de leur identité.

C'est par de tels moyens, qu'en cinquante années, le spiritisme a pu envahir le monde et le couvrir de ses foyers. Il existe un majestueux accord dans toutes ces voix qui se sont élevées simultanément pour faire entendre à nos sociétés sceptiques la bonne nouvelle de la survivance, et fournir l'explication des problèmes de la mort et de la douleur. La révélation a pénétré par voie médianimique au cœur des familles et jusqu'au fond des bouges et des enfers sociaux. N'a-t-on pas vu les forçats du bagne de Tarragone adresser au Congrès spirite international de Barcelone, en 1888, une adhésion touchante en faveur d'une doctrine qui, disaient-ils, les avait ramenés au bien et réconciliés avec le devoir (1) !

Dans le spiritisme, la multiplicité des sources d'enseignement et de diffusion constitue donc

périence et pleinement d'accord avec le rationalisme et la science. Chose étrange! à notre époque de matérialisme, où les Églises semblent sur le point de se désorganiser et de se dissoudre, la pensée religieuse nous revient par des savants, accompagnée du merveilleux des temps anciens. Mais ce merveilleux, que je distingue du miracle, puisqu'il n'est qu'un naturel supérieur et rare, ne sera plus au service d'une Église particulièrement honorée des faveurs de la divinité; il sera la propriété de l'humanité, sans distinction de cultes. Comme cela est plus grand et plus moral! »

(1) Voir *Compte rendu du Congrès spirite de Barcelone*, 1888. Librairie des sciences psychiques, Paris, 42, rue Saint-Jacques.

un contrôle permanent, qui déjoue et rend stériles toutes les oppositions, toutes les intrigues. Par sa nature même, la révélation des Esprits se dérobe à toutes les tentatives d'accaparement ou de falsification. Devant elle, tout esprit de dissidence ou de domination reste impuissant, car si l'on parvenait à l'éteindre ou à la dénaturer sur un point, elle se rallumerait aussitôt sur cent autres, se jouant ainsi des ambitions malsaines et des perfidies.

Dans cet immense mouvement révélateur, les âmes obéissent à des ordres venus d'en haut; elles le déclarent elles-mêmes. Leur action est réglée d'après un plan tracé à l'avance et qui se déroule avec une majestueuse ampleur. Un conseil invisible préside à son exécution, du sein des espaces. Il est composé de grands Esprits de toutes les races, de toutes les religions, des âmes d'élite qui ont vécu en ce monde suivant la loi d'amour et de sacrifice. Ces puissances bienfaisantes planent entre le ciel et la terre, les unissant d'un trait de lumière, par où montent sans cesse les prières, par où descendent les inspirations.

En ce qui touche la concordance des enseignements spirites, il est pourtant un fait, une exception qui a frappé certains observateurs, et dont on s'est servi comme d'un argument capital contre le spiritisme. Pourquoi, nous objecte-t-on, les Esprits qui, dans l'ensemble des pays latins, affirment la loi des vies successives et les réincarnations de l'âme sur la terre, la nient-ils, ou la passent-ils sous silence dans les pays anglo-saxons ? Comment expliquer une contradiction aussi flagrante ? N'y a-t-il pas là de quoi détruire l'unité de doctrine qui caractérise la révélation nouvelle ?

Remarquons qu'il n'y a pas là de contradiction, mais simplement une gradation nécessitée par des préjugés de caste, de race et de religion, invétérés en certains pays. L'enseignement des Esprits, plus complet, plus étendu dès le principe dans les milieux latins, a été restreint à l'origine et gradué en d'autres régions pour des raisons d'opportunité. On peut constater que le nombre s'accroît tous les jours, en Angleterre et en Amérique, des communications spirites affirmant le principe des réincarnations successives. Plusieurs d'entre elles fournissent même des arguments précieux dans la discussion ouverte entre spiritualistes de différentes écoles. L'idée réincarnationiste a gagné assez de terrain au delà de l'Atlantique pour que la rédaction du principal organe spiritualiste américain : *Banner of Light*, qui tire à 30.000 exemplaires, lui soit, nous dit-on, entièrement acquise. Le *Light*, de Londres, qui rejetait naguère cette question avec hauteur, la discute aujourd'hui, dans les deux sens, avec plus d'impartialité.

Il semble donc que, s'il y a eu des ombres et des contradictions au début, elles n'étaient qu'apparentes et ne résistent guère à un examen sérieux (1).

---

(1) Voir plus loin, chap. XIV, XV et XVI, les témoignages obtenus, en Amérique et en Angleterre, en faveur de la réincarnation.

Comme toutes les nouvelles doctrines, la révélation spirite a soulevé bien des objections et des critiques. Relevons-en quelques-unes. Tout d'abord, on nous accuse de nous être trop pressés de philosopher ; on nous blâme d'avoir édifié, sur la base des phénomènes, un système hâtif, une doctrine prématurée, et d'avoir compromis ainsi le caractère positif du spiritualisme moderne.

Un écrivain de valeur, se faisant l'interprète d'un certain nombre de psychistes, résumait leurs critiques en ces termes : « Une objection sérieuse contre l'hypothèse spirite est celle qui se réfère à la philosophie dont certains hommes trop pressés ont doté le spiritisme. Le spiritisme, qui ne devrait être encore qu'une science à peine débutante, est déjà une philosophie immense, pour laquelle l'univers n'a pas de secrets. »

Nous pourrions rappeler à cet auteur que les hommes dont il parle n'ont joué en tout ceci que le rôle d'intermédiaires, se bornant à coordonner et à publier les enseignements qui leur parvenaient par voie médianimique.

D'autre part, remarquons-le, il y aura toujours des indifférents, des sceptiques, des attardés pour trouver que nous nous sommes trop pressés. Aucun progrès ne serait possible s'il fallait attendre les retardataires. Il est vraiment plaisant de voir des gens qui s'intéressent d'hier à ces questions, régenter des hommes comme

Allan Kardec, par exemple. Celui-ci ne s'est hasardé à publier ses travaux qu'après des années de laborieuses recherches et de mûres réflexions, obéissant en cela à des ordres formels et puisant à des sources d'information dont nos excellents critiques ne semblent même pas avoir une idée.

Tous ceux qui suivent avec attention le développement des études psychiques, peuvent constater que les résultats acquis sont venus confirmer sur tous ses points et fortifier de plus en plus l'œuvre de Kardec.

Frédéric Myers, l'éminent professeur de Cambridge, qui fut, pendant vingt ans, dit Ch. Richet, l'âme de la *Society for psychical Researches*, de Londres, et que le congrès *officiel* international de psychologie de Paris éleva, en 1900, à la dignité de président d'honneur, Myers le déclare dans les dernières pages de son œuvre magistrale: *la Personnalité humaine, sa Survivance*, dont la publication a produit dans le monde savant une sensation profonde : « *Pour tout chercheur éclairé et consciencieux, ces recherches aboutissent logiquement et nécessairement à une vaste synthèse philosophique et religieuse.* » Partant de ces données, il consacre son dixième chapitre à une « généralisation ou conclusion qui établit un rapport plus clair entre les nouvelles découvertes et les schémas déjà existants de la pensée et des croyances des hommes civilisés » (1).

(1) F. MYERS, *La Personnalité humaine, sa Survivance, ses Manifestations supranormales*. Félix Alcan, édit., pp. 401, 402, 403. 1905.

Il explique ainsi le plan et le but de son travail (1) :

« Les problèmes capitaux dont ces phénomènes contiennent le mystère constituent un appel suffisamment, exceptionnellement puissant. Je me propose de formuler cet appel et non seulement d'entraîner la conviction, mais encore de susciter la coopération. Et des conversations que j'ai eues avec de nombreuses personnes, je crois pouvoir conclure que, pour obtenir cette coopération, *même de la part des hommes de science*, il est nécessaire de donner une vue d'ensemble des conséquences morales de tous ces phénomènes.

« D'un autre côté, et ici la raison d'ordre pratique que nous avons donnée plus haut prend un caractère plus large et plus profond, il serait injuste de terminer cet ouvrage sans toucher d'une façon plus directe à quelques-unes des convictions les plus profondes de l'homme... Bacon avait prévu la victoire progressive de l'observation et de l'expérience dans tous les domaines des études humaines ; dans tous, sauf un : le domaine des « choses divines ». Je tiens à montrer que cette grande exception n'est pas justifiée. *Je prétends qu'il existe une méthode d'arriver à a connaissance de ces choses divines avec la même certitude, la même assurance auxquelles nous devons les progrès dans la connaissance des choses terrestres. L'autorité des Églises sera ainsi remplacée par celle de l'observation et de l'expérience. Les impulsions de la foi se transformeront en convictions raisonnées et résolues qui feront naître un idéal supérieur à tous ceux que l'humanité avait connus jusqu'ici.* »

Ainsi, ce que certains critiques à courtes vues considèrent comme une tentative prématurée, apparaît à F. Myers comme « une évolution nécessaire et inévitable ». La synthèse philosophique qui couronne son œuvre a reçu, dans le milieu scientifique,

(1) F. MYERS, *Ouvr. cité.*

les plus hautes approbations. Pour sir Oliver Lodge, l'académicien anglais, « elle constitue vraiment un des schémas de l'existence les plus vastes, les plus compréhensibles et les mieux fondés qu'on ait jamais vus » (1).

Le professeur Flournoy, de Genève, en fait le plus grand éloge dans ses *Archives de psychologie de la Suisse romande* (juin 1903).

En France, d'autres hommes de science, sans être spirites, aboutissent à des conclusions identiques.

Le docteur Maxwell, avocat général à la Cour d'appel de Bordeaux, s'exprimait ainsi (2) :

« Le spiritisme vient à son heure et répond à un besoin général... L'extension que prend cette doctrine est un des plus curieux phénomènes de l'époque actuelle. Nous assistons à ce qui me paraît être la naissance d'une véritable religion, sans cérémonial rituel et sans clergé, mais ayant des assemblées et des pratiques. Je trouve pour ma part un intérêt extrême à ces réunions et j'ai l'impression d'assister à la naissance d'un mouvement religieux appelé à de grandes destinées. »

En face de telles appréciations, les arguties et les récriminations de nos contradicteurs tombent d'elles-mêmes. A quoi devons-nous attribuer leur aversion pour la doctrine des Esprits? Serait-ce à ce fait, que l'enseignement spirite, avec sa loi des responsabilités, l'enchaînement

---

(1) La synthèse de F. Myers peut se résumer ainsi : Évolution graduelle et infinie, à nombreuses étapes, de l'âme humaine, dans la sagesse et dans l'amour. L'âme humaine tire sa force et sa grâce d'un univers spirituel. Cet univers est animé et dirigé par l'Esprit divin, lequel est accessible à l'âme et en communication avec celle-ci.

(2) J. MAXWELL, *Les Phénomènes psychiques*, Alcan, édit., 1903, pp. 8 et 11.

de causes et d'effets se déroulant dans le domaine moral, et les exemples de sanction qu'il nous apporte, devient un terrible gêneur pour quantité de personnes peu soucieuses de philosophie ?

※

Parlant des faits psychiques, F. Myers dit (1) : « Ces observations, expériences et inductions ouvrent la porte à une révélation. » Il est évident que le jour où des relations ont été établies avec le monde des Esprits, par la force même des choses, le problème de l'être et de la destinée s'est posé aussitôt avec toutes ses conséquences, posé sous des aspects nouveaux.

Quoi qu'on puisse dire, il n'était pas possible de communiquer avec nos parents et amis défunts en faisant abstraction de tout ce qui se rattache à leur mode d'existence, en se désintéressant de leurs vues, forcément élargies et différentes de ce qu'elles étaient sur la terre, au moins pour les âmes déjà évoluées.

A aucune époque de l'histoire, l'homme n'a pu se soustraire à ces grands problèmes de l'être, de la vie, de la mort, de la douleur. Malgré son impuissance à les résoudre, ils l'ont sans cesse hanté, revenant toujours avec plus de force, chaque fois qu'il tentait de les écarter, se glissant dans tous les événements de sa vie, dans tous les replis de son entendement, frappant, pour ainsi dire, aux portes de sa cons-

---

(1) F. MYERS, *La Personnalité humaine*, p. 417.

cience ? Et lorsqu'une source nouvelle d'enseignements, de consolations, de forces morales, lorsque de vastes horizons s'ouvrent à la pensée, comment celle-ci pourrait-elle rester indifférente ? Ne s'agit-il pas de nous, en même temps que de nos proches ? N'est-ce pas notre sort futur, notre sort de demain qui est en question ?

Eh quoi ! ce tourment, cette angoisse de l'inconnu qui assiège l'âme à travers les temps ; cette intuition confuse d'un monde meilleur, pressenti, désiré ; ce souci de Dieu et de sa justice peuvent être, dans une nouvelle et plus large mesure, apaisés, éclairés, satisfaits, et nous en dédaignerions les moyens ? N'y a-t-il pas, dans ce désir, dans ce besoin de la pensée de sonder le grand mystère, un des plus beaux privilèges de l'être humain ; n'est-ce pas là ce qui fait la dignité, la beauté, la raison d'être de sa vie ?

Et chaque fois que nous avons méconnu ce droit, ce privilège ; chaque fois que, renonçant pour un temps à tourner ses regards vers l'au-delà, à diriger ses pensées vers une vie plus haute, l'homme a voulu restreindre son horizon à la vie présente, n'a-t-on pas vu, dans ce même temps, les misères morales s'aggraver, le fardeau de l'existence s'appesantir plus lourdement sur les épaules des malheureux, le désespoir et le suicide multiplier leurs ravages, et les sociétés s'acheminer vers la décadence et l'anarchie ?

*
* *

Un autre genre d'objection est celui-ci : La

philosophie spirite, nous dit-on, n'a pas de consistance. Les communications sur lesquelles elle repose, proviennent, le plus souvent, du médium lui-même, de son propre inconscient, ou bien des assistants. Le médium entrancé « lit dans l'esprit des consultants les doctrines qui y sont entassées, doctrines éclectiques, empruntées à toutes les philosophies du monde et surtout à l'hindouisme ».

L'auteur de ces lignes a-t-il bien réfléchi aux difficultés que doit présenter un tel exercice ? Serait-il capable de nous expliquer les procédés à l'aide desquels on peut lire, à première vue, dans le cerveau d'autrui, les doctrines qui y sont « entassées » ? S'il le peut, qu'il le fasse, sinon nous serons fondés à voir, dans ses allégations, des mots, rien que des mots, employés à la légère et pour les besoins d'une critique de parti pris. Tel qui ne veut pas paraître dupe des sentiments est souvent dupé par les mots. L'incrédulité systématique sur un point devient parfois de la crédulité naïve sur un autre (1).

Rappelons d'abord que les opinions de la plupart des médiums, au début des manifestations, étaient entièrement opposées à celles exprimées

---

(1) Il est notoire que la suggestion et la transmission des pensées ne peuvent s'exercer que sur des sujets depuis longtemps entraînés et par des personnes qui ont pris sur eux un certain empire. Jusqu'ici, ces expériences ne portent que sur des mots ou des séries de mots, et jamais sur un ensemble de « doctrines ». Un médium liseur de pensées, — s'inspirant des opinions des assistants, — si cela était possible, en retirerait, non pas des notions précises sur un principe quelconque de philosophie, mais les données les plus confuses et les plus contradictoires.

par les communications. Presque tous avaient reçu une éducation religieuse et étaient imbus des idées de paradis et d'enfer. Leurs vues sur la vie future, quand ils en avaient, différaient sensiblement de celles exposées par les Esprits. C'est encore fréquemment le cas aujourd'hui ; c'était celui de trois médiums de notre groupe, dames catholiques et pratiquantes qui, malgré les enseignements philosophiques qu'elles recevaient et transmettaient, ne renoncèrent jamais complètement à leurs habitudes cultuelles (1).

(1) RUSSELL-WALLACE, l'académicien anglais, dans son bel ouvrage, *Les Miracles et le moderne Spiritualisme*, s'exprime ainsi :

« Les médiums ayant été, presque tous, élevés dans quelqu'une des croyances orthodoxes usuelles, comment se fait-il donc que les notions sur le paradis ne soient jamais confirmées par leur entremise ? Dans les monceaux de volumes ou de brochures de la littérature spiritualiste, on ne trouve aucune trace d'esprit décrivant *des anges ailés, des harpes d'or* ou le *trône de Dieu* — près desquels les plus modestes chrétiens orthodoxes pensent qu'ils seront placés, s'ils vont jamais au ciel.

« Il n'est rien de plus merveilleux dans l'histoire de l'esprit humain que ce fait : soit au fond des bois les plus reculés d'Amérique ou dans les dernières villes de l'Angleterre, des femmes et des hommes ignorants, ayant presque tous été élevés dans les croyances sectaires habituelles du ciel et de l'enfer, du moment où ils ont été saisis par l'étrange pouvoir de la médiumnité, ont donné sur ce sujet des enseignements qui sont philosophiques plutôt que religieux et diffèrent totalement de ce qui fut si profondément inculqué dans leurs esprits.

« Ces déclarations ne sont pas amoindries par ce fait que les communications sont données par des spirites, des catholiques ou des protestants, des mahométans ou des hindous ; précisément, ces communications, en enseignant des *doctrines* spéciales, confirment les faits mêmes qui con-

Quant aux assistants, aux auditeurs, aux personnes désignées sous le nom de « consultants », n'oublions pas non plus qu'à l'aube du spiritisme, en France, c'est-à-dire vers l'époque d'Allan Kardec, les hommes possédant des notions de philosophie, soit orientale, soit druidique, comportant la théorie des transmigrations ou vies successives de l'âme, ces hommes étaient bien peu nombreux, et il fallait les chercher au sein des académies ou dans quelques milieux scientifiques très fermés.

Nous demanderons à nos contradicteurs comment des médiums innombrables, dispersés sur tous les points de la terre, inconnus les uns des autres, auraient pu arriver à constituer d'eux-mêmes les bases d'une doctrine assez solide pour résister à toutes les attaques, à tous les assauts, assez exacte pour que ses principes aient pu être confirmés et se confirment chaque jour par l'expérience, comme nous l'avons établi au début de ce chapitre.

Au sujet de la sincérité des communications médianimiques et de leur portée philosophique, rappelons les paroles d'un orateur, dont les opinions ne paraîtront pas suspectes, aux yeux de tous ceux qui connaissent l'aversion de la

stituent réellement la théorie spirite, laquelle, par elle-même, contredit la théorie des spiritualistes sectaires.

« L'esprit du spiritualiste catholique romain, par exemple, ne se décrit pas lui-même comme étant dans le purgatoire, le ciel ou l'enfer orthodoxe ; le protestant dissident qui meurt avec la ferme conviction qu'il *va certainement dans le sein de Jésus*, ne se décrit jamais lui-même comme étant avec le Christ, ou comme l'ayant jamais vu. Ainsi de suite sur toute la ligne. »

plupart des hommes d'église pour le spiritisme.

Dans un sermon prononcé le 7 avril 1899, à New-York, le révérend J. Savage, prédicateur de renom, disait :

« Les balivernes qui, soi-disant, viennent de l'au-delà, sont légion. Et, en même temps, il existe toute une littérature de morale des plus pures et d'enseignements spiritualistes incomparables. Je sais un livre, par exemple, dont l'auteur était un gradué d'Oxford, pasteur de l'Église anglaise, et qui est devenu spirite et médium (1). Son livre a été écrit automatiquement. Parfois, pour détourner sa pensée du travail qu'accomplissait sa main, il lisait Platon en grec. Et son livre, contrairement à ce que l'on admet en général pour des œuvres de ce genre, se trouvait en opposition absolue avec ses propres croyances religieuses, si bien qu'il se convertit avant qu'il l'eût terminé. Cet ouvrage renferme des enseignements moraux et spirituels dignes de n'importe quelle Bible du monde.

« Ne vous fiez donc pas au premier farceur venu qui s'annonce dans les journaux, mais rappelez-vous que les principes du spiritualisme, publiés par ses meilleurs représentants, sont aussi élevés que ceux de n'importe quelle religion de la terre. Cela ne prouve pas encore le bien fondé de ses revendications ; mais cela prouve en tous cas que ce n'est pas un mouvement qui doit être traité avec mépris ou dédain, ou identifié avec les déclassés de ce monde.

« Les premiers âges du christianisme, vous vous en souviendrez si vous lisez saint Paul, étaient composés de gens avec lesquels les personnes considérées ne voulaient avoir rien de commun. Le spiritualisme a

---

(1) Il s'agit du livre de STAINTON MOSES : *Enseignements spiritualistes*.

débuté jusqu'aux temps actuels par un groupement du même genre. Mais, de nos jours, beaucoup de noms fameux se rangent sous cette bannière, et l'on y trouve les hommes les meilleurs et les plus intelligents! Rappelez-vous donc que c'est un grand mouvement très sincère en général (1). »

Dans son discours, le révérend Savage a su faire la part des choses. Il est certain que les communications médianimiques n'offrent pas toutes un égal intérêt. Beaucoup se composent de banalités, de redites, de lieux communs. Tous les Esprits ne sont pas aptes à nous donner d'utiles et profonds enseignements. Comme sur la terre et plus encore, l'échelle des êtres, dans l'espace, comporte des degrés infinis. On y rencontre les plus nobles intelligences comme les âmes les plus vulgaires. Mais, parfois, les Esprits inférieurs, eux-mêmes, en nous décrivant leur situation morale, leurs impressions à la mort et dans l'au-delà, en nous initiant aux détails de leur nouvelle existence, nous fournissent des matériaux précieux pour déterminer les conditions de la survivance selon les diverses catégories d'esprits. Il y a donc des éléments d'instruction à puiser un peu partout dans nos rapports avec les Invisibles. Cependant tout n'est pas à retenir. C'est à l'expérimentateur prudent et avisé à savoir séparer

(1) Reproduit par la Revue du *Spiritualisme moderne*, 25 octobre 1901.
Nous devons faire remarquer que, dans le cas de Stainton Moses, comme en certains autres, les messages ne sont pas seulement obtenus par l'écriture automatique, mais encore par l'écriture directe, sans l'intermédiaire d'aucune main humaine.

l'or de sa gangue. La vérité ne nous arrive pas toujours nue, et l'action d'en haut laisse aux facultés et à la raison de l'homme le champ nécessaire pour s'exercer et se développer.

En tout ceci, de sérieuses précautions doivent être prises, un continuel et vigilant contrôle doit être exercé (1). Il faut se mettre en garde contre les fraudes, conscientes ou inconscientes, et voir s'il n'y a pas, dans les messages écrits, un simple cas d'automatisme. Dans ce but, il convient de s'assurer que les communications, par la forme et par le fond, sont au-dessus des capacités du médium. Il faut exiger des preuves d'identité de la part des manifestants et ne se départir de toute rigueur que dans les cas où les enseignements, par leur supériorité et leur majestueuse ampleur, s'imposent d'eux-mêmes et surpassent de bien haut les possibilités du transmetteur.

Quand l'authenticité des communications est assurée, il faut encore comparer entre eux, et passer au crible d'un jugement sévère, les principes scientifiques et philosophiques qu'elles exposent, et accepter seulement les points sur lesquels la presque unanimité des vues est établie.

En dehors des fraudes d'origine humaine, il y a aussi les mystifications de source occulte. Tous les expérimentateurs sérieux savent qu'il existe deux spiritismes. L'un, pratiqué à tort et

---

(1) Voir, pour les conditions d'expérimentation : ALLAN KARDEC, *Le Livre des Médiums* ; G. DELANNE, *Recherches sur la Médiumnité* ; LÉON DENIS, *Dans l'Invisible*, chap. IX.

à travers, sans méthode, sans élévation de pensée, attire à nous les badauds de l'espace, les Esprits légers et moqueurs qui sont nombreux dans l'atmosphère terrestre. L'autre, plus grave, pratiqué avec mesure, avec un sentiment respectueux, nous met en rapport avec les Esprits avancés, désireux de secourir et d'éclairer ceux qui les appellent d'un cœur fervent. C'est là ce que les religions ont connu et désigné sous le nom de « communion des saints ».

On demande encore : comment, dans ce vaste ensemble de communications dont les auteurs sont invisibles, peut-on distinguer ce qui provient des entités supérieures et doit être conservé ? A cette question, il n'est qu'une réponse : Comment distinguons-nous les bons et les mauvais livres des auteurs depuis longtemps décédés ? Comment distinguer un langage noble et élevé d'un langage banal et vulgaire ? N'avons-nous pas un jugement, une règle pour mesurer la qualité des pensées, qu'elles proviennent de notre monde ou de l'autre ? Nous pouvons juger les messages médianimiques surtout par leurs effets moralisateurs ; ils sont grands parfois et ont amélioré bien des caractères, purifié bien des consciences. C'est là le plus sûr critérium de tout enseignement philosophique.

Dans nos rapports avec les Invisibles, il existe aussi des signes de reconnaissance pour distinguer les bons esprits des âmes arriérées. Les sensitifs reconnaissent facilement la nature des fluides : doux, agréables chez les bons ; violents, glacials, pénibles à supporter chez les esprits mauvais. Un de nos médiums annonçait toujours à l'avance l'arrivée de « l'Esprit bleu », qui se révélait par des vibrations harmonieuses et des radiations brillantes (1). Il en est qui se distinguent à l'odeur, perceptible pour certains médiums. Délicates, suaves chez les uns (2), ces odeurs sont répugnantes chez d'autres. L'élévation d'un Esprit se mesure à la pureté de ses fluides, à la beauté de sa forme et de son langage.

Dans cet ordre de recherches, ce qui frappe, persuade et convainc le plus, ce sont les entretiens établis avec ceux de nos parents et amis qui nous ont précédés dans la vie de l'espace. Quand des preuves incontestables d'identité nous ont assuré de leur présence, que l'intimité d'autrefois, la confiance et l'abandon règnent de nouveau entre eux et nous, les révélations obtenues dans ces conditions prennent un caractère des plus suggestifs. Devant elles, les dernières hésitations du scepticisme s'évanouissent forcément pour faire place aux élans du cœur.

Peut-on résister en effet aux accents, aux appels de ceux qui ont partagé notre vie, entouré nos premiers pas de leur tendre sollicitude, de ces compagnons de notre enfance, de notre jeunesse, de notre virilité, qui, un à un, se sont

(1) Le même phénomène se produisait au cours des séances de Stainton Moses : « Les principales personnalités qui se manifestent avec M. Moses — disent les rapporteurs — annonçaient généralement leur présence au moyen d'un son musical, qui demeurait constant pour chacune d'elles, ce qui permettait de les identifier. » *Annales des science, psychiques*, février 1905, p. 91.

(2) Voir docteur MAXWELL, avocat général, *Les Phénomènes psychiques*, p. 101.

évanouis dans la mort, laissant, à chaque départ, notre route plus solitaire, plus désolée ? Ils reviennent dans la trance, avec des attitudes, des inflexions de voix, des rappels de souvenirs, avec mille et mille preuves d'identité, banales dans leurs détails pour des étrangers, mais si émouvantes pour les intéressés ? Ils nous instruisent des problèmes de l'au-delà, nous exhortent et nous consolent. Les hommes les plus froids, les plus doctes expérimentateurs, comme le professeur Hyslop, n'ont pu résister à ces influences d'outre-tombe (1). Ceci le démontre : il n'y a pas seulement, dans le spiritisme, comme certains le prétendent, des pratiques frivoles et abusives, mais plutôt un mobile noble et généreux, c'està-dire l'attachement à nos morts, l'intérêt que nous portons à leur souvenir. N'est-ce pas là un des côtés les plus respectables de la nature humaine, un des sentiments, une des forces qui élèvent l'homme au-dessus de la matière et le différencient de la brute ?

Puis, à côté, au-dessus des exhortations émues de nos proches, signalons les envolées puissantes des esprits de génie, les pages écrites fiévreusement, dans la demi-obscurité, par des médiums de notre connaissance, incapables d'en comprendre la valeur et la beauté, mais où la splendeur du style s'allie à la profondeur des idées. Ou bien ces discours impressionnants, comme nous en entendîmes souvent dans notre

---

(1) Voir *Dans l'Invisible*, pp. 289, 290, les entretiens du professeur Hyslop, de l'Université de Columbia, avec son père, son frère, ses oncles défunts.

groupe d'études, discours prononcés par l'organe d'un médium très modeste de savoir et de caractère, et par lesquels un Esprit nous entretenait de l'éternelle énigme du monde et des lois qui régissent la vie spirituelle. Ceux qui eurent la faveur d'assister à ces réunions savent quelle influence pénétrante elles exerçaient sur nous tous. Malgré les tendances sceptiques et l'esprit gouailleur des hommes de notre génération, il y a des accents, des formes de langage, des élans d'éloquence auxquels ils ne pourraient résister. Les plus prévenus seraient obligés d'y reconnaître la caractéristique, la marque incontestable d'une grande supériorité morale, le sceau de la vérité. Devant ces Esprits descendus un instant sur notre monde obscur et arriéré pour y faire briller un éclair de leur génie, le criticisme le plus exigeant se trouble, hésite et se tait.

Pendant huit ans, nous reçûmes, à Tours, des communications de cet ordre. Elles touchaient à tous les grands problèmes, à toutes les questions importantes de philosophie et de morale, et composaient plusieurs volumes manuscrits. C'est le résumé de ce travail, beaucoup trop étendu, trop touffu pour être publié intégralement, que je voudrais présenter ici. Jérôme de Prague, mon ami, mon guide du présent et du passé, l'Esprit magnanime qui dirigea les premiers essors de mon intelligence enfantine, dans le lointain des âges, en est l'auteur. Combien d'autres Esprits éminents ont répandu ainsi leurs enseignements à travers le monde, dans l'intimité de quelques groupes ! Presque toujours anonymes, ils se révèlent seulement par la haute valeur de leurs conceptions. Il m'a été donné de soulever quelques-uns des voiles cachant leur personnalité véritable. Mais je dois garder leur secret, car les Esprits d'élite se reconnaissent précisément à cette particularité, qu'ils se dissimulent sous des désignations d'emprunt et veulent rester ignorés. Les noms célèbres que l'on trouve au bas de certaines communications, plates et vides, ne sont trop souvent qu'un leurre.

Par tous ces détails, j'ai voulu démontrer une chose : cette œuvre n'est pas exclusivement mienne, mais plutôt le reflet d'une pensée plus haute que je cherche à interpréter. Elle concorde, sur tous les points essentiels, avec les vues exprimées par les instructeurs d'Allan Kardec; toutefois, des points laissés obscurs par ceux-ci y ont été abordés. J'ai dû également tenir compte du mouvement de la pensée et de la science humaines, de leurs découvertes, et les signaler dans cet ouvrage. Dans certains cas, j'y ai ajouté mes impressions personnelles et mes commentaires ; car, dans le spiritisme, nous ne saurions trop le dire, il n'est pas de dogmes, et chacun de ses principes peut et doit être discuté, jugé, soumis au contrôle de la raison.

J'ai considéré comme un devoir de faire bénéficier mes frères terrestres de ces enseignements. Une œuvre vaut par elle-même. Quoi qu'on puisse penser et dire de la révélation des Esprits, je ne saurais admettre, alors que l'on enseigne dans toutes les Universités d'immenses systèmes métaphysiques bâtis par la pensée des hommes, que l'on puisse considérer comme négligeables et rejeter les principes divulgués par les nobles intelligences de l'espace.

Si nous aimons les maîtres de la raison et de la sagesse humaines, ce n'est pas un motif pour dédaigner les maîtres de la raison surhumaine, les représentants d'une sagesse plus haute et plus grave. L'esprit de l'homme, comprimé par la chair, privé de la plénitude de ses ressources et de ses perceptions, ne peut parvenir de lui-même à la connaissance de l'univers invisible et de ses lois. Le cercle dans lequel s'agitent notre vie et notre pensée est borné ; notre point de vue, restreint. L'insuffisance des données acquises nous rend toute généralisation impossible ou improbable. Il nous faut des Guides pour pénétrer dans le domaine inconnu et infini des lois. C'est par la collaboration des penseurs éminents des deux mondes, des deux humanités, que les plus hautes vérités seront atteintes, au moins entrevues, et les plus nobles principes établis. Bien mieux et plus sûrement que nos maîtres terrestres, ceux de l'espace savent nous mettre en présence du problème de la vie, du mystère de l'âme, nous aider à prendre conscience de notre grandeur et de notre avenir.

⁎

Parfois, une question nous est posée, une nouvelle objection nous est faite. En présence de l'infinie variété des communications et de la liberté pour chacun de les apprécier, de les contrôler à son gré, que devient, nous dit-on, l'unité de doctrine, cette unité puissante qui a fait la force, la grandeur et assuré la durée des religions sacerdotales ?

Le spiritisme, nous l'avons dit, ne dogmatise pas. Il n'est ni une secte, ni une orthodoxie. C'est une philosophie vivante, ouverte à tous les libres esprits, et qui progresse en évoluant. Il n'impose rien ; il propose, et ce qu'il propose, il l'appuie sur des faits d'expérience et des preuves morales. Il n'exclut aucune des autres croyances, mais s'élève au-dessus d'elles et les embrasse dans une formule plus vaste, dans une expression plus haute et plus étendue de la vérité.

Les intelligences supérieures nous ouvrent la voie. Elles nous révèlent les principes éternels, que chacun de nous adopte et s'assimile dans la mesure de sa compréhension, suivant le degré de développement atteint par ses facultés dans la succession de ses vies.

En général, l'unité de doctrine n'est obtenue qu'au prix de la soumission aveugle et passive à un ensemble de principes, de formules fixés en un moule rigide. C'est la pétrification de la pensée, le divorce entre la religion et la science, qui, elle, ne saurait se passer de liberté et de mouvement.

Cette immobilité, cette fixité rigide des dogmes prive la religion qui se l'impose de tous les bénéfices du mouvement social et de l'évolution de la pensée. En se considérant comme la seule croyance bonne et véritable, elle en arrive à proscrire tout ce qui est du dehors, et se mure ainsi dans une tombe, où elle voudrait entraîner avec elle la vie intellectuelle et le génie des races humaines.

Le plus grand souci du spiritisme est d'éviter ces funestes conséquences de l'orthodoxie. Sa révélation est un exposé libre et sincère de doctrines qui n'ont rien d'immuable, mais constituent une étape nouvelle vers la vérité éternelle et infinie. Chacun a le droit d'en analyser les principes, et ils n'ont d'autre sanction que la conscience et la raison. Mais, en les adoptant, on doit y conformer sa vie et remplir les devoirs qui en découlent. Ceux qui les éludent ne peuvent être considérés comme des adeptes sérieux.

A. Kardec nous a toujours mis en garde contre le dogmatisme et l'esprit sectaire. Il nous recommande sans cesse, dans ses ouvrages, de ne pas laisser cristalliser le spiritisme et d'éviter les méthodes néfastes qui ont ruiné l'esprit religieux dans notre pays.

Dans nos temps de discordes et de luttes, politiques et religieuses, où la science et l'orthodoxie sont aux prises, nous voudrions démontrer aux hommes de bonne volonté de toutes les opinions, de tous les camps, de toutes les croyances, ainsi qu'à tous les penseurs vraiment libres et doués d'une compréhension large, qu'il est un terrain neutre, celui du spiritualisme expérimental, où nous pouvons nous rencontrer et nous donner la main. Plus de dogmes ! plus de mystères ! Ouvrons notre entendement à tous les souffles de l'esprit ; puisons à toutes les sources du passé et du présent. Disons-nous que, dans toute doctrine, il y a des parcelles de la vérité ; mais aucune ne la contient entière ment, la vérité, dans sa plénitude, étant plus vaste que l'esprit humain.

C'est seulement dans l'accord des bonnes volontés, des cœurs sincères, des esprits libres et désintéressés que se réaliseront l'harmonie de la pensée et la conquête de la plus grande somme de vérité assimilable à l'homme sur notre terre, à cette heure de l'histoire.

Un jour viendra où tous comprendront qu'il n'y a pas antithèse entre la science et la vraie religion. Il n'y a que des malentendus. L'antithèse est entre la science et l'orthodoxie. En nous rapprochant sensiblement des doctrines sacrées de l'Orient et de la Gaule, touchant l'unité du monde et l'évolution de la vie, les découvertes récentes de la science nous le prouvent. Et c'est pourquoi nous pouvons affirmer qu'en poursuivant leur marche parallèle sur la grande route des siècles, la science et la croyance se rencontreront forcément un jour, car leur but est identique, et elles finiront par se pénétrer réciproquement. La science sera l'analyse; la religion deviendra la synthèse. En elles, le monde des faits et le monde des causes s'uniront; les deux termes de l'intelligence humaine se relieront; le voile de l'invisible sera déchiré; l'œuvre divine apparaîtra à tous les yeux dans sa splendeur majestueuse!

.·.

Les allusions que nous venons de faire aux doctrines antiques pourraient susciter une autre objection : Les enseignements du spiritisme, dira-t-on, ne sont donc pas entièrement nouveaux ? Non, sans doute. A tous les âges de l'humanité, des éclairs ont jailli, des lueurs ont éclairé la pensée en marche, et les vérités nécessaires sont apparues aux sages et aux chercheurs. Toujours, les hommes de génie, de même que les sensitifs et les voyants, ont reçu de l'au-delà des révélations appropriées aux besoins de l'évolution humaine (1). Il est peu probable que les premiers hommes aient pu arriver d'eux-mêmes et par leurs seules ressources mentales à la notion de *lois* et même aux premières formes de civilisation. Consciente ou non, la communion entre la terre et l'espace a toujours existé.

C'est pourquoi nous retrouverions, dans les doctrines du passé, la plupart des principes remis en lumière par l'enseignement des Esprits. Du reste, ces principes, réservés au petit nombre, n'avaient pas pénétré jusqu'à l'âme des foules. Leur révélation se produisait plutôt sous la forme de communications isolées, de manifestations présentant un caractère sporadique ; elles étaient considérées le plus souvent comme miraculeuses. Mais après vingt ou trente siècles de lent travail et de gestation silencieuse, l'esprit critique s'est développé et la raison s'est élevée jusqu'au concept de lois plus hautes. Ces phénomènes avec l'enseignement qui s'y rattache reparaissent, se généralisent, viennent guider les sociétés hésitantes dans la voie ardue du progrès.

(1) Voir *Dans l'Invisible*, chap. XXVI : La Médiumnité glorieuse.

C'est toujours aux heures troubles de l'histoire que les grandes conceptions synthétiques se forment au sein de l'humanité : alors les religions vieillies, de leurs voix affaiblies par l'âge, et les philosophies, par leur langage trop abstrait, ne suffisent plus à consoler les afflictions, à relever les courages abattus, à entraîner les âmes vers les sommets. Pourtant, il y a encore en elles bien des forces latentes et des foyers de chaleur qu'on pourrait ranimer. Aussi ne partageons-nous pas les vues de certains théoriciens qui, dans ce domaine, songent plutôt à démolir qu'à restaurer. Ce serait une faute. Il y a deux parts à faire dans l'héritage du passé et même dans les religions exotériques, créées pour des esprits enfants et qui, toutes, répondent aux besoins d'une catégorie d'âmes. La sagesse consisterait à recueillir les parcelles de vie éternelle, les éléments de direction morale qu'elles contiennent, tout en écartant les superfétations inutiles que l'action des âges et des passions est venue y ajouter.

Cette œuvre de discernement, de triage, de rénovation, qui pouvait l'accomplir ? Les hommes y étaient mal préparés. Malgré les avertissements impérieux de l'heure présente, malgré la déchéance morale de notre temps, aucune voix autorisée ne s'est élevée, ni dans le sanctuaire, ni dans les hautes chaires académiques, pour dire les paroles fortes et graves que le monde attendait.

Dès lors, l'impulsion ne pouvait venir que d'en haut. Elle est venue. Tous ceux qui ont étudié le passé avec attention savent qu'il y a plan dans le drame des siècles. La pensée divine s'y manifeste de façons différentes et la révélation se gradue de mille manières suivant les besoins des sociétés. C'est pourquoi, l'heure d'une nouvelle dispensation étant arrivée, le monde invisible est sorti de son silence. Par toute la terre, les communications des défunts ont afflué, apportant les éléments d'une doctrine en qui se résument et se fondent les philosophies et les religions de deux humanités. Le but du spiritisme n'est pas de détruire, mais d'unifier et de compléter en rénovant. Il vient séparer, dans le domaine des croyances, ce qui est vivant de ce qui est mort. Il recueille et rassemble, dans les nombreux systèmes où s'est enfermée jusqu'ici la conscience de l'humanité, les vérités relatives qu'ils renferment, pour les unir aux vérités d'ordre général proclamées par lui. Bref, le spiritisme attache à l'âme humaine, encore incertaine et débile, les puissantes ailes des larges espaces et, par ce moyen, il l'élève à des hauteurs d'où elle peut embrasser la vaste harmonie des lois et des mondes et, en même temps, obtenir une claire vision de sa destinée.

Et cette destinée se trouve incomparablement supérieure à tout ce que lui ont murmuré les doctrines du moyen âge et les théories d'un autre temps. C'est un avenir d'immense évolution qui s'ouvre pour elle et se poursuit de sphères en sphères, de clartés en clartés, vers un but toujours plus beau, toujours plus illuminé des rayons de la justice et de l'amour.

III. — LE PROBLÈME DE L'ÊTRE

Le premier problème qui se pose à la pensée, c'est celui de la pensée elle-même ou plutôt de l'être pensant. C'est là, pour nous tous, un sujet capital, qui domine tous les autres, et dont la solution nous ramène aux sources mêmes de la vie et de l'univers.

Quelle est la nature de notre personnalité ? Celle-ci comporte-t-elle un élément susceptible de survivre à la mort ? A cette question se rattachent toutes les craintes, toutes les espérances de l'humanité.

Le problème de l'être et le problème de l'âme ne font qu'un ; c'est l'âme (1) qui fournit à l'homme son principe de vie et de mouvement. L'âme humaine est une volonté libre et souveraine ; c'est l'unité consciente qui domine tous les attributs, toutes les fonctions, tous les éléments matériels de l'être, comme l'âme divine domine, coordonne et relie toutes les parties de l'univers pour les harmoniser.

L'âme est immortelle, car le néant n'est pas et rien ne peut être anéanti. Aucune individualité ne peut cesser d'être. La dissolution des formes matérielles prouve simplement une chose : c'est que l'âme est séparée de l'organisme à l'aide duquel elle communiquait avec le milieu terrestre. Elle n'en poursuit pas moins son évo-

---

(1) Nous le démontrerons plus loin à l'aide de tout un ensemble de faits d'observation, d'expériences et de preuves objectives.

lution dans des conditions nouvelles, sous des formes plus parfaites et sans rien perdre de son identité. Chaque fois qu'elle abandonne son corps terrestre, elle se retrouve dans la vie de l'espace, unie à son corps spirituel dont elle est inséparable, à la forme impondérable qu'elle s'est préparée par ses pensées et par ses œuvres.

Ce corps subtil, ce double fluidique, existe en nous à l'état permanent. Quoique invisible, il sert cependant de moule à notre corps matériel. Celui-ci ne joue pas, dans la destinée de l'être, le rôle le plus important. Le corps visible, le corps physique varie. Formé en vue des nécessités de l'étape terrestre, il est temporaire et périssable ; il se désagrège et se dissout à la mort. Le corps subtil demeure ; préexistant à la naissance, il survit aux décompositions de la tombe et accompagne l'âme dans ses transmigrations. C'est le modèle, le type originel, la véritable forme humaine, sur laquelle viennent s'incorporer, pour un temps, les molécules de la chair, et qui se maintient au milieu de toutes les variations et de tous les courants matériels. Même durant la vie, cette forme subtile peut se détacher du corps charnel dans certaines conditions, agir, apparaître, se manifester à distance, comme nous le verrons plus loin, de façon à prouver, d'une manière irrécusable, son existence indépendante (1).

(1) La science physiologique, à qui échappent encore la plupart des lois de la vie, a cependant entrevu l'existence du périsprit ou corps fluidique, qui est à la fois le moule du corps matériel, le vêtement de l'âme et l'intermédiaire

Les preuves de l'existence de l'âme sont de obligé entre eux. Claude Bernard a écrit (*Recherches sur les problèmes de la physiologie*) : « Il y a comme un *dessin préétabli* de chaque être et de chaque organe, en sorte que si, considéré isolément, chaque phénomène de l'organisme est tributaire des forces générales de la nature, ils paraissent révéler un lien spécial ; *ils semblent dirigés par quelque condition invisible dans la route qu'ils suivent, dans l'ordre qui les enchaîne.* »

En dehors de cette notion du corps fluidique, l'union de l'âme au corps matériel reste incompréhensible. De là est venu l'affaiblissement de certaines théories spiritualistes qui considéraient l'âme comme un « pur esprit ». Ni la raison ni la science ne peuvent admettre un être dépourvu de forme. Leibnitz, dans la préface de ses *Nouvelles Recherches sur la raison humaine*, disait : « Je crois, avec la plupart des anciens, que tous les esprits, toutes les âmes, toutes les substances simples, actives, sont toujours unis à un corps et qu'il n'existe jamais d'âmes qui en soient complètement dépourvues. »

Enfin, il existe de nombreuses preuves, objectives et subjectives, de l'existence du périsprit. Ce sont d'abord les sensations dites « d'intégrité », qui accompagnent toujours l'amputation d'un membre quelconque. Des magnétiseurs affirment qu'ils peuvent influencer leurs malades en magnétisant la prolongation fluidique des membres coupés (CARL DU PREL, *La Doctrine moniotique de l'âme*, chap. VI). Viennent ensuite les apparitions des fantômes des vivants. Dans beaucoup de cas, le corps fluidique, concrété, a impressionné des plaques photographiques, laissé des empreintes et des moulages dans des substances molles, des traces sur la poussière et la suie, provoqué le déplacement d'objets, etc. (Voir *Dans l'Invisible*, chap. XII et XX). Ajoutons les apparitions du corps fluidique des mourants et de personnes vivantes dont l'esprit est violemment agité. La Société des Recherches psychiques, de Londres, a pu en citer 700 exemples, tous observés de nos jours. (Voir GURNEY, MYERS et PODMORF, *Phantasms of the living*.)

deux sortes : morales et expérimentales. Voyons d'abord les preuves morales et celles d'ordre logique, qui, pour avoir été souvent utilisées, n'en gardent pas moins toute leur force et leur valeur.

D'après les écoles matérialiste et moniste, l'âme n'est que la résultante des fonctions cérébrales. « Les cellules du cerveau, a dit Haeckel, sont les véritables organes de l'âme. Celle-ci est liée à leur intégrité. Elle croît, régresse et s'évanouit avec elles. Le germe matériel contient l'être tout entier, physique et mental. »

Nous répondrons en substance : La matière ne peut générer des qualités qu'elle n'a pas. Des atomes, qu'ils soient triangulaires, circulaires ou crochus, ne sauraient représenter la raison, le génie, le pur amour, la sublime charité. Le cerveau, dit-on, crée la fonction; mais est-il compréhensible qu'une fonction puisse se connaître, posséder la conscience et la sensibilité ? Comment expliquer la conscience autrement que par l'esprit? Vient-elle de la matière ? Elle la combat fréquemment ! Vient-elle de l'intérêt et de l'instinct de conservation ? Elle se révolte contre eux et nous commande jusqu'au sacrifice !

L'organisme matériel n'est pas le principe de la vie et des facultés ; il en est, au contraire, la limite. Le cerveau n'est qu'un instrument, à l'aide duquel l'esprit enregistre ses sensations; on pourrait le comparer à un harmonium dont chaque touche représenterait un genre spécial de sensations. Lorsque l'instrument est en parfait accord, ces touches, sous l'action de la volonté, rendent le son qui leur est propre, et l'harmonie règne dans nos idées et dans nos actes. Mais si ces mêmes touches se trouvent dérangées, si plusieurs sont détruites, le son rendu sera faux, l'harmonie incomplète : il en résultera un désaccord, malgré les efforts de l'intelligence de l'artiste, qui ne peut plus obtenir de cet instrument défectueux un ensemble de manifestations régulières. Ainsi s'expliquent les maladies mentales, les névroses, l'idiotisme, la perte temporaire de la parole ou de la mémoire, la folie, etc., sans que l'existence de l'âme en soit atteinte pour cela. Dans tous ces cas, l'esprit subsiste, mais ses manifestations sont contrariées et parfois même annihilées par suite d'un manque de corrélation avec son organisme.

Sans doute, d'une façon générale, le développement du cerveau dénote de hautes facultés. A une âme délicate et puissante, il faut un instrument plus parfait qui se prête à toutes les manifestations d'une pensée élevée et féconde. Les dimensions et les circonvolutions du cerveau sont souvent en rapport direct avec le degré d'évolution de l'esprit (1). Il n'en faudrait pas déduire que la mémoire n'est qu'un simple jeu des cellules cérébrales. Celles-ci se modifient et se renouvellent sans cesse, dit la science, à tel point que le cerveau et le corps humain tout entier sont renouvelés en peu d'années (2).

(1) La règle n'est pas absolue. Le cerveau de Gambetta, par exemple, ne pesait que 1.240 grammes, alors que la moyenne humaine est de 1.600 à 1.800 grammes.
(2) CL. BERNARD, *La Science expérimentale. Phénomènes de la vie*

Dans ces conditions, comment expliquer que nous puissions nous rappeler des faits remontant à dix, vingt, trente années ? Comment les vieillards se remémorent-ils avec une facilité surprenante les moindres détails de leur enfance ? Comment la mémoire, la personnalité, le *moi* peuvent-ils persister et se maintenir au milieu des continuelles destructions et reconstructions organiques ? Autant de problèmes insolubles pour le matérialisme !

Rien ne parvient à l'âme, disent les psychologues contemporains, que par le moyen des sens, et la suspension des uns entraîne la disparition de l'autre. Remarquons cependant que l'état d'anesthésie, c'est-à-dire la suppression momentanée de la sensibilité, ne supprime nullement l'action de l'intelligence; celle-ci s'active, au contraire, dans des cas où, d'après les doctrines matérialistes, elle devrait être annihilée.

Buisson écrivait : « S'il existe quelque chose qui puisse démontrer l'indépendance du *moi*, c'est assurément la preuve que nous fournissent les patients soumis à l'action de l'éther et chez qui les facultés intellectuelles résistent dans cet état aux agents anesthésiques. »

Velpeau, traitant du même sujet, disait : « Quelle mine féconde pour la physiologie et la psychologie que des faits comme ceux-ci, qui séparent l'esprit de la matière, l'intelligence du corps ! »

Nous verrons aussi de quelle façon, dans le sommeil ordinaire ou provoqué, dans le somnambulisme et l'extériorisation, l'âme peut vivre, percevoir, agir sans le secours des sens,

Si l'âme, comme le dit Haeckel, représentait uniquement la somme des éléments corporels, il y aurait toujours, chez l'homme, corrélation entre le physique et le mental. Le rapport serait direct et constant et l'équilibre parfait entre les facultés, les qualités morales, d'une part, et la constitution matérielle, de l'autre. Les mieux partagés au point de vue physique posséderaient aussi les âmes les plus intelligentes et les plus dignes. Nous savons qu'il n'en est rien, car, souvent, des âmes d'élite ont habité des corps débiles. La santé et la force ne comportent pas nécessairement, chez ceux qui les possèdent, un esprit subtil et de brillantes facultés.

On dit, il est vrai : *Mens sana in corpore sano*. Mais il y a tant d'exceptions à cette maxime qu'on ne saurait la considérer comme une règle absolue. La chair cède toujours à la douleur. Il n'en est pas de même de l'âme, qui, souvent, résiste, s'exalte dans la souffrance et triomphe des agents extérieurs.

Les exemples d'Antigone, de Jésus, de Socrate, de Jeanne d'Arc, ceux des martyrs chrétiens, des hussites et de tant d'autres qui embellissent l'histoire et ennoblissent la race humaine, sont là pour nous rappeler que les voix du sacrifice et du devoir peuvent s'élever bien au-dessus des instincts de la matière. La volonté, chez les héros, sait dominer les résistances du corps aux heures décisives.

Si l'homme était contenu tout entier dans le

germe physique, on trouverait en lui les seules qualités et les seuls défauts de ses générateurs, dans la même mesure que chez ceux-ci. Au contraire, on voit partout des enfants différer de leurs parents, les dépasser ou leur rester inférieurs. Des frères, des jumeaux, d'une ressemblance frappante au physique, présentent, au mental et au moral, des caractères dissemblables entre eux et avec leurs ascendants.

Les théories de l'atavisme et de l'hérédité sont impuissantes à expliquer les cas célèbres d'enfants artistes ou savants : les musiciens comme Mozart ou Paganini, les calculateurs comme Mondeux et Inaudi, les peintres de dix ans comme Van de Kerkhove et tant d'autres enfants prodiges dont les aptitudes ne se retrouvent pas chez les parents, ou bien ne s'y retrouvent — tels par exemple les ascendants de Mozart — qu'à un degré très inférieur.

Les propriétés de la substance matérielle transmise par les parents se manifestent chez l'enfant par la ressemblance physique et les maux constitutionnels. Mais la ressemblance ne persiste guère que pendant la première période de la vie. Dès que le caractère se dessine, dès que l'enfant devient homme, on voit les traits se modifier peu à peu ; en même temps les tendances héréditaires s'amoindrissent et font place à d'autres éléments constituant une personnalité différente, un moi parfois très distinct dans ses goûts, ses qualités, ses passions, de tout ce que l'on rencontre chez les ascendants. Ce n'est donc pas l'organisme matériel qui constitue la personnalité, mais bien l'homme intérieur, l'être psychique. A mesure que celui-ci se développe et s'affirme par son action propre dans l'existence, on voit l'héritage physique et mental des parents s'affaiblir peu à peu et, souvent, s'évanouir.

*
**

La notion du bien, gravée au fond des consciences, est encore une preuve évidente de notre origine spirituelle. Si l'homme était issu de la seule poussière, ou bien un résultat des forces mécaniques du monde, nous ne pourrions connaître le bien ni le mal, ressentir ni remords ni douleur morale. On nous dit : Ces notions proviennent de vos ancêtres, de l'éducation, des influences sociales ! Mais si ces notions sont l'héritage exclusif du passé, d'où le passé les a-t-il reçues ? Et pourquoi grandissent-elles en nous, si elles n'y trouvaient un terrain favorable et un aliment ?

Si vous avez souffert à la vue du mal, si vous avez pleuré sur vous-même et sur les autres, à ces heures de tristesse, de douleur révélatrice, vous avez pu entrevoir les secrètes profondeurs de l'âme, ses attaches mystérieuses avec l'au-delà et vous avez compris le charme amer et le but élevé de l'existence, de toutes les existences. Ce but, c'est l'éducation des êtres par la douleur; c'est l'ascension des choses finies vers la vie infinie.

Non, la pensée et la conscience ne dérivent pas d'un univers chimique et mécanique. Elles le dominent de haut, au contraire, le dirigent et l'asservissent. En effet, n'est-ce pas la pensée qui mesure les mondes, l'étendue et discerne les harmonies du Cosmos ? Nous appartenons seulement pour une part au monde matériel ; c'est pourquoi nous en ressentons si vivement les maux. Si nous lui appartenions tout entiers, nous nous sentirions beaucoup plus dans notre élément et bien des souffrances nous seraient épargnées.

La vérité sur la nature humaine, sur la vie et la destinée, le bien et le mal, la liberté et la responsabilité, ne se découvre ni au fond des cornues ni sous la pointe des scalpels. La science matérielle ne peut juger des choses de l'esprit. L'esprit, seul, peut juger et comprendre l'esprit, dans la mesure de son degré d'évolution. C'est de la conscience des âmes supérieures, de leurs pensées, de leurs travaux, de leurs exemples, de leurs sacrifices que jaillissent la plus grande lumière et le plus noble idéal qui puissent guider l'humanité dans sa voie.

L'homme est donc à la fois esprit et matière, âme et corps. Mais peut-être esprit et matière ne sont-ils que des mots exprimant d'une façon imparfaite les deux formes de la vie éternelle, laquelle sommeille dans la matière brute, s'éveille dans la matière organique, s'active, s'épanouit et s'élève dans l'esprit.

N'y a-t-il, comme certains penseurs l'admettent, qu'une essence unique des choses, à la fois forme et pensée, la forme étant une pensée matérialisée, et la pensée, la forme de l'esprit (1) ?

(1) Nous entendons ici par esprit le principe de l'intelligence.

Cela est possible. Le savoir humain est restreint et le coup d'œil du génie n'est, lui-même, qu'un éclair rapide dans le domaine infini des idées et des lois.

Toutefois ce qui caractérise l'âme et la différencie absolument de la matière, c'est son unité consciente. La matière se disperse et s'évanouit à l'analyse. L'atome physique se subdivise en sous-atomes et ceux-ci se fragmentent à leur tour, indéfiniment. La matière — les découvertes récentes de Becquerel, Curie, Lebon l'établissent — est entièrement dépourvue d'unité. L'esprit, seul, dans l'univers, représente l'élément un, simple, indivisible et, par suite, logiquement, indestructible, impérissable, immortel !

IV. — LA PERSONNALITÉ INTÉGRALE

La conscience, le moi est le centre de l'être, le fond même de la personnalité.

Être une personne, c'est avoir une conscience, un moi qui se réfléchit, s'examine, se souvient. Mais peut-on connaître, analyser et décrire le moi, ses replis mystérieux, ses forces latentes, ses germes féconds, ses sourdes activités ? Les psychologies, les philosophies du passé l'ont tenté en vain. Leurs travaux n'ont fait qu'effleurer la surface de l'être conscient. Ses couches internes et profondes sont restées obscures, inaccessibles, jusqu'au jour où les expériences de l'hypnotisme, du spiritisme, de la rénovation de la mémoire, y ont enfin projeté quelque lumière.

Et alors, on a pu voir qu'en nous se reflète, se répercute tout l'univers, dans sa double immensité d'espace et de temps. Nous disons d'*espace*, car l'âme, dans ses libres et pleines manifestations, ne connaît pas les distances. Nous disons *de temps*, parce que tout un passé sommeille en elle et l'avenir y repose à l'état d'embryon.

Les anciennes écoles admettaient l'unité et la continuité du moi, la permanence, l'identité parfaite de la personnalité humaine et sa survivance. Leurs études étaient basées sur le sens intime, sur ce qu'on appelle de nos jours l'introspection.

La nouvelle psychologie expérimentale considère la personnalité comme un agrégat, un composé, une « colonie ». Pour elle, l'unité de l'être n'est qu'apparente et peut se décomposer. Le moi est une coordination passagère, a dit Th. Ribot (1). Ces affirmations reposent sur des faits d'expérience qu'on ne saurait négliger, tels que : vie intellectuelle inconsciente, altérations de la personnalité, corrélation entre les maladies de la mémoire et les lésions du cerveau, etc.

Comment rapprocher et concilier des théories aussi dissemblables et cependant basées toutes deux sur la science d'observation ? D'une façon bien simple. Par l'observation elle-même, plus attentive, plus rigoureuse. Myers l'a dit en ces termes (2) :

---

(1) Th. Ribot, *Les Maladies de la personnalité*, pp. 170-172.
(2) F.-W. Myers, *La Personnalité humaine; sa survivance, ses*

« Une recherche plus profonde, plus hardie, dans la direction même que les psychologues (matérialistes) préconisent, montre qu'ils se sont trompés en affirmant que l'analyse ne prouvait l'existence d'aucune faculté au delà de celles que la vie terrestre, telle qu'ils la conçoivent, est capable de produire et le milieu terrestre d'utiliser. Car, en réalité, l'analyse révèle les traces d'une faculté que la vie matérielle ou planétaire n'aurait jamais pu engendrer, et dont les manifestations impliquent et font nécessairement supposer l'existence d'un monde spirituel.

« D'un autre côté, et en faveur des partisans de l'unité du moi, on peut dire que les données nouvelles sont de nature à fournir à leurs prétentions une base beaucoup plus solide et une preuve présomptive dépassant en force toutes celles qu'ils auraient jamais pu imaginer ; la preuve notamment que le moi peut survivre, et survit réellement, non seulement aux désintégrations secondaires qui l'affectent au cours de sa vie terrestre, mais encore à la désintégration ultime qui résulte de la mort corporelle. Le « moi conscient » de chacun de nous est loin de comprendre la totalité de notre conscience et de nos facultés. Il existe une conscience plus vaste, des facultés plus profondes, dont la plupart restent virtuelles en ce qui concerne la vie terrestre, dont la conscience et les facultés de la vie terrestre ne se sont dégagées qu'à la suite d'une sélection et qui

---

manifestations supra normales, p. 19. Cette œuvre représente le plus magnifique effort qui ait été tenté par la pensée pour résoudre les problèmes de l'être.

Le professeur Flournoy, de l'Université de Genève, écrivait au sujet de ce livre : « Le nom de Myers s'inscrira dans le livre d'or des grands initiateurs à côté de ceux de Copernic et de Darwin, pour compléter la triade des génies qui ont le plus profondément révolutionné les notions scientifiques dans l'ordre de la cosmologie, de la biologie et de la psychologie. »

s'affirment de nouveau dans toute leur plénitude après la mort.

« J'ai été amené à cette conclusion, qui a revêtu pour moi sa forme actuelle, il y a quatorze ans environ, lentement, à la suite d'une longue série de réflexions basées sur des preuves dont le nombre allait en augmentant progressivement. »

Dans certains cas, on voit apparaître en nous un être tout différent de l'être normal, possédant non seulement des connaissances et des aptitudes plus étendues que celles de la personnalité ordinaire, mais, en outre, doué de modes de perception plus puissants et plus variés. Parfois même, dans les phénomènes de « personnalité seconde », le caractère se modifie et diffère à tel point du caractère habituel que des observateurs se sont crus en présence d'un autre individu.

Il faut bien faire la distinction entre ces cas et les phénomènes d'incorporations de défunts. Les médiums, à l'état de dégagement somnambulique, prêtent parfois leur organisme resté libre à des entités de l'au-delà, à des Esprits désincarnés qui s'en servent pour communiquer avec les hommes. Mais alors, les noms, les détails, les preuves d'identité fournies par les manifestants, ne permettent aucune confusion. L'individualité envahissante diffère radicalement de celle du sujet. Les cas de G. Pelham (1), de Robert Hyslop, de Fourcade, etc., nous démontrent que les substitutions d'Esprits ne sauraient

---

(1) Voir notre ouvrage *Dans l'Invisible*, chap. XIX, passim, et G. DELANNE, *L'Ame est immortelle*.

être confondues avec les cas de double personnalité.

Cependant l'erreur était possible ; en effet, de même que les incorporations d'Esprits, l'intervention des personnalités secondaires est précédée d'un court sommeil. Celles-ci surgissent, le plus souvent, dans un accès de somnambulisme ou, même, à la suite d'une émotion. La période de manifestation, d'abord de peu de durée, se prolonge peu à peu, se répète et se précise jusqu'à acquérir et constituer un enchaînement de souvenirs particuliers qui se distinguent de l'ensemble des souvenirs enregistrés dans la conscience normale. Ce phénomène peut être facilité ou provoqué par la suggestion hypnotique. Il est même probable que dans les cas spontanés, où n'intervient aucune volonté humaine, le phénomène est dû à la suggestion d'agents invisibles, guides et protecteurs du sujet ; ils agissent alors, comme nous le verrons, dans un but curatif, thérapeutique.

Dans le cas célèbre de Félida, étudié par le docteur Azam (1), les deux états de conscience ou variations de la personnalité sont nettement tranchés :

« Presque chaque jour, sans cause connue ou sous l'empire d'une émotion, elle est prise de ce qu'elle appelle *sa crise* ; en fait, elle rentre dans son deuxième état ; elle est assise, un ouvrage de couture à la main ; tout à coup, sans que rien puisse le faire prévoir, et après une douleur aux tempes plus violente que d'ha-

---

(1) Docteur BINET, *Altérations de la personnalité*, F. Alcan, Paris, pp. 6-20.

bitude, sa tête tombe sur sa poitrine, ses mains demeurent inactives et descendent inertes le long de son corps ; elle dort ou paraît dormir, mais d'un sommeil spécial, car aucun bruit, aucune excitation, pincement ou piqûre ne saurait l'éveiller ; de plus, cette sorte de sommeil est absolument subit. Il dure deux ou trois minutes, autrefois il était beaucoup plus long.

« Après ce temps, Félida s'éveille ; mais elle n'est plus dans l'état intellectuel où elle était quand elle s'est endormie. Tout paraît différent. Elle lève la tête et, ouvrant les yeux, salue en souriant les personnes qui l'entourent, comme si elle venait d'arriver ; la physionomie, triste et silencieuse auparavant, s'éclaire et respire la gaîté ; sa parole est brève, et elle continue en fredonnant, l'ouvrage d'aiguille que, dans l'état précédent, elle avait commencé ; elle se lève, sa marche est agile, et elle se plaint à peine des mille douleurs qui, quelques instants auparavant, la faisaient souffrir ; elle vaque aux soins ordinaires du ménage, circule dans la ville, etc. Son caractère est complètement changé : de triste, elle est devenue gaie ; son imagination est plus exaltée, pour le moindre motif elle s'émeut en tristesse ou en joie ; d'indifférente, elle est devenue sensible à l'excès.

« Dans cet état, elle se souvient parfaitement de tout ce qui s'est passé dans les autres états semblables qui ont précédé, et aussi pendant sa vie normale. Dans cette vie comme dans l'autre, ses facultés intellectuelles et morales, bien que différentes, sont incontestablement entières : aucune idée délirante, aucune fausse appréciation, aucune hallucination. Félida est autre, voilà tout. On peut même dire que, dans ce deuxième état, cette *condition seconde*, comme l'appelle M. Azam, toutes ses facultés paraissent plus développées et plus complètes.

« Cette deuxième vie, où la douleur physique ne se fait pas sentir, est de beaucoup supérieure à l'autre ; elle l'est surtout par ce fait considérable que, pendant sa durée, Félida se souvient non seulement de ce qui s'est passé pendant les accès précédents, mais aussi de toute sa vie normale, tandis que, pendant sa vie normale, elle n'a aucun souvenir de ce qui s'est passé pendant ses accès. »

On voit qu'il n'y a pas là en jeu plusieurs personnalités, mais simplement plusieurs états de la même conscience. La relation persiste entre ces divers aspects de l'être psychique. Du moins, l'état second, le plus complet, n'ignore rien de ce qu'a fait le premier ; tandis que celui-ci ne connaît l'autre que par ouï-dire. Le mode d'existence n° 2 traite le n° 1 avec quelque dédain. Félida, dans l'état second, parle de la « fille bête » de la même façon dont nous parlerions nous-mêmes de l'enfant gauche, du bébé malhabile que nous fûmes jadis.

Dans le cas de Louis Vivé (1), nous nous trouvons en présence d'un phénomène de « régression de la mémoire ». Le sujet, sous l'influence de la suggestion hypnotique, revit toutes les scènes de sa vie avec, dit Myers, « la rapidité et l... é d'images cinématographiques. Non seulement les états mentaux passés et oubliés reviennent à la mémoire en même temps que les impressions physiques de ces variations, mais lorsqu'un état mental passé et oublié est suggéré au patient comme étant son état actuel, il éprouve aussitôt les impressions physiques correspondantes. »

Nous verrons plus loin que, grâce à des expériences du même ordre, on a pu reconstituer les existences antérieures de certains sujets avec la même netteté, la même puissance d'impressions et de sensations. Et par là, nous serons amenés à recon-

(1) F.-W. Myers, *La Personnalité humaine*, etc., p. 60.
Voir aussi Camuset, *Annales médico-psychologiques*, 1882, p. 15.

naître que la science profonde de l'être nous réserve bien des surprises.

En Mary Reynolds (1), on assiste à une transformation complète du caractère, qui présente trois phases distinctes: l'une, marquée par l'insouciance; l'autre, par des dispositions à la tristesse, avec une tendance à se fusionner en un troisième état supérieur aux deux précédents.

Un autre cas nous fournira des indications précieuses sur la nature de l'état second dans les variations de la personnalité. C'est celui de Mlle R. L..., observé par le docteur Dufay et publié dans la *Revue scientifique* du 5 juillet 1876.

Mlle R. L..., dit le docteur Dufay, présente deux états de la personnalité. Elle a parfaitement conscience, dans l'état second qui est l'état somnambulique, de l'acuité surprenante qu'acquièrent ses sens. L'âme est plus sensible; l'intelligence et la mémoire reçoivent aussi un développement considérable. Elle peut raconter les moindres événements dont elle a eu connaissance à une époque quelconque, et dont elle ne possède plus le souvenir lorsqu'elle est revenue à l'état normal.

M. G. Delanne a analysé ce cas en ces termes dans son bel ouvrage : *L'Évolution animique*, p. 237 :

« Mlle R. L..., dans son état somnambulique, sait parfaitement qu'elle est la même qu'à l'état normal, mais elle voudrait rester dans l'état second, parce qu'elle s'y trouve mieux et que ses facultés sont plus vives; il y a surexcitation de la personnalité normale, mais il n'y a pas changement d'être; c'est toujours la même âme, mais affinée, moins enfermée dans le corps. Il est essentiel, en effet, de remarquer que, de très myope qu'elle était normalement, son état visuel est

---

(1) W. JAMES, *Principles of psychology*.

devenu non pas seulement excellent, mais suraigu pendant la période somnambulique. Elle n'a plus besoin de lunettes et elle se met même dans l'obscurité pour enfiler son aiguille, elle va dans des chambres non éclairées choisir des objets placés dans des tiroirs ; ce n'est pas de l'automatisme, puisqu'elle cherche et trouve ces mêmes objets dans d'autres tiroirs, si on les a déplacés ; jamais elle ne se trompe, elle y voit beaucoup mieux qu'à l'état normal. Comment expliquer cette rectification de l'organe visuel ?

« Ses yeux ont-ils changé ? son cristallin trop bombé s'est-il subitement aplati ? Non, puisqu'en revenant à l'état normal elle est de nouveau myope; il faut donc que son état second lui ait donné une sensibilité plus grande de la vision, et cela indépendamment des organes des sens. Il nous semble bien difficile de récuser ici le phénomène de la double vue. Le sujet ne perçoit plus le monde à la manière habituelle, il est en partie dégagé de son corps, ou, en tout cas, il y est moins retenu qu'à l'état normal ; son périsprit rayonne autour de lui ; le corps fluidique est en quelque sorte dans un état de tension supérieur à celui de l'état normal ; de là l'éclat de la mémoire des états anciens, et c'est la maladie qui détermine cet éréthisme de la force vitale. Dès lors le minimum d'intensité et le minimum de durée nécessaires à l'état normal pour qu'une sensation soit consciente, ont été diminués ; tout ce qui se passera dans cet état second sera bien enregistré dans le cerveau, mais dans un rapport avec les cellules cérébrales et le cerveau, qui ne sera plus celui de la vie ordinaire, de sorte que Mlle R. L.., sortie de sa crise, n'aura plus aucun souvenir de ce qu'elle aura pu dire ou faire pendant l'état somnambulique, alors que celui-ci, lui donnant une sensibilité plus grande, lui permet de connaître ce qui se passe dans les deux états. »

Le docteur Herbert Mayo signale un phénomène de

quintuple mémoire (1). « L'état normal du sujet était interrompu par quatre variétés d'états morbides dont il ne conservait pas le souvenir au réveil, mais chacun de ces états conservait une forme de mémoire qui lui était propre. »

Enfin F. Myers, dans son œuvre magistrale (2), relate, d'après le docteur Mason, un cas de « multiple personnalité », que nous croyons devoir reproduire :

« Alma Z... était une jeune fille très saine et très intelligente, d'un caractère solide et attirant, d'un esprit d'initiative dans tout ce qu'elle entreprenait, étude, sport, relations sociales. A la suite de surmenage intellectuel et d'une indisposition négligée, sa santé se trouva fortement compromise, et, après deux années de grandes souffrances, une seconde personnalité fit brusquement son apparition. Dans un langage mi-enfantin, mi-indien, cette personnalité s'annonçait comme étant le n° 2, venue pour soulager les souffrances du n° 1. Or, l'état du n° 1 était en ce moment-là des plus déplorables : douleurs, débilité, syncopes fréquentes, insomnie, stomatite mercurielle d'origine médicamenteuse qui rendait l'alimentation impossible. Le n° 2 était gai et tendre, d'une conversation fine et spirituelle, gardant toute sa connaissance, se nourrissant bien et abondamment, pour le plus grand profit, disait-elle, du n° 1. La conversation, toute raffinée et intéressante qu'elle fût, ne faisait rien soupçonner des connaissances acquises par la première personnalité. Elle manifestait une intelligence supranormale relativement aux événements qui se passaient dans le voisinage. C'est à cette époque-là que l'auteur a commencé à observer ce cas, et je ne l'ai pas perdu de vue pen-

---

(1) *Revue philosophique*, 1887, I, 449.
(2) F. Myers, *La Personnalité humaine*, etc., pp. 61, 62.

dant six années consécutives. Quatre ans après l'apparition de la seconde personnalité, il en apparut une troisième, qui s'annonça sous le nom de « gamin ». Elle était complètement distincte et différente des deux autres et avait pris la place du n° 2, qu'elle garda pendant quatre ans.

« Toutes ces personnalités, quoique absolument distinctes et caractéristiques, étaient délicieuses chacune dans son genre, et le n° 2, en particulier, a été et est encore la joie de ses amis, toutes les fois qu'elle apparaît et qu'il leur est donné de l'approcher ; et elle apparaît toujours aux moments de fatigue excessive, d'excitation mentale, de prostration ; elle survient alors et persiste parfois pendant quelques jours. Le moi original affirme toujours sa supériorité, les autres n'étant là que dans son intérêt et pour son avantage. Le n° 1 n'a aucune connaissance personnelle des deux autres personnalités, elle les connaît cependant bien, le n° 2 surtout, par les récits des autres et par les lettres qu'elle reçoit souvent d'elles ; et le n° 1 admire les messages fins, spirituels et souvent instructifs que lui apportent ces lettres ou les récits des amis. »

Nous nous bornerons à citer ces seuls faits, afin de ne pas nous étendre démesurément. Il en existe beaucoup d'autres de même nature, dont le lecteur pourra trouver la description dans les ouvrages spéciaux (1).

(1) Voir entre autres : docteurs BOURRU et BUROT, *Les Changements de la personnalité* et : *De la Suggestion mentale*. Bibl. scientif. contemporaine. Paris, 1887. BINET, *Les Altérations de la personnalité*. BERJON, *La Grande Hystérie chez l'homme*. Docteur OSGOOD MASON, *Double Personnalité; ses rapports avec l'hypnotisme et la lucidité*.
Voir encore *Proceedings S. P. R.*, les cas de Miss Beauchamps; étudié par Morton ; d'Ansel Bourne, décrit par le

Dans leur ensemble, ces phénomènes démontrent une chose. C'est qu'au-dessous du niveau de la conscience normale, en dehors de la personnalité ordinaire, il existe en nous des plans de conscience, des couches ou zones disposées de telle sorte que, dans certaines conditions, on peut constater des alternances entre ces plans. On voit alors émerger à la surface et se manifester, pendant un temps donné, des attributs, des facultés qui appartiennent à la conscience profonde ; puis ils disparaissent bientôt pour reprendre leur rang et replonger dans l'ombre et l'inaction.

Notre moi ordinaire, superficiel, limité par l'organisme, ne semble être qu'un fragment de notre moi profond. Celui-ci est de beaucoup le plus vaste, le plus riche des deux ; dans ses replis, est enregistré tout un monde de faits,

---

docteur Hodgson, et de Mollie Faucher, observé par le juge américain Cain Dailey.

Un cas remarquable de double personnalité a été étudié méthodiquement par M. Lemaître, de la Société des Études psychiques de Genève, et relaté par les *Annales de psychologie de la Suisse romande* (1905). C'est celui de Ch. Fritz, jeune garçon de quinze ans. G. Delanne en parle en ces termes dans la *Revue scientifique et morale* de janvier 1906 : « L'analyse nous fait comprendre qu'il n'y a là qu'un aspect de l'individualité totale de Ch. Fritz. Ce sont ses bons instincts qui se sont synthétisés sous l'influence de la suggestion, et qui ont fini par neutraliser les mauvais penchants qui avaient tendance à dominer la personnalité normale de Fritz. Ce sont de semblables recherches qui montrent bien comment notre personnalité ordinaire n'est, pour ainsi dire, qu'un état allotropique d'une individualité plus étendue, dont beaucoup d'aspects nous restent inconnus pendant toute la durée de notre existence. »

de connaissances, de souvenirs se rattachant au long passé de l'âme. Pendant la vie normale, toutes ces réserves restent cachées, comme ensevelies sous l'enveloppe matérielle. Elles reparaissent dans l'état somnambulique. L'appel de la volonté, la suggestion les mobilise. Elles entrent en action et produisent ces phénomènes étranges que la psychologie officielle constate, sans pouvoir les expliquer.

Tous les cas de dédoublement de la personnalité, tous les phénomènes de clairvoyance, télépathie, prémonition, entrée en scène de sens nouveaux et de facultés inconnues, tout cet ensemble de faits dont le nombre s'accroît et constitue déjà un formidable faisceau, doit être attribué à l'intervention des forces et des ressources de la personnalité cachée.

L'état somnambulique, qui en permet la manifestation, n'est pas un état « régressif » ou morbide, comme l'ont cru certains observateurs, mais plutôt un état supérieur et, suivant l'expression de Myers, « évolutif ». Il est vrai que l'état de dégénérescence et d'affaiblissement organique facilite chez quelques sujets l'émergence des couches profondes du moi. C'est ce qu'on a désigné sous le nom d'hystérie. D'une façon générale, il faut le remarquer, tout ce qui déprime le corps physique favorise le dégagement, la sortie de l'esprit. La lucidité des mourants nous fournirait sur ce point de nombreux témoignages. Mais, pour juger sainement ces faits, il convient de les considérer surtout au point de vue psychologique; toute leur importance est là.

La science matérialiste a vu dans ces phénomènes ce qu'elle appelle des « désintégrations », c'est-à-dire des altérations et des dissociations de la personnalité. Le sectionnement de la conscience paraît quelquefois si tranché, et les types qui surgissent tellement différents du type normal, qu'on a pu se croire en présence de plusieurs consciences autonomes, alternant chez un même sujet. Nous croyons, avec Myers, qu'il n'en est rien. Il y a là simplement une variété d'états successifs, coïncidant avec la permanence du moi. La conscience est une, mais se manifeste diversement : d'une façon restreinte, dans la vie normale, tant qu'elle est limitée dans le champ de l'organisme ; plus pleine, plus étendue dans les états de dégagement ; et enfin, d'une manière totale, entière à la mort, après la séparation définitive, comme le démontrent les manifestations et les enseignements des Esprits. La scission n'est donc qu'apparente. La seule différence à faire entre les états variés de la conscience est une différence de degrés. Ces degrés peuvent être nombreux. La marge paraît considérable, par exemple, entre l'état d'incorporation et l'extériorisation complète. La personnalité n'en reste pas moins identique à travers l'enchaînement des faits de conscience qu'un lien continu relie entre eux, depuis les modifications les plus simples de l'état normal, jusqu'aux cas comportant une transformation de l'intelligence et du caractère ; depuis la simple idée fixe, les rêves et les songes, jusqu'à la projection de la personnalité dans le monde spirituel, dans cet au-delà où l'âme recouvre la plénitude de ses perceptions et de ses pouvoirs.

Déjà nous voyons, dans le cours de l'existence terrestre, de l'enfance à la vieillesse, le moi se modifier sans cesse ; l'âme traverse une succession d'états ; elle est dans un devenir incessant ; pourtant, au milieu de ces phases diverses, son contrôle sur l'organisme ne varie pas. La physiologie a fait ressortir cette savante et harmonieuse coordination de toutes les parties de l'être, ces lois de la vie organique et du mécanisme nerveux qui ne peuvent s'expliquer sans la présence d'une unité centrale. Cette unité souveraine est la source et la conservatrice de la vie ; elle en relie tous les éléments, tous les aspects.

C'est par une conséquence non moins fâcheuse des théories matérialistes que les « psychologues » de l'école officielle en sont arrivés à considérer le génie comme une névrose, alors qu'il peut être l'utilisation, dans une plus large mesure, des pouvoirs psychiques cachés dans l'homme.

Myers, parlant de la catégorie des « hystériques qui mènent le monde », émet l'opinion que « l'inspiration du génie ne serait que l'émergence, dans le domaine des idées conscientes, d'autres idées à l'élaboration desquelles la conscience n'a pas pris part, mais qui se sont formées toutes seules, pour ainsi dire, indépendamment de la volonté, dans les régions profondes de notre être » (1).

(1) F. MYERS, *La Personnalité humaine*, p. 69.
Nous croyons toutefois que, dans l'examen de ce pro-

En général, ceux qu'on qualifie si légèrement de « dégénérés » sont souvent des « progénérés ». Et chez eux, sensitifs, hystériques ou névrosés, les perturbations de l'organisme physique, les troubles nerveux peuvent bien être un procédé d'évolution que toute l'humanité devra subir pour atteindre un degré plus intense de la vie planétaire. Des troubles accompagnent toujours le développement de l'organisme humain jusqu'à son épanouissement complet, de même qu'ils précèdent l'apparition à la lumière de chaque être nouveau sur la terre. Dans nos efforts douloureux vers plus de vie, les valeurs morbides se transmuent en forces morales. Nos besoins sont des instincts en fusion, qui se concrètent en sens nouveaux pour acquérir plus de pouvoir et de connaissance.

Même dans l'état ordinaire, l'état de veille, des émergences, des impulsions du moi profond peuvent remonter jusqu'aux couches extérieures de la personnalité, apportant des intuitions, des perceptions, de brusques éclairs sur le passé et l'avenir de l'être, qui dénotent des facultés très étendues n'appartenant pas au moi normal.

A cette catégorie de phénomènes il faut rattacher la plupart des cas d'écriture automatique. Nous disons la plupart, car il en est

---

blème du génie, Myers n'a pas tenu un compte suffisant des acquis antérieurs, fruit des existences accumulées, pas plus que de l'inspiration médianimique, très caractérisée chez certaines intelligences géniales, comme nous l'avons vu ailleurs (*Dans l'Invisible*, chap. dernier).

d'autres, nous le savons, qui ont pour cause des agents extérieurs et invisibles.

Il est en nous comme un réservoir d'eaux souterraines, d'où jaillit à certaines heures et monte à la surface un courant rapide et bouillonnant. Les prophètes, les martyrs de toutes les religions, les missionnaires, les inspirés, les enthousiastes de tout genre et de toute école, ont connu ces sourdes et puissantes impulsions. Elles nous ont procuré les plus grandes œuvres qui aient révélé aux hommes l'existence d'un monde supérieur.

V. — L'AME ET LES DIFFÉRENTS ÉTATS DU SOMMEIL

L'étude du sommeil nous fournit sur la nature de la personnalité des indications d'une grande importance. En général, on n'approfondit pas assez le mystère du sommeil. L'examen attentif de ce phénomène, l'étude de l'âme et de sa forme fluidique pendant cette partie de l'existence que nous consacrons au repos, nous conduiront à une compréhension plus étendue des conditions de l'être dans la vie de l'au-delà.

Le sommeil possède non seulement des propriétés réparatrices que la science n'a pas assez mises en relief, mais encore un pouvoir de coordination et de centralisation sur l'organisme matériel. Il peut en outre, nous venons de le voir, provoquer une extension considérable des perceptions psychiques, une plus grande intensité du raisonnement et de la mémoire.

Qu'est-ce donc que le sommeil? C'est simplement la sortie, le dégagement de l'âme hors du corps. On a dit : Le sommeil est frère de la mort. Ces mots expriment une vérité profonde. Séquestrée dans la chair, à l'état de veille, l'âme recouvre, dans le sommeil, sa liberté relative, temporaire, en même temps que l'usage de ses pouvoirs cachés. La mort sera sa libération complète, définitive.

Déjà, dans les rêves et les songes, nous voyons entrer en action les sens de l'âme, ces sens psychiques, dont ceux du corps sont la manifestation extérieure et amoindrie (1). A mesure que les perceptions du dehors s'affaiblissent et se voilent, quand l'œil est fermé et l'ouïe suspendue, d'autres moyens plus puissants s'éveillent dans les profondeurs de l'être. Nous voyons, nous entendons à l'aide des sens internes. Des images, des formes, des scènes éloignées se succèdent et se déroulent ; des entretiens s'établissent avec des personnages vivants ou décédés. Cette action, souvent incohérente et confuse dans le sommeil naturel, se précise et s'accroît avec le dégagement de l'âme, dans le sommeil provoqué, dans la trance somnambulique et l'extase.

(1) La vision oculaire n'est que la manifestation externe de la faculté visuelle, dont la vision interne constitue l'expression la plus large. La vision intérieure s'extériorise et se traduit par l'action des sens, aussi bien dans la vie physique que dans la vie psychique. Dans le premier cas, l'organe terminal appartient au corps matériel ; dans l'autre cas, ce sont les organes du corps fluidique. La vision dans le rêve est accompagnée d'une lumière spéciale, constante, différente de la lumière du jour.

Parfois, l'âme s'éloigne pendant le repos du corps, et ce sont les impressions de ses voyages, les résultats de ses recherches, de ses observations qui se traduisent par le rêve. Dans cet état, un lien fluidique l'unit encore à l'organisme matériel et, par ce lien subtil, sorte de fil conducteur, les impressions et les volontés de l'âme peuvent se transmettre au cerveau. C'est par le même procédé que, dans les autres formes du sommeil, l'âme commande à son enveloppe terrestre, la contrôle, la dirige. Cette direction dans l'état de veille, pendant l'incorporation, s'exerçait du dedans au dehors ; elle s'effectuera en sens inverse dans les différents états de dégagement. L'âme, émancipée, continuera à influencer le corps à l'aide de ce lien fluidique qui ne cesse de les relier l'un à l'autre. Dès lors, dans sa puissance psychique reconstituée, l'âme exercera sur son organisme charnel une direction plus efficace et plus sûre. La marche des somnambules dans la nuit, en des endroits périlleux, avec une entière sécurité, est une démonstration évidente de ce fait.

Il en est de même de l'action thérapeutique provoquée par la suggestion. Celle-ci est efficace, surtout en ce sens qu'elle facilite le dégagement de l'âme et lui rend son pouvoir absolu de contrôle, la liberté nécessaire pour diriger la force vitale accumulée dans le périsprit et, par ce moyen, réparer les pertes subies par le corps physique (1). Nous avons constaté ce

---

(1) L'esprit extériorisé peut tirer de l'organisme plus de force vitale que n'en peut obtenir l'homme normal, l'homme incarné. Des expériences ont démontré qu'un dynamomètre

fait dans les cas de double personnalité. La personnalité seconde, plus complète, plus entière que la personnalité normale, se substitue à elle dans un but curatif, au moyen d'une suggestion extérieure, acceptée et transformée en auto-suggestion par l'esprit du sujet. En effet, celui-ci n'abandonne jamais ses droits et ses pouvoirs de contrôle. Ainsi que l'a dit Myers : « Ce n'est pas l'ordre de l'hypnotiseur, mais plutôt la faculté du sujet qui forme le nœud de la question (1). » Le savant professeur de Cambridge dit encore (2) : « Le but ultime de tous les procédés hypnogènes, c'est d'énergiser la vie; c'est d'atteindre plus rapidement et plus complètement des résultats que la vie abandonnée à elle-même ne réalise que lentement et d'une façon incomplète. »

En d'autres termes, l'hypnotisme est la mise en action, à un degré plus intense, des énergies réparatrices qui entrent en jeu dans le sommeil naturel. La suggestion thérapeutique est l'art de libérer l'esprit du corps, de lui ouvrir une issue par le sommeil et de lui permettre d'exercer, dans leur plénitude, ses pouvoirs sur le corps malade. Les personnes suggestibles sont celles dont les âmes paresseuses ou peu évoluées sont inhabiles à se dégager d'elles-mêmes et à agir utilement dans le sommeil ordinaire pour réparer les pertes de l'organisme.

La suggestion, en elle-même, n'est donc

peut être serré plus fortement par l'esprit à travers l'organisme que par l'esprit incarné.
(1) MYERS, *La Personnalité humaine*, etc., p. 204.
(2) *Idem*, p. 187.

qu'une pensée, un acte de la volonté, différant seulement de la volonté ordinaire par sa concentration et son intensité. En général, nos pensées sont multiples et flottantes; elles naissent et passent, ou bien, quand elles coexistent en nous, elles se heurtent et se confondent. Dans la suggestion, la pensée, la volonté se fixent sur un point unique. Elles gagnent en puissance ce qu'elles perdent en étendue. Par leur action, devenue plus pénétrante, plus incisive, elles provoquent chez le sujet le réveil de facultés inutilisées dans l'état normal. La suggestion devient alors une sorte d'impulsion, de levier qui mobilise la force vitale et la dirige vers le point où elle doit opérer.

La suggestion peut s'exercer aussi bien dans l'ordre physique, par une influence directe sur le système nerveux, que dans l'ordre moral, sur le moi central et la conscience du sujet. Bien employée, elle constitue un moyen très appréciable d'éducation, en détruisant les tendances mauvaises et les habitudes pernicieuses. Son action sur le caractère produit alors les plus heureux résultats (1).

*
* *

Revenons au sommeil ordinaire et au rêve.

---

(1) En résumé, voici les fruits que peut et doit procurer la suggestion hypnotique, et en vue desquels elle doit être appliquée : Concentration de la pensée et de la volonté; accroissement d'énergie et de vitalité ; fixation de l'attention sur les choses essentiellement utiles; élargissement du champ de la mémoire; manifestation de sens nouveaux au moyen d'impulsions internes ou externes.

Tant que le dégagement de l'âme est incomplet, les sensations, les préoccupations de la veille, les souvenirs du passé se mêlent aux impressions de la nuit. Les perceptions enregistrées par le cerveau se déroulent automatiquement, dans un désordre apparent, lorsque l'attention de l'âme est distraite du corps et ne règle plus les vibrations cérébrales ; de là l'incohérence de la plupart des rêves. Mais à mesure que l'âme se dégage et s'élève, l'action des sens psychiques devient prédominante et les rêves acquièrent une lucidité, une netteté remarquables. Des échappées de plus en plus larges, de vastes perspectives s'ouvrent sur le monde spirituel, véritable domaine de l'âme et lieu de sa destinée. Dans cet état, elle peut pénétrer les choses cachées et même les pensées et les sentiments d'autres esprits (1).

(1) Suivant les anciens, il existe deux catégories de rêves : le rêve proprement dit, en grec « onar », est d'origine physique ; le songe « repar », d'origine psychique. On trouve cette distinction dans Homère, qui représente la tradition populaire, aussi bien que dans Hippocrate, qui est le représentant de la tradition scientifique. Beaucoup d'occultistes modernes ont adopté des définitions analogues. D'après eux, en thèse générale, le rêve serait un songe produit mécaniquement par l'organisme ; le songe, un produit de la clairvoyance divinatoire ; l'un, illusoire, l'autre, véridique. Mais il est parfois très difficile d'établir une délimitation nette et tranchée entre ces deux classes de phénomènes.

Le rêve ordinaire semble dû à la vibration cérébrale automatique qui continue à se produire dans le sommeil lorsque l'âme est absente ; ces rêves sont souvent absurdes ; mais cette absurdité même est une preuve que l'âme est dégagée du corps physique et n'en règle plus les fonctions. On se souvient moins facilement du songe, parce qu'il n'im-

Il y a en nous une double vie, par laquelle nous appartenons à la fois à deux mondes, à deux plans d'existence. L'une est en rapport avec le temps et l'espace, tels que nous les concevons dans notre milieu planétaire, par les sens du corps ; c'est la vie matérielle ; l'autre, par les sens profonds et les facultés de l'âme, nous relie à l'univers spirituel et aux mondes infinis. Au cours de notre existence terrestre, c'est surtout dans l'état de sommeil que ces facultés peuvent s'exercer et les puissances de l'âme entrer en vibration. Celle-ci reprend alors le contact avec cet univers invisible qui est sa patrie et dont la chair la séparait ; elle se retrempe au sein des énergies éternelles pour recommencer au réveil sa tâche pénible et obscure.

Pendant le sommeil, l'âme peut, suivant les nécessités du moment, ou bien s'appliquer à réparer les pertes vitales causées par le labeur

pressionne pas le cerveau physique, mais seulement le corps psychique, véhicule de l'âme, qui est extériorisé dans le sommeil.

« Les sens — dit le docteur Pascal dans son *Mémoire présenté au Congrès de Psychologie de Paris en 1900* — après l'activité du jour, ne produisent plus des sensations aussi vives, et comme c'est l'énergie de ces sensations qui tient la conscience « centrée » dans le cerveau, cette conscience, quand les sens s'endorment, s'échappe alors du corps physique et se fixe dans le corps psychique. »

Le songe ou rêve lucide représente l'ensemble des impressions recueillies par l'âme à l'état de liberté et transmises au cerveau, soit au cours de ses migrations, soit au moment du réveil. On pourrait le distinguer du rêve ordinaire ou automatique par ce fait qu'il ne cause aucune fatigue, contrairement à l'activité cérébrale de la veille.

quotidien et à régénérer l'organisme endormi, en lui infusant les forces empruntées au monde cosmique ; ou bien, lorsque cette action réparatrice est accomplie, reprendre le cours de sa vie supérieure, planer sur la nature, exercer ses facultés de vision à distance et de pénétration des choses. Dans cet état d'activité indépendante, elle vit déjà par anticipation de la vie libre de l'esprit. Car cette vie, continuation naturelle de l'existence planétaire, qui l'attend après la mort, elle la doit préparer, non seulement par ses œuvres terrestres, mais encore par ses occupations, à l'état de dégagement, dans le sommeil. Et c'est grâce aux reflets de la lumière d'en haut, s'étendant sur nos rêves et éclairant tout le côté occulte de la destinée, que nous pouvons entrevoir les conditions de l'être dans l'au-delà.

S'il nous était possible d'embrasser d'un coup d'œil toute l'étendue de notre existence, nous reconnaîtrions que l'état de veille est loin d'en constituer la phase essentielle, l'élément le plus important. Les âmes qui veillent sur nous profitent de notre sommeil pour nous exercer à la vie fluidique et au développement de nos sens d'intuition. Il s'accomplit alors tout un travail d'initiation pour les humains avides de s'élever, travail dont leurs rêves portent la trace. Ainsi, quand nous volons, quand nous glissons avec rapidité au-dessus du sol, c'est la sensation du corps fluidique s'essayant à la vie supérieure.

Rêver que l'on monte sans fatigue, avec une facilité surprenante, à travers l'espace, sans éprouver aucune contrainte, aucun effroi, ou bien que l'on plane au-dessus des eaux ; traverser des murailles et d'autres obstacles matériels sans s'étonner d'accomplir des actes irréalisables pendant la veille, n'est-ce pas la preuve que nous sommes devenus fluidiques par le dégagement ? De telles sensations, de telles images, comportant un renversement complet des lois physiques qui régissent la vie ordinaire, ne pourraient venir à notre esprit, si elles n'étaient le résultat d'une transformation de notre mode d'existence.

En réalité, il ne s'agit plus là de rêves, mais d'actions réelles, accomplies dans un autre domaine de la sensation et dont le souvenir s'est glissé dans la mémoire cérébrale. Ces souvenirs et ces impressions nous le démontrent bien : nous possédons deux corps, et l'âme, siège de la conscience, reste attachée à son enveloppe subtile, pendant que le corps matériel est couché, plongé dans l'inertie.

Signalons toutefois une difficulté. Plus l'âme s'éloigne du corps et pénètre dans les régions éthérées, plus faible est le lien qui les unit, plus vague le souvenir au réveil. L'âme plane bien loin, dans l'immensité, et le cerveau n'enregistre plus ses sensations. Il en résulte que nous ne pouvons analyser nos rêves les plus beaux. Quelquefois, la dernière des impressions ressenties au cours de ces pérégrinations nocturnes subsiste au réveil. Et si, à ce moment, on a la précaution de la fixer fortement dans la mémoire, elle peut y rester gravée. J'ai eu, il y a quelques jours, la sensation de vibrations perçues dans l'espace, les dernières d'une mélodie douce et pénétrante, et le souvenir des ultimes paroles d'un chant qui se terminait ainsi : Il est des cieux innombrables !

Parfois l'on éprouve, au réveil, la vague impression de choses puissantes entrevues, sans aucun souvenir précis. Cette sorte d'intuition, résultant de perceptions enregistrées dans la conscience profonde, mais non pas dans la conscience cérébrale, persiste en nous pendant un certain temps et influence nos actes. D'autres fois, ces impressions se traduisent avec netteté dans le rêve. Voici ce que dit Myers à ce sujet (1) :

« Le résultat permanent d'un rêve est souvent tel qu'il nous montre clairement que le rêve n'est pas l'effet d'une simple confusion avec des expériences éveillées de la vie passée, mais possède un pouvoir inexplicable qui lui est propre et qu'il tire, semblable en cela à la suggestion hypnotique, des *profondeurs de notre existence* que la vie éveillée est incapable d'atteindre. Deux groupes de cas de ce genre sont suffisamment manifestes pour pouvoir être reconnus facilement, celui notamment où le rêve a abouti à une transformation religieuse marquée, et celui où le rêve a été le point de départ d'une idée obsédante ou d'un accès de folie réelle. »

Ces phénomènes pourraient s'expliquer par la communication, dans le rêve, de la conscience supérieure à la conscience normale ou par l'intervention de quelque intelligence élevée qui juge, désapprouve, condamne la conduite du

---

(1) Myers, *La Personnalité humaine*, etc., p. 117.

rêveur et lui cause une impression de trouble, de crainte salutaire. L'obsession peut aussi s'exercer au moyen du rêve, au point d'amener une perturbation mentale au réveil. Elle aura pour auteurs des esprits malfaisants, à qui nos agissements antérieurs et des dommages causés ont donné prise sur nous.

Insistons encore sur cette propriété mystérieuse du sommeil, celle de nous mettre, en certains cas, en possession de couches plus étendues de la mémoire.

La mémoire normale est précaire et restreinte; elle n'embrasse que le cercle étroit de la vie présente, l'ensemble des faits dont la connaissance est indispensable en vue du rôle à remplir sur la terre et du but à atteindre. La mémoire profonde embrasse toute l'histoire de l'être depuis son origine, ses étapes successives, ses modes d'existence, planétaires ou célestes. Tout un passé, souvenirs et sensations, oublié, ignoré à l'état de veille, est gravé en nous; ce passé ne se réveille que dans l'extériorisation, pendant le sommeil ordinaire ou provoqué. Il est une règle connue de tous les expérimentateurs ; c'est que, dans les différents états du sommeil, à mesure qu'on s'éloigne de l'état de veille et de la mémoire normale, plus l'hypnose est profonde, plus l'expansion, la dilatation de la mémoire s'accentue. Myers le constate en ces termes (1) :

« C'est la mémoire la plus éloignée de la vie éveillée qui a la portée la plus vaste, dont le pouvoir sur les

(1) MYERS, *Ouvr. cité*, pp. 121-122.

impressions emmagasinées dans l'organisme est le plus profond. Quelque inexplicable que ce phénomène ait pu paraître aux observateurs qui se sont trouvés en sa présence sans posséder le mot de l'énigme, les observations indépendantes de centaines de médecins et d'hypnotiseurs n'en attestent pas moins sa réalité. L'exemple le plus commun est fourni par le sommeil hypnotique ordinaire. Le degré d'intelligence qui se manifeste dans le sommeil varie selon les sujets et selon les époques. Mais toutes les fois que ce degré est suffisant pour autoriser un jugement, nous trouvons qu'il existe pendant le sommeil hypnotique une mémoire considérable, qui n'est pas nécessairement une mémoire complète ou raisonnée de l'état de veille; tandis que chez la plupart des sujets éveillés, à moins d'une injonction spéciale adressée au moi hypnotique, il n'existe aucun souvenir se rapportant à l'état de sommeil.

« Le sommeil ordinaire peut être considéré comme occupant une position intermédiaire entre la vie éveillée et le sommeil hypnotique profond; et il paraît probable que la mémoire qui appartient au sommeil ordinaire se rattache d'un côté à celle qui appartient à la vie éveillée et de l'autre à celle qui existe dans le sommeil hypnotique. Et il en est réellement ainsi, les fragments de la mémoire du sommeil ordinaire étant intercalés entre les deux chaînes. »

Myers, à l'appui de ses dires, cite (1) plusieurs cas où des faits rétrospectifs oubliés et d'autres dont le dormeur n'a jamais eu connaissance, se révèlent dans le rêve.

Nous le verrons, en traitant de la question des réincarnations : les expériences dont parle Myers ont été poussées beaucoup plus loin qu'il

(1) MYERS, *Ouvr. cité*, pp. 123, 124.

ne le prévoyait et les conséquences en sont immenses. Non seulement on a pu, par la suggestion hypnotique, reconstituer les moindres souvenirs de la vie actuelle, disparus de la mémoire normale des sujets, mais encore resouder l'enchaînement brisé de leurs vies passées.

En même temps qu'une mémoire plus vaste et plus riche, nous voyons apparaître, dans le sommeil, des facultés de beaucoup supérieures à toutes celles dont nous jouissons à l'état de veille. Des problèmes vainement étudiés, abandonnés comme insolubles, sont résolus dans le rêve ou le somnambulisme ; des œuvres géniales, des opérations esthétiques de l'ordre le plus élevé : poèmes, symphonies, hymnes funèbres sont conçus et exécutés. Faut-il voir là une action exclusive du moi supérieur ou la collaboration d'entités spirituelles qui viennent inspirer nos travaux? Il est probable que ces deux facteurs interviennent dans les phénomènes de cet ordre.

Myers cite le cas d'Agassiz découvrant dans le sommeil l'arrangement squelettique d'ossements disparates qu'il avait tenté, à plusieurs reprises et sans succès, d'ajuster pendant la veille. Nous rappellerons les cas de Voltaire, Lafontaine, Coleridge, S. Bach, Tartini, etc., exécutant des œuvres importantes dans des conditions analogues (1).

Enfin, il importe de mentionner une forme de rêves dont l'explication a échappé jusqu'ici à la science. Ce sont les *rêves prémonitoires*, en-

(1) Voir *Dans l'Invisible*, p. 145.

semble d'images et de visions se rapportant à des événements futurs, et dont l'exactitude est vérifiée ultérieurement. Ils semblent indiquer que l'âme a le pouvoir de pénétrer l'avenir ou qu'il lui est dévoilé par des Intelligences supérieures.

Signalons le rêve de la duchesse d'Hamilton, qui vit, quinze jours à l'avance, la mort du comte de L... avec des détails d'ordre intime, qui entourèrent cet événement (1). On peut y ajouter les rêves du docteur Bruce et de Mme Storie (2), annonçant dans tous leurs détails la scène et toutes les circonstances de la mort accidentelle de deux parents, l'un qui fut assassiné, l'autre, écrasé.

M. Henri de Parville, dans son feuilleton scientifique du *Journal des Débats* (mai 1904), rapporte un cas garanti par de sérieux témoignages :

« Une jeune femme, dont le mari a disparu, sans laisser de traces, et qu'elle n'a pu découvrir malgré toutes ses recherches, fait un rêve. Un petit chien qui vécut longtemps près d'elle, mais fut emmené par son mari, lui apparaît, aboie joyeusement et la couvre de caresses. Il s'installe près d'elle et ne la quitte pas des yeux ; puis, après un moment, se lève et gratte à la porte. Il a fait sa visite et doit s'en retourner. Elle lui ouvre et, dans son rêve, suit l'animal qui s'éloigne en courant. Elle court derrière lui et, après un certain temps, le voit entrer dans une maison dont le rez-de-chaussée est occupé par un café. La rue, la maison, le quartier se gravent dans la mémoire de la dormeuse,

---

(1) *Proceedings. S. P. R.*, XI, p. 505.
(2) *Phantasms of the living*, I, 370, 384.

qui en conserve le souvenir au réveil. Préoccupée sans cesse de ce rêve, elle en parle à trois personnes de son entourage, qui ont témoigné depuis de l'authenticité des faits. Elle se décide enfin à suivre la piste du chien et retrouve son mari, dans la rue et la maison vues en songe. »

Les *Annales des Sciences psychiques*, de juin 1905, citent deux rêves prémonitoires accompagnés de circonstances qui leur donnent un caractère très émouvant.

Enfin, nous trouvons dans la *Revue de psychologie de la Suisse romande*, 1905, p. 379, le cas d'un jeune homme qui se voyait souvent, dans une hallucination autoscopique, précipité du haut d'un rocher et gisant, sanglant et meurtri, au fond d'un ravin. Cette fatale prémonition se réalisa de point en point, le 10 juillet 1904, sur la montagne du Salève, près de Genève.

*
* *

A mesure que nous nous élevons dans l'ordre des phénomènes psychiques, ceux-ci s'accentuent, se précisent et nous apportent des preuves plus décisives de l'indépendance et de la survivance de l'esprit.

Les perceptions de l'âme dans le sommeil sont de deux sortes. Nous constatons d'abord la vision à distance, la clairvoyance, la lucidité. Vient ensuite un ensemble de phénomènes désignés sous les noms de *télépathie* et *télesthésie* (sensations et sympathies à distance). Il comprend la réception et la transmission des pensées, des sensations, des impulsions motrices. A ces faits, se rattachent les cas de dédoublements et d'apparitions, désignés sous les noms de *fantômes des vivants*. Ces cas, la psychologie officielle a dû les constater en grand nombre, sans les expliquer (1). Tous ces faits se relient entre eux et forment une chaîne continue. En principe, ils ne sont, au fond, qu'un seul et même phénomène, variant de forme et d'intensité, c'est-à-dire le dégagement graduel de l'âme. Ce dégagement, nous allons le suivre dans ses phases diverses, depuis l'éveil des sens psychiques et leurs manifestations à tous les degrés, jusqu'à la projection à distance de l'esprit tout entier, âme et corps fluidique.

Examinons d'abord les cas où la vision psychique s'exerce avec une acuité remarquable. Nous en avons cité quelques-uns dans nos ouvrages précédents. En voici un plus récent, publié par toute la presse londonienne.

La disparition de miss Holland, affaire criminelle qui a passionné l'Angleterre, a été expliquée par un rêve. La police recherchait inutilement la victime. L'accusé, Samuel Douglas, prétendait que celle-ci était partie pour une destination inconnue et il allait être relâché. Les journaux de Londres, ayant publié des dessins représentant la ferme habitée par miss Holland et le jardin y attenant, une jeune femme de chambre vit la gravure et s'écria : « Voilà mon rêve ! » et elle indiqua un endroit, au pied d'un arbre, en disant : « Là, il y a un cadavre ! » Le propos fut répété à la police et, devant les agents, la jeune fille confirma ses déclarations. Elle expliqua qu'elle avait vu ce jardin en rêve et, dans le sol, à la place indiquée, un corps enseveli. La police fit creuser la

---

(1) Voir les *Proceedings* de la Société des recherches psychiques de Londres.

terre à cet endroit et y découvrit le cadavre de miss Holland. Il a été établi que la jeune femme de chambre n'avait jamais connu cette personne ni mis les pieds dans ce jardin.

On peut rappeler la vision dans le sommeil de Canon Warburton qui, étant venu voir son frère, trouva dans l'appartement de celui-ci, sur une table, un billet par lequel il s'excusait de ne pas se trouver chez lui pour le recevoir, obligé qu'il était de se rendre à un bal. En attendant son retour, C. Warburton s'assit dans un fauteuil et s'endormit. Peu après, il fut brusquement réveillé, ayant eu la vision de son frère tombant dans un escalier. Celui-ci rentra quelques instants plus tard et raconta qu'il venait d'échapper à un danger, ayant failli se rompre le cou en faisant une chute dans les conditions indiquées (1).

M. C. Flammarion, dans son ouvrage : *L'Inconnu et les Problèmes psychiques*, mentionne toute une série de visions directes à distance, dans le sommeil, résultant d'une enquête faite en France sur les phénomènes de cet ordre. Voici un cas plus compliqué. Les *Annales des Sciences psychiques*, de Paris, septembre 1905 (p. 551), contiennent la relation détaillée, et attestée par les autorités légales de Castel di Sangro (Italie), d'un rêve macabre, collectif et véridique :

Le garde-champêtre du baron Raphaël Corrado, la nuit du 3 mars dernier, vit en rêve son père mort depuis dix ans. Il lui reprocha, ainsi qu'à ses frères et sœurs, de l'avoir oublié et, chose plus grave, de laisser ses pauvres ossements, déterrés par les fossoyeurs, abandonnés sur la neige, derrière la tour du cimetière, à la merci des loups. La sœur du garde fit exactement le même rêve, et son frère, fort impres-

---

(1) GURNEY, MYERS et PODMORE, *Phantasms of the living*, I, p. 338.

sionné, prit son fusil et, malgré la tourmente de neige qui sévissait, se rendit au cimetière, situé sur un mont dominant la ville. Là, derrière la tour, parmi les ronces et sur la neige qui gardait des traces de pattes de loups, il vit des ossements humains.

Les *Annales* donnent ensuite le récit détaillé de l'enquête et des recherches faites par le juge de paix ; elles établissent que les ossements étaient bien ceux du père du garde, exhumés par les fossoyeurs à l'expiration de la période légale. Ceux-ci allaient les transporter à l'ossuaire aux approches de la nuit, lorsque le froid et la neige les contraignirent de remettre leur besogne au lendemain. Les documents relatifs à cette affaire, qui fit l'objet d'un procès, sont contresignés par le notaire, le juge de paix et le syndic de la localité ; ils ont été publiés par l'*Écho del Sangro*, du 15 mars 1905.

Le professeur Newbold, de l'Université de Pensylvanie, relate dans les *Proceedings S. P. R.*, XII, p. 11, plusieurs exemples de rêves indiquant une grande activité de l'âme dans le sommeil et apportant des enseignements du monde invisible. Entre autres, nous signalerons celui du docteur Hilprecht, professeur d'assyrien à la même Université, qui trouva dans le sommeil le sens d'une inscription antique, sens qui lui avait échappé jusque-là. Dans un rêve plus complexe, où intervient un prêtre des anciens temples de Nippur, il reçut de celui-ci l'explication d'une énigme embarrassante. Tous les détails de ce rêve furent reconnus exacts. Les indications du prêtre portaient sur des points d'archéologie, inconnus de tout être vivant sur la terre.

Remarquons que dans tous ces faits le corps du percipient repose, ses organes physiques sont endormis ; mais en lui, l'être psychique con-

VI. — Dégagement et extériorisation.
Projections télépathiques

Nous arrivons maintenant à un ordre de manifestations qui se produisent à distance, sans le concours des organes, aussi bien dans la veille que pendant le sommeil. Ces phénomènes, connus sous le terme un peu général et vague de *télépathie*, ne sont pas, nous l'avons dit, des actes maladifs et morbides de la personnalité, comme certains observateurs l'ont cru, mais, au contraire, des cas partiels, des éclosions isolées de la vie supérieure au sein de l'humanité. On doit voir en eux la première apparition des pouvoirs futurs dont l'homme terrestre sera doté. L'examen de ces faits nous conduira à la preuve que le moi extériorisé pendant la vie et le moi survivant après la mort sont identiques, et représentent deux aspects successifs de l'existence d'un seul et même être.

La télépathie, ou projection à distance de la pensée et même de l'image du manifestant, nous fait monter un degré de plus sur l'échelle de la vie psychique. Ici nous sommes en présence d'un acte puissant de la volonté. L'âme se communique elle-même en communiquant sa vibration : démonstration évidente de ce fait que l'âme n'est pas un composé, une résultante ni un agrégat de forces, mais bien, au contraire, le centre de la vie et de la volonté dans l'être, un centre dynamique qui commande à l'organisme et en dirige les fonctions. Les manifestations télépathiques ne comportent pas de limites. Le pouvoir et l'indépendance de l'âme s'y révèlent d'une façon souveraine, car ici le corps n'a aucune part au phénomène. Il est plutôt un obstacle qu'une aide. Aussi se produisent-elles avec une intensité plus grande encore après le décès, comme nous le verrons par la suite.

« L'auto-projection — dit Myers (1) — est le seul acte défini que l'homme semble capable d'accomplir aussi bien avant qu'après la mort corporelle. »

La communication télépathique à distance a été établie par des expériences devenues classiques. Rappelons celles de M. Pierre Janet et du docteur Gibert, du Havre, sur leur sujet Léonie, qu'ils font venir à eux, dans la nuit, à un kilomètre de distance, par des appels suggestifs (2).

Depuis lors les expériences se sont multipliées avec un succès constant. Citons seulement plusieurs cas de transmission de la pensée à grande distance.

Les *Annales des Sciences psychiques*, Paris, 1891, p. 26, relatent une expérience de transmission d'image mentale qui se fit, à 171 kilomètres de distance, de Paris à Ribemont (Aisne). Les opérateurs étaient MM. Debaux et Léon Hennique.

Le *Daily Express*, du 17 juillet 1903, rend compte de remarquables essais d'échanges de pensées qui eurent lieu dans les bureaux de la *Review of reviews*,

(1) Myers, *La Personnalité humaine*, etc., p. 250.
(2) Voir *Bulletin de la Société de psychologie physiologique*, I, p. 24.

Norfolk street, Strand, à Londres. Ces expériences étaient contrôlées par un comité de six membres, parmi lesquels le docteur Wallace, 39, Harley street, et W. Stead, l'éminent publiciste. Les messages télépathiques furent envoyés par M. Richardson, de Londres, et reçus par M. Franck, de Nottingham, à une distance de 110 milles anglais.

Enfin, le *Banner of Light*, de Boston, du 12 août 1905, nous apprend qu'une Américaine, Mrs. Burton Johnson, de Des Moines, a obtenu récemment le record de ce genre de transmission. Assise dans sa chambre, à l'hôtel Victoria, elle a reçu quatre fois des messages télépathiques de Palo Alto (Californie), distant de 3.000 milles. Il s'agit là, dit le journal, de faits dûment vérifiés, rigoureusement contrôlés et qui ne laissent subsister aucun doute.

La transmission des pensées et des images s'opère, nous l'avons dit, indistinctement dans le sommeil comme dans la veille. Nous en avons déjà relaté plusieurs cas ; on en trouvera d'autres, en grand nombre, dans les ouvrages spéciaux ; par exemple celui d'un médecin appelé télépathiquement pendant la nuit et celui d'Agnès Paquet, signalés par Myers (1). Ajoutons le cas de Mme Elgee : elle eut, au Caire, la vision d'un de ses amis qui, à ce moment même, en Angleterre, pensait vivement à elle (2).

Dans les derniers jours de sa vie, ma mère me voyait souvent près d'elle, à Tours, quoique je fusse alors bien loin de là, en voyage, dans l'Est.

Tous ces phénomènes peuvent s'expliquer par la projection de la volonté du manifestant qui évoque chez le percipient l'image même de la personne agissante. Dans les cas qui vont

(1) *Phantasms of the living*, I, 267. *Proceedings*, VII, 32-35.
(2) *Idem*, II, 239.

suivre, nous allons voir la personnalité psychique, l'âme, se dégager entièrement de son enveloppe corporelle et apparaître dans sa forme fantômale. Sur ce point, les témoignages abondent.

Nous avons relaté ailleurs (1) les résultats des enquêtes de la Société des Recherches psychiques, de Londres. Elles ont permis de recueillir environ un millier de cas d'apparitions à distance de personnes vivantes, appuyés sur des attestations de haute valeur. Les témoignages ont été consignés en plusieurs volumes, sous forme de procès-verbaux. Ils portent les signatures d'hommes de science appartenant à des académies ou corps scientifiques divers. Parmi ces noms figurent ceux de MM. Gladstone, Balfour, etc.

On attribue généralement à ces phénomènes un caractère subjectif. Mais cette opinion ne résiste pas à un examen attentif. Certaines apparitions ont été vues successivement par plusieurs personnes, aux différents étages d'une maison ; d'autres ont impressionné des animaux : chiens, chevaux, etc. Dans certains cas, les fantômes agissent sur la matière, ouvrent des portes, déplacent des objets, laissent des traces sur la poussière recouvrant les meubles. On entend des voix, qui donnent des informations sur des faits ignorés, et dont l'exactitude est reconnue plus tard.

Rappelons dans le nombre le cas de Mme Hawkins, dont le fantôme fut aperçu par quatre personnes à la fois et d'une façon identique (2) ; les visions de Mac-Alpine, de MM. Carrol, Stevenson (3) ; celle d'un

---

(1) Voir *Après la mort* : IIIe partie. *Dans l'Invisible*, chap. XII.
(2) *Phantasms of the living*, II, 78.
(3) *Proceedings*, X, 332. *Phantasms*, II, 96 et 100.

matelot qui, veillant son camarade moribond, vit apparaître toute une famille de fantômes en deuil (1); le cas de M. Clerk, dont le frère mourant apparut à une négresse qui ne l'avait jamais connu (2).

En France, tout un ensemble de faits de même nature ont été recueillis et publiés par les *Annales des Sciences psychiques*, du docteur Dariex et du professeur Ch. Richet, et par M. C. Flammarion, dans son ouvrage : *L'Inconnu et les Problèmes psychiques*.

Citons un cas tout récent. Les grands journaux de Londres, le *Daily Express*, l'*Evening News*, le *Daily News*, du 17 mai 1905, l'*Umpire*, du 14 mai, etc., rendent compte de l'apparition, en pleine séance du Parlement, à la Chambre des communes, du fantôme d'un député, le major sir Carne Raschse, retenu à ce moment chez lui par une indisposition. Trois autres députés attestent la réalité de cette manifestation. Voici comment s'exprime sir Gilbert Parker (3) :

« Je voulais participer au débat, mais on oublia de m'appeler. Pendant que je regagnais ma place, mes yeux tombèrent sur sir Carne Raschse, assis près de sa place habituelle. Comme je savais qu'il avait été malade, je lui fis un geste amical, en lui disant : — J'espère que vous allez mieux. — Mais il ne fit aucun signe de réponse. Cela m'étonna. Le visage de mon ami était très pâle. Il était assis, tranquille, appuyé sur une main ; l'expression de sa figure était impassible et dure. Je songeais un instant à ce qu'il convenait de faire ; quand je me retournai vers sir Carne, il avait disparu. Je me mis aussitôt à sa recherche, espérant le trouver dans

---

(1) *Phantasms*, II, 144.
(2) *Phantasms*, II, 61.
(3) *The Umpire*, du 14 mai 1905. Reproduit par les *Annales des Sciences psychiques*, juin 1905.

le vestibule. Mais Raschse n'y était pas ; personne ne l'y avait vu...

« Sir Carne lui-même ne doute pas d'être réellement apparu à la Chambre, sous forme de double, préoccupé qu'il était de se rendre à la séance pour appuyer de son vote le gouvernement. »

Dans le *Daily News*, du 17 mai 1905, sir Arthur Hayter ajoute son témoignage à celui de sir Gilbert Parker. Il dit que lui-même, non seulement vit sir Carne Raschse, mais attira l'attention de sir Henry Campbell Bannerman sur sa présence à la Chambre.

L'extériorisation ou dédoublement de l'être humain peut être provoqué par l'action magnétique. Des expériences ont été faites, et devant elles aucun doute n'est possible. Le sujet, endormi, se dédouble et va produire, à distance, des actes matériels.

Nous avons cité le cas du magnétiseur Lewis (1). En d'autres circonstances semblables, l'apparition a été photographiée. Aksakof cite trois de ces cas dans *Animisme et Spiritisme*. D'autres faits analogues ont été observés par le capitaine Volpi et M. Stead, directeur du *Borderland*.

Dans le cas Istrati et Hasdeu, ce dernier sénateur de Roumanie, la forme dédoublée du professeur Istrati a impressionné des plaques photographiques pendant la nuit, à 50 kilomètres du lieu où son corps était endormi.

Ainsi l'objectivité de l'âme, en sa forme fluidique, se manifestant sur des points éloignés de celui où repose son corps, est démontrée d'une manière positive et ne saurait être sérieusement contestée.

(1) *Revue scientifique du spiritisme*, février 1905, p. 457.

Du reste, il suffit de consulter l'histoire pour reconnaître que le passé est rempli de faits de ce genre. Les phénomènes de *bilocation des vivants* sont fréquents dans les annales religieuses. Le passé n'est pas moins riche en récits et témoignages concernant les esprits des morts, et cette abondance d'affirmations, cette persistance à travers les siècles est bien de nature à indiquer qu'au milieu des superstitions et des erreurs, il doit y avoir là une part de réalité.

En effet, la manifestation et la communication à distance entre esprits incarnés conduisent, logiquement et nécessairement, à la communication possible entre esprits incarnés et désincarnés. Ainsi que l'a dit Myers (1) : « Nous pouvons nous affecter mutuellement à distance; et si nos esprits incarnés peuvent agir ainsi d'une façon indépendante de l'organisme charnel, nous avons là une présomption en faveur de l'existence d'autres esprits indépendants des corps et susceptibles de nous affecter de la même manière. »

Les habitants de l'espace ont fourni plusieurs preuves expérimentales de cette loi de la communion universelle, dans la mesure affaiblie et restreinte où elle peut être constatée rigoureusement sur la terre.

Signalons, entre autres faits, l'expérience de la Société des recherches, de Londres, à laquelle le monde savant est redevable de tant de découvertes dans le domaine psychique. Elle a établi un système d'échanges de pensées entre

(1) Myers, *Ouvr. cité*, p. 25.

les États-Unis et l'Angleterre, sans autre appareil que deux médiums entrancés. A l'aide de ces intermédiaires, un message a été transmis *par un esprit à un autre esprit*. Ce message se composait de quatre mots latins, langue que ne connaissait ni l'un ni l'autre de ces médiums.

Cette expérience a été surveillée, contrôlée, par le professeur Hyslop, de l'Université de Columbia, à New-York. Toutes les précautions nécessaires ont été prises pour éviter les fraudes (1).

Lorsqu'on étudie, sous ses divers aspects, le phénomène de la télépathie, les vues d'ensemble qui s'en dégagent grandissent peu à peu, et l'on est amené à reconnaître en lui un procédé de communication d'une portée incalculable. D'abord, nous avons vu là une simple transmission presque mécanique de pensées et d'images entre deux cerveaux. Mais le phénomène va revêtir les formes les plus variées et les plus impressionnantes. Après les pensées, ce sont les projections à distance des fantômes des vivants, celles des mourants et, enfin, sans que nulle solution de continuité interrompe l'enchaînement des faits, les apparitions des morts, alors que le voyant n'a, dans la plupart des cas, aucune connaissance du décès des personnages apparus. Il y a là une série continue de manifestations qui se graduent dans leurs effets et concourent à démontrer l'indestructibilité de l'âme.

(1) On peut lire le récit de ce fait dans la *Daily Tribune*, de Chicago, 31 octobre 1904, et dans les *Proceedings* de la S. P. R.

L'action télépathique ne connaît pas de bornes. Elle supprime tous les obstacles et relie les vivants de la terre aux vivants de l'espace, le monde visible aux mondes invisibles, l'homme à Dieu; elle les unit de la manière la plus étroite, la plus intime.

Les moyens de transmission qu'elle nous révèle constituent la base des relations sociales entre les esprits, leur mode usuel d'échanger les idées et les sensations. Le phénomène appelé télépathie sur la terre n'est autre chose que le procédé de communication entre tous les êtres pensants dans la vie supérieure, et la prière est une de ses formes les plus puissantes, une de ses applications les plus hautes et les plus pures. La télépathie est la manifestation d'une loi universelle et éternelle.

Tous les êtres, tous les corps échangent des vibrations. Les astres s'influencent à travers les immensités sidérales; de même, les âmes, qui sont des systèmes de forces et des foyers de pensées, s'impressionnent mutuellement et peuvent se communiquer à toutes distances (1). L'attraction s'étend aux âmes comme aux astres; elle les attire vers un centre commun, centre éternel et divin. Un double rapport s'établit : leurs aspirations montent vers lui sous forme

(1) Sir W. Crookes, dans un discours à la *British Association*, en 1898, sur la loi des vibrations, déclare qu'elle est la loi naturelle qui régit « toutes communications psychiques ». La télépathie semble même s'étendre aux animaux. Il existe des faits indiquant une communication télépathique entre hommes et animaux. Voir, dans les *Annales des Sciences psychiques*, août 1905, pp. 469 et suiv., l'étude très documentée de M. E. Bozzano, *Perceptions psychiques et animaux*.

d'appels et de prières ; des secours en descendent sous forme de grâces et d'inspirations.

Les grands poètes, écrivains, artistes, les sages et les purs connaissent ces impulsions, ces inspirations soudaines, ces lueurs de génie qui illuminent le cerveau comme des éclairs et semblent provenir d'un monde supérieur, dont elles reflètent la grandeur et l'enivrante beauté. Ou bien ce sont des visions de l'âme ; dans un élan extatique, elle voit s'entr'ouvrir ce monde inaccessible, elle en perçoit les radiations, les essences, les lumières.

Tout cela nous le démontre : l'âme est susceptible d'être impressionnée par d'autres moyens que les organes, de recueillir des connaissances dépassant la portée des choses terrestres et provenant d'une cause spirituelle. C'est grâce à ces lueurs, à ces éclairs qu'elle entrevoit, dans la vibration universelle, le passé et l'avenir; elle perçoit la genèse des formes, formes d'art et de pensée, de beauté et de sainteté, d'où découlent à jamais des formes nouvelles, dans une variété inépuisable, comme la source dont elles émanent.

Considérons ces choses à un point de vue plus immédiat, voyons leurs conséquences dans le milieu terrestre. Déjà, par les faits télépathiques, l'évolution humaine s'accentue. L'homme conquiert de nouveaux pouvoirs psychiques, qui lui permettront, un jour, de manifester sa pensée à toutes distances, sans intermédiaire matériel. Ce progrès constitue une des plus magnifiques étapes de l'humanité vers une vie plus intense et plus libre. Il pourrait être le prélude de la plus grande révolution morale qui se soit produite sur notre globe ; par là, en effet, le mal serait vaincu ou considérablement atténué. Quand l'homme n'aura plus de secrets, qu'on pourra lire ses pensées dans son cerveau, il n'osera plus mal penser et, par conséquent, mal faire.

Ainsi, toujours, l'âme humaine montera, gravissant l'échelle des développements infinis. Les temps viendront où, de plus en plus, l'intelligence prédominera, se dégageant de la chrysalide charnelle, étendant, affirmant son empire sur la matière, créant par ses efforts des moyens nouveaux et plus étendus de perception et de manifestation. Les sens, à leur tour, affinés, verront s'élargir leur cercle d'action. Le cerveau humain deviendra comme un temple mystérieux, aux nefs vastes et profondes, emplies d'harmonies, de voix, de parfums, instrument admirable au service d'un esprit devenu plus subtil et plus puissant.

Et en même temps que la personnalité humaine, — âme et organisme, — la patrie terrestre se transformera. Pour que le milieu évolue, l'individu doit évoluer d'abord lui-même. C'est l'homme qui fait l'humanité, et l'humanité, par son action constante, transforme sa demeure. Il y a équilibre absolu et relation étroite entre le moral et le physique. La pensée et la volonté sont les outils par excellence à l'aide desquels nous pouvons tout transformer, en nous et autour de nous. N'ayons que des pensées hautes et pures ; aspirons à tout ce qui est grand, noble et beau. Peu à peu nous sentirons notre propre être se régénérer et, avec lui, de proche en proche, le milieu tout entier, le globe et l'humanité !

Et dans notre ascension, nous arriverons à mieux comprendre et à pratiquer cette communion universelle qui relie tous les êtres. Inconsciente dans les états inférieurs de l'existence, cette communion devient de plus en plus consciente à mesure que l'être s'élève et parcourt les degrés innombrables de l'évolution, pour aboutir un jour à cet état de spiritualité où chaque âme, rayonnante de l'éclat des puissances acquises, dans l'élan de son amour, vit de la vie de tous et se sent unie à tous dans l'œuvre éternelle et infinie.

VII. — MANIFESTATIONS APRÈS LE DÉCÈS

Dans l'examen qui précède, nous avons suivi l'esprit de l'homme à travers ses différentes phases de dégagement : sommeil ordinaire, sommeil magnétique, somnambulisme, transmission de la pensée, télépathie sous toutes ses formes. Nous avons vu sa sensibilité et ses moyens de perception s'accroître dans la mesure où les liens l'attachant au corps se relâchaient. Nous allons le voir maintenant à l'état de liberté absolue, c'est-à-dire après la mort, se manifestant à la fois physiquement et intellectuellement à ses amis de la terre. Nulle lacune ne sépare ces différents états psychiques. Que ces phénomènes aient lieu pendant ou après la vie matérielle, ils sont identiques dans leurs causes, dans leurs lois, dans leurs effets ; ils se produisent suivant des modes constants.

Il y a continuité absolue et gradation entre tous ces faits ; par là s'évanouit la notion du surnaturel, qui les a longtemps rendus suspects à la science. Le vieil adage : la nature ne fait pas de saut, se vérifie une fois de plus. La mort n'est pas un saut ; c'est la séparation et non la dissolution des éléments qui constituent l'homme terrestre ; c'est le passage du monde visible au monde invisible, dont la délimitation est purement arbitraire et due simplement à l'imperfection de nos sens. La vie de chacun de nous dans l'au-delà est le prolongement naturel et logique de la vie actuelle, le développement de la partie invisible de notre être. Il y a enchaînement dans le domaine psychique comme dans le domaine physique.

Nous l'avons vu : dans les deux ordres d'apparitions, soit des vivants extériorisés, soit des défunts, c'est toujours la forme fluidique, ce véhicule de l'âme, reproduction ou plutôt canevas du corps physique, qui se concrète et devient perceptible pour les sensitifs. La science, après les travaux de Becquerel, Curie, Lebon, etc., se familiarise de jour en jour avec ces états subtils et invisibles de la matière, avec ces fluides en un mot, utilisés par les Esprits dans leurs manifestations et que connaissent bien les spirites. Grâce aux découvertes récentes, la science est entrée en contact avec un monde d'éléments, de forces, de puissances insoupçonnés, et la possibilité de formes d'existence longtemps ignorées lui est enfin apparue.

Les savants qui ont étudié le phénomène spirite : sir W. Crookes, R. Wallace, R. Dale-Owen, Aksakof, O. Lodge, Paul Gibier, Myers, etc., ont constaté des cas nombreux d'apparitions de défunts. L'esprit de Katie King, qui se matérialisa pendant trois années chez sir W. Crookes, membre de l'Académie royale de Londres, a été photographié le 26 mars 1874, en présence d'un groupe d'expérimentateurs (1).

Il en fut de même des esprits d'Abdullah et de John King, photographiés par Aksakof. L'académicien R. Wallace et le docteur Thomson obtinrent la photographie spirite de leurs mères, décédées depuis de nombreuses années (2).

Myers parle de 231 cas d'apparitions de défunts. Il en cite quelques-uns empruntés aux *Phantasms* (3). Signalons dans le nombre une apparition annonçant une mort imminente (4) :

« Un voyageur de commerce, homme très positif, eut un matin la vision d'une de ses sœurs, morte depuis neuf ans. Lorsqu'il raconta le fait à sa famille, il ne fut écouté qu'avec incrédulité et scepticisme. Mais en décrivant la vision, il mentionna l'existence d'une égratignure sur la face. Ce détail frappa tellement sa mère qu'elle tomba évanouie. Ayant repris connaissance, elle raconta que c'était elle qui avait, par mégarde, fait cette égratignure à sa fille au moment de la mise en bière, qu'elle l'avait dissimulée de suite en la couvrant de poudre, de sorte que personne au monde

---

(1) Voir sir W. Crookes, *Recherches sur les phénomènes du spiritualisme.*
(2) Aksakof, *Animisme et Spiritisme*, pp. 620, 621.
(3) Myers, *La Personnalité humaine*, p. 268.
(4) *Idem*, p. 280.

n'était au courant de ce détail. Le fait qu'il avait été aperçu par son fils était donc une preuve de la véracité de sa vision et elle y vit en même temps l'annonce de sa mort, qui survint en effet quelques semaines plus tard (1). »

A citer également les cas suivants : celui d'un jeune homme qui s'était engagé, s'il mourait le premier, à apparaître à une jeune fille sans l'effrayer désagréablement ; il apparut en effet, un an après, à la sœur de cette personne, au moment où elle allait monter en voiture (2). Le cas de M. Town, dont l'image fut vue par six personnes (3). Le cas de Mme de Fréville. Elle aimait à fréquenter le cimetière et à se promener autour de la tombe de son mari, et y fut aperçue, sept ou huit heures après son décès, par un jardinier qui traversait ces lieux (4).

Puis c'est le cas d'un père de famille, mort en voyage et qui apparut à sa fille avec des vêtements inconnus dont il avait été revêtu après son décès par des étrangers. Il lui parla d'une somme d'argent qu'elle ne savait pas être en sa possession : ces deux faits furent reconnus exacts ultérieurement (5). Le cas d'Edwin Russell, qui se rend visible à son maître de chapelle, préoccupé qu'il était de devoirs et d'engagements assumés pendant sa vie (6). Enfin, le cas de Robert Mackenzie. A à un moment où son patron ignorait encore sa mort, il lui apparut pour se disculper d'une

(1) Est-il nécessaire de faire remarquer que l'Esprit n'a voulu apparaître avec cette « égratignure » que pour fournir, par ce moyen, une preuve de son identité ? Il en est de même pour plusieurs des cas suivants, où des Esprits se montrèrent avec des costumes ou attributs qui constituaient autant d'éléments de conviction pour les percipients.
(2) *Proceedings*, X, 284.
(3) *Idem*, X, 292.
(4) *Phantasms*, I, 212.
(5) *Proceedings*, X, 283.
(6) *Idem*, VIII, 214.

accusation de suicide qui pesait sur sa mémoire. Cette accusation fut reconnue inexacte, sa mort ayant été accidentelle (1).

Dans un mémoire présenté au Congrès international de psychologie de Paris, en 1900, le docteur Paul Gibier, directeur de l'Institut Pasteur de New-York, parle des « matérialisations de fantômes » (2), obtenues par lui dans son propre laboratoire, en présence des préparateurs qui l'assistaient habituellement dans ses travaux de biologie et de plusieurs dames de sa famille. Celles-ci avaient pour mission spéciale de surveiller le médium, Mme Salmon, de la déshabiller avant la séance, afin de vérifier ses vêtements, toujours noirs, alors que les fantômes apparaissaient en blanc. Par surcroît de précautions, on enfermait le médium dans une cage métallique fermée au cadenas et, pendant les séances, la clef ne quittait pas le docteur Gibier.

C'est dans ces conditions que se produisirent, en demi-lumière, de nombreuses formes, de tailles différentes, depuis des apparitions d'enfants jusqu'à des fantômes de haute stature. La formation est graduelle ; elle s'opère sous les yeux des assistants. Les formes parlent, se déplacent, serrent les mains des expérimentateurs. « Interrogées, dit Paul Gibier, elles déclarent toutes être des entités, des personnalités qui ont vécu sur la terre, des Esprits désincarnés dont la mission est de nous démontrer l'existence de l'autre vie. »

L'identité d'un de ces Esprits a été établie d'une manière précise. C'est celle d'une nommée Blanche, parente défunte de deux dames assistant aux séances, qui ont pu l'embrasser à maintes reprises et s'entretenir avec elle en français, langue ignorée du médium.

(1) *Proceedings*, II, 95.
(2) Voir *Compte rendu officiel du IVe Congrès de psychologie*. Paris, F. Alcan, février 1901. Reproduit *in extenso* par les *Annales des Sciences psychiques*.

Au congrès spiritualiste tenu la même année, à Paris, dans la séance du 23 septembre, le docteur Bayol, sénateur des Bouches-du-Rhône, ex-gouverneur du Dahomey, exposait verbalement les phénomènes d'apparitions dont il fut témoin à Arles et à Eyguières. Le fantôme d'Acella, jeune fille romaine dont la tombe est à Arles, au cimetière antique des Aliscamps, s'est matérialisé au point de laisser une empreinte de son visage dans la paraffine bouillante, non pas en creux, comme se produisent habituellement les moulages, mais en relief, ce qui serait impossible à tout être vivant. Ces expériences, entourées de toutes les précautions nécessaires, avaient lieu en présence de personnages tels que le préfet des Bouches-du-Rhône, le poète Mistral, un général de division, des médecins, des avocats, etc. (1).

Dans un procès-verbal portant la date du 11 février 1904 et publié par la *Revue des Études psychiques*, de Paris (2), le professeur Milèsi, de l'Université de Rome, « l'un des champions les plus estimés de la jeune école psychologique italienne », connu en France par ses conférences de la Sorbonne sur l'œuvre d'Auguste Comte, a rendu un témoignage public de la réalité des matérialisations d'esprits, entre autres de celle de sa propre sœur, décédée à Crémone, depuis trois ans. Voici un extrait de ce procès-verbal :

« Ce qu'il y eut de plus merveilleux dans cette séance, ce furent les apparitions, qui étaient de nature lumineuse, quoiqu'elles se soient produites dans le demi-jour ; elles furent au nombre de neuf ; tous les assistants purent les voir... Les trois premières furent celles reproduisant les traits de la sœur du professeur Milèsi, morte il y a trois ans, à Crémone, dans le couvent des filles du Sacré-Cœur, à l'âge de 32 ans. Elle appa-

(1) Voir *Compte rendu du Congrès spiritualiste international de 1900*, pp. 241 et suiv. Leymarie, éditeur.
(2) Numéro de mars 1904.

rut, souriant de son exquis sourire qui lui était habituel. De la même manière, M. Squanquarillo vit une apparition dans laquelle il reconnut sa mère ; ce fut la quatrième. Les cinq autres reproduisaient les traits des deux fils de M. Cartoni. Celui-ci affirme avoir été embrassé par ses enfants, leur avoir causé à plusieurs reprises, en avoir reçu des réponses, des serrements de mains ; il les sentit même s'asseoir sur ses genoux. » Ont signé : J.-B. Milèsi ; P. Cartoni ; F. Simmons ; J. Squanquarillo, etc.

En procédant par ordre chronologique, nous arrivons à des faits plus récents. Dans son article du *Figaro*, du 9 octobre 1905, intitulé : « Par delà la science », M. Ch. Richet, de l'Académie de médecine de Paris, disait : « Le monde occulte existe. Au risque d'être regardé par mes contemporains comme un insensé, je crois qu'il y a des fantômes. »

Cet article précédait seulement de quelques jours la publication de nombreux documents et procès-verbaux concernant l'apparition, chez le général Noël, à la villa Carmen, à Alger, de l'esprit d'un prêtre indou, Bien Boa. Le fantôme fut observé, photographié simultanément au moyen de trois appareils et au cours de plusieurs séances, par MM. Richet et G. Delanne.

Voici en quels termes M. Ch. Richet décrit cette apparition dans les *Annales des Sciences psychiques*, de novembre 1905, p. 656 :

« La même boule blanche (la tête) apparaît au ras du sol ; puis un corps se forme, qui remonte rapidement, tout droit, se dresse, atteint une hauteur d'homme, puis soudain s'affaisse sur le sol. »

...« Il me paraît bien que cette expérience est décisive ; car la formation d'une tache lumineuse sur le sol, laquelle se change ensuite en un être marchant et vivant, ne peut être, semble-t-il, obtenue par aucun truc. » ...« Je ne connais rien qui ressemble à cet évanouissement dans le sol en ligne droite, de sorte qu'à un moment donné il semble que la tête soit seule sur le sol et qu'il n'y ait plus de corps » (1).

Le célèbre professeur Lombroso, de l'Université de Turin, rend compte, dans le numéro de juin dernier de la Revue italienne l'*Aréna*, du résultat de ses expériences avec Eusapia Paladino : phénomènes de lévitation, déplacement d'objets sans contact, coups frappés sans cause apparente, apports de fleurs, etc. Et il ajoute:

« Le lecteur va m'interpeller d'un air de compassion et me demander : « Ne vous êtes-vous pas simplement « laissé mettre dedans par de vulgaires farceurs ? » Le fait indiscutable, c'est qu'avec Eusapia, les mesures de précaution les plus absolument rigoureuses furent prises contre toute fraude possible, parce qu'on lui liait les mains et les pieds et qu'on les entourait d'un fil électrique qui, au moindre mouvement, actionnait une sonnerie. Le médium Politi fut, à la Société de psychologie de Milan, enfermé tout nu dans un sac, et Mme d'Espérance fut immobilisée dans un filet, comme un poisson, et malgré cela les phénomènes se produisirent. »

« Après tout cela, j'assistai encore à des séances où Eusapia Paladino donnait en trance des réponses exactes et très sensées dans des langues qu'elle ne connaissait pas, comme par exemple l'anglais. Joignant à ces faits personnels tout ce que j'ai appris des expériences de Crookes avec Home et Katie King, de celles de ce médium allemand qui faisait dans l'obscurité les plus curieuses peintures, j'ai acquis la conviction que les phénomènes spirites s'expliquent, pour la plus grande partie, par des forces inhérentes au médium, puis aussi pour une partie, par l'intervention d'êtres supra-terrestres, qui disposent de forces dont les propriétés du

---

(1) Les manifestations de la villa Carmen ont suscité, en divers milieux, de vives polémiques et des critiques qui ont été réfutées vigoureusement par M. Maxwell, avocat général, dans les *Annales des sciences psychiques*, de mai 1906, p. 246.

radium peuvent donner une idée analogique. La solution de ce problème sera l'un des événements les plus prodigieux du *nouveau siècle*. »

... « Un jour, après le transport d'un objet très lourd, sans contact, Eusapia, dans un état de trance, me dit : « Pourquoi perds-tu ton temps à ces bagatelles. Je suis capable de te faire voir ta mère ; mais il faut que tu y penses fortement. Poussé par cette promesse, après une demi-heure de séance, je fus pris du désir intense de la voir s'accomplir et la table sembla donner son assentiment, avec ses mouvements habituels de soulèvement, successifs, à ma pensée intime. Tout à coup, dans une demi-obscurité, à la lumière rouge, je vis sortir d'entre les rideaux une forme un peu penchée, comme était celle de ma mère, couverte d'un voile, qui fit le tour de la table pour arriver jusqu'à moi en murmurant des paroles que plusieurs entendirent, mais que ma demi-surdité ne me permit pas de saisir. Comme, sous le coup d'une vive émotion, je la suppliais de les répéter, elle me dit, *Cæsar, fio mio !* ce qui, je l'avoue, n'était pas sa façon ordinaire. En effet, étant Vénitienne, elle disait *mio fiol* ; puis, écartant ses voiles, elle me donna un baiser. »

Lombroso parle ensuite des maisons hantées et dit : « Il convient d'ajouter que les cas de maisons dans lesquelles, pendant des années, se reproduisent des apparitions ou des bruits, concordant avec le récit de morts tragiques, et observés en dehors de la présence de médiums, plaide contre l'action exclusive de ceux-ci et en faveur de l'action des trépassés. »

Enfin, nous terminerons cette énumération par un résumé succinct des phénomènes de matérialisations de défunts, obtenus à Paris, de mai à octobre 1906, avec le concours du médium C.-V. Miller. J'ai pu constater moi-même, *de visu*, la réalité de ces faits étranges et impressionnants.

Une dizaine de séances se succédèrent chez

Mme Nœggerath, femme de lettres, M. Gaston Méry, directeur de *l'Écho du Merveilleux*, M. Ch. Letort, publiciste, etc. Une centaine d'apparitions s'y montrèrent; plusieurs furent identifiées par les assistants. Mme Lamoureux, veuve du célèbre chef d'orchestre des concerts des Champs-Élysées, reconnut son mari et l'embrassa. L'identité d'autres Esprits a été établie, par exemple celle d'un nommé Pierre Prié. La duchesse de Pomar aussi fut facilement reconnue à son accent si particulier, mi-anglais, mi-espagnol.

Les apparitions se produisaient en demi-lumière. On pouvait distinguer le médium qui, pendant la première moitié de la soirée, était assis en face de l'assistance composée en moyenne, chaque fois, d'une trentaine de personnes, dont plusieurs médecins, les docteurs Dusart, Encausse, Chazarain, Moutin, des représentants de la grande presse, etc.

Pendant la deuxième moitié des séances, Miller s'assied derrière un large rideau, dans un recoin de la pièce constituant une sorte de chambre obscure. Il y est plongé, par une action invisible, dans un sommeil profond, nécessaire à l'extériorisation des forces que les entités puisent en lui pour concréter leurs formes et les rendre visibles. L'absence de toute radiation lumineuse favorise la condensation des fantômes et la production des plus beaux phénomènes. De là, les dispositions prises (1). En effet, les apparitions ont peine à résister à l'influence de la lumière. Au bout de quelques minutes, elles commencent généralement à vaciller et à se dissoudre. On les voit alors repasser derrière le rideau, d'où elles sont sorties, pour rechercher, près du médium, des forces nouvelles et reparaître, un instant après, plus compactes, plus vivantes, plus nettes de con-

---

(1) Voir, pour les conditions qui règlent l'apparition et la matérialisation des Esprits: *Dans l'Invisible*, chap. XX.

tours, avec plus d'énergie dans la voix et de décision dans les mouvements.

Miller est Français, originaire de Nancy, où habite sa famille. Ce n'est pas un professionnel de la médiumnité ; il donne ses forces, sa santé, une part de sa vie, dans le seul but de fournir des preuves de la survivance. Sa résidence habituelle est San-Francisco.

Ne pouvant décrire ici, par le menu, tous les faits obtenus au cours des séances, je rappellerai, simplement et sobrement, ceux dont j'ai été le témoin attentif.

Le dimanche 14 octobre 1906, une trentaine de personnes étaient réunies dans le salon de Mme Nœggerath, 22, rue Milton. Dans un coin, deux rideaux tendus forment le cabinet de matérialisation. Je suis placé près de l'ouverture de ces rideaux et puis observer les manifestations dans leurs moindres détails.

Au début de plusieurs séances précédentes, le médium avait été déshabillé et revêtu d'étoffes sombres. Et comme, au cours de ces séances, entre autres à celle qui eut lieu, le jeudi 11 octobre, chez M. Gaston Méry, Miller se montra à l'assistance tenant une apparition par la main, dans des conditions défiant toute supercherie, on considéra comme superflu et discourtois de lui imposer de nouveau des conditions rigoureuses d'expérimentation. Cependant le cabinet fut visité minutieusement au préalable.

D'abord un certain nombre de formes assez vagues apparurent successivement en dehors des rideaux ; des voix prononcèrent des mots, des phrases et des noms d'Esprits. Mais dès que Miller fut plongé dans la trance, les phénomènes prirent un caractère beaucoup plus accentué. On voyait les rideaux se gonfler peu à peu. Tout à coup, ils s'ouvrirent brusquement et cinq formes blanches, couronnées d'autant de nimbes lumineux, se montrèrent simultanément. Elles restèrent visibles pendant plusieurs minutes, puis les rideaux se refermèrent.

Au bout d'un instant, les rideaux s'entr'ouvrirent de nouveau; un esprit féminin apparut à mes côtés. Placé au premier rang, mes genoux frôlaient les rideaux et je pouvais distinguer, sous le voile léger qui recouvrait l'apparition, la beauté de ses formes, sa carnation vivante et rosée. Ses mouvements étaient souples et gracieux. Elle pencha vers moi son visage imberbe, aux traits agréables (Miller porte des moustaches). Ses lèvres touchèrent mon front. Je sentis le contact d'une chair chaude et humide et tous mes voisins entendirent le bruit d'un baiser (1). Elle donna son nom d'une voix très distincte : Lillie Roberts, et, après avoir prononcé quelques phrases en anglais, traduites par Mme Ellen Letort, elle s'évanouit.

Un fait plus extraordinaire se produisit peu après. Un petit nuage vaporeux descendit du plafond et glissa le long du rideau, à la vue de tous. Quand il fut à la hauteur de mes jambes, je sentis plusieurs coups assez forts. Puis, il s'étala sur le parquet, *à nos pieds*. Un certain travail s'effectuait dans la masse blanchâtre qu'agitait un mouvement ondulatoire et constant. Lentement, une forme ample, d'allures masculines, émergea du parquet, se dressa devant moi et devant Papus, mon voisin; une voix sonore se fit entendre. C'était le guide-contrôle du médium, le docteur Benton; il nous adressa un chaleureux speech en anglais, nous disant qu'il était heureux de venir parmi nous, nous apporter des preuves de l'existence et de la manifestation des Esprits. Sa tête s'élevait un peu au-dessus de la mienne, à une

---

(1) Un autre soir, le docteur Dusart a été l'objet de la même faveur, de la part du même Esprit, inconnu de lui comme de moi.

courte distance, et je saisissais fort bien les vibrations de sa voix sortant de cette tête fantômale. Puis la forme s'affaissa graduellement. A mesure qu'elle descendait dans le parquet, la voix s'abaissait en même temps. Enfin, je ne vis plus qu'une tête sur le tapis. Et à ce moment encore, la voix disait : « Good evening ! good night ! » et je voyais briller un regard. Puis tout disparut.

L'esprit d'une petite fille, Lulu, vint gambader au milieu de nous, s'asseyant sur les genoux de « bonne maman » (Mme Nœggerath), folâtrant, riant aux éclats. « Je vais flotter », nous dit-elle. Ce qu'elle fit, s'élevant dans le vide, passant et repassant derrière le rideau plusieurs fois de suite. Et, nous priant de chanter, elle nous accompagnait, ce qu'avaient fait déjà avant elle plusieurs autres Esprits. Son rire saccadé et joyeux éclatait à tout propos. Devant ces manifestations, la mort perdait tout à coup son caractère funèbre, pour devenir, à nos yeux, une chose familière et touchante.

Miller reparut, sortant du rideau, encore tout troublé par la trance. Pendant toute la durée de ces phénomènes, au moment même où les Esprits parlaient et s'agitaient, nous entendions distinctement cette respiration haletante et ces gémissements comprimés qui caractérisent l'état du médium entrancé.

Dans le groupe d'études que j'ai longtemps dirigé à Tours, les médiums décrivaient des apparitions de défunts, visibles pour eux seuls, il est vrai, mais qu'ils n'avaient jamais connus, dont ils n'avaient jamais vu aucune image, entendu faire aucune description et que les assistants reconnaissaient d'après leurs indications.

Parfois, les Esprits se matérialisent au point de pouvoir écrire, en présence de personnes humaines et sous leurs yeux, de nombreux messages, qui restent comme autant de preuves de leur passage. Ce fut le cas pour la femme du banquier Livermore, dont l'écriture fut reconnue identique à celle qu'elle possédait durant son existence terrestre (1).

Plus souvent encore, les Esprits s'incorporent dans l'enveloppe de médiums endormis, parlent, écrivent, gesticulent, s'entretiennent avec les assistants et leur fournissent des preuves certaines de leur identité.

Dans ces phénomènes, le médium a abandonné momentanément son corps; la substitution de la personnalité est complète. Le langage, l'attitude, l'écriture, les jeux de physionomie sont ceux d'un esprit étranger à l'organisme dont il dispose pour quelques instants.

Les faits d'incorporation de Mrs. Pipers, minutieusement observés et contrôlés par le docteur Hodgson, les professeurs Hyslop, W. James, Newbold, O. Lodge et Myers, constituent le faisceau de preuves le plus puissant en faveur de la survivance (2). La personnalité de G. Pelham s'est révélée, *post mortem*, à ses propres parents, à son père, à sa mère, ainsi qu'à ses amis d'enfance, au nombre d'une trentaine, au point de ne laisser aucun doute dans leur esprit sur la cause de ces manifestations.

Il en fut de même dans le cas du professeur Hyslop, qui, ayant posé à l'esprit de son père 205 questions sur des sujets ignorés de lui-même, en obtint 152 réponses absolument exactes, 16 inexactes, 37 douteuses, faute de pouvoir être contrôlées. Ces vérifications fu-

---

(1) Voir Aksakof, *Animisme et Spiritisme*, pp. 620, 621.
(2) Voir le cas de Mrs. Piper. *Proceedings*, XIII, 284-582; XIV, 6-49, résumés dans mon ouvrage : *Dans l'Invisible*, pp. 282-295.

rent faites au cours de nombreux voyages effectués à travers les États-Unis, pour arriver à connaître, par le menu, l'histoire de la famille Hyslop avant la naissance du professeur, histoire à laquelle se rattachaient ces questions.

Les *Annales des Sciences psychiques*, de Paris, juin 1907, rappellent le fait suivant, qui s'est produit également en Amérique, vers 1860 :

« Le grand juge Edmonds, président de la Cour suprême de justice de l'État de New-York, président du Sénat des États-Unis, avait une fille chez laquelle se manifesta une médiumnité par des phénomènes spontanés qui se produisirent autour d'elle et qui ne tardèrent pas à éveiller sa curiosité, de telle façon qu'elle se prit à fréquenter les séances spirites. C'est alors qu'elle devint « médium parlant ». Quand une autre personnalité se manifestait en elle, Laura parlait parfois différentes langues qu'elle ignorait.

« Un soir qu'une douzaine de personnes étaient réunies chez M. Edmonds, à New-York, M. Green, artiste new-yorkais, vint, accompagné par un homme qu'il présenta sous le nom de M. Évangélidès, de Grèce. Bientôt une personnalité se manifesta en Miss Laura, qui adressa la parole au visiteur en anglais et lui communiqua un grand nombre de faits tendant à prouver que la personnalité était celle d'un ami décédé depuis plusieurs années, dans sa maison, mais dont personne des assistants n'avait connu l'existence. De temps à autre, la jeune fille prononçait des paroles et des phrases entières en grec, ce qui permit à M. Évangélidès de demander s'il pouvait lui-même parler grec. Il ne parlait en effet l'anglais qu'avec difficulté. La conversation se poursuivit en grec, de la part d'Évangélidès, et alternativement en grec et en anglais, de la part de Miss Laura. Par moments, Évangélidès paraissait très ému. Le lendemain, il renouvela sa conversation avec Miss Laura ; après quoi, il expliqua aux assistants que la personnalité invisible qui paraissait se manifester par l'intermédiaire du médium n'était autre que celle d'un de ses amis intimes, mort en Grèce, le frère du patriote grec Marc Botzaris ; cet ami l'informait de la mort d'un de ses fils à lui, Évangélidès, qui était resté en Grèce et se portait bien au moment où son père partit pour l'Amérique.

« Évangélidès revint auprès de M. Edmonds plusieurs fois encore, et, dix jours après sa première visite, il l'informa qu'il venait de recevoir une lettre l'avisant de la mort de son fils ; cette lettre devait être en route au moment où avait lieu le premier entretien de M. Évangélidès avec Miss Laura.

« J'aimerais, — dit le juge Edmonds à ce sujet, — qu'on me dise comment je dois envisager ce fait. Le nier, c'est impossible, il est trop flagrant. Je pourrais tout aussi bien nier que le soleil nous éclaire. Cela s'est passé en présence de huit à dix personnes, toutes instruites, intelligentes, raisonnables et aussi capables que n'importe qui de faire la distinction entre une illusion et un fait réel (1).

« M. Edmonds nous apprend que sa fille n'avait pas encore entendu un mot de grec moderne jusqu'à ce jour. Il ajoute qu'en d'autres occasions elle parla jusqu'à treize autres langues différentes, dont le polonais, l'indien, alors qu'elle ne connaissait à son état normal que l'anglais et le français, ce dernier comme on peut l'apprendre à l'école. Et ce M. J.-W. Edmonds, on l'a vu, n'était pas une personnalité quelconque. Nul n'a jamais mis en doute la parfaite intégrité de son caractère, et ses ouvrages prouvent sa lumineuse intelligence. »

Des phénomènes du même ordre ont été souvent

---

(1) Il y avait, entre autres, M. Green, artiste ; M. Allen, président de la Banque de Boston ; deux messieurs entrepreneurs de chemins de fer dans les États de l'Ouest ; Miss Jennie Keyer, nièce du juge Edmonds, etc.

obtenus en Angleterre. Citons, dans le nombre, une manifestation du célèbre professeur Sidgwick par l'organisme de Mrs. Thompson, endormie. Elle figure dans les *Proceedings*. M. Piddington, secrétaire de la Société, témoin du fait, rédigea un rapport, qui fut lu en séance, le 7 décembre 1903. Il fit passer de main en main, parmi les assistants, différents écrits automatiques, dans lesquels les amis et parents de Sidgwick, l'éminent psychologue qui fut le premier président de la Société, reconnurent son écriture. Au moins une fois, Sidgwick se serait efforcé de parler par la bouche de Mme Thompson. M. Piddington décrit cette scène comme l'expérience la plus réaliste et la plus impressionnante qu'il ait jamais rencontrée dans tout le cours de ses investigations : « Ce n'est pas, dit-il, comme si c'eût été lui ; c'est bien lui, à ce que l'on pouvait en juger. » La personnalité de Sidgwick fit allusion, entre autres choses, à un incident qui s'était produit dans l'une des réunions du Conseil de direction de la *Society* incident « dont on peut dire, avec une certitude presque absolue, que Mme Thompson ne pouvait pas le connaître ». L'un des assistants à la séance, membre du Conseil de direction, M. Arthur Smith, se leva pour déclarer qu'il se souvenait fort bien de cette circonstance (1).

En France, parmi un certain nombre de cas, nous signalerons celui de l'abbé Grimaud, directeur de l'asile des sourds et muets de Vaucluse. Au moyen des organes de Mme Gallas, endormie, il reçut, de l'esprit Forcade, décédé depuis huit années, un message par le mouvement silencieux des lèvres, d'après une méthode spéciale pour sourds-muets que cet Esprit avait inventée, communiquée à l'abbé Grimaud et que, seul parmi les assistants, ce vénérable ecclésiastique pouvait connaître. Nous avons publié naguère le procès-verbal de cette remarquable séance, avec la

---

(1) *Revue des Études psychiques*, Paris, janvier 1901.

signature de douze témoins et l'attestation motivée de l'abbé Grimaud (1).

M. Maxwell, avocat général à la Cour d'appel de Bordeaux et docteur en médecine, dans son ouvrage *Phénomènes psychiques* (2), étudie ce phénomène des incorporations, qu'il a observé chez Mme Agullana, épouse d'un ouvrier cimentier et s'exprime ainsi :

« La personnalité la plus curieuse est celle d'un médecin mort il y a une centaine d'années. Son langage médical est archaïque. Il donne aux plantes leurs noms médicinaux anciens. Son diagnostic est généralement exact ; mais la description des symptômes internes qu'il aperçoit est bien faite pour étonner un médecin du vingtième siècle... Depuis dix ans que j'observe mon confrère d'outre-tombe, il n'a pas varié et présente une continuité logique frappante. »

J'ai moi-même observé fréquemment ce phénomène ; j'ai pu, comme je l'ai exposé ailleurs (3), m'entretenir, par l'intermédiaire de divers médiums, avec de nombreux parents et amis défunts, obtenir d'eux des indications inconnues de ces médiums et constituant, pour moi, autant de preuves d'identité.

Si l'on tient compte des difficultés que comporte la communication d'un Esprit à des auditeurs humains, à l'aide d'un organisme et particulièrement d'un cerveau qu'il n'a pas façonnés lui-même, assouplis par une longue expérience ; si l'on considère qu'en raison de la différence des plans d'existence, on ne peut

(1) Voir *Dans l'Invisible*, p. 297.
(2) *Phénomènes psychiques*, p. 210.
(3) *Dans l'Invisible*, pp. 84, 299-306. *Christianisme et Spiritisme*, pp. 247-248.

exiger d'un désincarné toutes les preuves qu'on demanderait à un homme matériel, il faut le reconnaître : le phénomène des incorporations est un de ceux qui concourent le plus à démontrer la spiritualité de l'être et le principe de la survivance.

Il ne s'agit plus, dans ces faits, d'une simple influence à distance, c'est une impulsion à laquelle le sujet ne peut résister et qui, le plus souvent, se transforme en prise de possession de l'organisme entier. Ce phénomène est analogue à celui que nous avons constaté dans les cas de personnalité seconde. Là, le moi profond se substitue au moi normal et prend la direction du corps physique dans un but de contrôle et de régénération. Mais ici, c'est un esprit étranger qui joue ce rôle et se substitue à la personnalité du médium endormi. Il est des cas où deux et même trois Esprits agissent simultanément par les organes du médium ; par exemple, deux écriront, chacun à l'aide d'un de ses bras, et le troisième s'exprimera par sa bouche. Ce phénomène a été observé plusieurs fois chez Mrs. Piper.

Le mot *possession*, dont nous venons de nous servir, a été pris souvent dans un sens fâcheux. On attribuait, dans le passé, aux faits qu'il désigne un caractère diabolique et terrifiant. Mais comme le dit justement Myers (1) : « Le diable n'est pas une créature reconnue par la science. Dans ces phénomènes, nous nous trouvons seulement en présence d'Esprits qui ont

(1) Myers, *La Personnalité humaine*, p. 369.

été autrefois des hommes semblables à nous et qui sont toujours animés des mêmes motifs que ceux qui nous inspirent. »

A ce propos, Myers soulève une question : la possession est-elle jamais absolue ? Et il y répond en ces termes : « La théorie disant qu'aucun des courants connus de la personnalité humaine n'épuise toute sa conscience, et qu'aucune de ses manifestations connues n'exprime toute la potentialité de son être, peut également s'appliquer aux hommes désincarnés (1). »

Nous toucherions là au point central du problème de la vie humaine, au ressort secret, à l'action intime et mystérieuse de l'esprit sur un cerveau, soit sur le sien, soit, dans les cas qui nous occupent, sur un cerveau étranger. Considérée sous cet aspect, la question prend une importance capitale en psychologie. Myers ajoute (2) :

« Par ces études, les communications deviendront de plus en plus faciles, complètes, cohérentes et atteindront un niveau plus élevé de conscience unitaire. Les difficultés auront été grandes et nombreuses ; mais peut-il en être autrement, lorsqu'il s'agit de réconcilier l'esprit avec la matière et d'ouvrir à l'homme, de la planète où il est emprisonné, une trouée sur le monde spirituel…

« De même que par la clairvoyance migratrice (Myers appelle ainsi la clairvoyance somnambulique), l'esprit change de centre de perception, au milieu des scènes du monde matériel, de même il y a des transmissions spontanées du centre de perception dans les régions

---

(1) Myers, *La Personnalité humaine*, p. 397.
(2) *Idem*, pp. 398 à 400.

du monde spirituel. La conception de l'extase, dans son sens à la fois le plus littéral et le plus sublime, se dégage ainsi toute seule, d'une façon presque insensible, de tout un ensemble de preuves modernes.

« A toutes les époques, l'esprit est conçu comme susceptible de quitter le corps, ou, s'il ne le quitte pas, d'étendre considérablement son champ de perception, en faisant naître un état qui ressemble à l'extase. Toutes les formes connues d'extase s'accordent sur ce point et toutes elles reposent sur un fait réel. »

On le voit : grâce à des expériences, à des observations, à des témoignages mille fois répétés, l'existence et la survivance de l'âme sortent désormais du domaine de l'hypothèse ou du simple concept métaphysique, pour devenir une réalité vivante, un fait rigoureusement établi. Le surnaturel a vécu ; le miracle n'est plus qu'un mot. Toutes les terreurs, toutes les superstitions que suggérait aux hommes l'idée de la mort s'évanouissent. Notre conception de la vie universelle et de l'œuvre divine s'élargit ; en même temps, notre confiance en l'avenir se fortifie. Nous voyons, sous les formes alternantes de l'existence charnelle et fluidique, le progrès de l'être, le développement de la personnalité se poursuivre et une loi suprême présider à l'évolution des âmes à travers le temps et l'espace.

VIII. — ÉTATS VIBRATOIRES DE L'AME. LA MÉMOIRE

La vie est une vibration immense qui emplit

l'univers et dont le foyer est en Dieu. Chaque âme, étincelle détachée du foyer divin, devient, à son tour, un foyer de vibrations qui varieront, augmenteront d'amplitude et d'intensité, suivant le degré d'élévation de l'être. Ce fait peut être vérifié expérimentalement (1).

Toute âme a donc sa vibration particulière et différente. Son mouvement propre, son rythme, est la représentation exacte de sa puissance dynamique, de sa valeur intellectuelle, de sa hauteur morale.

Toute la beauté, toute la grandeur du vivant univers se résument dans cette loi des vibrations harmoniques. Les âmes qui vibrent à l'unisson se reconnaissent et s'appellent à travers l'espace; de là les attractions, les sympathies, l'amitié, l'amour! Les artistes, les sensitifs, les êtres délicatement harmonisés connaissent cette loi et en ressentent les effets. L'âme supérieure est une vibration en puissance de toutes ses harmonies.

L'entité psychique pénètre de ses vibrations tout son organisme fluidique, ce périsprit qui est sa forme et son image, la reproduction exacte de son harmonie personnelle et de sa lumière. Mais vienne l'incarnation, et ces vibrations vont se réduire, s'amortir sous les voiles de la chair. Le foyer intérieur ne pourra plus projeter au dehors qu'une radiation affaiblie, intermittente. Pourtant, dans le sommeil, le som-

---

(1) Les docteurs Baraduc et Joire ont construit des appareils enregistreurs permettant de mesurer la force radiante qui s'échappe de chaque personne humaine et varie selon l'état psychique du sujet.

nambulisme, l'extase, dès qu'une issue est ouverte à l'âme à travers l'enveloppe de matière qui l'opprime et l'enchaîne, le courant vibratoire se rétablit aussitôt et le foyer reprend toute son activité. L'esprit se retrouve dans ses états antérieurs de puissance et de liberté. Tout ce qui dormait en lui se réveille ; ses vies nombreuses se reconstituent, non seulement avec les trésors de sa pensée, souvenirs et acquisitions, mais aussi avec toutes les sensations, joies et douleurs, enregistrées dans son organisme fluidique. C'est pourquoi, dans la trance, l'âme, vibrante des souvenirs du passé, affirme ses existences antérieures et renoue la chaîne mystérieuse de ses transmigrations.

Les moindres détails de notre vie s'enregistrent en nous et y laissent des traces ineffaçables. Pensées, désirs, passions, actes bons ou mauvais, tout s'y fixe, tout s'y grave. Pendant le cours normal de la vie, ces souvenirs s'accumulent en couches successives et les plus récents finissent par effacer, en apparence, les plus anciens. Il semble que nous ayons oublié ces mille détails de notre existence évanouie. Cependant, il suffit, dans les expériences hypnotiques, d'évoquer les temps écoulés et de replacer le sujet, par la volonté, à une époque antérieure de sa vie, dans sa jeunesse ou même à l'état d'enfance, pour que ces souvenirs reparaissent en foule. Le sujet revit son passé, non seulement avec l'état d'âme et l'association d'idées qui lui étaient particuliers à cette époque — idées parfois bien dissemblables de celles qu'il professe actuellement — avec ses goûts, ses habitudes, son langage, mais aussi en reconstituant automatiquement toute la série des phénomènes physiques contemporains de cette époque. Ceci nous amène à reconnaître qu'il y a corrélation étroite entre l'individualité psychique et l'état organique.

Chaque état mental est associé à un état physiologique ; l'évocation de l'un, dans la mémoire des sujets, amène aussitôt la réapparition de l'autre (1).

Étant données les fluctuations constantes et le renouvellement intégral du corps physique en quelques années, ce phénomène serait incompréhensible sans le rôle du périsprit, qui garde en lui, gravées dans sa substance, toutes les impressions d'autrefois. C'est lui qui fournit à l'âme la somme totale de ses états conscients,

---

(1) Cette loi est connue en psychologie sous le nom de *parallélisme psycho-physique*. Wundt, dans ses *Leçons sur l'âme* (2ᵉ édition, Leipzig, 1892), disait déjà : « A chaque événement psychique correspond un événement physique quelconque. »

Les expériences des matérialistes eux-mêmes font ressortir l'évidence de cette loi. C'est ainsi, par exemple, que M. Pierre Janet, lorsqu'il replace son sujet Rose à deux années en arrière dans le cours de sa vie actuelle, voit se reproduire chez elle tous les symptômes de l'état de grossesse dans lequel elle se trouvait à cette époque. (P. Janet, professeur de psychologie à la Sorbonne, *L'Automatisme psychologique*, p. 160.)

Voir aussi les cas signalés par les docteurs Bourru et Burot, *Changements de la personnalité*, p. 152 ; par le docteur Sollier, *Des Hallucinations autoscopiques* (*Bulletin de l'Institut psychique*, 1902, pp. 39 et suiv.) et ceux relatés par le docteur Pitre, doyen de la Faculté de médecine de Bordeaux, dans son livre : *Le Somnambulisme et l'Hystérie*.

même après la destruction de la mémoire cérébrale. Les Esprits le démontrent par leurs communications, car ils ont conservé dans l'espace les moindres souvenirs de leur existence terrestre.

Cet enregistrement automatique semble s'effectuer sous forme de groupements ou de zones, au dedans de nous, zones correspondant à autant de périodes de notre vie. De sorte que, si la volonté, au moyen de l'auto-suggestion ou de la suggestion étrangère — ce qui est identique, puisque, nous l'avons vu, la suggestion, pour être efficace, doit être acceptée par le sujet et se transformer en auto-suggestion — si la volonté, disons-nous, fait revivre un souvenir appartenant à une période quelconque de notre passé, tous les faits de conscience se rattachant à cette même période se déroulent aussitôt dans un enchaînement méthodique. M. G. Delanne a comparé ces états vibratoires aux couches concentriques observées dans la section d'un arbre et qui permettent d'en calculer le nombre d'années.

Ceci rendrait compréhensibles les variations de la personnalité dont nous avons parlé. Pour des observateurs superficiels, ces phénomènes s'expliquent par la dissociation de la conscience ; étudiés de près et analysés, ils représentent, au contraire, des aspects d'une conscience unique, correspondant à autant de phases d'une même existence. Ces aspects se révèlent dès que le sommeil est assez profond et le dégagement périsprital suffisant. Si on a pu croire aux changements de personnalité, c'est parce que les états transitoires, intermédiaires, manquent ou s'effacent.

Le dégagement, nous l'avons dit précédemment, est facilité par l'action magnétique. Les passes exercées sur un sensitif relâchent peu à peu et dénouent les liens qui unissent l'esprit au corps. L'âme et sa forme éthérée sortent de la gangue matérielle, et cette sortie constitue le phénomène du sommeil. Plus l'hypnose est profonde, plus l'âme se détache, s'éloigne et recouvre la plénitude de ses vibrations. La vie active se concentre dans le périsprit, tandis que la vie physique est suspendue.

La suggestion accroît encore le rythme vibratoire de l'âme. Chaque idée contient ce que les psychologues appellent la tendance à l'action, et cette tendance se transforme en acte par la suggestion. Celle-ci n'est, en effet, qu'un mode de la volonté. Portée à sa plus haute intensité, elle devient une force motrice, un levier qui soulève et met en mouvement les puissances vitales endormies, les sens psychiques et les facultés transcendantales.

On voit alors se produire les phénomènes de clairvoyance, de lucidité, de réveil de la mémoire. Pour que ces manifestations deviennent possibles, le périsprit doit être impressionné au préalable par un ébranlement vibratoire déterminé par la suggestion. Cet ébranlement en accélérant le mouvement rythmique, a pour effet de rétablir le rapport entre la conscience cérébrale et la conscience profonde, rapport qui est rompu dans l'état normal, pendant la vie physique. Alors les images, les souvenirs emmagasinés dans le périsprit peuvent se ranimer et redevenir conscients. Mais, dès le réveil, le rapport cesse aussitôt, le voile retombe, les souvenirs lointains s'effacent peu à peu et rentrent dans la pénombre.

La suggestion est donc le procédé qu'on doit employer de préférence dans ces expériences. Pour ramener les sujets à une époque déterminée de leur passé, on les endort à l'aide de passes longitudinales, pratiquées de haut en bas, puis on leur suggère qu'ils ont tel ou tel âge. On leur fait remonter ainsi toutes les périodes de leur existence ; on peut obtenir des *fac-simile* de leur écriture, qui varient suivant les époques et sont toujours concordants, lorsqu'il s'agit des mêmes époques, évoquées au cours de différentes séances. Au moyen de passes transversales, on les ramène ensuite au point actuel, en repassant par les mêmes phases.

On peut encore — et nous avons procédé nous-même de cette façon — assigner au sujet une date précise de son passé, même le plus éloigné, et la faire renaître en lui. Si le sujet est très sensible, on voit alors se dérouler des scènes d'un intérêt captivant, avec des détails sur le milieu évoqué et les personnages qui y vivent, détails qui sont parfois susceptibles de vérification. On a pu constater, dit le colonel de Rochas, « que les souvenirs ainsi éveillés étaient exacts et que les sujets prenaient successivement les *personnalités* correspondant à leur âge » (1).

Insistons encore sur ces phénomènes, dont

(1) *Annales des Sciences psychiques*, Juillet 1905, p. 350.

l'analyse projette une vive lumière sur le mystère de l'être. Tous les aspects variés de la mémoire, l'extinction des souvenirs dans la vie normale, leur réveil dans la trance et l'extériorisation, tout s'explique par la différence des mouvements vibratoires qui relient l'âme et son corps psychique au cerveau matériel. A chaque changement d'état, les vibrations varient d'intensité, devenant plus rapides à mesure que l'âme se dégage du corps. Les sensations ressenties dans l'état normal s'enregistrent avec un minimum de force et de durée; mais la mémoire totale subsiste au fond de l'être. Pour peu que les liens matériels se relâchent et que l'âme soit rendue à elle-même, elle retrouve, avec son état vibratoire supérieur, la conscience de tous les aspects de sa vie, de toutes les formes physiques ou psychiques de son existence intégrale. C'est, nous l'avons vu, ce qu'on peut constater et reproduire artificiellement dans l'état hypnotique. Afin de bien se reconnaître dans le dédale de ces phénomènes, il ne faut pas oublier que cet état comporte des degrés nombreux. A chacun de ces degrés s'attache une des formes de la conscience et de la personnalité; à chaque phase du sommeil correspond un état particulier de la mémoire; le sommeil le plus profond fait surgir la mémoire la plus étendue. Celle-ci se restreint de plus en plus à mesure que l'âme réintègre son enveloppe. A l'état de veille ou de réveil correspond la mémoire la plus étroite, la plus indigente.

Ce phénomène de la reconstitution artificielle du passé nous fait comprendre ce qui se passe après la mort, lorsque l'âme, délivrée de son corps terrestre, se retrouve en face de sa mémoire agrandie, mémoire-conscience, mémoire implacable qui conserve l'empreinte de toutes ses fautes et devient son juge et, parfois, son bourreau.

Mais, en même temps, le moi, fragmenté en couches distinctes pendant la vie d'ici-bas, se reconstitue dans sa synthèse supérieure et sa magnifique unité. Toute l'expérience acquise au cours des siècles, toutes les richesses spirituelles, fruits de l'évolution, souvent cachés ou tout au moins amortis, amoindris dans cette existence, reparaissent dans leur éclat et leur fraîcheur, pour servir de bases à de nouvelles acquisitions. Rien n'est perdu. Les couches profondes de l'être, si elles racontent les défaillances et les chutes, proclament aussi les lents, les pénibles efforts accumulés au cours des âges pour édifier cette personnalité, qui ira toujours grandissant, toujours plus riche et plus belle, dans l'épanouissement heureux de ses facultés acquises, de ses qualités, de ses vertus.

IX. — ÉVOLUTION ET FINALITÉ DE L'AME

L'âme, avons-nous dit, vient de Dieu ; c'est le principe de l'intelligence et de la vie en nous. Essence mystérieuse, elle échappe à l'analyse, comme tout ce qui émane de l'absolu. Créée par amour, créée pour aimer, si chétive qu'elle peut être enfermée dans une forme restreinte et fragile, si grande, que, d'un élan de sa pensée, elle embrasse l'infini, l'âme est une parcelle de l'essence divine projetée dans le monde matériel.

Depuis l'heure de sa descente dans la matière, quel chemin a-t-elle suivi pour remonter jusqu'au point actuel de sa course ?

Il lui a fallu passer par des voies obscures, revêtir des formes, animer des organismes qu'elle rejetait à l'issue de chaque existence, comme on le fait d'un manteau devenu inutile. Tous ces corps de chair ont péri ; le souffle des destins en a dispersé la poussière ; mais l'âme persiste et demeure, en sa pérennité ; elle poursuit sa marche ascendante, parcourt les stations innombrables de son voyage et va vers un but grand et désirable, un but divin, qui est la perfection.

L'âme contient, à l'état virtuel, tous les germes de ses développements futurs. Elle est destinée à tout connaître, à tout acquérir, à tout posséder. Et comment y parviendrait-elle en une seule existence ? La vie est courte et la perfection est loin ! L'âme pourrait-elle, en une vie unique, développer son entendement, éclairer sa raison, fortifier sa conscience, s'assimiler tous les éléments de la sagesse, de la sainteté, du génie ? Non ! Pour réaliser ses fins, il lui faut, dans le temps et dans l'espace, un champ sans bornes à parcourir. C'est par des transformations sans nombre, après des milliers de siècles, que le minéral grossier se change en un pur diamant, étincelant de mille feux. Il en est ainsi de l'âme humaine.

Le but de l'évolution, la raison d'être de la vie n'est pas le bonheur terrestre, — comme beaucoup le croient par erreur — mais bien le perfectionnement de chacun de nous, et ce perfectionnement, nous devons le réaliser par le travail, par l'effort, par toutes les alternatives de la joie et de la douleur, jusqu'à ce que nous soyons entièrement développés et élevés à l'état céleste. S'il y a sur la terre moins de joie que de souffrance, c'est que celle-ci est l'instrument par excellence de l'éducation et du progrès, un stimulant pour l'être, qui, sans elle, s'attarderait dans les voies de la sensualité. La douleur, physique et morale, forme notre expérience. La sagesse en est le prix.

Peu à peu l'âme s'élève, et, à mesure qu'elle monte, s'accumule en elle une somme toujours croissante de savoir et de vertu ; elle se sent reliée plus étroitement à ses semblables ; elle communie plus intimement avec son milieu social et planétaire. S'élevant de plus en plus, elle se rattache bientôt par des liens puissants aux sociétés de l'espace, puis à l'Être universel.

Ainsi la vie de l'être conscient est une vie de solidarité et de liberté. Libre dans la limite que lui assignent les lois éternelles, il devient l'architecte de sa destinée. Son avancement est son œuvre. Aucune fatalité ne l'opprime, si ce n'est celle de ses propres actes, dont les conséquences retombent sur lui. Mais il ne peut se développer et grandir que dans la vie collective, avec le concours de chacun et au profit de tous. Plus il monte, plus il se sent vivre et souffrir en tous et pour tous. Dans son besoin d'élévation propre, il attire à lui, pour les faire parvenir à l'état spirituel, tous les êtres humains qui peuplent les mondes où il a vécu. Il veut faire pour eux ce qu'ont fait pour lui ses frères aînés, les grands Esprits qui l'ont guidé dans sa marche.

La loi de justice veut que toutes les âmes soient émancipées à leur tour, affranchies de la vie inférieure. Chaque être parvenu à la pleine conscience doit travailler à préparer à ses frères une vie supportable, un état social ne comportant que la somme des maux inévitables. Ces maux, nécessaires au fonctionnement de la loi d'éducation générale, ne seront jamais complètement supprimés sur notre monde. Ils représentent une des conditions de la vie terrestre. La matière est l'utile obstacle ; elle provoque l'effort et développe la volonté ; elle contribue à l'ascension des êtres, en leur imposant des besoins qui les contraignent au travail. Et comment, sans la peine, connaître la joie; comment, sans l'ombre, apprécier la lumière ; comment, sans la privation, goûter le bien acquis, la satisfaction obtenue ? Voilà pourquoi les difficultés se retrouvent sous toutes les formes, en nous et autour de nous.

*
* *

C'est un grand spectacle que la lutte de l'esprit contre la matière, lutte pour la conquête du globe, lutte contre les éléments, les fléaux, contre la misère, la douleur et la mort. Partout la matière s'oppose à la manifestation de la pensée. Dans le domaine de l'art, c'est la pierre qui résiste au ciseau du sculpteur. Dans la science, c'est l'insaisissable, l'infiniment petit qui se dérobe à l'observation. Dans l'ordre social comme dans l'ordre privé, ce sont les obstacles sans nombre, les besoins, les épidémies, les catastrophes !

Et cependant, en face des puissances aveugles qui le pressent et le menacent de toutes parts, l'homme s'est dressé, être fragile ; pour toute ressource il n'a que sa volonté. Et à l'aide de cette ressource unique, à travers les temps, l'âpre lutte s'est poursuivie, sans trêve, sans merci. Puis, un jour, par la volonté humaine, la puissance formidable a été vaincue, asservie. L'homme a voulu et la matière s'est soumise. A son geste, les éléments ennemis, l'eau et le feu se sont unis en grondant, et ont travaillé pour lui.

C'est la loi de l'effort, loi suprême, par laquelle l'être s'affirme, triomphe et grandit. C'est la magnifique épopée de l'histoire, la lutte extérieure qui remplit le monde. La lutte intérieure n'est pas moins émouvante. A chacune de ses renaissances, l'esprit devra façonner, assouplir la nouvelle enveloppe matérielle qui va lui servir de demeure, en faire un instrument capable de rendre, d'exprimer les conceptions de son génie. Trop souvent, l'instrument résiste et la pensée, découragée, se replie sur elle-même, impuissante à affiner, à soulever ce lourd fardeau qui l'étouffe et l'annihile. Pourtant, par l'effort accumulé, par la persistance des pensées et des désirs, malgré les déceptions, les défaites, à travers les existences renouvelées, l'âme réussit à développer ses hautes facultés.

Il est en nous une sourde aspiration, une énergie intime, mystérieuse, qui nous porte vers les sommets, nous fait tendre vers des destinées toujours plus hautes, nous pousse en avant vers le beau et le bien. C'est la loi du progrès, l'évolution éternelle qui guide l'humanité à travers les âges et aiguillonne chacun de nous. Car l'humanité, ce sont les mêmes âmes; elles reviennent de siècle en siècle, pour suivre, à l'aide de nouveaux corps, et jusqu'à ce qu'elles soient mûres pour des mondes meilleurs, leur œuvre de perfectionnement. L'histoire d'une âme ne diffère guère de celle de l'humanité ; l'échelle seule diffère, l'échelle des proportions.

L'esprit moule la matière. Il lui communique la vie et la beauté. Aussi l'évolution est-elle, par excellence, une loi d'esthétique. Les formes acquises sont le point de départ de formes plus belles. Tout se relie. La veille prépare le lendemain ; le passé enfante l'avenir. L'œuvre humaine, reflet de l'œuvre divine, s'épanouit en formes de plus en plus parfaites.

*
* *

La loi du progrès ne s'applique pas seulement à l'homme. Elle est universelle. Il y a dans tous les règnes de la nature une évolution qui a été reconnue par les penseurs de tous les temps. Depuis la cellule verte, depuis le vague embryon flottant sur les eaux, à travers des séries variées, la chaîne des espèces s'est déroulée jusqu'à nous (1).

Sur cette chaîne, chaque anneau représente une forme de l'existence qui conduit à une forme supérieure, à un organisme plus riche, mieux adapté aux besoins, aux manifestations grandissantes de la vie. Mais sur l'échelle d'évolution, la pensée, la conscience, la liberté n'apparaissent qu'après bien des degrés. Dans la plante, l'intelligence sommeille ; dans l'animal, elle rêve ; dans l'homme seulement, elle s'éveille, se connaît, se possède et devient consciente. Dès lors, le progrès, fatal en quelque sorte dans les formes inférieures de la nature, le progrès ne peut plus se réaliser que par l'accord de la volonté humaine avec les lois éternelles.

C'est par cet accord, par cette union de la raison humaine avec la raison divine, que s'édifient les œuvres préparatrices du règne de Dieu, c'est-à-dire du règne de la Sagesse, de la Justice, de la Bonté, dont tout être raisonnable et conscient porte en lui l'intuition.

Ainsi, l'étude des lois de l'évolution, loin d'infirmer la spiritualité de l'homme, vient, au contraire, lui donner une nouvelle sanction. Elle nous apprend comment le corps de

---

(1) Les êtres mono-cellulaires se retrouvent encore aujourd'hui, par milliards, dans chaque organisme humain.

Ce n'est pas d'une cellule unique qu'est sorti l'enchaînement des espèces ; c'est plutôt la multitude des cellules qui s'est groupée pour former des êtres plus parfaits et, d'échelon en échelon, converger vers l'unité.

l'homme peut dériver d'une forme inférieure par la sélection naturelle, mais elle nous montre aussi que nous possédons des facultés intellectuelles et morales d'une origine différente, et cette origine, nous la trouvons dans l'Univers invisible, dans le monde sublime de l'Esprit.

La théorie de l'évolution doit être complétée par celle de la percussion, c'est-à-dire par l'action des puissances invisibles, qui active, dirige cette lente et prodigieuse marche ascensionnelle de la vie sur le globe. Le monde occulte intervient, à certaines époques, dans le développement physique de l'humanité, comme il intervient dans le domaine intellectuel et moral, par la révélation médianimique. Lorsqu'une race ayant atteint son apogée, est suivie d'une race nouvelle, il est rationnel de croire qu'une famille supérieure d'âmes s'incarne parmi les représentants de la race épuisée pour la faire monter d'un degré en la renouvelant et en la façonnant à son image. C'est l'éternel hymen du ciel et de la terre, l'intime pénétration de la matière par l'esprit, l'effusion grandissante de la vie psychique dans la forme en cours d'évolution.

L'apparition des hommes sur l'échelle des êtres peut s'expliquer ainsi. L'embryogénie nous le démontre : l'homme est la synthèse de toutes les formes vivantes qui l'ont précédé, le dernier anneau de cette longue chaîne de vies inférieures qui se déroule à travers les temps. Mais c'est là seulement l'aspect extérieur du problème des origines; l'aspect intérieur est autrement ample et imposant. De même que chaque naissance s'explique par la descente dans la chair d'une âme venue de l'espace, ainsi la première apparition de l'homme sur la planète doit être attribuée à une intervention des puissances invisibles qui génèrent la vie. L'essence psychique vient communiquer aux formes animales évoluées le souffle d'une vie nouvelle. Elle va créer, pour la manifestation de l'intelligence, un organe jusqu'alors inconnu : la parole. Élément puissant de toute vie sociale, le verbe apparaîtra et, en même temps, par son enveloppe fluidique, l'âme incarnée conservera la possibilité d'entrer en rapports avec le milieu d'où elle est sortie (1).

L'évolution des mondes et des âmes est ré-

(1) Quelle que soit la théorie à laquelle on donne la préférence en ces matières, que l'on adopte les vues de Darwin, de Spencer ou d'Haeckel, on ne peut se résoudre à croire que la Nature, que Dieu, n'ait qu'un seul et unique moyen de produire et de développer la vie. Le cerveau humain est borné. Les possibilités de la vie sont infinies. Les pauvres théoriciens qui veulent enfermer toute la science biologique dans les étroites limites d'un système, nous rappellent toujours le petit enfant de la légende qui creusait un trou dans le sable de la plage et voulait y verser toute l'eau de l'océan.

Le professeur Ch. Richet l'a déclaré lui-même dans sa réponse à Sully-Prudhomme : « Les théories de la sélection sont insuffisantes. » Et nous ajouterons : S'il y a unité de plan, il doit y avoir diversité dans les moyens d'exécution. Dieu est le grand artiste qui, des contrastes, sait faire jaillir l'harmonie. Il semble qu'il y ait dans l'Univers deux immenses chaînes de vie : l'une monte de l'abîme par l'animalité ; l'autre descend des hauteurs divines ; elles se rejoignent pour s'unir, se confondre et s'entraîner. N'est-ce pas ce que signifie l'échelle du songe de Jacob ?

glée par la volonté divine, qui pénètre et dirige la nature entière. Mais l'évolution physique n'est que la préparation de l'évolution psychique, et l'ascension des âmes se poursuit bien au delà de la chaîne des mondes matériels.

Ce qui domine dans les basses régions de la vie, c'est la lutte ardente, le combat sans trêve de tous contre tous, la guerre perpétuelle dans laquelle chaque être fait effort pour conquérir une place au soleil, presque toujours au détriment des autres. Cette mêlée furieuse entraîne et décime tous les êtres inférieurs dans ses tourbillons. Notre globe est comme une arène où se livrent d'incessantes batailles (1).

La Nature renouvelle sans cesse ces armées de combattants. Dans sa fécondité prodigieuse, elle enfante de nouveaux êtres ; mais aussitôt, la mort fauche dans leurs rangs pressés. Cette lutte, effrayante à première vue, est nécessaire au développement du principe de vie. Elle dure jusqu'au jour où un rayon d'intelligence vient illuminer les consciences endormies. C'est par la lutte que se trempe et s'affirme la volonté; c'est de la douleur que naît la sensibilité.

L'évolution matérielle, la destruction des organismes n'est que temporaire ; elle représente la phase primaire de l'épopée de la vie. Les réalités impérissables sont dans l'esprit. Lui seul survit à ces conflits. Toutes ces enveloppes éphémères ne sont que des vêtements venant s'adapter à sa forme fluidique permanente. Comme des costumes, il les revêt pour

---

(1) Voir LE DANTEC, *La Lutte universelle*, 1 vol., 1906.

jouer les nombreux actes du drame de l'évolution sur la grande scène de l'Univers.

Émerger, degré à degré, de l'abîme de vie pour devenir esprit, génie supérieur, et cela par ses propres mérites et ses efforts ; conquérir son avenir, heure après heure ; se dégager un peu plus tous les jours de la gangue des passions ; s'affranchir des suggestions de l'égoïsme, de la paresse, du découragement ; se racheter peu à peu de ses faiblesses, de son ignorance, en aidant ses semblables à se racheter à leur tour, en entraînant tout le milieu humain vers un état plus élevé : voilà le rôle assigné à chaque âme. Et ce rôle, elle a, pour le remplir, toute la suite des existences innombrables qui lui sont dévolues sur l'échelle magnifique des mondes.

Tout ce qui vient de la matière est instable ; tout passe, tout fuit. Les montagnes s'affaissent peu à peu sous l'action des éléments ; les plus grandes cités se changent en ruines ; les astres s'allument, resplendissent, puis s'éteignent et meurent ; seule, l'âme impérissable plane dans l'éternelle durée.

Le cercle des choses terrestres nous enserre et limite nos perceptions ; mais quand la pensée se détache des formes changeantes et embrasse l'étendue des temps, elle voit le passé et le futur se rejoindre, frémir et vivre dans le présent. Le chant de gloire, l'hymne de la vie infinie remplit les espaces ; il monte du sein des ruines et des tombes ; sur les débris des civilisations mortes s'élancent des floraisons nouvelles. L'union se fait entre les deux humanités, visible et invisible; entre ceux qui peuplent la terre et ceux qui parcourent l'espace. Leurs voix s'appellent, se répondent, et ces bruits, ces murmures, encore vagues et confus pour beaucoup, deviennent pour nous le message, la parole vibrante, qui affirme la communion d'amour universel.

* * *

Tel est le caractère complexe de l'être humain — esprit, force et matière — en qui se résument tous les éléments constitutifs, toutes les puissances de l'Univers. Tout ce qui est en nous est dans l'Univers, et tout ce qui est dans l'Univers se retrouve en nous. Par son corps fluidique et son corps matériel, l'homme se trouve lié à l'immense réseau de la vie universelle; par son âme, à tous les mondes invisibles et divins. Nous sommes faits d'ombre et de lumière. Nous sommes la chair avec toutes ses faiblesses et l'esprit avec ses richesses latentes, ses espérances radieuses, ses magnifiques envolées. Et ce qui est en nous se retrouve dans tous les êtres. Chaque âme humaine est une projection du grand foyer éternel. C'est là ce qui consacre et assure la fraternité des hommes. Nous avons en nous les instincts de la bête, plus ou moins comprimés par le long travail et les épreuves des existences passées, et nous avons aussi la chrysalide de l'ange, de l'être radieux et pur que nous pouvons devenir par l'entraînement moral, les aspirations du cœur et le sacrifice constant du moi. Nous touchons par les pieds aux profondeurs obscures de l'abîme et par le front aux altitudes éblouissantes du ciel, à l'empire glorieux des Esprits.

Quand nous prêtons l'oreille à ce qui se passe au fond de notre être, nous entendons comme le bruissement d'eaux cachées et tumultueuses, comme le flux et le reflux de cette mer houleuse de la personnalité que soulèvent les souffles de la colère, de l'égoïsme et de l'orgueil. Ce sont les voix de la matière, les appels des basses régions qui nous attirent et influencent encore nos actions. Mais ces influences, nous pouvons les dominer par la volonté; ces voix, nous pouvons leur imposer silence, et, lorsque le calme s'est fait en nous, lorsque le murmure des passions s'est apaisé, alors s'élève la voix puissante de l'Esprit infini, le cantique de la vie éternelle, dont l'harmonie emplit l'immensité.

Et plus l'esprit s'élève, se purifie et s'éclaire, plus son organisme fluidique devient accessible aux vibrations, aux voix, aux souffles d'en haut. L'Esprit divin, qui anime l'Univers, agit sur toutes les âmes; il cherche à les pénétrer, à les éclairer, à les féconder; cependant la plupart restent obscures et fermées; trop grossières encore, elles ne peuvent ressentir son influence ni entendre ses appels. Souvent, il les entoure, les enveloppe, cherche à atteindre les couches profondes de leurs consciences, à les éveiller à la vie spirituelle. Beaucoup résistent à cette action, car l'âme est libre. D'autres ne la ressentent qu'aux moments solennels de la vie, dans les grandes épreuves, aux heures désolées où elles éprouvent le besoin d'un secours d'en haut et l'appellent. Pour vivre de la vie supérieure à laquelle ces influences nous convient, il faut avoir connu la souffrance, pratiqué l'abnégation, avoir renoncé aux joies matérielles, allumé et entretenu en soi cette flamme, cette illumination intérieure qui ne s'éteint jamais et dont les reflets éclairent, dès ce monde, les perspectives de l'au-delà. Seules, de multiples et pénibles existences planétaires nous préparent à cette vie.

*
* *

Ainsi se dévoile le mystère de Psyché, l'âme humaine, fille du ciel, exilée dans la chair et qui remonte vers sa patrie d'origine à travers des milliers de morts et de renaissances.

La tâche est rude, les pentes à gravir, escarpées ; l'effrayante spirale à parcourir se déroule sans terme apparent ; mais nos forces sont sans limites, car nous pouvons les renouveler sans cesse par la volonté et la communion universelle.

Et puis, nous ne sommes pas seuls pour effectuer ce grand voyage. Non seulement nous rejoignons, tôt ou tard, les êtres aimés, les compagnons de nos vies passées, ceux qui partagèrent nos joies et nos peines ; mais d'autres grands Êtres qui furent, eux aussi, des hommes et qui sont maintenant des Esprits célestes, se tiennent à nos côtés, aux passages difficiles. Ceux qui nous ont dépassés dans la voie sacrée ne se désintéressent pas de notre sort, et quand la tourmente sévit sur notre route, leurs mains secourables soutiennent notre marche.

Lentement, douloureusement, nous mûrissons pour des tâches de plus en plus hautes ; nous participons plus complètement à l'exécution d'un plan dont la majesté remplit d'une admiration émue celui qui en entrevoit les lignes imposantes. A mesure que notre ascension s'accentue, de plus grandes révélations nous sont faites, de nouvelles formes d'activité, de nouveaux sens psychiques naissent en nous, des choses plus sublimes nous apparaissent. L'univers fluidique s'ouvre toujours plus vaste à notre essor ; il devient une source intarissable de joies spirituelles.

Puis vient l'heure où, après ses pérégrinations à travers les mondes, l'âme, des régions de la vie supérieure, contemple l'ensemble de ses existences, le long cortège des souffrances subies. Elle le comprend enfin : ces souffrances sont le prix de son bonheur, ces épreuves n'ont enfanté que son bien. Et alors, son rôle change. De protégée, elle devient protectrice. Elle enveloppe de son influence ceux qui luttent encore sur les terres de l'espace ; elle leur souffle les conseils de sa propre expérience ; elle les soutient dans la voie ardue, dans les rudes sentiers par elle-même parcourus.

L'âme parviendra-t-elle jamais au terme de son voyage ? En avançant dans la voie tracée, elle voit toujours s'ouvrir de nouveaux champs d'études et de découvertes. Semblables au courant d'un fleuve, les ondes de la science suprême descendent vers elle en un flot toujours plus puissant. Elle arrive à pénétrer la sainte harmonie des choses, à comprendre qu'aucune discordance, aucune contradiction n'existe dans l'univers, que partout règnent l'ordre, la sagesse, la prévoyance. Et sa confiance, son enthousiasme augmentent encore ; avec un plus grand amour de la Puissance suprême, elle goûte d'une manière plus intense les félicités de la vie bienheureuse.

Dès lors, elle est étroitement associée à l'œuvre divine ; elle est mûre pour remplir les missions dévolues aux âmes supérieures, à cette hiérarchie d'esprits qui, à des titres divers, gouvernent et animent le Cosmos. Car ces âmes sont les agents de Dieu dans l'œuvre éternelle de la Création. Elles sont les livres merveilleux sur lesquels il a écrit ses plus beaux mystères. Elles sont comme les courants qui vont porter aux terres de l'espace les forces et les radiations de l'Ame infinie.

Dieu connaît toutes les âmes, qu'il a formées de sa pensée et de son amour. Il sait quel grand parti il en tirera plus tard pour la réalisation de ses vues. D'abord, il les laisse parcourir lentement la voie sinueuse, gravir les sombres défilés des vies terrestres, accumuler peu à peu en elles ces trésors de patience, de vertu, de savoir qu'on acquiert à l'école de la souffrance. Puis, un jour, attendries sous les pluies et les rafales de l'adversité, mûries par les rayons du soleil divin, elles sortent de l'ombre des temps, de l'obscurité des vies innombrables, et voilà que leurs facultés s'épanouissent en gerbes éblouissantes; leur intelligence se révèle en des œuvres qui sont comme un reflet du génie divin.

X. — LA MORT

La mort n'est qu'un changement d'état, la destruction d'une forme fragile qui ne fournit plus à la vie les conditions nécessaires à son fonctionnement et à son évolution. Au delà de la tombe, une autre phase de l'existence s'ouvre. L'esprit, sous sa forme fluidique, impondérable, s'y prépare à des réincarnations nouvelles; il trouve dans son état mental les fruits de l'existence qui vient de finir.

Partout est la vie. La nature entière nous montre, dans son cadre merveilleux, le perpétuel renouvellement de toutes choses. Nulle part la mort, telle qu'on la considère généralement autour de nous; nulle part l'anéantissement. Aucun être ne peut périr dans son principe de vie, dans son unité consciente. L'univers est débordant de vie physique et psychique. Partout, l'immense fourmillement des êtres, l'élaboration d'âmes qui n'échappent aux lentes et obscures préparations de la matière qu'afin de poursuivre, dans les étapes de la lumière, leur magnifique ascension.

La vie de l'homme est comme le soleil des régions polaires pendant l'été. Il descend lentement, il baisse, s'affaiblit, semble disparaître un instant sous l'horizon. En apparence, c'est la fin; mais aussitôt, il se relève, pour décrire de nouveau son orbe immense dans le ciel.

La mort n'est donc qu'une éclipse d'un instant dans cette grande révolution de nos existences. Mais cet instant suffit pour nous révéler le sens grave et profond de la vie. La mort, elle aussi, peut avoir sa noblesse, sa grandeur. Il ne faut pas la craindre, mais plutôt s'efforcer de l'embellir, en s'y préparant sans cesse par la recherche et la conquête de la beauté morale, la beauté de l'esprit qui moule le corps et l'orne d'un reflet auguste, à l'heure des suprêmes séparations. La façon dont nous savons mourir est déjà, par elle-même, une indication de ce que sera, pour chacun de nous, la vie de l'espace.

Il y a comme une lumière froide et pure autour de l'oreiller de certains lits de mort. Des visages, jusque-là insignifiants, semblent s'auréoler des clartés de l'Au-delà. Un silence imposant se fait autour de ceux qui ont quitté la terre. Les vivants, témoins de la mort, sentent de grandes et austères pensées se dégager du fonds banal de leurs impressions habituelles et donner un peu de beauté à leur vie intérieure. La haine, les mauvaises passions, ne résistent pas à ce spectacle. Devant le corps d'un ennemi, toute animosité s'apaise, tout désir de vengeance s'évanouit. Près d'un cercueil, le pardon semble plus facile, le devoir plus impérieux.

Toute mort est un enfantement, une renaissance. C'est la manifestation d'une vie jusque-là cachée en nous, vie invisible de la terre qui va se réunir à la vie invisible de l'espace. Après un temps de trouble, nous nous retrouvons, de l'autre côté du tombeau, dans la plénitude de nos facultés et de notre conscience, près des êtres aimés qui partagèrent les heures tristes ou joyeuses de notre existence terrestre. La tombe ne renferme qu'une vaine poussière. Élevons plus haut nos pensées et nos souvenirs, si nous voulons retrouver la trace des âmes qui nous furent chères.

Ne demandez pas aux pierres du sépulcre le secret de la vie. Sachez-le, les ossements et les cendres qui reposent là ne sont rien. Les âmes qui les ont animés ont quitté ces lieux. Elles revivent sous des formes plus subtiles, plus affinées. Du sein de l'invisible, où vos prières les atteignent et les émeuvent, elles vous suivent du regard; elles vous répondent et vous sourient. La révélation spirite vous apprendra à communiquer avec elles, à unir vos sentiments dans un même amour, dans une ineffable espérance.

Ils sont souvent à vos côtés, les êtres pleurés que vous allez chercher au cimetière. Ils reviennent et veillent sur vous, ceux qui ont été la force de votre jeunesse, qui vous ont bercés dans leurs bras, les amis, compagnons de vos joies et de vos douleurs; et toutes les formes, tous les doux fantômes des êtres rencontrés sur votre route, qui ont été mêlés à votre existence et ont emporté avec eux un peu de vous-même, de votre âme et de votre cœur. Autour de vous flotte la foule des hommes disparus dans la mort, foule confuse qui revit, vous appelle et vous montre le chemin à parcourir.

O mort! ô majesté sereine! toi dont on fait

un épouvantail, tu n'es pour le penseur qu'un instant de repos, la transition entre deux actes de la destinée, dont l'un s'achève, et l'autre se prépare ! Quand ma pauvre âme, errante depuis tant de siècles de par les mondes, après bien des luttes, des vicissitudes et des déceptions, après bien des illusions éteintes et des espérances ajournées, ira se reposer de nouveau dans ton sein, c'est avec joie qu'elle saluera l'aube de la vie fluidique. C'est avec ivresse qu'elle s'élèvera du milieu des poussières terrestres, à travers les espaces insondables, vers ceux qu'elle a chéris ici-bas et qui l'attendent.

Pour la plupart des hommes, la mort reste le grand mystère, le sombre problème qu'on n'ose regarder en face. Pour nous, elle est l'heure bénie où le corps fatigué retourne à la grande nature pour laisser à Psyché, sa prisonnière, un libre passage vers la patrie éternelle.

Cette patrie, c'est l'immensité radieuse, parsemée de soleils et de sphères. Près d'eux, combien notre pauvre Terre paraîtrait chétive ! L'infini l'enveloppe de toutes parts. Il n'y a pas plus de fin dans l'étendue qu'il n'y en a dans la durée, qu'il s'agisse de l'âme ou de l'univers.

De même que chacune de nos existences a son terme et doit s'évanouir pour faire place à une autre vie, de même chacun des mondes semés dans l'univers doit mourir pour faire place à d'autres mondes plus parfaits.

Un jour viendra où la vie humaine s'éteindra sur le globe refroidi. La Terre, vaste nécropole, roulera, morne, dans l'étendue silencieuse. Des ruines imposantes s'élèveront là où furent Rome,

Paris, Constantinople, cadavres de capitales, derniers vestiges de races éteintes, gigantesques livres de pierre que nul œil de chair ne lira plus. Mais l'humanité n'aura disparu de la terre qu'afin de poursuivre, sur des sphères mieux douées, d'autres étapes de son ascension. La vague du progrès aura poussé toutes les âmes terrestres vers des planètes mieux aménagées pour la vie. Il est probable que des civilisations prodigieuses fleuriront alors sur Saturne et sur Jupiter; des humanités renaissantes s'y épanouiront dans une gloire incomparable. Là est la place future des humains, leur nouveau champ d'action, les lieux bénis où il leur sera donné d'aimer encore et de travailler à leur perfectionnement.

Au milieu de leurs travaux, le triste souvenir de la terre viendra peut-être hanter encore ces esprits; mais, des hauteurs atteintes, la mémoire des douleurs subies, des épreuves endurées, ne sera plus qu'un stimulant pour s'élever plus haut.

En vain l'évocation du passé fera-t-elle surgir à leurs yeux les spectres de chair, les tristes dépouilles couchées dans les sépultures terrestres, la voix de la sagesse leur dira :

Qu'importent les ombres évanouies ! Rien ne périt. Tout être se transforme, s'éclaire, monte les degrés qui conduisent de sphère en sphère, de soleil en soleil, jusqu'à Dieu. Esprit impérissable, souviens-toi de ceci: *Il n'y a pas de mort !*

.˙.

Les enseignements et le cérémonial des Églises n'ont pas peu contribué, en représentant la mort sous des formes lugubres, à faire naître un sentiment de terreur dans les esprits. De leur côté, les doctrines matérialistes n'étaient pas faites pour réagir contre cette impression.

A l'heure du crépuscule, quand la nuit descend sur la terre, une sorte de tristesse s'empare de nous. Nous la chassons facilement en nous disant : après l'obscurité, la lumière reviendra. La nuit n'est qu'une veille d'aurore ! Lorsque l'été s'achève et qu'à l'épanouissement de la nature va succéder le morne hiver, nous nous consolons dans la pensée des floraisons futures. Pourquoi donc cet effroi de la mort, cette anxiété poignante, au sujet d'un acte qui n'est le terme de rien ?

C'est presque toujours parce que la mort nous paraît être la perte, la privation soudaine de tout ce qui faisait notre joie.

Le spiritualiste sait qu'il n'en est rien ; la mort est, pour lui, l'entrée dans un mode de vie plus riche d'impressions et de sensations. Non seulement nous n'y sommes pas privés des choses vivantes de l'esprit, mais celles-ci s'augmenteront de ressources nouvelles, d'autant plus étendues et plus variées que l'âme se sera mieux préparée à en jouir.

La mort ne nous prive même pas des choses de ce monde. Nous continuerons à voir ceux que nous aimons et laissons après nous. Du sein des espaces, nous suivrons les progrès de cette planète ; nous verrons les changements qui s'accomplissent à sa surface ; nous assisterons aux nouvelles découvertes, au développement social, politique et religieux des nations. Et jusqu'à l'heure de notre retour dans la chair, nous y participerons fluidiquement, en aidant, en influençant, dans la mesure de notre pouvoir et de notre avancement, ceux qui travaillent au profit de tous.

Bien loin de chasser l'idée de la mort, comme nous le faisons généralement, sachons donc la considérer en face, pour ce qu'elle est réellement. Efforçons-nous de la dégager des ombres et des chimères dont elle a été enveloppée, et demandons-nous de quelle façon il convient de se préparer à cet incident naturel et nécessaire du cours de la vie.

Nécessaire, disons-nous. En effet, qu'arriverait-il si la mort était supprimée ? Le globe deviendrait trop étroit pour contenir la foule des humains. L'âge et la décrépitude aidant, la vie nous semblerait, à un moment donné, tellement insupportable, que nous préférerions tout à sa prolongation indéfinie. Un jour viendrait où, ayant épuisé tous les moyens d'étude, de travail, de coopération utile à l'action commune, l'existence revêtirait pour nous un caractère accablant de monotonie.

Notre progrès, notre élévation l'exigent : nous devons être débarrassés, un jour ou l'autre, de cette enveloppe charnelle, qui, après avoir rendu les services attendus, devient impropre à nous suivre sur les autres plans de notre destinée. Comment ceux qui croient à l'existence d'une Sagesse prévoyante, d'un Pouvoir ordonnateur — quelle que soit d'ailleurs la forme prêtée par eux à ce Pouvoir — comment ceux-là peuvent-ils considérer la mort comme un mal ? Si elle joue un rôle important dans l'évolution des êtres, n'est-ce pas parce qu'elle est une des phases voulues de cette évolution, le pendant naturel de la naissance, un des éléments essentiels du plan de la vie ?

L'Univers ne peut faillir. Son but est la beauté ; ses moyens, la justice et l'amour. Fortifions-nous dans la pensée des avenirs sans limites. La confiance en la survie stimulera nos efforts, les rendra plus féconds. Aucune œuvre patiente et haute ne peut réussir sans la certitude des lendemains. Chaque fois qu'elle frappe autour de nous, la mort, en sa splendeur austère, devient un enseignement, une leçon souveraine, une invitation à mieux faire, à mieux agir, à accroître sans cesse notre valeur d'âme.

*
* *

L'appareil dont on entoure les inhumations laisse une autre impression non moins pénible, dans le souvenir des assistants. La pensée que notre enveloppe sera, elle aussi, déposée dans la terre, provoque comme une sensation d'angoisse et d'étouffement. Cependant, tous les corps que nous avons animés dans le passé reposent également sous le sol ou se sont lentement transformés en fleurs et en végétaux. Ces corps n'étaient que des vêtements usés;

notre personnalité n'a pas été ensevelie avec eux. Peu nous importe aujourd'hui ce qu'ils sont devenus. Pourquoi le sort du dernier d'entre eux, nous préoccuperait-il davantage ? Socrate répondait justement à la question de ses amis lui demandant comment il voulait être enterré : « Enterrez-moi comme il vous plaira, si seulement vous pouvez me saisir (1). »

Trop souvent, l'imagination de l'homme peuple les régions de l'Au-delà de créations effrayantes qui les rendent redoutables pour lui. Certaines Églises enseignent aussi que les conditions bonnes ou mauvaises de la vie future sont déterminées à la mort, d'une manière définitive, irrévocable, et cette affirmation trouble l'existence de bien des croyants. D'autres redoutent l'isolement, l'abandon au sein des espaces.

---

(1) On nous demande souvent si la crémation est préférable à l'inhumation au point de vue du dégagement de l'esprit. Les Invisibles, consultés, répondent qu'en thèse générale, la crémation provoque un dégagement plus rapide, mais brusque et violent, douloureux même pour l'âme attachée à la terre par ses habitudes, ses goûts, ses passions. Il faut un certain entraînement psychique, un détachement anticipé des liens matériels pour subir sans déchirement l'opération crématoire. C'est le cas pour la plupart des Orientaux, chez qui la crémation est en usage. Dans nos pays d'Occident, où l'homme psychique est peu développé, peu préparé à la mort, l'inhumation doit être préférée, quoique entraînant parfois des erreurs déplorables, par exemple, l'ensevelissement de personnes en état de léthargie. Elle doit être préférée, car elle procure aux individus attachés à la matière, un dégagement lent et gradué de l'esprit hors du corps. Elle devrait cependant être entourée de grandes précautions. Les inhumations sont, chez nous, beaucoup trop précipitées.

La révélation des Esprits vient mettre un terme à toutes ces appréhensions ; elle nous apporte sur la vie d'outre-tombe des indications précises (1). Elle dissipe cette incertitude cruelle, cette crainte de l'inconnu qui nous hante. La mort, nous dit-elle, ne change rien à notre nature spirituelle, à nos caractères, à ce qui constitue notre véritable moi. Elle nous rend seulement plus libres, libres d'une liberté dont l'étendue se mesure à notre degré d'avancement. D'un côté comme de l'autre, nous avons la possibilité de faire le bien ou le mal, la facilité d'avancer, de progresser, de nous réformer. Partout règnent les mêmes lois, les mêmes harmonies, les mêmes puissances divines. Rien n'est irrévocable. L'amour qui nous appelle en ce monde, nous attire plus tard vers l'autre ; mais en tous lieux, des amis, des protecteurs, des soutiens nous attendent. Tandis qu'ici-bas nous pleurons le départ d'un des nôtres, comme s'il allait se perdre dans le néant, au-dessus de nous des êtres éthérés glorifient son arrivée dans la lumière, de la même façon que nous nous réjouissons à l'arrivée d'un petit enfant, dont l'âme vient éclore de nouveau à la vie terrestre. Les morts sont les vivants du ciel !

*
* *

Beaucoup de personnes redoutent la mort à cause des souffrances physiques qui l'accompagnent. On souffre, il est vrai, dans la maladie

---

(1) Voir ALLAN KARDEC, *Le Ciel et l'Enfer*.

qui aboutit à la mort, mais on souffre aussi dans les maladies dont on guérit. L'instant de la mort, nous disent les Esprits, est presque toujours sans douleur. On meurt comme on s'endort. Cette opinion est confirmée par tous ceux que leur profession et leur devoir appellent fréquemment au chevet des mourants.

Cependant, à considérer le calme, la sérénité de certains malades aux heures ultimes et l'agitation convulsive, l'agonie des autres, on doit reconnaître que les sensations précédant la mort sont très diverses suivant les individus. Les souffrances sont d'autant plus vives que les liens unissant l'âme au corps sont plus nombreux et plus puissants. Tout ce qui peut les amoindrir, les affaiblir, rendra le dégagement plus rapide, la transition moins douloureuse.

Si la mort est presque toujours exempte de souffrance pour celui dont la vie fut noble et belle, il n'en est pas de même pour les sensuels, les violents, les coupables, les suicidés.

Aussitôt le passage franchi, une sorte de trouble, d'engourdissement envahit la plupart des âmes qui n'ont pas su se préparer au départ. Dans cet état, leurs facultés sont voilées; elles ne perçoivent plus qu'à travers un brouillard plus ou moins dense. La durée de ce trouble varie suivant leur nature et leur valeur morale. Il peut être très prolongé pour les plus arriérées et même embrasser des années entières. Puis, peu à peu, la brume s'éclaircit; les perceptions deviennent plus nettes. L'esprit recouvre sa lucidité ; il s'éveille à sa vie nouvelle, la vie de l'espace. Instant solennel pour lui, plus décisif, plus redoutable que l'heure de la mort, car, suivant sa valeur et son degré de pureté, ce réveil sera calme et délicieux, plein d'anxiété ou de souffrance.

Dans l'état de trouble, l'âme est consciente des pensées dirigées vers elle. Les pensées d'amour, de charité, les vibrations des cœurs affectueux brillent pour elle comme des rayons dans la brume qui l'enveloppe ; elles l'aident à se dégager des derniers liens qui l'enchaînent à la terre, à sortir de l'ombre où elle est plongée. C'est pourquoi les prières inspirées par le cœur, dites avec chaleur et conviction, les prières improvisées surtout, sont salutaires, bienfaisantes pour l'esprit qui a quitté la vie corporelle. Par contre, les oraisons vagues, puériles, des Églises, restent souvent sans effet. Prononcées machinalement, elles n'acquièrent pas cette puissance vibratoire qui fait de la pensée à la fois une force pénétrante et une lumière.

Le cérémonial religieux en usage apporte généralement peu d'aide et de réconfort aux défunts. L'ignorance des conditions de la survivance rend ceux qui participent à ces manifestations indifférents et distraits. C'est presque un scandale de voir avec quel laisser-aller on prend part, à notre époque, à une cérémonie mortuaire. L'attitude des assistants, le manque de recueillement, les conversations banales échangées pendant la conduite au cimetière, tout impressionne péniblement. Bien peu, parmi ceux qui suivent le convoi, songent au défunt et considèrent comme un devoir de projeter vers lui une pensée affectueuse.

Les prières ferventes de ses amis, de ses proches sont bien plus efficaces pour l'esprit du mort que les manifestations du culte le plus pompeux. Toutefois, il n'est pas bon de nous complaire outre mesure dans la douleur de la séparation. Certes, les regrets du départ sont légitimes et les larmes sincères sont sacrées ; mais, trop violents, ces regrets attristent et découragent celui qui en est l'objet et, souvent, le témoin. Au lieu de faciliter son essor vers l'espace, ils le retiennent aux lieux où il a souffert et où souffrent encore ceux qui lui sont chers.

On se demande parfois ce qu'il faut penser des morts précoces, des morts accidentelles, des catastrophes qui détruisent d'un seul coup de nombreuses existences humaines. Comment concilier ces faits avec l'idée de plan, de prévoyance, d'harmonie universelle ? Et si l'on quitte volontairement la vie, par un acte de désespoir, qu'advient-il ? Quel est le sort des suicidés ?

Les existences brisées prématurément, par suite d'accidents, sont arrivées à leur terme prévu. Ce sont, en général, des compléments d'existences antérieures qui ont été tronquées par suite d'abus ou d'excès. Lorsque, par suite d'habitudes déréglées, on a épuisé les ressources vitales avant l'heure marquée par la nature, on doit revenir parfaire, en une existence plus courte, le laps de temps que l'existence précédente aurait dû normalement embrasser. Il arrive que les êtres humains passibles de cette réparation, sont assemblés sur un point par la force du destin, pour subir, dans une mort tragique, les conséquences d'actes se rattachant au passé pré-natal. De là, les morts collectives, les catastrophes qui jettent dans le monde un avertissement. Ceux qui partent ainsi ont achevé le temps pendant lequel ils devaient vivre, et vont se préparer à d'autres existences meilleures.

Quant aux suicidés, le trouble où ils se trouvent plongés après la mort est profond, pénible, douloureux. L'angoisse les étreint et les suit jusque dans leur réincarnation ultérieure. Leur geste criminel a causé au corps fluidique un ébranlement violent et prolongé, qui se transmettra à l'organisme charnel à la renaissance. La plupart reviennent infirmes sur la terre. La vie étant dans toute sa force chez le suicidé, l'acte brutal qui la brise produira de longues répercussions dans son état vibratoire et déterminera des affections nerveuses dans ses vies terrestres à venir.

Le suicidé cherche le néant et l'oubli de toutes choses. Il se retrouve, au contraire, en face de sa conscience, dans laquelle reste gravé, à l'infini, le souvenir pitoyable de sa désertion dans le combat de la vie. Il n'est pas, sur terre, d'épreuve si dure, de souffrance si cruelle qui ne soit préférable à ce perpétuel reproche de l'âme, à la honte de ne pouvoir plus s'estimer soi-même. La destruction violente de ressources physiques qui pouvaient lui être utiles encore et même fécondes, ne délivre pas le suicidé des épreuves qu'il a voulu fuir, car il lui faudra renouer la chaîne brisée de ses existences et retrouver avec elle la série inévitable, aggravée des actes et des conséquences par lui-même engendrés.

Les motifs de suicide sont d'ordre passager et humain ; les raisons de vivre sont d'ordre éternel et surhumain. La vie, résultat de tout un passé, instrument du devenir, est, pour chacun de nous, ce qu'elle doit être, dans la balance infaillible du destin. Acceptons-en avec courage les vicissitudes qui sont autant de remèdes à nos imperfections, et sachons attendre avec patience l'heure fixée par la Loi équitable comme terme de notre étape terrestre.

* * *

La connaissance que nous avons pu acquérir des conditions de la vie future exerce une grande influence sur nos derniers moments. Elle nous donne plus d'assurance ; elle rend plus prompt le dégagement de l'âme. Pour se préparer utilement à la vie de l'au-delà, il faut, non seulement être convaincu de sa réalité, mais aussi en comprendre les lois, voir par la pensée les avantages et les conséquences de nos efforts vers l'idéal moral. Nos études psychiques, les rapports établis durant la vie avec le monde invisible, nos aspirations vers des modes d'existence plus élevés ont développé nos facultés latentes et, quand vient l'heure définitive, le détachement corporel étant déjà effectué en partie, le trouble est de peu de durée. L'esprit se reconnaît presque aussitôt ; tout ce qu'il voit lui est familier ; il s'adapte sans effort et sans émoi aux conditions de son nouveau milieu.

Aux approches de la dernière heure, les mourants entrent souvent en possession de leurs sens psychiques et perçoivent les êtres et les choses de l'invisible. Les exemples sont nombreux. En voici quelques-uns, empruntés à l'enquête faite par M. E. Bozzano, dont les résultats ont été publiés par les *Annales des Sciences psychiques* de mars 1906 :

Ier Cas. — Dans la vie du Rév. Dwight L. Moody (ardent propagandiste évangélique aux États-Unis), écrite par son fils (p. 485), on trouve le récit suivant de ses derniers moments :

« On l'entendit soudain murmurer : « La terre s'é« loigne, le ciel s'ouvre devant moi ; j'en ai dépassé les « limites. Ne me rappelez pas ; tout cela est beau ; on « dirait une vision d'extase. Si c'est cela la mort, qu'elle « est douce !... » Son visage se raviva et, avec une expression de joyeux ravissement : « Dwight ! Irène ! Je vois « les enfants ! » (il faisait allusion à deux de ses petits-fils, qui étaient morts). Ensuite, se tournant vers sa femme, il lui dit : « Tu as toujours été une bonne compagne « pour moi. » Après ces mots, il perdit connaissance. »

IIe Cas. — M. Hudson Tuttle parle ainsi d'un autre cas, venu à sa connaissance :

« Un épisode très émouvant s'est produit, il y a quelques années, dans la ville d'Hartford. Celui qui me le communiqua était tellement convaincu de la nature supranormale de ce qu'il avait vu, que le fait lui était resté bien gravé dans la mémoire. Il vit encore dans un État de l'Ouest ; c'est un homme pratique, positif — la dernière personne capable de se laisser aller à des rêveries. Dans la circonstance dont je m'occupe, il veillait au chevet d'un mourant, typographe de profession. Depuis une demi-heure environ, l'agonisant s'éteignait peu à peu. La respiration, de plus en plus oppressée, était devenue très lente et très difficile. Enfin, le moment arriva où le veilleur le crut mort. Tout à coup, ses paupières se rouvrirent, animées par une expression de grande surprise, comme en reconnaissant quelqu'un ; le visage illuminé par une ivresse de joie, il s'écria : « Toi, toi, ma mère ! » Et il retomba mort sur son oreiller. Personne ne pourra jamais me persuader, dit le rapporteur de cet épisode, que cet homme n'ait pas réellement aperçu devant lui sa mère. » (HUDSON TUTTLE, *The Arcana of Spiritualism*, p. 167.)

IIIᵉ Cas. — M. Alfred Smedley, aux pages 50 et 51 de son ouvrage *Some Reminiscences*, raconte comme il suit les derniers moments de sa femme :

« Quelques instants avant sa mort, ses yeux se fixèrent sur quelque chose qui sembla les remplir d'une surprise vive et agréable ; alors elle dit : « Comment ! « voici ma sœur Charlotte, voici ma mère, mon père, « mon frère Jean, ma sœur Marie ! Maintenant ils m'a- « mènent aussi Bessy Heap ! Ils sont tous ici ; oh ! que « c'est beau, que c'est beau ! Ne les vois-tu pas ? — Non, « ma chère, répondis-je, et je le regrette bien. — Tu « ne peux donc pas les voir ? répéta la malade avec « surprise. Ils sont pourtant tous ici ; ils sont venus « pour m'emmener avec eux. Une partie de notre famille « a déjà traversé la grande mer, et bientôt nous nous « trouverons tous réunis dans le nouveau séjour céleste. » — J'ajouterai ici que Bessy Heap avait été une servante très fidèle, très affectionnée à notre famille, et qu'elle avait toujours eu une affection particulière pour ma femme.

« Après cette vision extatique, la malade resta quelque

temps comme épuisée ; enfin, tournant fixement le regard vers le ciel, et soulevant les bras, elle expirait. »

IV⁰ Cas. — Le docteur Paul Edwards écrivait, en avril 1903, au directeur du *Light*, de Londres :

« Vers 1887, alors que j'habitais dans une ville de la Californie, je fus appelé au chevet d'une amie à laquelle j'étais fort attaché, et qui se trouvait à toute extrémité par suite d'une maladie de poitrine. Tout le monde savait que cette femme pure et noble, cette mère exemplaire, était vouée à une mort imminente ; elle finit par s'en rendre compte aussi et voulut alors s'apprêter au grand moment. Ayant fait venir ses enfants auprès de son lit, elle les embrassait tour à tour, après quoi elle les renvoyait. Son mari s'approcha en dernier lieu, afin de lui donner et d'en recevoir le suprême adieu. Il la trouva en pleine possession de ses facultés intellectuelles. Elle commença par dire : « New« ton (c'est le nom du mari)... ne pleure pas, car je ne « souffre point, et j'ai l'âme prête et sereine. Je t'ai aimé « sur la terre ; je t'aimerai encore après mon départ. Je « me propose de venir à toi, si cela m'est possible ; ne le « pouvant pas, je veillerai du ciel sur toi, sur mes en« fants, en attendant votre venue. Maintenant, mon plus « vif désir est de m'en aller... J'aperçois plusieurs om« bres qui s'agitent autour de nous... toutes vêtues de « blanc... J'entends une mélodie délicieuse... Oh, voici « ma Sadie ! Elle est près de moi, et sait parfaitement « qui je suis. » (Sadie était une petite enfant qu'elle avait perdue dix ans auparavant.) — « Sissy, lui dit le « mari, ma Sissy, ne vois-tu pas que tu rêves ? — Ah ! « mon cher, répondit la malade, pourquoi m'as-tu « rappelée ? A présent j'aurai plus de peine à m'en aller. « Je me sentais si heureuse dans l'au-delà ; c'était si dé« licieux, si beau ! » Après trois minutes environ la mourante ajouta : « Je m'en vais de nouveau, et cette fois « je ne reviendrai pas quand même tu m'appellerais. »

« Cette scène eut la durée de huit minutes. On voyait

bien que la mourante jouissait de la vision complète des deux mondes en même temps, car elle parlait des figures qui se mouvaient autour d'elle, dans l'au-delà, et, en même temps, elle adressait la parole aux mortels en ce monde... Jamais il ne m'est arrivé d'assister à un trépas plus impressionnant, plus solennel. » (*Light*, 1903, p. 167.)

Ve Cas. — Le docteur Wilson, de New-York, qui assista aux derniers moments du ténor James Moore, en parle comme il suit :

« Il était 4 heures, et la clarté de l'aube, qu'il avait attendue avec anxiété, commençait à filtrer à travers les volets. Je m'inclinai sur lui, et je constatai que son visage était calme et son regard limpide. Le pauvre malade me regarda et, en me serrant la main dans les siennes, il dit : « Vous avez été un bon ami pour moi, « docteur. Vous ne m'avez pas quitté. » Alors se passa un fait que je n'oublierai pas jusqu'à mon dernier jour, — quelque chose que ma plume est impuissante à décrire. Je ne puis m'exprimer autrement qu'en disant qu'alors qu'il paraissait conserver toute sa raison, il fut transporté dans l'au-delà, et quoique je ne puisse pas bien m'expliquer la chose, je suis absolument convaincu qu'il avait pénétré dans le séjour spirituel. En effet, en élevant la voix beaucoup plus qu'il ne l'avait fait durant sa maladie, il s'écria : « Voici ma mère ! « Viens-tu ici pour me voir, maman ? Non, non; c'est « moi qui viendrai vers toi. Attends un instant, ma mère; « je suis presque libre; je puis te rejoindre. Attends un « instant. » — Son visage avait une expression de bonheur inexprimable; la manière dont il parlait me fit une impression que je n'avais jamais ressentie jusqu'à ce jour; il vit sa mère et il lui parla; j'en suis tout aussi fermement convaincu que je le suis d'être assis ici en ce moment.

« Dans le but de bien arrêter mes souvenirs sur ce qui avait été le fait le plus extraordinaire auquel j'eusse jamais assisté, j'enregistrai aussitôt, mot pour mot, ce que je venais d'entendre... Ce fut la plus belle mort à laquelle j'aie jamais assisté. » (*Light*, 1900, p. 413.)

Les *Annales* relatent encore un grand nombre de cas où le malade perçoit des apparitions de défunts dont il ignorait le décès. Cinq cas sensationnels sont empruntés aux *Proceedings of the S. P. R.*, de Londres ; ces cas s'appuient sur des témoignages de haute valeur.

M. E. Bozzano, en terminant son exposé, se demande si ces phénomènes pourraient être expliqués par la subconscience ou la lecture des pensées. Il conclut par la négative et s'exprime ainsi (1) :

« Ces hypothèses ne se recommandent guère par la simplicité et n'ont pas le don de convaincre facilement un investigateur impartial. Il est clair que, par de pareilles théories si embrouillées et bien plus ingénieuses que sérieuses, on dépasse les frontières de l'induction scientifique pour entrer à voiles déployées dans le domaine illimité du fantastique (2). »

*
* *

En résumé, le meilleur moyen de s'assurer une mort douce et paisible, c'est de vivre

(1) *Annales des Sciences psychiques*, mars 1906, p. 171.
(2) Notons en outre ces témoignages :
« Un autre fait à signaler et dont j'ai été témoin, dit le docteur Haas, président de la Société des Études psychiques de Nancy, c'est que, souvent, peu d'instants avant de mourir, des aliénés retrouvent leur complète lucidité. » (*Bulletin de la Société des Études psychiques de Nancy*, 1906, p. 56.) Le docteur Teste (*Manuel prat. du magnét. animal*) déclare également avoir rencontré des fous qui cessaient de l'être à l'agonie, c'est-à-dire quand la conscience passe au corps fluidique.

Freidriech (*Handbuch der allgemeinen Pathologie*, p. 497) énumère des observations semblables.

dignement, simplement, sobrement, d'une vie sans tares et sans faiblesses ; en nous détachant par anticipation de tout ce qui nous lie à la matière ; en idéalisant notre existence, en la peuplant de hautes pensées et de nobles actions.

Il en est de même des conditions bonnes ou mauvaises de la vie d'outre-tombe. Elles aussi dépendent uniquement de la façon dont nous développons nos tendances, nos appétits, nos désirs. C'est dans le présent qu'il faut se préparer, agir, se réformer, et non pas au moment où la fin terrestre s'approche. Il serait puéril de croire que notre situation future dépend de certaines formalités plus ou moins bien remplies à l'heure du départ. C'est notre vie entière qui répond de la vie à venir. L'une et l'autre se relient étroitement ; elles forment une suite de causes et d'effets que la mort n'interrompt pas.

Il n'importe pas moins de dissiper les chimères dont certains cerveaux sont hantés, au sujet des lieux réservés aux âmes après la mort et où des êtres hideux doivent les conduire pour les tourmenter. Celui qui a pris soin de notre naissance, nous plaçant en venant au monde dans des bras aimants, tendus pour nous recevoir, nous réserve aussi des affections à notre arrivée dans l'au-delà. Chassons loin de nous les vaines terreurs, les visions infernales, les béatitudes illusoires. L'avenir comme le présent, c'est l'activité, le travail ; c'est la conquête de nouveaux grades. Ayons confiance en la bonté de Dieu, en son amour pour ses créatures et avançons d'un cœur ferme vers le but qu'il a fixé à toute vie !

Nous n'avons pas d'autre juge, pas d'autre bourreau au delà de la tombe que notre propre conscience. Dégagée des entraves terrestres, elle acquiert un degré d'acuité difficile à comprendre pour nous. Trop souvent assoupie durant la vie, elle se réveille à la mort et sa voix s'élève. Elle évoque les souvenirs du passé ; dépouillés de toute illusion, ils lui apparaissent sous leur véritable jour, et nos moindres fautes deviennent une cause de regrets incessants.

Ainsi que l'a dit Myers : « Il n'est pas besoin de purification par le feu ; la connaissance de soi-même est la seule punition et la seule récompense de l'homme (1). »

*
* *

L'harmonie est partout, dans la marche solennelle des mondes comme dans celle des destinées. Chacun est classé suivant ses aptitudes dans l'ordre universel. Aux grands Esprits, les hautes tâches, les créations du génie ; aux âmes faibles, les œuvres médiocres, les missions inférieures. Par tout l'essor de nos vies, nous allons vers le rôle qui nous convient et nous échoit légitimement.

Faisons-nous donc des âmes puissantes, riches de science et de vertu, aptes aux œuvres grandioses, et elles se créeront d'elles-mêmes

(1) MYERS, *La Personnalité humaine*, p. 418.

une noble place dans l'ordre éternel. Par la haute culture morale, par la conquête de l'énergie, de la dignité, de la bonté, efforçons-nous d'atteindre au niveau des grands Esprits qui travaillent pour la cause des humanités, afin de goûter avec eux les joies réservées au vrai mérite. Alors la mort, au lieu d'être un épouvantail, deviendra, à nos yeux, un bienfait, et nous pourrons répéter le mot célèbre de Socrate : « Ah, s'il en est ainsi, laissez-moi mourir encore et encore ! »

XI. — LA VIE DANS L'AU-DELA

L'être humain, avons-nous dit, appartient dès cette vie à deux mondes. Par son corps physique, il est relié au monde visible ; par son corps fluidique, à l'invisible. Le sommeil est la séparation temporaire de ces deux enveloppes ; la mort en est la séparation définitive. Dans les deux cas, l'âme se détache du corps physique et, avec elle, la vie se concentre dans le corps fluidique. La vie d'outre-tombe n'est donc que la persistance et la libération de la partie invisible de notre être.

L'antiquité a connu ce mystère (1), mais, depuis longtemps, les hommes ne possédaient plus sur les conditions de la vie future que des notions d'un caractère vague et hypothétique. Les religions et les philosophies nous transmet-

(1) Voir *Après la Mort*, 1re partie, *passim*.

tent sur ces problèmes des données fort incertaines, absolument dépourvues de contrôle, de sanction et, sur presque tous les points, en désaccord complet avec les idées modernes de continuité et d'évolution.

La science, de son côté, n'a étudié et connu jusqu'ici dans l'homme terrestre que la surface de nous-même, la partie physique. Or, celle-ci est à l'être entier à peu près ce que l'écorce est à l'arbre. Quant à l'homme fluidique, éthéré, dont notre cerveau physique ne peut avoir conscience, elle l'a entièrement ignoré jusqu'à nos jours. De là, son impuissance à résoudre le problème de la survivance, puisque c'est l'être fluidique seul qui survit. La science n'a rien compris aux manifestations psychiques qui se produisent dans le sommeil, le dégagement, l'extériorisation, l'extase, à toutes les échappées de l'âme vers la vie supérieure. Or, c'est uniquement par l'observation de ces faits que nous parviendrons à acquérir, dès cette vie, une connaissance positive de la nature du moi et de ses conditions d'existence dans l'au-delà.

L'expérimentation, seule, pouvait résoudre la question. Il s'agissait d'étudier dans l'homme actuel ce qui peut nous éclairer sur l'homme à venir. Il n'y a pas d'autre issue pour la pensée humaine, que la religion, la philosophie et la science, dans leur insuffisance, ont acculée au matérialisme. Le salut social est à ce prix, car le matérialisme, fatalement, nous conduirait à l'anarchie.

C'est seulement depuis l'apparition du spiritualisme expérimental que le problème de la survivance est entré dans le domaine de l'observation scientifique et rigoureuse. Le monde invisible a pu être étudié à l'aide de procédés et de méthodes conformes à ceux adoptés par la science contemporaine pour les autres domaines de recherches. Ces méthodes, nous les avons exposées ailleurs (1). Et déjà nous pouvons constater ceci : au lieu de creuser un vide, d'établir une solution de continuité entre les deux modes de vie, terrestre et céleste, visible et invisible, comme le faisaient les différentes doctrines religieuses, ces études nous ont montré dans la vie de l'au-delà le prolongement naturel, la continuité de ce que nous observons en nous.

La persistance de la vie consciente, avec tous les attributs qu'elle comporte : mémoire, intelligence, facultés affectives, a été établie par les nombreuses preuves d'identité personnelle, recueillies au cours d'expériences et d'enquêtes dirigées par des sociétés d'études psychiques en tous pays. Les esprits des défunts se sont manifestés par milliers, non seulement avec tous les traits de caractère et l'ensemble des souvenirs constituant leur personnalité morale, mais aussi avec les traits physiques et les détails de leur forme terrestre, conservés par le périsprit ou corps éthéré. Celui-ci n'est autre, nous le savons, que le moule du corps matériel ; c'est pourquoi les traits et les formes humaines reparaissent dans les phénomènes de matérialisation.

(1) Voir *Dans l'Invisible*, 1re partie.

En outre, la connaissance des conditions variées de la vie de l'au-delà a été exposée par les Esprits eux-mêmes, à l'aide des moyens de communication dont ils disposent. Leurs indications, recueillies et consignées en des volumes entiers de procès-verbaux, servent de bases précises à la conception que nous pouvons nous faire actuellement des lois de la vie future.

Cependant, à défaut des manifestations des défunts, les expériences sur le dédoublement des vivants nous fourniraient déjà de précieux renseignements sur le mode d'existence de l'âme dans le domaine de l'invisible.

Le colonel de Rochas l'a démontré expérimentalement : dans l'anesthésie et le somnambulisme, la sensibilité et les perceptions ne sont pas supprimées, mais simplement extériorisées, transférées au dehors (1). Nous pouvons déjà en déduire logiquement que la mort est l'état d'extériorisation totale et de libération du moi sensible et conscient.

La naissance est comme une mort pour l'âme. Elle l'enferme avec son corps éthéré dans le tombeau de la chair. Ce que nous appelons la mort, est simplement le retour de l'âme à la liberté, enrichie des acquisitions qu'elle a pu faire au cours de sa vie terrestre. Mais nous avons vu que les différents états du sommeil sont autant de retours momentanés à la vie de l'espace. Plus l'hypnose est profonde, plus l'âme s'émancipe et s'éloigne. Le sommeil le

---

(1) Voir A. DE ROCHAS, *Les États profonds de l'hypnose; l'Extériorisation de la sensibilité; les Frontières de la science.*

plus intense confine à la première phase de la vie invisible.

En réalité, les mots sommeil et mort sont impropres. Quand nous nous endormons à la vie terrestre, nous nous réveillons à la vie de l'esprit. Le même phénomène se produit à la mort ; il n'est différent que par sa durée.

Carl du Prel cite deux exemples significatifs :

« Une somnambule fit un jour la description de son état ; elle regrettait de ne pouvoir en conserver le souvenir après son réveil ; mais, ajoutait-elle, je reverrai tout cela après ma mort. Elle considérait donc son état somnambulique comme identique avec l'état après la mort . » (Kerner, *Magikon*, 41.)

« Deux Esprits visitent un jour la voyante de Prévorst. Elle n'aimait pas trop ces visiteurs : Pourquoi venez-vous chez moi, demanda-t-elle ? A quoi, les Esprits répondirent très judicieusement : Mais c'est toi qui es chez nous ! » (Perty, I, 280.)

Ces faits, auxquels on pourrait en ajouter beaucoup d'autres du même ordre, le démontrent : notre monde et l'au-delà ne sont pas séparés l'un de l'autre. Ils sont l'un dans l'autre ; ils s'enlacent en quelque sorte et se confondent étroitement. Les hommes et les Esprits se mêlent. Des témoins invisibles s'associent à notre vie, partagent nos joies et nos épreuves.

*
* *

La situation de l'esprit après la mort est la conséquence directe de ses penchants, soit vers la matière, soit vers les biens de l'intelligence et du sentiment. Si les penchants sensuels dominent, forcément, l'être s'immobilise sur les plans inférieurs qui sont les plus denses, les plus grossiers. S'il est alimenté de pensées belles et pures, il s'élève vers des sphères en rapport avec la nature même de ses pensées.

Swedenborg a dit avec raison : « Le ciel est là où l'homme a placé son cœur. »

Toutefois, le classement n'est pas immédiat ni la transition, soudaine. Si l'œil humain ne peut passer brusquement de l'obscurité à une vive lumière, il en est de même de l'âme. La mort nous fait entrer dans un état transitoire, sorte de prolongement de la vie physique et prélude de la vie spirituelle. C'est l'état de trouble, dont nous avons parlé, état plus ou moins prolongé, selon la nature épaisse ou éthérée du périsprit du défunt.

Délivrée du fardeau matériel qui l'opprimait, l'âme se trouve encore enveloppée du réseau des pensées et des images : sensations, passions, émotions, générées par elle au cours de ses vies terrestres. Elle devra se familiariser avec sa situation nouvelle, prendre conscience de son état, avant d'être portée vers le milieu cosmique pour lequel elle est préparée par son degré de lumière et de densité.

D'abord, pour le plus grand nombre, tout est sujet d'étonnement dans cet au-delà, où les choses diffèrent essentiellement du milieu terrestre. Les lois de la pesanteur sont moins rigides. Les murailles ne sont plus des obstacles. L'âme peut les traverser et s'élever dans les airs. Et cependant, certaines entraves, qu'elle ne peut définir, la retiennent encore. Tout la remplit de crainte, d'hésitation ; mais ses amis de là-haut veillent sur elle et guident ses premiers essors.

Les Esprits avancés se dégagent rapidement de toutes les influences terrestres et reprennent conscience d'eux-mêmes. Le voile matériel se déchire sous l'élan de leurs pensées; des perspectives immenses s'ouvrent. Ils comprennent presque aussitôt leur situation et s'y adaptent avec facilité. Leur corps spirituel, cet instrument volitif, organisme de l'âme, dont elle ne se sépare jamais, qui est l'œuvre de tout son passé, car elle l'a construit et tissé elle-même par son activité, flotte quelque temps dans l'atmosphère. Puis, selon son état de subtilité, de puissance, répondant aux attractions lointaines, il se sent élevé naturellement vers des associations similaires, vers des groupements d'esprits du même ordre, esprits lumineux ou voilés, qui entourent l'arrivant avec sollicitude, pour l'initier aux conditions de son nouveau mode d'existence.

Les esprits inférieurs conservent longtemps les impressions de la vie matérielle. Ils croient vivre encore physiquement et poursuivent, parfois pendant des années, le simulacre de leurs occupations habituelles. Pour les matérialistes, le phénomène de la mort reste incompréhensible. Faute de connaissances préalables, ils confondent le corps fluidique avec le corps physique. Les illusions de la vie terrestre persistent en eux. Par leurs goûts et même par leurs besoins imaginaires, ils sont comme rivés à la terre. Puis, lentement, avec l'aide d'Esprits bienfaisants, leur conscience s'éveille, leur intellect s'ouvre à la compréhension de ce nouvel état de vie. Mais, dès qu'ils cherchent à s'élever, leur densité les fait retomber aussitôt sur la terre. Les attractions planétaires et les courants fluidiques de l'espace les ramènent violemment vers nos régions, comme des feuilles mortes balayées par la tempête.

Les croyants orthodoxes errent dans l'incertitude et recherchent la réalisation des promesses du prêtre, la jouissance des béatitudes promises. Parfois, leur surprise est grande, un long apprentissage leur est nécessaire pour s'initier aux lois véritables de l'espace. Au lieu d'anges ou de démons, ils rencontrent les esprits des hommes qui ont, comme eux, vécu sur la terre et les ont précédés. Leur déception est vive en voyant leurs espérances ajournées, leurs convictions bouleversées par des faits auxquels rien, dans l'éducation reçue, ne les avait préparés. Mais si leur vie a été bonne, soumise au devoir, — les actes ayant sur la destinée plus d'influence encore que les croyances, — ces âmes ne sauraient être malheureuses.

Les esprits sceptiques et, avec eux, tous ceux qui se refusaient à croire à la possibilité d'une vie indépendante du corps, se croient plongés dans un rêve, dont la durée se prolongera aussi longtemps que leur erreur ne sera pas dissipée.

Les impressions sont variées à l'infini comme les valeurs des âmes. Celles qui, durant la vie terrestre, ont connu et servi la vérité, recueillent, dès le trépas, le bénéfice de leurs recherches et de leurs travaux. La communication suivante, parmi beaucoup d'autres, en fait foi. Elle émane de l'esprit d'un spirite militant, homme de cœur et de conviction éclairée : Charles Fritz, fondateur du journal *la Vie d'outre-tombe*, à Charleroi. Tous ceux qui ont connu cet homme droit et généreux, le reconnaîtront à son langage. Il décrit les impressions ressenties aussitôt après sa mort et ajoute :

« Je sentis que les liens se détachaient peu à peu et que ma personne spirituelle, mon moi, se dégageait. Je vis autour de moi de bons esprits qui m'attendaient; c'est avec eux, enfin, que je m'élevai de la surface terrestre.

« Je n'ai point souffert de cette désincarnation; mes premiers pas furent ceux de l'enfant qui commence à marcher.

« La lumière spirituelle, pleine de force et de vie, naissait en moi, car la lumière ne vient pas des autres, mais de nous. C'est un rayon qui se dégage de l'enveloppe fluidique et qui vous pénètre tout entier.

« Plus vous aurez travaillé dans la vérité, l'amour et la charité, plus cette lumière sera grande, jusqu'à devenir éblouissante pour ceux qui vous sont inférieurs.

« Eh bien ! mes premiers pas furent chancelants; cependant, peu à peu, la force me vint et je demandai à Dieu son assistance et sa miséricorde. Après avoir constaté le complet dégagement de mon individualité, j'envisageai enfin le travail que j'avais à faire. Je vis le passé de ma dernière vie et je travaillai pour qu'il me revînt profondément à la mémoire.

« Le passé se trouve dans le fluide de l'homme et, par conséquent, de l'esprit. Son périsprit est comme un mirage de toutes ses actions, et son âme, s'il a mal vécu, contemple avec tristesse ses fautes, inscrites, semble-t-il, dans les plis de son corps périsprital.

« Je ne fus nullement empêché de reconnaître ma vie telle qu'elle avait été. Évidemment, je constatai que je n'avais point été infaillible, car qui peut se targuer de l'avoir été sur la terre ? Mais je dois vous dire qu'après constatation, je me sentis très satisfait et heureux de mon travail terrestre.

« J'ai lutté, travaillé et souffert pour la lumière du spiritisme. Je l'ai donnée, avec l'espérance, à bien des frères de la terre, par la parole, par mes études et mes travaux ; aussi, cette lumière, je la retrouve.

« Je suis heureux d'avoir travaillé à relever la foi, les cœurs et le courage. Je vous recommande donc à tous cette foi inébranlable, puisée dans le Spiritisme, que je possédais.

« Je dois me développer encore, afin de revoir le passé de mes incarnations antérieures. C'est une étude, tout un travail à faire pour moi. Je vois bien une partie de ce passé, mais je ne puis pas très bien le définir, quoique mon réveil soit complet. Dans peu de temps, j'espère, ces vies passées m'apparaîtront clairement. Je possède assez de lumière pour pouvoir marcher sûrement en voyant ce qui est devant moi, mon avenir ; et j'assiste déjà de malheureux esprits. »

La loi des groupements dans l'espace est celle des affinités. Tous les esprits y sont soumis. L'orientation de leurs pensées les porte naturellement vers le milieu qui leur est propre ; car la pensée est l'essence même du monde spirituel, la forme fluidique n'en étant que le vêtement. Partout, ceux qui s'aiment et se comprennent s'assemblent.

Herbert Spencer, dans un moment d'intuition, a formulé un axiome également applicable au monde visible et au monde invisible. La vie, a-t-il dit, n'est qu'une adaptation des conditions intérieures aux conditions extérieures.

Enclin aux choses matérielles, l'esprit reste lié à la terre et se mêle aux hommes qui partagent ses goûts, ses appétits. Porté vers l'idéal, vers les biens supérieurs, il s'élève sans effort vers l'objet de ses désirs. Il s'unit aux sociétés de l'espace, participe à leurs travaux et jouit des spectacles, des harmonies de l'infini.

La pensée crée, la volonté édifie. La source de toutes les joies, de toutes les douleurs est dans la raison et la conscience. C'est pourquoi nous retrouvons, tôt ou tard, dans l'au-delà, les créations de nos rêves et la réalisation de nos espérances. Mais le sentiment de la tâche inachevée ramène, en même temps que les affections et les souvenirs, la plupart des esprits vers la terre. Toute âme retrouve le milieu que ses désirs appellent ; elle vivra dans les mondes rêvés, unie aux êtres qu'elle affectionne; mais elle y retrouvera aussi les regrets, les souffrances morales que son passé a engendrés. Un esprit éminent l'a dit en ces termes :

« Toutes les félicités rêvées par l'humanité sont en Dieu. Mais, en haut comme ici-bas, les joies et les angoisses ne sont pas disposées à notre gré. La même beauté est partout. Seules, les formes de la beauté changent avec la conscience des êtres. De même que tu ne pourrais, en ta forme humaine, supporter et comprendre les joies incommensurables de tel au-delà, tu ne pourrais non plus, en cette forme, en comprendre et en supporter les incommensurables angoisses. »

Ceci confirme un fait déjà énoncé. L'esprit avancé possède des sources de sensations et de perceptions infiniment plus variées, plus étendues, plus intenses que celles de l'homme terrestre. C'est d'une façon bien arbitraire que l'on compare ses facultés aux nôtres. En lui, la clairvoyance, la clairaudience, l'action à distance, la connaissance du passé et de l'avenir coexistent dans une synthèse indéfinissable qui constitue, suivant l'expression de F. Myers, « le mystère central de la vie ». Parlant des facultés des Invisibles, de situation moyenne, cet auteur s'exprime ainsi (1) :

« L'esprit, sans être limité par l'espace et le temps, a une connaissance partielle de l'espace et du temps. Il peut s'orienter, trouver une personne vivante et la suivre à volonté. Il est capable de voir dans le présent des choses qui apparaissent pour nous comme situées dans le passé et d'autres qui sont situées dans le futur. L'esprit est conscient des pensées et émotions de ses amis qui se rapportent à lui. »

Quant à la différence d'acuité dans les impressions, nous pouvons déjà nous en faire une idée par les rêves dits « émotifs ». L'âme, dans l'état de dégagement, même incomplet, non seulement perçoit mais ressent avec une intensité beaucoup plus vive que dans l'état de veille. Des scènes, des images, des tableaux qui, dans la veille, nous affectent faiblement, deviennent dans le rêve des causes de haute satisfaction ou de vive souffrance. Nous avons là un aperçu de ce que peuvent être la vie de l'esprit et ses modes de sensation lorsque, détaché de l'enveloppe charnelle, sa mémoire, sa

---

(1) MYERS, *La Personnalité humaine*, p. 395.

conscience recouvrent la plénitude de leurs vibrations. Nous comprenons dès lors comment la reconstitution des souvenirs du passé peut devenir une source de tourments. L'âme porte en elle-même son propre juge, la sanction infaillible de ses œuvres, bonnes ou mauvaises.

On l'a constaté au cours d'accidents qui auraient pu entraîner la mort. Dans certaines chutes, pendant la trajectoire du corps humain d'un point élevé sur le sol, ou bien dans l'asphyxie par submersion, la conscience supérieure de la victime passe en revue toute la vie écoulée, avec une rapidité effrayante. Elle la revoit tout entière en quelques minutes, dans ses moindres détails.

Carl du Prel (1) en donne plusieurs exemples. Haddock cite, entre autres faits, le cas de l'amiral Beaufort (2).

« L'amiral Beaufort, étant jeune, tomba d'un navire dans les eaux de la rade de Portsmouth. Avant qu'on eût pu le secourir, il avait disparu ; il se noyait. A l'angoisse du premier moment avait succédé un sentiment de calme et, quoiqu'il se tînt pour perdu, il ne se débattait même plus. C'était sans doute de l'apathie, ce n'était pas de la résignation ; car être noyé ne lui paraissait pas un sort fâcheux et il n'avait aucun désir d'être secouru. D'ailleurs, nulle souffrance. Au contraire, les sensations étaient d'une nature agréable, participant de ce vague bien-être qui précède le sommeil dû à la fatigue.

« Avec cet affaiblissement des sens coïncidait une

---

(1) CARL DU PREL, *Philos. der Mystik.*
(2) HADDOCK, *Somnolism et Psychism*, p. 213, extrait du *Journal de médecine de Paris.*

extraordinaire surexcitation de l'activité intellectuelle ; les idées se succédaient avec une rapidité prodigieuse. D'abord l'accident qui venait de se passer, la maladresse qui en avait été la cause, le tumulte qui avait dû s'en suivre, la douleur dont le père de la victime allait être frappé, d'autres circonstances étroitement associées au foyer domestique, furent le sujet de ses premières réflexions. Ensuite, il se rappela sa dernière croisière, voyage coupé par un naufrage, puis l'école, les progrès qu'il y avait faits, et aussi le temps perdu, enfin ses occupations et ses aventures d'enfant. Bref, la remonte entière du fleuve de la vie, et combien détaillée et précise! Il le dit lui-même : « Chaque inci-
« dent de ma vie traversait successivement mes souve-
« nirs, non comme une esquisse légère, mais avec les
« détails et les accessoires d'un tableau fini ! En d'au-
« tres mots, mon existence tout entière défilait devant
« moi dans une sorte de revue panoramique ; chaque
« fait avec son appréciation morale, ou des réflexions
« sur sa cause et ses effets. De petits événements sans
« conséquences, depuis longtemps oubliés, se pres-
« saient dans mon imagination comme s'ils n'eussent
« été que de la veille. » Et tout cela s'accomplit en deux minutes. »

On peut citer encore l'attestation de Perty (1) au sujet de Catherine Emmerich, qui revit de la même façon, en mourant, toute sa vie écoulée. Nous constatons par là que ce phénomène n'est pas limité aux cas d'accidents, il paraît plutôt accompagner régulièrement le décès.

Tout ce que l'esprit a fait, voulu, pensé, se

---

(1) PERTY, *Myst. Erscheinungen* (apparitions mystiques) II, p. 433.

Ces trois auteurs sont cités par le docteur Pascal dans son mémoire présenté au Congrès de psychologie de Paris, en 1900.

reflète en lui. Semblable à un miroir, l'âme réfléchit tout le bien, tout le mal accomplis. Ces images ne sont pas toujours subjectives ; par l'intensité de la volonté, elles peuvent revêtir un caractère substantiel. Elles vivent et se manifestent, pour notre félicité ou notre châtiment.

Devenue transparente dans l'au-delà, l'âme se juge elle-même, comme elle est jugée par tous ceux qui la contemplent. Seule, en présence de son passé, elle voit reparaître tous ses actes et leurs conséquences, toutes ses fautes, même les plus cachées. Il n'est pas de repos, pas d'oubli pour le criminel ; sa conscience, comme un justicier impitoyable, le poursuit sans cesse. En vain il cherche à échapper à ses obsessions ; son supplice ne pourra cesser que si le remords se changeant en repentir, il accepte de nouvelles épreuves terrestres, seul moyen de réparation et de relèvement.

XII. — LES MISSIONS, LA VIE SUPÉRIEURE

Tout esprit désireux de progresser en travaillant à l'œuvre de solidarité universelle, reçoit des esprits plus élevés une mission particulière, appropriée à ses aptitudes et à son degré d'avancement.

Les uns ont pour tâche d'accueillir les humains à leur retour à la vie spirituelle, de les guider, de les aider à se dégager des fluides épais qui les enveloppent ; d'autres sont chargés de consoler, d'instruire les âmes souffrantes et arriérées. Des esprits chimistes, physiciens, naturalistes, astronomes, poursuivent leurs recherches, étudient les mondes, leurs surfaces, leurs profondeurs cachées, agissent en tous lieux sur la matière subtile, à laquelle ils font subir des préparations, des modifications en vue d'œuvres que l'imagination humaine aurait peine à concevoir. D'autres s'appliquent aux arts, à l'étude du Beau sous toutes ses formes. Des esprits moins avancés assistent les premiers dans leurs tâches variées et leur servent d'auxiliaires.

Un grand nombre d'esprits se consacrent aux habitants de la terre et des autres planètes, les stimulant dans leurs travaux, les inspirant dans leurs recherches, relevant les courages abattus, guidant les hésitants dans la voie du devoir. Ceux qui pratiquèrent la médecine et possèdent le secret des fluides curatifs, réparateurs, s'occupent plus spécialement des malades (1).

Belle entre toutes est la mission des Esprits de lumière. Ils descendent des espaces célestes pour apporter aux humanités les trésors de

---

(1) Les cas de guérisons par des Esprits sont très nombreux ; on en trouvera des relations dans toute la littérature spirite.

(Voir, par exemple, le cas cité par MYERS (*Human Personality*, II, 124). La femme d'un grand médecin, de réputation européenne, souffrant d'un mal que son mari avait été impuissant à soulager, fut radicalement guérie par l'esprit d'un autre grand médecin.

Voir aussi le cas de Mme Claire Galichon, qui fut guérie par des magnétisations de l'esprit du curé d'Ars. Le fait est raconté par elle-même dans ses *Souvenirs et Problèmes spirites*, pp. 174 et suiv.

leur science, de leur sagesse, de leur amour. Leur tâche est un sacrifice constant, car le contact des mondes matériels est pénible pour eux; mais ils affrontent toutes les souffrances par dévouement pour leurs protégés, afin de les assister dans leurs épreuves et de verser dans leurs cœurs de grandes et généreuses intuitions. Il est juste de leur attribuer ces éclairs d'inspiration qui illuminent la pensée, ces épanouissements de l'âme, cette force morale qui nous soutient dans les difficultés de la vie. Si nous savions quelles contraintes s'imposent ces nobles Esprits pour parvenir jusqu'à nous, nous répondrions mieux à leurs sollicitations, nous ferions d'énergiques efforts pour nous détacher de tout ce qui est vil, impur, et nous unir à eux dans la communion divine.

Aux heures tourmentées, c'est vers ces Esprits, vers mes guides bien-aimés que s'élancent mes pensées et mes appels. C'est d'eux que me sont toujours venus le soutien moral et les suprêmes consolations.

J'ai gravi péniblement les sentiers de la vie; mon enfance a été dure. De bonne heure, j'ai connu le labeur manuel et les lourdes charges de famille. Plus tard, dans ma carrière de propagandiste, je me suis meurtri souvent aux pierres du chemin; j'ai été mordu par les serpents de la haine et de l'envie. Et maintenant, l'heure crépusculaire est venue pour moi; les ombres montent et m'entourent; je sens décliner mes forces et s'affaiblir mes organes. Mais jamais, l'aide de mes amis invisibles ne m'a manqué; jamais ma voix ne les a évoqués en vain. Depuis mes premiers pas en ce monde, leur influence m'a enveloppé. Souvent, j'ai senti leurs doux effluves passer sur mon front comme un frôlement d'ailes. C'est à leurs inspirations que je dois mes meilleures pages et mes accents les plus vibrants. Ils ont partagé mes joies et mes tristesses, et, quand grondait l'orage, je les savais debout près de moi sur le chemin. Sans eux, sans leur secours, depuis longtemps j'aurais dû interrompre ma marche, suspendre mon labeur. Mais leurs mains tendues m'ont soutenu, dirigé dans la voie âpre. Quelquefois, dans le recueillement du soir ou le silence de la nuit, leurs voix me parlent, me bercent, me réconfortent; elles résonnent dans ma solitude comme une vague mélodie. Ou bien ce sont des souffles qui passent, semblables à des caresses, de sages conseils murmurés, des indications précieuses sur les imperfections de mon caractère, et les moyens d'y remédier.

Alors j'oublie les humaines misères, pour me complaire dans l'espérance de revoir un jour mes amis invisibles, de les rejoindre dans la lumière, si Dieu m'en juge digne, avec tous ceux que j'ai aimés et qui, du sein de l'au-delà, m'aident à parcourir l'étape terrestre.

Que vers vous tous, esprits tutélaires, entités protectrices, monte ma pensée reconnaissante, le meilleur de moi-même, le tribut de mon admiration et de mon amour !

*
* *

L'âme vient du ciel et retourne au ciel en parcourant le cycle immense de ses destinées. Mais, si bas qu'elle soit descendue, tôt ou tard, par l'attraction divine, elle remonte dans l'infini. Qu'y cherche-t-elle ? Une connaissance toujours plus parfaite de l'Univers, une assimilation toujours plus complète de ses attributs : Beauté, Vérité, Amour ! Et en même temps, une libération graduelle des servitudes matérielles, une collaboration grandissante à l'œuvre de Dieu.

Chaque esprit, dans l'espace, a sa vocation et la poursuit avec des facilités inconnues sur la terre ; chacun trouve sa place dans ce superbe champ d'action, dans ce vaste laboratoire universel. Partout, dans l'étendue comme sur les mondes, des sujets d'étude et de travail, des moyens d'élévation, de participation à l'œuvre éternelle, s'offrent à l'âme laborieuse.

Ce n'est plus là le ciel froid et vide des matérialistes, ni même le ciel contemplatif et béat de certains croyants. C'est un Univers vivant, animé, lumineux, rempli d'êtres intelligents en voie constante d'évolution.

Et plus ces êtres spirituels s'élèvent, plus leur tâche s'accentue, plus leurs missions s'accroissent en importance. Un jour, ils prennent rang parmi les âmes messagères qui vont porter aux rivages du temps et de l'espace les forces et les volontés de l'Ame infinie.

Pour l'esprit le plus inférieur comme pour le plus éminent, le domaine de la vie est sans limites. Quelle que soit la hauteur où nous sommes parvenus, il y a toujours un plan supérieur à atteindre, une perfection nouvelle à réaliser.

Dans toute âme, même la plus basse, un avenir grandiose se prépare. Chaque pensée généreuse qui commence à poindre, chaque effusion d'amour, chaque effort tendant à une vie meilleure est comme la vibration, le pressentiment, l'appel d'un monde plus élevé qui l'attire et la recevra tôt ou tard. Tout élan d'enthousiasme, toute parole de justice, tout acte d'abnégation se répercute en progressions grandissantes sur l'échelle de nos destinées.

A mesure qu'elle se détache des sphères inférieures, où règnent les lourdes influences, où s'agitent les vies grossières, banales ou coupables, les existences de lente et pénible éducation, l'âme perçoit les hautes manifestations de l'intelligence, de la justice, de la bonté, et sa vie devient de plus en plus belle et divine. Les murmures confus, les bruits discordants des milieux humains s'affaiblissent peu à peu pour elle, puis se taisent; en même temps les échos harmonieux des sociétés célestes deviennent perceptibles. C'est le seuil des régions heureuses, où règne une éternelle clarté, où plane une atmosphère de bienveillance, de sérénité et de paix, où toutes choses sortent fraîches et pures des mains de Dieu.

La différence profonde qui existe entre la vie terrestre et la vie de l'espace réside dans le sentiment de délivrance, d'allégement, dans la liberté absolue dont jouissent les esprits bons et épurés.

Les liens matériels étant rompus, l'âme pure prend son essor vers les hautes régions; elle y vit d'une vie libre, paisible, intense, près de laquelle le passé terrestre ne lui semble plus qu'un songe douloureux. Dans l'effusion des tendresses partagées, dans une vie exempte de maux, de nécessités physiques, l'âme sent ses facultés s'accroître, acquérir une pénétration et une étendue dont les phénomènes de l'extase nous font entrevoir les splendeurs voilées.

Le langage du monde spirituel est la langue des images et des symboles, rapide comme la pensée. C'est pourquoi nos guides invisibles se servent de préférence de tableaux symboliques pour nous prévenir dans le rêve d'un danger ou d'un malheur. L'éther, fluide souple et lumineux, prend avec une facilité extrême les formes que leur volonté y imprime. Les esprits communiquent entre eux et se comprennent par des procédés près desquels l'art oratoire le plus consommé, toute la magie de l'éloquence humaine ne paraîtraient qu'un balbutiement grossier. Les intelligences élevées perçoivent et réalisent sans effort les plus merveilleuses conceptions de l'art et du génie. Mais ces conceptions ne sauraient être transmises intégralement aux hommes. Même dans ses manifestations médianimiques les plus parfaites, l'Esprit supérieur doit subir les lois physiques de notre monde et ce sont seulement de vagues reflets ou des échos affaiblis des sphères célestes, quelques notes égrenées de la grande symphonie éternelle qu'il peut faire parvenir jusqu'à nous.

Tout est gradué, dans la vie spirituelle. A chaque degré d'évolution de l'être vers la sagesse, la lumière, la sainteté, correspond un état plus parfait de ses sens réceptifs, de ses moyens de perception. Le corps fluidique, devenu de plus en plus transparent, diaphane, laisse un libre passage aux radiations de l'âme. De là, une aptitude plus grande à goûter, à comprendre les splendeurs infinies ; de là, un souvenir plus étendu du passé, une familiarisation croissante avec les êtres et les choses des plans supérieurs, jusqu'à ce que l'âme, dans sa progression, ait atteint les suprêmes altitudes.

Parvenu à ces hauteurs, l'esprit a vaincu toute passion, toute tendance au mal ; il est libéré pour jamais du joug matériel et de la loi des renaissances. C'est l'entrée définitive dans les divins royaumes, d'où il ne redescendra plus dans le cercle des générations que volontairement et pour y accomplir des missions sublimes.

Sur ces sommets, l'existence est une fête perpétuelle de l'intelligence et du cœur. C'est la communion étroite dans l'amour avec tous ceux qui nous ont été chers et ont parcouru avec nous le cycle des transmigrations et des épreuves. Ajoutez-y la vision constante de l'éternelle Beauté, une pénétration profonde des mystères et des lois de l'univers, et vous aurez une faible idée des joies réservées à tous ceux qui, par leurs mérites et leurs efforts, sont parvenus aux cieux supérieurs.

DEUXIÈME PARTIE

LE PROBLÈME DE LA DESTINÉE

XIII. — LES VIES SUCCESSIVES. LA RÉINCARNATION ET SES LOIS

Après un temps de séjour dans l'espace, l'âme renaît dans la condition humaine, en apportant avec elle l'héritage, bon ou mauvais, de son passé. Elle renaît petit enfant, elle reparaît sur la scène terrestre pour jouer un nouvel acte du drame de sa vie, acquitter ses dettes antérieures, conquérir de nouvelles puissances qui faciliteront son ascension, accéléreront sa marche en avant.

La loi des renaissances explique et complète le principe d'immortalité. L'évolution de l'être indique un plan et un but : ce but, qui est la perfection, ne saurait se réaliser dans une existence unique, si longue, si fructueuse soit-elle. Nous devons voir dans la pluralité des vies de l'âme la condition nécessaire de son éducation et de ses progrès. C'est par ses propres efforts, ses luttes, ses souffrances qu'elle se rachète de son état d'ignorance et d'infériorité, et s'élève, degré à degré, sur la terre d'abord, puis à travers les demeures innombrables du ciel étoilé.

La réincarnation, affirmée par les voix d'outre-tombe, est la seule forme rationnelle sous laquelle on puisse admettre la réparation des fautes commises et l'évolution graduelle des êtres. Sans elle, on ne voit guère de sanction morale satisfaisante et complète; pas de conception possible d'un Être qui gouverne l'univers avec justice.

Si nous admettons que l'homme vit actuellement pour la première et la dernière fois ici-bas, qu'une seule existence terrestre est le partage de chacun de nous, il faudrait le reconnaître: l'incohérence et la partialité président à la répartition des biens et des maux, des aptitudes et des facultés, des qualités natives et des vices originels.

Pourquoi aux uns la fortune, le bonheur constant; aux autres, la misère, le malheur inévitable? à ceux-ci la force, la santé, la beauté; à ceux-là, la faiblesse, la maladie, la laideur? Pourquoi ici l'intelligence, le génie, et là, l'imbécillité? Comment tant d'admirables qualités morales se rencontrent-elles à côté de tant de vices et de défauts? Pourquoi des races si diverses, les unes inférieures au point qu'elles semblent confiner à l'animalité; les autres, favorisées de tous les dons qui assurent leur suprématie? Et les infirmités innées, la cécité, l'idiotisme, les difformités, toutes les infortunes qui emplissent les hôpitaux, les asiles de nuit, les maisons de correction? L'hérédité n'explique pas tout. Dans la plupart des cas, ces afflictions ne peuvent être considérées comme le résultat de causes actuelles. Il en est de même des faveurs du sort. Trop souvent, des justes semblent écrasés sous l'épreuve, tandis que des égoïstes et des méchants prospèrent.

Pourquoi aussi les enfants mort-nés et ceux qui sont condamnés à souffrir dès le berceau? Certaines existences s'achèvent en peu d'années, en peu de jours; d'autres durent près d'un siècle! Et encore, d'où viennent les jeunes prodiges: musiciens, peintres, poètes, tous ceux qui, dès le bas âge, montrent des dispositions extraordinaires pour les arts ou les sciences, alors que tant d'autres restent médiocres toute la vie, malgré un labeur acharné? De même, les instincts précoces, les sentiments innés de dignité ou de bassesse, contrastant parfois si étrangement avec le milieu où ils se manifestent.

Si la vie individuelle commence seulement à la naissance terrestre, si rien n'existe antérieurement pour chacun de nous, on cherchera en vain à expliquer ces diversités poignantes, ces anomalies effroyables, encore moins à les concilier avec l'existence d'un Pouvoir sage, prévoyant, équitable. Toutes les religions, tous les systèmes philosophiques contemporains sont venus se heurter à ce problème. Aucun d'eux n'a pu le résoudre. Considérée à leur point de vue, qui est l'unité d'existence pour chaque être humain, la destinée reste incompréhensible, le plan de l'univers s'obscurcit, l'évolution s'arrête, la souffrance devient inexplicable. L'homme, porté à croire à l'action de forces aveugles et fatales, à l'absence de toute justice distributive, glisse insensiblement vers l'athéisme et le pessimisme.

Au contraire, tout s'explique, tout s'éclaire par la doctrine des vies successives. La loi de justice se révèle dans les moindres détails de l'existence. Les inégalités qui nous choquent résultent des différentes situations occupées par les âmes à leurs degrés infinis d'évolution. La destinée de l'être n'est plus que le développement, à travers les âges, de la longue série de causes et d'effets engendrés par ses actes. Rien ne se perd; les effets du bien et du mal s'accumulent et germent en nous jusqu'au moment favorable à leur éclosion. Tantôt ils s'épanouissent rapidement; tantôt, après un long laps de temps, ils se reportent, se répercutent d'une existence à une autre, selon que leur maturité est activée ou ralentie par les influences ambiantes; mais aucun de ces effets ne saurait disparaître de lui-même. La réparation, seule, peut les supprimer.

Chacun emporte, au delà de la tombe, et rapporte en naissant la semence du passé. Cette semence, suivant sa nature, pour notre bonheur ou notre malheur, répandra ses fruits sur la vie nouvelle qui commence et même sur les suivantes, si une seule existence ne suffit pas à épuiser les conséquences mauvaises de nos vies antérieures. En même temps, nos actes de chaque jour, sources de nouveaux effets, viennent s'ajouter aux causes anciennes, les atténuant ou les aggravant. Ils forment avec elles un enchaînement de biens ou de maux qui, dans leur ensemble, composeront la trame de notre destin.

Ainsi la sanction morale, si insuffisante, parfois si nulle, lorsqu'on l'étudie au point de vue d'une vie unique, se retrouve absolue et parfaite dans la succession de nos existences. Il y a une corrélation étroite entre nos actes et notre destinée. Nous subissons en nous-même, dans notre être intérieur et dans les événements de notre vie, le contre-coup de nos agissements. Notre activité, sous toutes ses formes, est créatrice d'éléments bons ou mauvais, d'effets proches ou lointains, qui retombent sur nous en pluies, en tempêtes, ou en rayons joyeux. L'homme construit son propre avenir. Jusqu'ici, dans son incertitude, dans son ignorance, il le construit à tâtons et subit son sort sans pouvoir l'expliquer. Bientôt, mieux éclairé, pénétré de la majesté des lois supérieures, il comprendra la beauté de la vie, qui réside dans l'effort courageux, et donnera à son œuvre une plus noble et plus haute impulsion.

*
* *

La variété infinie des aptitudes, des facultés, des caractères, s'explique aisément, disions-nous. Toutes les âmes ne sont pas du même âge ; toutes n'ont pas gravi de la même allure leurs stades évolutifs. Les unes ont parcouru une carrière immense et s'approchent déjà de l'apogée des progrès terrestres ; d'autres commencent à peine leur cycle d'évolution au sein des humanités. Celles-ci sont les âmes jeunes, émanées depuis un temps moins long du foyer éternel, foyer inépuisable, d'où jaillissent sans cesse des gerbes d'intelligences qui descendent sur les mondes de la matière animer les formes rudimentaires de la vie. Parvenues à l'humanité, elles prendront rang parmi les peuplades sauvages ou les races barbares qui occupent les continents attardés, les régions déshéritées du globe. Et lorsqu'elles pénètrent enfin dans nos civilisations, on les reconnaît encore, facilement, à leur gaucherie, à leur maladresse, à leur inhabileté en toutes choses, et surtout à leurs passions violentes, à leurs goûts sanguinaires, parfois même à leur férocité. Mais ces âmes non évoluées monteront à leur tour l'échelle des gradations infinies au moyen de réincarnations innombrables.

Un autre élément du problème, c'est la liberté d'action de l'esprit. Aux uns, elle permet de s'attarder sur la voie d'ascension, de perdre, sans souci du but véritable de l'existence, tant d'heures précieuses à la poursuite des richesses et du plaisir. Aux autres, elle permet de se hâter sur les sentiers ardus et d'atteindre rapidement les sommets de la pensée, s'ils préfèrent aux séductions matérielles la possession des biens de l'esprit et du cœur. De ce nombre, sont les sages, les génies et les saints de tous les temps et de tous les pays, les nobles martyrs des causes généreuses et ceux qui ont consacré des vies entières à accumuler, dans le silence des cloîtres, des bibliothèques, des laboratoires, les trésors de la science et de la sagesse humaines.

Tous les courants du passé se retrouvent, se rejoignent et se confondent en chaque vie. Ils contribuent à faire l'âme grande ou chétive, brillante ou obscure, puissante ou misérable. Chez la plupart de nos contemporains, ces courants ne réussissent à faire que des âmes indifférentes, sans cesse ballottées entre les souffles du bien et du mal, de la vérité et de l'erreur, de la passion et du devoir.

Ainsi, dans l'enchaînement de nos étapes terrestres, se poursuit et se complète l'œuvre grandiose de notre éducation, la lente édification de notre individualité, de notre personnalité morale. C'est pourquoi l'âme doit s'incarner successivement dans les milieux les plus divers, dans toutes les conditions sociales, subir tour à tour les épreuves de la pauvreté et de la richesse, apprendre à obéir, puis à commander. Il lui faut les vies obscures, vies de labeur, de privations, pour apprendre le renoncement aux vanités matérielles, le détachement des choses frivoles, la patience, la discipline de l'esprit. Il faut les existences d'étude, les missions de dévouement, de charité, par lesquelles l'intelligence s'éclaire et le cœur s'enrichit de qualités nouvelles. Puis, viendront les vies de sacrifice, sacrifice à la famille, à la patrie, à l'humanité. Il faut aussi l'épreuve cruelle, fournaise où l'orgueil et l'égoïsme se dissolvent, et les étapes douloureuses qui sont le rachat du passé, la réparation de nos fautes, la forme sous laquelle la loi de justice s'accomplit. L'esprit se trempe, s'affine, s'épure par la lutte et la souffrance. Il revient expier dans le milieu même où il s'est rendu coupable. Il arrive parfois que les épreuves font de notre existence un calvaire, mais ce calvaire est un sommet qui nous rapproche des mondes heureux.

Donc, il n'y a pas de fatalité. C'est l'homme, par sa propre volonté, qui forge ses chaînes ; c'est lui qui tisse, fil à fil, jour par jour, de sa naissance à sa mort, le réseau de sa destinée. La loi de justice n'est, au fond, que la loi d'harmonie. Elle détermine les conséquences des actes que, librement, nous accomplissons. Elle ne punit ni ne récompense, mais préside simplement à l'ordre, à l'équilibre du monde moral comme à celui du monde physique. Tout préjudice porté à l'ordre universel entraîne des causes de souffrance et une réparation nécessaire, jusqu'à ce que, par les soins du coupable, l'harmonie violée soit rétablie.

La destinée n'a d'autre règle que celle du bien et du mal accomplis. Sur toutes choses plane une grande et puissante loi, en vertu de laquelle chaque être vivant dans l'univers ne peut jouir que d'une situation proportionnelle à ses mérites. Notre bonheur, malgré des apparences souvent trompeuses, est toujours en rapport direct avec notre capacité pour le bien. Et cette loi trouve sa complète application dans les réincarnations de l'âme ; c'est elle qui fixe les conditions de chaque renaissance et trace les grandes lignes de nos destinées. C'est pourquoi des méchants semblent heureux tandis que des justes souffrent à l'excès. L'heure de la réparation a sonné pour les uns ; elle est proche pour les autres.

Associer nos actes au plan divin, agir de concert avec la nature, dans le sens de l'harmonie et pour le bien de tous, c'est préparer notre élévation, notre félicité. Agir dans le sens contraire, fomenter la discorde, aiguiser les appétits malsains, travailler pour soi-même au détriment des autres, c'est répandre sur son propre avenir des ferments de douleur ; c'est se placer sous l'empire d'influences qui retardent notre avancement et nous enchaînent pour longtemps aux mondes inférieurs.

Voilà ce qu'il faut dire, redire et faire pénétrer dans la pensée, dans la conscience de tous, afin que l'homme n'ait plus qu'un but : conquérir les forces morales, sans lesquelles il sera toujours impuissant à améliorer sa condition et celle de l'humanité ! En faisant connaître les effets de la loi de responsabilité, en démontrant que les conséquences de nos actes retombent sur nous à travers les temps, comme la pierre lancée en l'air retombe sur le sol, on amènera peu à peu les hommes à conformer leurs agissements à cette loi, à réaliser l'ordre, la justice, la solidarité dans le milieu social.

*
* *

Certaines écoles spiritualistes combattent le principe des vies successives et enseignent que l'évolution de l'âme après la mort se poursuit uniquement dans le monde invisible. D'autres, tout en admettant la réincarnation, croient que celle-ci s'effectue sur des sphères plus élevées ; le retour sur la terre ne leur paraît pas être une nécessité.

Aux partisans de ces théories, nous rappellerons que l'incarnation sur la terre a un but, et ce but, c'est le perfectionnement de l'être humain. Or, étant donné la variété infinie des conditions de l'existence terrestre, soit dans sa durée, soit dans ses résultats, il est impossible d'admettre que tous les hommes puissent atteindre un même degré de perfection dans une seule vie. De là, l'obligation de retours successifs, permettant d'acquérir les qualités requises pour pénétrer sur des mondes plus avancés.

Le présent ne s'explique que par le passé. Il a fallu toute une série de renaissances terrestres pour gagner le point où l'homme est actuellement parvenu, et il n'est guère admissible que ce point d'évolution soit définitif pour notre sphère. Tous ses habitants ne sont pas en état de transmigrer après la mort vers des sociétés plus parfaites. Tout, au contraire, indique l'imperfection de leur nature et la nécessité de nouveaux travaux, de nouvelles épreuves, pour parfaire leur éducation et leur permettre d'accéder à un degré supérieur de l'échelle des êtres.

Partout, la nature procède avec sagesse, méthode et lenteur. Il lui a fallu des siècles nombreux pour façonner la forme humaine. La civilisation n'a pris naissance qu'après de longues périodes de barbarie. L'évolution physique et mentale, le progrès moral sont régis par des lois identiques. Nous ne saurions y satisfaire en une seule existence. Et pourquoi aller chercher bien loin, sur d'autres mondes, les éléments de nouveaux progrès, alors que nous les trouvons partout autour de nous? Depuis la sauvagerie jusqu'à la civilisation la plus raffinée, notre planète n'offre-t-elle pas un vaste champ au développement de l'esprit? Les contrastes, les oppositions qu'y présentent, sous toutes leurs formes, le bien et le mal, le savoir et l'ignorance, sont autant d'exemples et d'enseignements, autant de causes d'émulation.

Il n'est pas plus extraordinaire de renaître que de naître. L'âme revient dans la chair pour y subir les lois de la nécessité. Les besoins, les luttes de la vie matérielle, sont autant de stimulants qui l'obligent au travail, accroissent son énergie, trempent son caractère. De tels résultats ne pourraient être obtenus dans la vie libre de l'espace, par des esprits jeunes, dont la volonté est chancelante. Pour avancer, il leur faut le fouet de la nécessité et les nombreuses incarnations au cours desquelles leur âme va se concentrer, se replier sur elle-même, acquérir le ressort, l'élan indispensable pour décrire plus tard son immense trajectoire dans le ciel.

Le but de ces incarnations est donc, en quelque sorte, la révélation de l'âme à elle-même ou plutôt sa propre mise en valeur par le développement constant de ses forces, de sa connaissance, de sa conscience, de sa volonté. L'âme inférieure et nouvelle ne peut devenir consciente d'elle-même qu'à la condition d'être séparée des autres âmes, enfermée dans un corps matériel. Elle constituera ainsi un être distinct dont la personnalité va s'affirmer, l'expérience grandir, la progression s'accentuer en raison même de ses efforts pour triompher des difficultés et des obstacles que la vie terrestre multiplie sous ses pas.

Les existences planétaires nous mettent en rapport avec tout un ordre de choses qui constituent le plan initial, la base de notre évolution infinie ; elles se trouvent en parfaite harmonie avec notre degré d'évolution. Mais cet ordre de choses et la série des vies qui s'y rattachent, si nombreuses soient-elles, représentent une fraction infime de l'existence sidérale, un instant dans la durée illimitée de nos destins.

Le passage des âmes terrestres sur d'autres mondes ne peut s'effectuer que sous l'empire de certaines lois. Les globes peuplant l'étendue diffèrent entre eux de nature et de densité. Les enveloppes fluidiques des âmes ne peuvent s'adapter à ces milieux nouveaux que dans des conditions spéciales d'épuration. Il est impossible aux esprits inférieurs, dans leur vie erratique, de pénétrer sur les mondes élevés et d'en décrire les beautés à nos médiums. La même difficulté se retrouve, plus grande encore, lorsqu'il s'agit de la réincarnation sur ces mondes. Les sociétés qui les habitent, par leur état de supériorité, sont inaccessibles à l'immense majorité des esprits terrestres, encore trop grossiers, insuffisamment évolués. Les sens psychiques de ces derniers, trop peu affinés, ne leur permettraient pas de vivre de la vie subtile qui règne sur ces sphères lointaines. Ils s'y trouveraient comme des aveugles dans la lumière ou des sourds dans un concert. L'attraction qui enchaîne leurs corps fluidiques à la planète ne lie pas moins leur pensée et leur conscience aux choses inférieures. Leurs désirs, leurs appétits, leurs haines, l'amour même les ramènent ici-bas et les attachent à l'objet de leur passion.

Il faut apprendre d'abord à dénouer les liens qui nous rivent à la terre, pour prendre ensuite son essor vers des mondes plus avancés. Arracher les âmes terrestres à leur milieu avant le terme de l'évolution spéciale à ce milieu, les faire transmigrer sur des sphères supérieures avant la réalisation des progrès nécessaires, serait manquer de logique et de mesure. La nature ne procède pas ainsi. Son œuvre se déroule, majestueuse, harmonique dans toutes ses phases. Les êtres que ses lois dirigent dans leur ascension, ne quittent leur champ d'action qu'après avoir acquis les vertus et les puissances susceptibles de leur ouvrir l'accès d'un domaine plus élevé de la vie universelle.

*
* *

A quelles règles le retour de l'âme dans la chair est-il soumis ? Aux règles de l'attraction et de l'affinité. Lorsqu'un esprit se réincarne, il est attiré vers un milieu conforme à ses tendances, à son caractère, à son degré d'évolution. Les âmes se suivent et s'incarnent par groupes. Elles constituent des familles spirituelles, dont les membres sont unis par des liens tendres et puissants, contractés au cours d'existences parcourues en commun. Parfois, ces esprits sont éloignés les uns des autres, temporairement, et changent de milieu pour acquérir des aptitudes nouvelles. Ainsi s'expliquent, suivant les cas, les analogies ou les dissemblances qui caractérisent les membres d'une même famille, enfants et parents. Mais toujours, ceux qui s'aiment se retrouvent, tôt ou tard, sur la terre comme dans l'espace.

On accuse la doctrine des réincarnations de ruiner l'idée de famille, d'intervertir et de confondre les situations qu'occupent, les uns vis-à-vis des autres, les esprits unis par des liens de parenté, par exemple les rapports de mère à fils, d'époux à épouse, etc. C'est le contraire qui est la vérité. Dans l'hypothèse d'une vie unique, les esprits se dispersent après une courte cohabitation et, souvent, deviennent étrangers les uns aux autres. Selon la doctrine catholique, les âmes sont fixées après la mort en des lieux divers, suivant leurs mérites, et les élus sont séparés pour toujours des réprouvés. Ainsi, les liens de famille et d'amitié formés par une vie passagère se relâchent dans la plupart des cas et même se brisent à jamais. Tandis que par les renaissances, les esprits se réunissent de nouveau et poursuivent en commun leurs pérégrinations à travers les mondes. Leur union devient ainsi toujours plus étroite et plus profonde.

Notre tendresse spontanée pour certains

êtres ici-bas s'explique aisément. Nous les avons déjà connus ; nous nous sommes rencontrés antérieurement. Combien d'époux, combien d'amants sont reliés par d'innombrables existences parcourues deux à deux ! Leur amour est indestructible, car l'amour est la force des forces, le lien suprême que rien ne peut briser.

Les conditions de la réincarnation sont telles que nos situations réciproques ne peuvent jamais être interverties. Presque toujours nos degrés respectifs de parenté sont maintenus. Quelquefois, en cas d'impossibilité, un fils pourra devenir le frère plus jeune de son père d'autrefois, une mère pourra renaître la sœur aînée de son fils ; jamais les situations ne sont renversées. Comment les sentiments de délicatesse, de dignité, de mutuel respect que nous ressentons sur la terre, pourraient-ils être méconnus dans le monde spirituel ? Pour le supposer, il faut ignorer la nature des lois qui régissent l'évolution des âmes !

L'esprit avancé, dont la liberté s'accroît en proportion de son élévation, choisit le milieu où il veut renaître, tandis que l'esprit inférieur est poussé par une force mystérieuse à laquelle il obéit instinctivement ; mais tous sont protégés, conseillés, soutenus dans le passage de la vie de l'espace à l'existence terrestre, plus pénible, plus redoutable que la mort.

L'union de l'âme au corps s'effectue au moyen de l'enveloppe fluidique, de ce périsprit dont nous avons souvent parlé. Par sa nature subtile, il servira de lien entre l'esprit et la matière. L'âme est attachée au germe par « ce médiateur plastique », qui va se resserrer, se condenser de plus en plus à travers les phases progressives de la gestation et former le corps physique. Depuis la conception jusqu'à la naissance, la fusion s'opère lentement, fibre à fibre, molécule à molécule. Sous l'afflux croissant des éléments matériels et de la force vitale fournis par les générateurs, les mouvements vibratoires du périsprit de l'enfant vont s'amoindrir et se réduire, en même temps que les facultés de l'âme, la mémoire, la conscience, s'effacent et s'annihilent. C'est à cette réduction des vibrations fluidiques du périsprit, à son occlusion dans la chair, qu'il faut attribuer la perte du souvenir des vies antérieures. Un voile toujours plus épais enveloppe l'âme et éteint ses radiations intérieures. Toutes les impressions de sa vie céleste et de son long passé ont replongé dans les profondeurs de l'inconscient. Elles n'en émergeront plus qu'aux heures d'extériorisation ou à la mort, lorsque l'esprit, recouvrant la plénitude de ses mouvements vibratoires, évoquera le monde endormi de ses souvenirs.

Le rôle du double fluidique est considérable; il explique, de la naissance à la mort, tous les phénomènes vitaux. Possédant en lui la trace ineffaçable de tous les états de l'être depuis son origine, il en communique l'empreinte, les traits essentiels au germe matériel. La clé des phénomènes embryogéniques est là.

Pendant la période de gestation, le périsprit s'imprègne de fluide vital et se matérialise suffisamment pour devenir le régulateur de l'énergie et le support des éléments fournis par les progéniteurs. Il constitue ainsi une sorte de canevas, de réseau fluidique permanent, au travers duquel passera le courant de matière qui détruit et reconstitue sans cesse, durant la vie, l'organisme terrestre. Ce sera l'armature invisible qui soutient intérieurement la statue humaine. Grâce à lui, l'individualité et la mémoire se conserveront, se perpétueront sur le plan physique, malgré les vicissitudes de la partie changeante et mobile de l'être. Et il assurera de même le souvenir des faits de l'existence présente, souvenirs dont l'enchaînement, du berceau à la tombe, nous fournit la certitude intime de notre identité.

L'incorporation de l'âme n'est donc pas spontanée, comme certaines doctrines l'affirment ; elle est graduelle et ne devient complète, définitive, qu'à l'issue de la vie utérine. A ce moment, la matière enserre complètement l'esprit, qui devra la vivifier par l'action des facultés acquises. Longue sera la période de développement, pendant laquelle l'âme s'appliquera à façonner sa nouvelle enveloppe, à la plier à ses besoins, à en faire un instrument capable de manifester ses puissances intimes. Mais, dans cette œuvre, elle sera assistée par un esprit préposé à sa garde, qui veille sur elle, l'inspire et la guide pendant toute la durée de son pèlerinage terrestre. Et chaque nuit, pendant le sommeil, et souvent dans le jour, durant la période enfantine, l'esprit se dégage de sa forme charnelle, retourne dans l'espace puiser des forces et des encouragements, pour redescendre ensuite dans son enveloppe reposée, reprendre le cours pénible de l'existence.

*
* *

Avant de reprendre contact avec la matière et de commencer une nouvelle carrière, l'esprit, avons-nous dit, doit choisir le milieu où il va renaître à la vie terrestre. Mais ce choix est limité, circonscrit, déterminé par des causes multiples. Les antériorités de l'être, ses dettes morales, ses affections, ses mérites et ses démérites, le rôle qu'il est apte à remplir, tous ces éléments interviennent dans l'orientation de la vie en préparation. De là la préférence pour telle race, telle nation, telle famille. Les âmes terrestres que nous avons aimées nous attirent. Les liens du passé se renouent en des filiations, des alliances, des amitiés nouvelles. Les lieux mêmes exercent sur nous leur attirance mystérieuse, et il est rare que la destinée ne nous ramène pas plusieurs fois dans les contrées où, déjà, nous avons vécu, aimé, souffert. Les haines aussi sont des forces qui nous rapprochent de nos ennemis d'autrefois, afin d'effacer, par des rapports meilleurs, de vieilles inimitiés. Ainsi nous retrouvons sur notre route la plupart de ceux qui firent notre joie ou nos tourments.

Il en est de même de l'adoption d'une classe sociale, des conditions d'ambiance et d'éducation, des privilèges de la fortune ou de la santé, des misères de la pauvreté. Toutes ces causes si variées, si complexes, vont se combiner pour assurer au nouvel incarné les satisfactions, les avantages ou les épreuves que comportent son degré d'évolution, ses mérites ou ses fautes et les dettes par lui contractées.

On comprendra d'après cela combien le choix du milieu est difficile. Aussi, le plus souvent, ce choix, les Intelligences directrices nous l'inspirent, ou bien elles le feront elles-mêmes, à notre profit, si nous ne possédons pas le discernement nécessaire pour adopter, en toute sagesse et prévoyance, les moyens les plus efficaces pour activer notre évolution et purger notre passé.

Toutefois, l'intéressé reste toujours libre d'accepter ou de reculer l'heure des réparations inéluctables. Au moment de s'attacher à un germe humain, lorsque l'âme possède encore toute sa lucidité, son Guide déploie devant elle le panorama de l'existence qui l'attend ; il lui montre les obstacles et les maux dont elle sera parsemée ; il lui fait comprendre leur utilité pour développer ses vertus ou dépouiller ses vices. Si l'épreuve lui paraît trop rude, s'il ne se sent pas assez armé pour l'affronter, il est loisible à l'esprit d'en reculer l'échéance et de rechercher une vie transitoire qui accroîtra ses forces morales et sa volonté.

A l'heure des résolutions suprêmes, avant de redescendre dans la chair, l'esprit perçoit, saisit le sens général de la vie qui va commencer. Il la voit apparaître dans ses grandes lignes, dans ses faits culminants, toujours modifiables cependant par son action personnelle et l'usage de son libre arbitre ; car l'âme est maîtresse de ses actes. Mais dès qu'elle a prononcé, dès que le lien se noue et l'incorporation s'ébauche, tout s'efface, tout s'évanouit. L'existence va se dérouler avec toutes ses conséquences prévues, acceptées, voulues, sans qu'aucune intuition de l'avenir subsiste dans la conscience normale de l'être incarné. L'oubli est nécessaire pendant la vie matérielle. La connaissance anticipée des événements néfastes qui vont surgir, la prévision des maux ou des catastrophes qui nous attendent, paralyseraient nos efforts, suspendraient notre marche en avant.

Quant au choix du sexe, c'est encore l'âme qui en décide à l'avance. Elle peut même en changer d'une incarnation à l'autre, par un acte de sa volonté créatrice modifiant les conditions organiques du périsprit. Certains penseurs admettent que l'alternance des sexes est nécessaire, pour acquérir des vertus plus spéciales, disent-ils, à chacune des moitiés du genre humain, par exemple, chez l'homme, la volonté, la fermeté, le courage ; chez la femme, la tendresse, la patience, la pureté.

Nous croyons plutôt, d'après les instructions de nos Guides, que le changement de sexe, toujours possible pour l'esprit, est, en principe, inutile et dangereux. Les Esprits élevés le déconseillent. Il est facile de reconnaître, à première vue, autour de nous, les personnes qui, dans une existence précédente, avaient adopté un sexe différent ; ce sont toujours, à quelque point de vue, des anormaux. Les viragos, au caractère et aux goûts masculins, dont quelques-unes portent encore la trace des attributs de l'autre sexe, par exemple de la barbe au menton, sont évidemment des hommes réincarnés. Elles n'ont rien d'esthétique ni de séduisant. Il en est de même de ces hommes efféminés, qui ont toutes les caractéristiques des filles d'Ève et sont comme des égarés dans la vie. Lorsqu'un esprit a pris l'habitude d'un sexe, il est mauvais pour lui de sortir de ce qui est devenu sa nature.

Beaucoup d'âmes, créées par couples, sont destinées à évoluer ensemble, unies pour toujours, dans la joie comme dans la douleur. On les a appelées des âmes-sœurs ; leur nombre est plus considérable qu'on ne le croit généralement. Elles réalisent la forme la plus complète, la plus parfaite de la vie et du sentiment, et donnent aux autres âmes l'exemple d'un amour fidèle, inaltérable, profond ; on peut les reconnaître à ce trait, fortement accusé. Que deviendraient leur attachement, leurs rapports, leur destinée, si le changement de sexe était une nécessité, une loi ? Nous pensons plutôt que, par le fait même de l'ascension générale, les nobles caractères et les hautes vertus se multiplieront dans les deux sexes à la fois. Finalement, aucune qualité ne restera plus l'apanage d'un sexe isolé, mais l'attribut des deux.

Il est un point de vue, le seul, qui pourrait faire considérer le changement de sexe comme un acte imposé par la loi de justice et de réparation. C'est lorsque de mauvais traitements ou de graves dommages infligés à des personnes d'un sexe, attirent dans ce même sexe les esprits responsables, pour y subir à leur tour les effets des causes qu'ils ont fait naître. Mais la peine du talion ne régit pas, d'une manière absolue, le monde des âmes, comme nous le verrons plus loin ; il existe mille formes sous lesquelles la réparation peut s'accomplir et les causes du mal s'effacer. La chaîne toute-puissante des causes et des effets se déroule en mille anneaux divers.

On nous objectera peut-être qu'il serait inique de contraindre la moitié des esprits à évoluer dans un sexe plus faible et trop souvent opprimé, humilié, sacrifié par une organisation sociale encore barbare. Nous pouvons répondre que cet état de choses tend à disparaître de jour en jour, pour faire place à une plus large équité. C'est par le relèvement moral et social et l'éducation forte de la femme que l'humanité se relèvera elle-même. Quant aux douleurs du passé, nous le savons, elles ne sont pas perdues. L'esprit qui a souffert des iniquités sociales recueille, de par la loi d'équilibre et de compensation, le résultat des épreuves subies. L'esprit féminin, nous disent les Guides, monte d'un essor plus rapide vers la perfection.

Le rôle de la femme est immense dans la vie des peuples. Sœur, épouse ou mère, c'est la grande consolatrice et la douce conseillère. Par l'enfant, elle tient l'avenir et prépare l'homme futur. Aussi, les sociétés qui l'abaissent, s'abaissent elles-mêmes. C'est la femme respectée, honorée, éclairée, qui fait la famille forte, la société grande, morale, unie !

*
* *

Certaines attirances sont redoutables pour les âmes en quête des conditions d'une renaissance, par exemple les familles d'alcooliques, de débauchés, de déments. Comment concilier la notion de justice avec l'incarnation des êtres en de tels milieux ? N'y a-t-il pas là, en jeu, des raisons psychiques profondes et cachées, et les causes physiques ne sont-elles pas une simple apparence ? Nous l'avons vu, la loi d'affinité rapproche les êtres similaires. Tout un passé coupable entraîne l'âme arriérée vers des groupes qui présentent des analogies avec son propre état fluidique et mental, état qu'elle a créé par ses pensées et ses actions.

Il n'y a, en ces problèmes, aucune place pour l'arbitraire ou le hasard. C'est le mauvais usage prolongé de son libre arbitre, la poursuite constante de résultats égoïstes ou malfaisants qui attire l'âme vers des progéniteurs semblables à elle. Ils lui fourniront des matériaux en harmonie avec son organisme fluidique, imprégnés des mêmes tendances grossières, propres à la manifestation des mêmes appétits, des mêmes désirs. Une nouvelle existence s'ouvrira, nouvel échelon de chute vers le vice et la criminalité. C'est la descente vers l'abîme.

Maîtresse de son destin, l'âme doit subir l'état de choses qu'elle a préparé, voulu. Toutefois, après avoir fait de sa conscience un antre ténébreux, un repaire du mal, elle devra la transformer en temple de lumière. Les fautes accumulées feront naître des souffrances plus vives ; les incarnations se succéderont, plus pénibles, plus douloureuses ; le cercle de fer se resserrera jusqu'à ce que l'âme, broyée par l'engrenage des causes et des effets créés par elle, comprendra la nécessité de réagir contre ses tendances, de vaincre ses mauvaises passions et de changer de voie. Dès lors, pour peu que le repentir la touche, elle sentira naître en elle des forces, des impulsions nouvelles qui la porteront vers des milieux plus purs. Elle y puisera des formes, des éléments mieux appropriés à son œuvre de réparation, de rénovation. Pas à pas, des progrès seront accomplis. Dans l'âme repentante et attendrie, des rayons, des effluves pénétreront, des aspirations inconnues, des besoins d'action utile, de dévouement s'éveilleront. Cette loi d'attraction qui la poussait vers les bas-fonds sociaux se retournera en sa faveur et deviendra l'instrument de sa régénération.

Pourtant, le relèvement ne se fera pas sans peine ; l'ascension ne se poursuivra pas sans difficultés. Les fautes, les erreurs d'antan se répercutent en causes d'obstruction sur les vies futures. L'effort devra être d'autant plus énergique et prolongé que les responsabilités seront plus lourdes, et la période de résistance et d'obstination dans le mal plus étendue. A travers la rude remontée, le passé dominera longtemps le présent, et son poids fera fléchir plus d'une fois les épaules du marcheur. Mais d'en haut, des mains secourables se tendront vers lui et l'aideront à franchir les passages les plus escarpés. « *Il y a plus de joie dans le ciel pour un pécheur repentant que pour cent justes qui persévèrent.* »

Notre avenir est entre nos mains et nos facilités pour le bien s'accroissent en raison même de nos efforts pour le réaliser. Toute vie noble et pure, toute mission supérieure est le résultat d'un immense passé de luttes, d'échecs subis, de victoires remportées sur soi-même, le couronnement de longs et patients travaux, l'accumulation de fruits de science et de charité récoltés un à un au cours des âges. Chaque faculté brillante, chaque vertu solide a nécessité des existences multiples de labeur obscur, de combats violents entre l'esprit et la chair, la passion et le devoir. Pour parvenir au talent, au génie, la pensée a dû mûrir lentement à travers les siècles. Le champ de l'intelligence, péniblement défriché, n'a donné d'abord que de maigres récoltes, puis peu à peu sont venues les moissons, de plus en plus riches et abondantes.

A chaque retour dans l'espace s'établit la balance des pertes et des bénéfices ; les progrès se mesurent et s'affermissent. L'être s'examine et se juge. Il scrute minutieusement sa récente histoire, écrite en lui ; il passe en revue les fruits d'expérience et de sagesse que sa dernière vie lui a procurés, pour s'en assimiler plus profondément la substance. La vie de l'espace, pour l'esprit évolué, c'est la période d'examen, de recueillement, où les facultés, après s'être dépensées au dehors, se replient, s'appliquent à l'étude intime, à l'interrogation de la conscience, à l'inventaire rigoureux de ce qu'il y a dans l'âme de beauté ou de laideur. La vie de l'espace, c'est le pendant nécessaire de la vie terrestre, vie d'équilibre, où les forces se reconstituent, où les énergies se retrempent, où les enthousiasmes se raniment, où l'être se prépare aux tâches futures. C'est le repos après l'effort, le calme après la tourmente, la concentration paisible et sereine après l'expansion active ou le conflit ardent.

*
* *

D'après les théosophes, le retour de l'âme dans la chair s'effectue tous les quinze cents ans (1). Cette théorie n'est confirmée ni par les faits ni par le témoignage des Esprits. Ceux-ci, interrogés en grand nombre, en des milieux très divers, ont répondu que la réincarnation est beaucoup plus rapide. Les âmes avides de progrès séjournent peu dans l'espace. Elles demandent le retour à la vie de ce monde, pour y acquérir de nouveaux titres, de nouveaux mérites. Nous possédons sur les existences antérieures de certaine personne des indications recueillies sur des points très éloignés les uns des autres, de la bouche de médiums qui ne se sont jamais connus, indications parfaitement concordantes entre elles et avec les intuitions de l'intéressé. Elles démontrent que dix, vingt, trente années au plus ont séparé ses vies ter-

---

(1) Les livres théosophiques, dit Annie Besant, s'accordent à reconnaître qu'une « période moyenne de quinze siècles sépare les incarnations ». *La Réincarnation,* p. 97.

restres. En tout ceci, il n'est pas de règle précise. Les incarnations se rapprochent ou se distancent suivant l'état des âmes, leur désir de travail et d'avancement et les occasions favorables qui s'offrent à elles. Dans les cas de mort précoce, elles sont presque immédiates.

Nous le savons : le corps fluidique se matérialise ou s'affine suivant la nature des pensées et des actions de l'esprit. Les âmes vicieuses, par leurs tendances, attirent à elles des fluides impurs, qui épaississent leur enveloppe et en réduisent les radiations. A la mort, elles ne peuvent s'élever au-dessus de nos régions et restent confinées dans l'atmosphère ou mêlées aux humains. Si elles persistent dans le mal, l'attraction planétaire devient si puissante qu'elle précipite leur réincarnation.

Plus l'esprit est matériel et grossier, plus la loi de pesanteur a d'influence sur lui. Le phénomène inverse se produit chez les esprits purs, dont le périsprit radieux vibre à toutes les sensations de l'infini, et qui trouvent dans les régions éthérées des milieux appropriés à leur nature et à leur état de progression. Parvenus à un degré supérieur, ces esprits prolongent de plus en plus leur séjour dans l'espace ; les vies planétaires deviennent pour eux l'exception; la vie libre, la règle, jusqu'à ce que la somme des perfections réalisées les affranchisse pour jamais de la servitude des renaissances.

XIV. — LES VIES SUCCESSIVES. PREUVES EXPÉRIMENTALES. RÉNOVATION DE LA MÉMOIRE

Dans les pages précédentes, nous avons exposé les raisons logiques qui militent en faveur de la doctrine des vies successives. Nous consacrerons ce chapitre et les suivants à réfuter les objections de ses contradicteurs, et nous aborderons l'ensemble des preuves scientifiques qui, chaque jour, viennent la consolider.

L'objection la plus commune est celle-ci : Si l'homme a déjà vécu, demande-t-on, pourquoi ne se souvient-il pas de ses existences passées ? Nous avons déjà indiqué sommairement la cause physiologique de cet oubli. Cette cause, c'est la renaissance elle-même, c'est-à-dire l'action de revêtir un nouvel organisme, une enveloppe matérielle qui, en se superposant à l'enveloppe fluidique, joue, à son égard, le rôle d'un éteignoir. Par suite de la diminution de son état vibratoire, l'esprit, chaque fois qu'il prend possession d'un corps nouveau, d'un cerveau vierge de toute image, se trouve dans l'impossibilité d'exprimer les souvenirs accumulés de ses vies antérieures. Ses antécédents, il est vrai, se révéleront encore dans ses aptitudes, dans sa facilité d'assimilation, dans ses qualités et ses défauts. Mais tout le détail des faits, des événements qui constituent son passé, réintégré dans les profondeurs de la conscience, restera voilé pendant la vie terrestre. L'esprit, à l'état de veille, ne pourra plus exprimer sous les formes du langage que les seules impressions enregistrées par son cerveau matériel.

La mémoire est l'enchaînement, l'association des idées, des faits, des connaissances. Dès que cette association disparaît, dès que le fil des souvenirs se rompt, le passé semble s'effacer pour nous. Mais ce n'est là qu'une apparence. Dans un discours prononcé le 6 février 1905, M. le professeur Charles Richet, de l'Académie de médecine, disait : « La mémoire est une faculté implacable de notre intelligence, car aucune de nos perceptions n'est jamais oubliée. Dès qu'un fait a frappé nos sens, alors, de manière irrémédiable, il se fixe dans la mémoire. Peu importe que nous ayons gardé la conscience de ce souvenir; il existe, il est indélébile. »

Ajoutons qu'il peut renaître. Le réveil de la mémoire n'est qu'un effet de vibration produit par l'action de la volonté sur les cellules du cerveau. Pour faire revivre les souvenirs antérieurs à la naissance, il faut se replacer en harmonie de vibrations avec l'état dynamique où nous nous trouvions à l'époque où la perception s'est établie. Les cerveaux qui ont enregistré ces perceptions n'existant plus, il faut rechercher ces dernières dans la conscience profonde. Mais celle-ci reste muette aussi longtemps que l'esprit est enfermé dans la chair. Il doit en sortir et se dégager du corps pour recouvrer la plénitude de ses vibrations et ressaisir la trame des souvenirs cachés en lui. Alors il perçoit son passé et peut le reconstituer dans ses moindres faits. C'est ce qui se produit dans les phénomènes du somnambulisme et de la trance.

Nous savons qu'il est en nous des profondeurs mystérieuses où se sont déposés lentement, à travers les âges, les sédiments de nos vies de luttes, d'étude et de travail; là se gravent tous les incidents, toutes les vicissitudes de l'obscur passé. C'est comme un océan de choses endormies, que bercent les vagues de la destinée. Un appel puissant de la volonté peut les faire revivre. Vers elles le regard de l'esprit descend, aux heures de clairvoyance, comme les radiations d'étoiles glissent, dans les profondeurs glauques, jusque sous les voûtes et les arceaux des sombres retraites de la mer.

*
* *

Rappelons ici les points essentiels de la théorie du moi, à laquelle se rattachent tous les problèmes de la mémoire et de la conscience.

L'identité du moi, la personnalité, ne persiste et se maintient que par le souvenir et la conscience. Les réminiscences, les intuitions, les aptitudes déterminent la sensation d'avoir vécu. Il existe dans l'intelligence une continuité, une succession de causes et d'effets qu'il faut reconstituer dans leur ensemble pour posséder la connaissance intégrale du moi. Cela, nous l'avons vu, est impossible dans la vie matérielle, puisque l'incorporation amène un effacement temporaire des états de conscience qui forment cet ensemble continu. De même que la vie physique est soumise aux alternances de la nuit et du jour, il se produit un phénomène analogue dans la vie de l'esprit. Notre mémoire, notre conscience traversent alternativement des périodes d'éclipse ou de rayonnement, d'ombre ou de lumière, dans l'état céleste ou terrestre, et même, sur ce dernier plan, pendant la veille ou les différents états du sommeil. Et comme il y a des gradations dans l'éclipse, il y a aussi des degrés dans la lumière.

Beaucoup de rêves ne laissent aucune trace au réveil, pas plus que les impressions recueillies pendant le sommeil somnambulique. Tous les magnétiseurs le savent: l'oubli au réveil est un phénomène constant chez les somnambules. Mais dès que l'esprit du sujet, plongé dans un nouveau sommeil, se retrouve dans les conditions dynamiques permettant la rénovation des souvenirs, ceux-ci se réveillent aussitôt. Le sujet se rappelle ce qu'il a fait, dit, vu, exprimé à toutes les époques de son existence.

Par là, nous comprendrons facilement l'oubli momentané des vies antérieures. Le mouvement vibratoire de l'enveloppe périspritale, amorti par la matière au cours de la vie actuelle, est beaucoup trop faible pour que le degré d'intensité et la durée nécessaires à la rénovation de ces souvenirs puissent être atteints pendant la veille.

En réalité, la mémoire n'est qu'un mode de la conscience. Le souvenir est souvent à l'état subconscient. Déjà, dans le cercle restreint de la vie actuelle, nous ne conservons pas le souvenir de nos premières années qui est cependant gravé en nous, comme tous les états traversés au cours de notre histoire. Il en est de même d'un grand nombre d'actes et de faits appartenant aux autres périodes de la vie. Gassendi, dit-on, se souvenait de l'âge de 18 mois; mais c'est là une exception. L'effort mental est nécessaire pour réveiller ces souvenirs de la vie normale, celle qui nous est la plus familière; nécessaire, répétons-le, pour ressaisir mille choses étudiées, apprises, puis oubliées, parce qu'elles sont redescendues dans les couches profondes de la mémoire. A chaque instant, l'intelligence doit rechercher dans la subconscience les connaissances, les souvenirs qu'elle veut revivifier; elle s'efforce de les faire passer dans la conscience physique, dans le cerveau concret, après les avoir pourvus des éléments vitaux fournis par les neurones ou cellules nerveuses. Selon la richesse ou la pauvreté de ces éléments, le souvenir surgira clair ou diffus; parfois, il se dérobe; la communication ne peut s'établir, ou bien la projection ne se produit qu'après coup, au moment où on s'y attend le moins.

Donc, pour se souvenir, la première des conditions, c'est de vouloir. Ceci explique que nombre d'esprits, même dans la vie de l'espace, sous l'empire de certains préjugés dogmatiques, négligent toute recherche et restent ignorants du passé qui dort en eux. Dans ce milieu, comme parmi nous, au cours de l'expérimentation, une suggestion est nécessaire. Cette loi de la suggestion, nous la voyons se manifester partout, sous mille formes; nous la subissons nous-mêmes à chaque instant du jour. Par exemple, près de nous, un chant s'élève, une parole, un nom a retenti, une image frappe nos regards et voilà que, soudain, grâce à l'association des idées, tout un enchaînement de souvenirs confus, presque oubliés, dissimulés dans les bas-fonds de notre conscience, se déroule à notre esprit.

Des périodes entières de notre vie présente peuvent s'effacer de la mémoire. Dans son livre : *Les Phénomènes psychiques*, p. 170, M. J. Maxwell, docteur en médecine, avocat général à la Cour d'appel de Bordeaux, parle en ces termes de ce que l'on appelle des cas d'*amnésie* :

« Quelquefois même, la notion de la personnalité disparaît. On connaît des malades qui, subitement, oublient jusqu'à leur nom. Toute leur vie s'efface et ils semblent revenir à l'état où ils étaient au moment de leur naissance. Ils doivent réapprendre eux-mêmes à parler, à s'habiller, à manger. Quelquefois, l'amnésie n'est pas aussi complète. J'ai pu observer un malade qui avait oublié tout ce qui avait un lien quelconque avec sa personnalité. Il ignorait absolument tout ce qu'il avait fait, ne savait plus où il était né, quels étaient ses parents. Il avait une trentaine d'années. La mémoire organique et les mémoires organisées en dehors de la personnalité subsistaient. Il pouvait lire, écrire, dessiner un peu, jouer grossièrement d'un instrument de musique. L'amnésie chez lui était limitée à tous les faits connexes à sa personnalité antérieure. »

Le docteur J. Maxwell cite encore d'autres cas et conclut ainsi : « Les faits que je viens d'exposer sommairement révèlent déjà cette chose importante à retenir, que les amnésies passagères, curables, temporaires, démontrent clairement : c'est que les souvenirs peuvent exister à l'état latent dans la conscience générale et être inaccessibles à la conscience personnelle. »

Le docteur Pitre, doyen de la Faculté de médecine de Bordeaux, dans son livre : *L'Hystérie et l'Hypnotisme*, cite un cas où il démontre que tous les faits et connaissances enregistrés en nous dès l'enfance peuvent renaître ; c'est ce qu'il appelle le phénomène de l'*ecmnésie*. Son sujet, une jeune fille de 17 ans, ne parlait que le français et avait oublié le patois gascon, idiome de sa jeunesse. Endormie et reportée par la suggestion à l'âge de 5 ans, elle n'entendait plus le français et ne parlait que le patois. Elle racontait tous les menus détails de sa vie enfantine ; ils se dessinaient pour elle avec une netteté parfaite ; mais elle restait sourde aux questions posées, ne comprenant plus la langue qu'on lui parlait. Elle avait oublié tous les faits de sa vie qui s'étaient déroulés entre les âges de 5 et de 17 ans.

Le docteur Burot a fait des expériences identiques. Son sujet Jeanne est reportée par lui, mentalement, à différentes époques de sa jeunesse, et, à chaque période, les incidents de son existence se dessinent avec précision dans sa mémoire, mais tout fait ultérieur s'efface. On pouvait suivre, à rebours, les progrès de son intelligence. Revenue à l'âge de 5 ans, on constate qu'elle sait à peine lire ; elle écrit comme elle le faisait à cet âge, d'une façon malhabile, avec les fautes d'orthographe qui lui étaient habituelles à cette époque (1).

Tous ces récits ont été contrôlés. Les savants que nous citons se sont livrés à des enquêtes minutieuses ; ils ont pu constater l'exactitude des faits rapportés par les sujets, faits qui étaient effacés de leur mémoire à l'état normal.

(1) Docteurs BOURRU et BUROT, *Les Changements de la personnalité*. Bibliothèque scientifique contemporaine, 1887.

Nous allons voir que, par un enchaînement logique et rigoureux, ces phénomènes nous conduisent à la possibilité de réveiller expérimentalement, dans la partie permanente de l'être, les souvenirs antérieurs à la naissance. C'est ce que nous constaterons dans les expériences de F. Colavida, E. Marata, colonel de Rochas, etc.

L'état de fièvre, le délire, le sommeil anesthésique, en provoquant le dégagement partiel, peuvent aussi ébranler, dilater les couches profondes de la mémoire et réveiller des connaissances et des souvenirs anciens. On se rappellera sans doute le cas célèbre de Ninfa Filiberto, de Palerme. Elle parlait, dans la fièvre, plusieurs langues étrangères qu'elle avait oubliées depuis longtemps. Voici d'autres faits rapportés par des praticiens.

Le docteur Henri Freeborn (1) cite le cas d'une femme âgée de 70 ans qui, gravement malade par suite d'une bronchite, fut en proie au délire, du 13 au 16 mars 1902. La raison lui revint ensuite peu à peu :

« Dans la nuit du 13 au 14, on s'aperçut qu'elle parlait une langue inconnue aux personnes qui l'entouraient. Il semblait parfois qu'elle disait des vers ; d'autres fois, qu'elle causait. Elle répéta à plusieurs reprises la même composition en vers. On finit par reconnaître que le langage était l'hindoustani.

« Le matin du 14, l'hindoustani commença à se mêler d'un peu d'anglais ; elle s'entretenait de la sorte avec des parents et des amis d'enfance, ou bien elle parlait d'eux. Le 15, l'hindoustani avait disparu à son tour et la malade s'adressait à des amis qu'elle avait connus plus tard, en se servant de l'anglais, du français et de l'allemand. La dame en question était née dans l'Inde, qu'elle quitta à l'âge de trois ans pour se rendre en

(1) Voir *Lancet*, de Londres, numéro du 12 juin 1902.

Angleterre, après quatre mois de voyage, avant qu'elle eût accompli sa quatrième année. Jusqu'au jour où elle débarqua en Angleterre, elle avait été confiée à des domestiques hindous et ne parlait pas du tout l'anglais.

« Le 13, dans son délire, elle revivait ses premiers jours et parlait le premier langage qu'elle avait entendu. La poésie a été reconnue pour être une espèce de berceuse que les *ayahs* ont l'habitude de répéter aux enfants ; en causant, elle s'adressait sans doute aux domestiques hindous ; ainsi l'on comprit, entre autres choses, qu'elle demandait qu'on l'emmenât au bazar pour y acheter des bonbons.

« On pouvait reconnaître une suite dans tout le cours du délire. D'abord il y fut question des connaissances avec lesquelles la malade avait été en rapport pendant sa première enfance, ensuite elle passa en revue toute son existence jusqu'à ce qu'elle fût parvenue, le 16 mars, à l'époque où elle se maria et eut des enfants qui grandirent.

« Il est curieux de constater qu'après une période de soixante-six ans, pendant laquelle elle n'avait jamais parlé l'hindoustani, le délire lui avait remémoré ce langage de sa première enfance. Actuellement, la malade parle avec autant de facilité le français et l'allemand que l'anglais ; mais, quoiqu'elle connaisse encore quelques mots d'hindoustani, elle est absolument incapable de parler cette langue ou même d'en composer une seule phrase. »

Le docteur Sollier, dans son ouvrage : *Phénomènes d'autoscopie* (p. 105), mentionne les expériences suivantes du docteur Bain. Il s'agit d'une malade âgée de 29 ans, morphinomane, et soumise à la « méthode de resensibilisation successive par l'hypnose ».

« Quand nous en eûmes fini avec le corps, nous procédâmes au réveil de la tête. Nous avons assisté à une régression de la personnalité, non pas en une seule séance, mais en plusieurs, à dix-sept ans en arrière : la malade se retrouvait à l'âge de douze ans, elle revivait toutes les périodes de sa vie mouvementée avec un dédoublement complet de sa personnalité. Cela nous entraînerait trop loin de donner, même en raccourci, l'histoire de la malade, histoire à laquelle nous assistions comme si nous avions tenu le récepteur d'un téléphone et écouté la conversation d'un seul interlocuteur : c'étaient les scènes de la vie d'une pauvre ouvrière qui se prostitue pour vivre, et qui, malade, s'adonne à la morphine ; compromise dans des vols, elle passe en jugement deux fois, purge à Saint-Lazare, puis à Nanterre, une condamnation à un an de prison ; scènes de famille, scènes d'atelier, scènes avec des amants, heures de prospérité passagères, heures de misère consécutives, la vie à Saint-Lazare et à Nanterre. En janvier 1902, la malade quittait l'asile sur sa demande, très améliorée, sinon guérie ; elle avait beaucoup engraissé, dormait spontanément la nuit, était active et travaillait. Elle rédigea, à notre demande, une note où elle retraçait tous les incidents de sa vie. Cette note contrôlait tous les renseignements qu'elle nous avait fournis dans l'hypnose, en retrouvant sa sensibilité cérébrale. »

Les *Annales des Sciences psychiques*, de mars 1906, enregistrent un cas intéressant d'amnésie dans la veille, rapporté par le docteur Gilbert-Ballet, de l'Hôtel-Dieu de Paris.

« Il s'agit d'un malade qui, à la suite d'un choc violent, avait complètement oublié toute une « tranche » de sa vie passée. Il se rappelait fort bien son enfance et des faits très lointains, mais une lacune s'était produite pour une partie de son existence plus rapprochée et il ne pouvait se souvenir des événements qui étaient survenus pendant cette période de sa vie. C'est ce qu'on appelle l'amnésie rétrograde. C'est un nommé Dada, âgé de 50 ans. Depuis le 4 jusqu'au 7 octobre précédent, un vide absolu s'était fait dans sa mémoire. Ayant quitté, le 4, ses maîtres, qui l'employaient comme jardinier dans une propriété près de Nevers, il se retrouva le 7, sans savoir comment, à Liège, aux portes de l'exposition. De quelle façon a-t-il accompli ce long voyage ? Il l'ignore et, malgré tous ses efforts, ne peut retrouver le moindre souvenir. »

Mais voici que ce malade est plongé dans l'hypnose et aussitôt tous les incidents de ce voyage se reconstituent dans leurs moindres détails, avec le souvenir des personnes rencontrées. Dada en est à sa quatrième crise d'amnésie nerveuse. Il se rappelle, endormi, ce qu'il a oublié à l'état de veille, tout simplement parce qu'il se trouve de nouveau en état de condition seconde, c'est-à-dire dans l'état où il se trouvait au moment de son attaque d'amnésie. Ce cas nous met encore sur la trace des lois et conditions qui régissent les phénomènes de rénovation de la mémoire des vies antérieures.

Enfin, nous trouvons dans le *New York World* de septembre 1904, sous la plume du docteur Boris Sidis, médecin « psychopathique » renommé, de New York, la mention d'un autre cas extraordinaire d'amnésie :

« Un ministre protestant, homme d'un esprit solide et éclairé, le docteur Hanna, fut jeté hors de sa voiture en allant faire une visite à sa fiancée qui demeurait à la campagne. Le coup avait porté sur la tête et la commotion avait été si violente qu'il en perdit la mémoire et, avec elle, la conscience de sa vie passée. Il était ainsi fatalement revenu aux premiers jours de son enfance, obligé d'apprendre à épeler ses lettres et à écrire ; riant et criant comme le font les enfants en bas âge ; mais absolument incapable de rattacher au passé les faits de sa vie présente.

« Sa fiancée, ses amis, ses paroissiens lui étaient devenus étrangers ; et pourtant, dans le labyrinthe voilé de son intelligence, des visions étranges d'une autre existence flottaient incessamment devant son esprit. Ces visions ne lui venaient que quand on cherchait à l'endormir, et à mesure que son intelligence se développait, la conscience de son individualité devenait plus impérieuse. Un peu plus tard, un fait des plus extraordinaires se produisit. Des sombres retraites de son esprit surgit soudain une troisième personnalité, une entité mystérieuse dominant les deux autres et cherchant à réconcilier l'enfant avec l'homme, à reconstituer la vie passée du docteur Hanna, et à relier ensemble les deux bouts de la chaîne qui établissaient entre les deux existences une si fatale solution de continuité. Cette personnalité parvint à le guérir. »

En résumé, toute l'étude de l'homme terrestre nous fournit la preuve qu'il existe des états distincts de la conscience et de la personnalité. Nous l'avons vu, dans la première partie de cet ouvrage : la coexistence en nous d'un mental double, dont les deux parties se rejoignent et fusionnent à la mort, est attestée, non seulement par l'hypnotisme expérimental, mais encore par toute l'évolution psychique.

Le fait seul de cette dualité intellectuelle, considérée dans ses rapports avec le problème des réincarnations, nous explique comment toute une partie du moi, avec son immense cortège d'impressions et de souvenirs anciens, peut rester plongée dans l'ombre au cours de la vie actuelle.

Nous savons que la télépathie, la clairvoyance,

la prévision des événements, sont des pouvoirs afférents au moi profond et caché. La suggestion en facilite l'exercice ; c'est un appel de la volonté, une invitation aux âmes faibles et inhabiles à se dégager de leur prison et à rentrer temporairement en possession des richesses, des puissances qui sommeillent en elles. Les passes magnétiques dénouent les liens qui attachent l'âme au corps physique, provoquent son dégagement. Dès lors, la suggestion, personnelle ou étrangère, fait son œuvre ; elle s'exerce avec plus d'intensité. Son action n'est pas seulement applicable au réveil des sens psychiques. Nous venons de voir qu'elle peut encore reconstituer l'enchaînement des souvenirs gravés aux profondeurs de l'être.

Il semble que, dans certains cas exceptionnels, cette action puisse s'exercer même à l'état de veille. F. Myers (1) parle de la faculté du « subliminal » d'évoquer des états émotionnels disparus de la conscience normale et de revivre dans le passé. Ce fait, dit-il, se rencontre fréquemment chez les artistes, dont les émotions revécues peuvent dépasser en intensité les émotions originales.

Le même auteur émet l'opinion que la théorie la plus vraisemblable pour expliquer le génie, est celle des réminiscences de Platon, à la condition de la fonder sur les données scientifiques établies de nos jours (2).

Ces mêmes phénomènes reparaissent sous

---

(1) F. MYERS, *La Personnalité humaine*, p. 831.
(2) *Ibid.*, p. 133.

une autre forme dans un ordre de faits déjà signalés. Ce sont les impressions de personnes qui, à la suite d'accidents, ont pu échapper à la mort. Par exemple, des noyés sauvés avant l'asphyxie complète et d'autres qui ont fait des chutes graves. Beaucoup racontent qu'entre le moment où ils sont tombés et celui où ils ont perdu connaissance, tout le spectacle de leur vie s'est déroulé dans leur cerveau d'une façon automatique, en tableaux successifs et rétrogrades, avec une rapidité vertigineuse, accompagné du sentiment moral du bien et du mal ainsi que de la conscience des responsabilités encourues.

Th. Ribot, le chef du positivisme français, dans son ouvrage sur *les Maladies de la mémoire*, a cité de nombreux faits établissant la possibilité du réveil spontané, automatique, de toutes les scènes ou images qui peuplent la mémoire, particulièrement en cas d'accident.

Rappelons, à ce sujet, le cas de l'amiral Beaufort, extrait du *Journal de médecine* de Paris (1). Il était tombé à la mer et perdit pendant deux minutes le sentiment de sa conscience physique. Ce temps suffit à sa conscience transcendantale pour résumer toute sa vie terrestre en tableaux raccourcis, d'une netteté prodigieuse. Tous ses actes, y compris leurs causes, leurs circonstances contingentes et leurs effets, défilèrent dans sa pensée. Il se rappelait ses propres réflexions du moment sur le bien et le mal qui en étaient résultés. Voici un cas de

(1) Voir plus haut, chap. XI, p. 241.

même nature rapporté par M. Cottin, aéronaute :

« Dans sa dernière ascension, le ballon *le Montgolfier* emportait M. Perron, président de l'Académie d'aérostation, comme capitaine, et F. Cottin, agent administratif de l'Association scientifique française.

« Parti d'un bond, le ballon était à 4h. 24 à 700 mètres ; c'est alors qu'il creva et se mit à descendre plus vite qu'il n'était monté, et il s'engouffra à 4 h. 27 dans la maison n° 20 de l'impasse Chevalier à Saint-Ouen. Après avoir jeté tout ce qui pouvait compliquer l'accident, nous dit M. Cottin (1), « une espèce de quiétude,
« d'inertie peut-être, s'empara de moi ; mille souvenirs
« lointains se pressent, se heurtent devant mon imagi-
« nation ; puis les choses s'accentuent et le panorama
« de ma vie vient se dérouler devant mon esprit attentif.
« Tout est précis ; les châteaux en Espagne, les décep-
« tions, la lutte pour l'existence, et tout cela dans l'enca-
« drement inexorable imposé par la destinée... Qui croi-
« rait, par exemple, que je me suis revu, à vingt ans,
« sergent au 22ᵉ de ligne... Je me suis revu, dis-je, sac
« au dos et chantant sur la route à Vendôme. En moins
« de trois minutes, j'ai vu toute ma vie défiler devant ma
« mémoire. »

Ces phénomènes peuvent s'expliquer par un commencement d'extériorisation. Dans cet état, comme dans la vie de l'espace, la subconscience s'unit à la conscience normale et reconstitue la conscience totale, la plénitude du moi. Pour un instant, l'association des idées et des faits se reforme ; la chaîne des souvenirs se resoude. Le même résultat peut être obtenu par l'expérimentation ; mais alors le sujet, dans sa re-

(1) Extrait de *Le Spiritisme et l'Anarchie*, par J. BOUVERY, p. 405.

cherche, doit être aidé par une volonté supérieure à la sienne en puissance, qui s'associe à lui et stimule ses efforts. Dans les phénomènes de la trance, ce rôle est rempli, soit par l'esprit-guide, soit par le magnétiseur, dont la pensée agit sur le sujet comme un levier.

Les deux volontés, combinées, superposées, acquièrent alors une intensité de vibrations qui met en branle les couches les plus profondes et les plus voilées du subconscient.

*
* *

Un autre point essentiel doit retenir notre attention ; c'est le fait, établi par toute la science physiologique, qu'il existe une corrélation étroite entre le physique et le mental de l'homme. A chaque action physique correspond un acte psychique, et réciproquement. Tous deux s'enregistrent à la fois dans le souvenir subconscient ; de telle sorte que l'un ne peut être évoqué sans que l'autre surgisse aussitôt. Cette concordance s'applique aux moindres faits de notre existence intégrale, aussi bien pour le présent que pour les épisodes de notre passé le plus ancien.

La compréhension de ce phénomène, peu intelligible pour les matérialistes, nous est facilitée par la connaissance du périsprit, ou enveloppe fluidique de l'âme. C'est en lui, et non dans l'organisme physique, composé de matière fluente, sans cesse variable dans ses cellules constitutives, que se gravent toutes nos impressions.

Le périsprit est l'instrument de précision qui note avec une fidélité absolue les moindres variations de la personnalité. Toutes les volitions de la pensée, tous les actes de l'intelligence ont en lui leur répercussion. Leurs mouvements, leurs états vibratoires distincts y laissent des traces successives et superposées. Certains expérimentateurs ont comparé ce mode d'enregistrement à un cinématographe vivant, sur lequel se fixent successivement nos acquisitions et nos souvenirs. Il se déroulerait par une sorte de déclanchement ou de secousse, causé soit par l'action d'une suggestion étrangère, soit par une auto-suggestion, ou bien par suite d'un accident, comme nous l'avons vu plus haut.

Déjà, l'influence de la pensée sur le corps nous est révélée par des phénomènes observables à chaque instant en nous-mêmes et autour de nous. La peur paralyse les mouvements ; l'étonnement, la honte, la crainte provoquent la pâleur ou la rougeur ; l'angoisse nous serre le cœur, le chagrin profond fait couler nos larmes et peut amener à la longue une dépression vitale. Ce sont là autant de preuves manifestes de l'action puissante du mental sur l'enveloppe matérielle.

L'hypnotisme, en développant la sensibilité de l'être, nous démontre d'une manière encore plus nette cette action réflexe de la pensée. Nous l'avons vu : la suggestion d'une brûlure peut produire chez un sujet autant de désordres que la brûlure elle-même. On provoque, à volonté, l'apparition de plaies, de stigmates, etc. (1).

(1) Voir *Dans l'Invisible*, chap. XX.

Si la pensée et la volonté peuvent exercer une telle action sur la matière corporelle, on comprendra que cette action s'accroisse encore et produise des effets plus intenses lorsqu'elle s'appliquera à la matière fluidique, impondérable, dont le périsprit est formé. Moins dense, moins compacte que la matière physique, elle obéira avec beaucoup plus de souplesse aux moindres volitions de la pensée. C'est en vertu de cette loi que les Esprits peuvent apparaître sous une des formes revêtues par eux dans le passé, avec tous les attributs de leur personnalité évanouie. Il leur suffit de penser fortement à une phase quelconque de leurs existences, pour se montrer aux voyants tels qu'ils étaient à l'époque évoquée dans leur mémoire. Et pour peu que la force psychique nécessaire leur soit fournie par un ou plusieurs médiums, les matérialisations deviennent possibles.

M. le colonel de Rochas, dans ses expériences, en réussissant à isoler le corps fluidique, a démontré qu'il était le siège de la sensibilité et des souvenirs (1). L'Hypnotisme et la physiologie combinés nous permettent désormais d'étudier l'action de l'âme dégagée de son enveloppe grossière et unie à son corps subtil. Bientôt, ils nous fourniront les moyens d'élucider les plus délicats problèmes de l'être. L'expérimentation psychique contient la clef de tous les phénomènes de la vie ; elle est appelée à rénover entièrement la science moderne, en jetant une vive lumière sur un grand nombre de questions restées obscures jusqu'ici.

(1) Voir A. DE ROCHAS, *L'Extériorisation de la sensibilité.*

Nous allons voir maintenant, dans les phénomènes hypnotiques et particulièrement dans la trance, que les impressions, enregistrées par le corps fluidique d'une manière indélébile, forment d'étroites associations. Les impressions physiques sont reliées aux impressions morales et intellectuelles, de telle façon que l'on ne peut faire appel aux unes sans voir renaître les autres. Leur réapparition est toujours simultanée. G. Delanne dit à ce sujet (1) :

« Le ton vibratoire du périsprit, cette dynamogénie en corrélation absolue avec l'énergie évolutive, donne à tous les états psycho-physiologiques *qui sont contemporains* un caractère commun qui les isole de ceux qui précèdent et qui suivent, et les marque d'une empreinte spéciale qui permettra toujours de les ressusciter ensemble. De sorte que si, plus tard, chez certains sujets particulièrement sensibles, comme les hystériques, on reproduit artificiellement un état physiologique spécial, on ramène inévitablement l'état psychique qui existait à ce moment. Si, par exemple, un malade a eu, à l'âge de cinq ans, une paralysie de la jambe droite, et que l'on produise par l'application de l'aimant, artificiellement, la même paralysie de la jambe droite, le sujet se retrouve porté à l'âge de cinq ans et reprend le caractère qu'il avait à cette époque, en oubliant tous les faits qui se sont produits depuis. Réciproquement, si on suggère au même sujet qu'il a l'âge de cinq ans, immédiatement sa jambe droite se retrouve paralysée. »

Cette corrélation étroite du physique et du moral, dans son application aux souvenirs gravés en nous, est démontrée par de nombreuses expériences. Citons d'abord celles de savants positivistes qui, mal-

(1) *Revue scientifique et morale*, septembre 1903, p. 189.

gré leurs préventions à l'endroit de toute théorie nouvelle, la confirment à leur insu :

M. Pierre Janet, professeur de physiologie à la Sorbonne, expose les faits suivants (1). Il expérimente sur son sujet Rose endormi :

« Je suggère à Rose que nous ne sommes plus en 1888, mais en 1886, au mois d'avril, pour constater simplement des modifications de sensibilité qui pourraient se produire. Mais, voici un accident bien étrange. Elle gémit, se plaint d'être fatiguée et de ne pouvoir marcher. « Eh bien, qu'avez-vous donc? — Oh rien... dans ma situation !! — Quelle situation ? » Elle me répond d'un geste ; son ventre s'était subitement gonflé et tendu par un accès subit de tympanite hystérique. Je l'avais, sans le savoir, ramenée à une période de sa vie pendant laquelle elle était enceinte.

« Des études plus intéressantes furent faites par ce moyen sur Marie ; j'ai pu, en la ramenant successivement à différentes périodes de son existence, constater tous les états divers de la sensibilité par lesquels elle a passé, et les causes de toutes les modifications. Ainsi elle est maintenant complètement aveugle de l'œil gauche et prétend être ainsi depuis sa naissance. Si on la ramène à l'âge de sept ans, on constate qu'elle est encore anesthésique de l'œil gauche ; mais si on lui suggère de n'avoir que six ans, on s'aperçoit qu'elle voit bien des deux yeux et on peut déterminer l'époque et les circonstances bien curieuses dans lesquelles elle a perdu la sensibilité de l'œil gauche. *La mémoire a réalisé automatiquement un état de santé dont le sujet croyait n'avoir conservé aucun souvenir.* »

* * *

La possibilité de réveiller dans la conscience

(1) P. JANET, *L'Automatisme psychologique*, p. 160.

d'un sujet entrancé les souvenirs oubliés de son enfance, nous conduit logiquement à la rénovation des souvenirs antérieurs à la naissance. Cet ordre de faits a été signalé pour la première fois au Congrès spirite de Paris, en 1900, par des expérimentateurs espagnols. Voici un extrait de leur rapport, lu dans la séance du 25 septembre (1).

« Le médium étant profondément endormi au moyen de passes magnétiques, Fernandez Colavida, président du groupe des études psychiques de Barcelone, lui commanda de dire ce qu'il avait fait la veille, l'avant-veille, une semaine, un mois, un an auparavant, et, successivement, il le fit remonter jusqu'à son enfance, qu'il lui fit expliquer dans tous ses détails.

« Toujours poussé par la même volonté, le médium raconta sa vie dans l'espace, la mort de sa dernière incarnation et, continuellement stimulé, il arriva jusqu'à quatre incarnations, dont la plus ancienne était une existence tout à fait sauvage. A chaque existence, les traits du médium changeaient d'expression. Pour le ramener à son état habituel, on le fit revenir graduellement jusqu'à son existence actuelle, puis on le réveilla. »

Quelque temps après, à l'improviste, dans un but de contrôle, l'expérimentateur fit magnétiser le même sujet par une autre personne en lui suggérant que ses précédents récits étaient imaginaires. Malgré cette suggestion, le médium reproduisit la série des quatre existences, comme il l'avait fait auparavant. Le réveil des souvenirs, leur enchaînement furent identiques aux résultats obtenus dans la première expérience.

(1) Voir *Compte rendu du Congrès spirite et spiritualiste de 1900*. Leymarie, éditeur, pp. 349-350.

Dans la même séance de ce Congrès, Esteva Marata, président de l'Union spirite de Catalogne, déclare avoir obtenu des faits analogues, par les mêmes procédés, en expérimentant sur sa propre épouse, en état de sommeil magnétique. A propos d'un message donné par un Esprit et ayant trait à l'une des vies passées du sujet, il put réveiller, dans la conscience obscure de ce dernier, les traces de ses existences antérieures.

Depuis lors, ces expériences ont été tentées dans beaucoup de centres d'études. On a obtenu ainsi de nombreuses indications sur le fait des vies successives de l'âme. Ces expériences se multiplieront probablement de jour en jour. Remarquons cependant qu'elles nécessitent une grande prudence. Les erreurs, les fraudes, sont faciles; des dangers sont à craindre. L'expérimentateur doit choisir des sujets très sensibles et bien développés. Il doit être assisté d'un esprit assez puissant pour écarter toutes les influences étrangères, toutes les causes de trouble et préserver le médium des accidents possibles, dont le plus grave serait le dégagement complet, irrémédiable, l'impossibilité de contraindre l'esprit à réintégrer le corps, ce qui occasionnerait la séparation définitive, la mort.

Il faut surtout se mettre en garde contre les excès de l'auto-suggestion et n'accepter les récits des sujets que dans la mesure où ils peuvent être vérifiés, contrôlés; exiger d'eux des noms, des dates, des points de repère, en un mot un ensemble de preuves présentant un caractère vraiment positif et scientifique. Il serait bon d'imiter sur ce point l'exemple donné par la Société des recherches psychiques de Londres, et d'adopter des méthodes précises et rigoureuses, par exemple celles qui ont procuré à ses travaux sur la télépathie une grande autorité.

Le défaut de précaution, l'inobservation des règles les plus élémentaires de l'expérimentation ont fait des incorporations d'Hélène Smith un cas obscur et plein de difficultés. Toutefois, au milieu de la confusion des faits signalés par M. Th. Flournoy, professeur à l'Université de Genève, nous croyons devoir retenir le phénomène de la princesse hindoue Simandini.

Le médium entrancé reproduit les scènes d'une de ses existences, vécue dans l'Inde, au douzième siècle. En cet état, elle se sert fréquemment de mots sanscrits, langue qu'elle ignore à l'état normal. Elle donne, sur des personnages historiques hindous, des indications introuvables dans aucun ouvrage usuel, et dont le professeur, après bien des recherches, découvre la confirmation dans une œuvre de Marlès, historien peu connu et tout à fait hors de la portée du sujet. Hélène Smith, dans le sommeil somnambulique, prend une attitude impressionnante. Voici ce qu'en dit M. Flournoy dans un livre qui a eu un grand retentissement (1) :

« Il y a dans tout son être, dans l'expression de sa physionomie, dans ses mouvements, dans son timbre de voix, lorsqu'elle parle ou chante en hindou, une grâce paresseuse, un abandon, une douceur mélancolique, un quelque chose de langoureux et de charmeur qui répond à merveille au caractère de l'Orient.

« Toute la mimique d'Hélène si diverse et ce parler exotique ont un tel cachet d'originalité, d'aisance, de naturel, qu'on se demande avec stupéfaction d'où vient à cette fille des rives du Léman, sans éducation artistique ni connaissances spéciales de l'Orient, une perfection de jeu à laquelle la meilleure actrice n'atteindrait sans doute qu'au prix d'études prolongées ou d'un séjour au bord du Gange. »

Quant à l'écriture et au langage indous, employés

(1) Th. Flournoy, *Des Indes à la planète Mars*, pp. 271, 272.

par Hélène, M. Flournoy ajoute que, dans ses recherches pour en expliquer, chez elle, la connaissance, « toutes les pistes qu'il a pu découvrir étaient fausses ».

Une autre existence du même personnage se serait déroulée sur la planète Mars. Mlle Smith parle et écrit une des langues qui y sont en usage. Des spécimens de cette écriture ont été soumis au congrès de psychologie de Paris, en 1900. M. Flournoy les considère comme une œuvre « cryptomnésique », c'est-à-dire une création de la subconscience du sujet. Nous n'insisterons pas. Comme nous l'avons dit dans un précédent ouvrage (1), en analysant ces phénomènes, dans le cas de Mlle Smith les difficultés abondent, des facteurs divers semblent intervenir. Il y a là un enchevêtrement de faits spirites et de faits d'animisme, de produits de la subconscience mêlés à des interventions d'intelligences extérieures qui compliquent singulièrement le problème. Chez ce médium, la force psychique est souvent insuffisante et les phases de la trance très inégales. Mais nous avons cru devoir retenir le cas de la princesse indoue que M. Flournoy lui-même n'a pu expliquer par les théories physiologiques ordinaires, ni par une fantaisie de l'imagination.

Nous avons observé nous-même, pendant plusieurs années, des cas semblables à celui d'Hélène Smith. Un des médiums du groupe dont nous dirigions les travaux reproduisait dans la trance, sous l'influence de l'esprit guide, des scènes de ses différentes existences. D'abord, ce furent celles de la vie actuelle, dans sa période enfantine, avec des expressions caractéristiques et des émotions juvéniles. Puis, vinrent des

(1) Voir *Dans l'Invisible*, p. 813.

épisodes de vies reculées, avec des jeux de physionomie, des attitudes, des mouvements, des réminiscences d'expressions du moyen âge, tout un ensemble de détails psychologiques et automatiques très différents des habitudes actuelles de la dame, fort honorable et incapable d'aucune simulation, par laquelle nous obtenions ces étranges phénomènes.

* *
*

Le colonel du génie A. de Rochas, ancien administrateur de l'École Polytechnique, s'est beaucoup occupé de ce genre d'expérimentations. Malgré les contestations soulevées par ses travaux, malgré les restrictions et les réserves de l'expérimentateur, et quelles que soient les conclusions qu'on en dégage, nous ne croyons pas pouvoir les passer sous silence. Voici pourquoi :

Tout d'abord, nous retrouvons dans tous les faits du même ordre, provoqués par M. de Rochas, cette corrélation du physique et du mental, signalée plus haut, et qui semble être l'expression d'une loi. Les réminiscences antérieures à la naissance produisent, sur l'organisme des sujets endormis, des effets matériels constatés par tous les assistants, dont plusieurs sont des médecins. Or, tout en tenant compte du rôle que peut jouer, dans ces expériences, l'imagination des sujets ; tout en faisant la part des arabesques qu'elle brode autour du fait principal, il est d'autant plus difficile d'attribuer ces effets à la seule fantaisie de ces sujets que, suivant les propres expressions du colonel: « on est parfaitement sûr de leur bonne foi et que leurs révélations sont accompagnées de caractères somatiques paraissant prouver, d'une manière absolue, leur réalité (1). »

Nous laissons la parole au colonel de Rochas (2) :

« Depuis longtemps on savait que, dans certaines circonstances, notamment quand on est près de la mort, des souvenirs depuis longtemps oubliés se succèdent, avec une rapidité extrême, dans l'esprit de quelques personnes, comme si on déroulait devant leurs yeux les tableaux de leur vie entière.

« J'ai déterminé expérimentalement un phénomène analogue sur des sujets magnétisés ; avec cette différence qu'au lieu de rappeler de simples souvenirs, je fais prendre à ces sujets les états d'âme correspondant aux âges auxquels je les ramène, avec oubli de tout ce qui est postérieur à cet âge. Ces transformations s'opèrent à l'aide de passes longitudinales, qui ont pour effet ordinaire l'approfondissement du sommeil magnétique. Les changements de personnalité, si on peut appeler ainsi les étapes diverses d'un même individu, se succèdent invariablement selon l'ordre des temps, en allant vers le passé quand on se sert de passes longitudinales, pour revenir dans le même ordre vers le présent quand on a recours à des passes transversales ou réveillantes. Tant que le sujet n'est pas revenu à son état normal, il présente l'insensibilité cutanée. On peut précipiter les transformations en s'aidant de la suggestion, mais il faut toujours parcourir les mêmes phases et ne pas aller trop vite, sans quoi

---

(1) *Revue spirite*, janvier 1907, p. 41. Article du colonel DE ROCHAS sur les *Vies successives*.
(2) *Id.*

on provoque les plaintes du sujet, qui dit qu'on le torture et qu'il ne peut vous suivre.

« Jusqu'ici, il n'y a rien de bien extraordinaire ; on conçoit qu'on puisse, par des passes magnétiques, accumuler successivement le fluide vital sur les couches successives du cerveau où se sont successivement emmagasinés les souvenirs du passé et revivifier ainsi ces souvenirs, par un processus analogue à celui qui nous fait voir quand on regarde et entendre quand on écoute.

« Mais voici d'autres phénomènes pour lesquels cette explication ne suffit plus.

« Lors de mes premiers essais, je m'arrêtais au moment où le sujet, ramené à sa première enfance, ne savait plus me répondre ; je pensais qu'on ne pouvait aller au-delà. Un jour cependant j'essaie d'approfondir encore le sommeil en continuant les passes, et grand fut mon étonnement quand, en interrogeant le dormeur, je me trouvai en présence d'une autre personnalité se disant être l'âme d'un mort ayant porté tel nom et vécu dans tel pays. Dès lors, une nouvelle voie paraissait indiquée : continuant les passes dans le même sens, je fis revivre le mort et parcourir à ce ressuscité toute sa vie précédente en remontant le cours du temps. Ici encore ce n'étaient pas de simples souvenirs que je réveillais, mais des états d'âme successifs que je faisais réapparaître.

« A mesure que mes expériences se répétaient, ce voyage dans le passé s'effectuait de plus en plus rapidement, tout en passant exactement par les mêmes phases, de sorte que je pus ainsi remonter à plusieurs existences antérieures sans trop de fatigue pour le patient et pour moi. Tous les sujets, quelles que fussent leurs opinions à l'état de veille, donnaient le spectacle d'une série d'individualités, de moins en moins avancées moralement à mesure qu'on remontait le cours des âges ; dans chaque existence, on expiait, par une sorte de peine du talion, les fautes de l'existence précédente ; et le temps qui séparait deux incarnations s'écoulait dans un milieu plus ou moins lumineux suivant l'état d'avancement de l'individu.

« Des passes réveillantes ramenaient progressivement le sujet à son état normal, en parcourant les mêmes étapes exactement dans l'ordre inverse.

« Quand j'eus constaté par moi-même et par d'autres expérimentateurs opérant dans d'autres villes, avec d'autres sujets, qu'il n'y avait pas là de simples rêves pouvant provenir de causes fortuites, mais une série de phénomènes se présentant d'une façon régulière avec tous les caractères apparents d'une vision dans le passé ou dans l'avenir, je mis tous mes soins à rechercher si cette vision correspondait à la réalité. »

Le résultat des enquêtes poursuivies par le colonel fut que, sur plusieurs points, les révélations des sujets relatives à leurs vies antérieures étaient inexactes : « Les récits faits par eux étaient de plus pleins d'anachronismes, qui révélaient l'introduction de souvenirs normaux dans des suggestions d'origine inconnue. »

Le colonel de Rochas conclut en ces termes : « Il n'en reste pas moins un fait parfaitement certain, c'est celui de visions se produisant avec les mêmes caractères chez un assez grand nombre de gens inconnus les uns aux autres (1). »

Répétons-le, les concordances existant entre les faits constatés par des savants matérialistes, hostiles au principe des vies successives, tels que Pierre Janet, le docteur Pitre, le docteur

(1) On pourrait ajouter que ces personnes ont des opinions très différentes et sont parfois très opposées, à l'état de veille, à toute idée de réincarnation.

Burot, etc., et ceux relatés par le colonel de Rochas, nous le démontrent : il y a là autre chose que des rêves ou des romans subliminaux, il y a une loi de corrélation qui mérite une étude attentive et soutenue.

C'est pourquoi il nous a paru utile de signaler ici quelques-unes des expériences du colonel, en laissant au lecteur le soin d'en apprécier et d'en mesurer la valeur.

*
* *

En premier lieu, il convient de mentionner une série d'expériences faites à Paris avec Laurent V..., jeune homme de 20 ans, qui habitait l'École Polytechnique et préparait sa licence de philosophie. Les résultats en ont été publiés en 1895 dans les *Annales des Sciences psychiques*. M. de Rochas les a résumés ainsi (1) :

« Ayant constaté qu'il était sensitif, il avait voulu se rendre compte par lui-même des effets physiologiques et psychologiques qu'on pouvait obtenir à l'aide du magnétisme. Je m'aperçus par hasard qu'en l'endormant au moyen de passes longitudinales, je le ramenais à des états de conscience et de développement intellectuel correspondant à des âges de moins en moins avancés ; ainsi il devenait successivement un élève de rhétorique, de seconde, de troisième, etc., ne sachant plus rien de ce qu'on enseignait dans les classes supérieures. Je finis par l'amener au moment où il apprenait à lire, et il me donna sur sa maîtresse d'école et ses petits camarades des détails qu'il avait complètement oubliés pendant la veille, mais dont sa mère me confirma l'exactitude.

(1) Mémoire lu à l'Académie delphinale, le 19 novembre 1904, par Albert de Rochas.

« En alternant les passes endormantes et les passes réveillantes, je lui faisais remonter ou descendre à mon gré le cours de sa vie. »

Avec les faits suivants, le cercle des phénomènes va s'élargir. Le colonel ajoute :

« Tout récemment, j'ai trouvé à Grenoble et Voiron trois sujets possédant des facultés semblables, dont j'ai pu également vérifier la réalité. Ayant eu l'idée de continuer les passes endormantes, après les avoir amenés à leur plus tendre enfance, et les passes réveillantes après les avoir ramenés à leur âge actuel, je fus très étonné de leur entendre décrire successivement tous les événements de leurs existences passées et de leurs vies futures en passant par la description de leur état entre deux existences. Naturellement je n'ai pu vérifier leurs assertions pour l'avenir, mais, pour les vies précédentes, les indications, qui ne variaient jamais, étaient tellement précises que j'ai pu faire des recherches. J'ai constaté ainsi que les noms de lieux et les noms de familles qui entraient dans leurs récits existaient bien réellement, bien qu'ils n'en eussent aucun souvenir à l'état de veille; mais je n'ai pu trouver dans les actes de l'état civil aucune trace des personnages obscurs qu'ils auraient vécu. »

Nous empruntons d'autres détails complémentaires à une étude de M. de Rochas, plus étendue que la précédente (1).

« Ces sujets ne se connaissaient pas. L'une, nommée Joséphine, a 18 ans et habite Voiron ; elle n'est pas mariée. L'autre, Eugénie, a 35 ans et habite Grenoble ; elle est veuve, a deux enfants et possède une nature apathique, très franche et peu curieuse. Toutes deux ont une bonne santé et une conduite régulière. Con-

(1) Voir *Revue scientifique et morale du spiritisme*, juillet et août 1904.

naissant leurs familles, j'ai pu *vérifier l'exactitude de leurs révélations rétrospectives* dans une foule de détails qui n'auraient aucun intérêt pour le lecteur. J'en citerai seulement quelques-uns relatifs à Eugénie, afin d'en donner une idée ; ils sont extraits des procès-verbaux de nos séances avec le docteur Bordier, directeur de l'École de médecine de Grenoble.

« Endormie, je la ramène de quelques années en arrière. Je vois une larme perler à ses yeux. Elle me dit qu'elle a vingt ans et qu'elle vient de perdre un enfant.

... « Continuation des passes. Sursaut brusque avec cri d'effroi ; elle a vu apparaître à côté d'elle les fantômes de sa grand'mère et d'une de ses tantes, mortes depuis peu. (Cette apparition, qui a eu lieu à l'âge auquel je l'ai ramenée, lui avait fait une très profonde impression.)

... « La voici maintenant à 11 ans. Elle va faire sa première communion ; ses plus gros péchés sont d'avoir quelquefois désobéi à sa grand'maman et surtout d'avoir pris un sou dans la poche de son papa ; elle en a eu bien honte et lui en a demandé pardon.

... « A 9 ans. — Sa mère est morte depuis huit jours ; elle a beaucoup de chagrin. Son père vient de lui faire quitter Vinay où il est teinturier, pour l'envoyer à Grenoble chez son grand'père, afin d'y apprendre la couture.

« A 6 ans. — Elle est à l'école à Vinay et sait déjà bien écrire.

« A 4 ans. — Elle garde sa petite sœur quand elle n'est pas à l'école. Elle commence à faire des barres et à écrire quelques lettres.

« Des passes transversales, en la réveillant, la font passer exactement par les mêmes phases et les mêmes états d'âme. »

Le colonel expérimente ce qu'il appelle « l'instinct de la pudeur » à différentes phases du sommeil ; il soulève légèrement la robe d'Eugénie, qui la rabat chaque fois avec vivacité ou lui donne des tapes. « Toute petite, elle ne réagit plus contre cet attouchement; sa pudeur n'est pas encore éveillée. »

« Joséphine, à Voiron, a présenté les mêmes phénomènes relativement à l'instinct de la pudeur et à l'écriture à différents âges. (Suivent cinq spécimens montrant le progrès de son instruction de 4 à 18 ans.)

« Jusqu'à présent, nous avons marché sur un terrain ferme; nous avons observé un phénomène physiologique difficilement explicable, mais que des expériences et des vérifications nombreuses permettent de considérer comme certain. Nous allons maintenant entrevoir des horizons nouveaux.

« Nous avons laissé Eugénie à l'état de tout petit enfant allaité par sa mère. En approfondissant davantage son sommeil, je déterminai un changement de personnalité. Elle n'était plus vivante; elle flottait dans une demi-obscurité, n'ayant ni pensée, ni besoins, ni communication avec personne. Puis des souvenirs encore plus lointains.

« Elle avait été auparavant une petite fille, morte très jeune, d'une fièvre occasionnée par la dentition; elle voit ses parents en larmes autour de son corps, dont elle s'est dégagée très vite.

« Je procédai ensuite au réveil par des passes transversales. En se réveillant, elle parcourt en sens inverse toutes les phases signalées précédemment et me donne de nouveaux détails provoqués par mes demandes. — Quelque temps avant sa dernière incarnation, elle a *senti* qu'elle devait revivre dans une certaine famille; elle s'est rapprochée de celle qui devait être sa mère et qui venait de concevoir... Elle est entrée, peu à peu, « par bouffées » dans le petit corps. Jusqu'à sept ans, elle a vécu, en partie, en dehors de ce corps charnel, qu'elle voyait, aux premiers mois de sa vie, comme si elle était placée à l'extérieur. Elle ne distinguait pas bien alors les objets matériels qui l'entouraient, mais, en revanche, elle avait la perception d'esprits flottant autour d'elle. Les uns, très brillants, la protégeaient contre d'autres, sombres et malfaisants, qui cherchaient à influencer son corps physique ; quand ces derniers y parvenaient, ils provoquaient ces accès de rage que les mamans appellent des *caprices*.

« Joséphine, que j'étudie depuis plus longtemps qu'Eugénie et que l'exercice a rendue plus sensible, m'a permis de reconstituer un plus grand nombre de préexistences. Il m'a fallu pour cela beaucoup de séances, pendant lesquelles, la vieillissant et la rajeunissant tour à tour, je coordonnais et complétais des renseignements qui étaient souvent obscurs pour moi, parce que je ne me doutais pas du tout, au commencement, où elle voulait me conduire, et que je comprenais difficilement les noms propres se rapportant à des personnes ou à de petits hameaux inconnus. Ce n'est qu'à force de questions et de recherches sur les cartes et dans les dictionnaires que je suis arrivé à déterminer exactement ces noms et à pouvoir prendre des renseignements sur les localités.

« Après avoir amené Joséphine, comme Eugénie, à l'état de tout petit enfant, au moyen de passes longitudinales prolongées pendant une trentaine de minutes, je continuai la magnétisation. Interrogée, elle répondit *par signes* à mes questions. Elle n'était pas encore née ; le corps qu'elle devait habiter était dans le ventre de sa mère autour de qui elle s'enroulait, mais dont les sensations avaient peu d'influence sur elle.

« Un nouvel approfondissement du sommeil détermina la manifestation d'un personnage, dont j'eus d'abord quelque peine à reconnaître la nature. Il ne voulait dire ni qui il était ni où il était ; il me répondait, d'un ton bourru et avec une voix d'homme, qu'il était *là* puisqu'il me parlait ; du reste il ne voyait rien, « il était dans le noir ».

« Le sommeil étant devenu encore plus profond, ce fut un vieillard, couché dans son lit et malade depuis longtemps, qui répondit à mes questions, après beaucoup de tergiversations, en paysan madré qui craint de se compromettre et veut savoir pourquoi on l'interroge. Je finis par savoir qu'il s'appelait Jean-Claude Bourdon et que le hameau où il se trouvait était Champvent, dans la commune de Polliat.

« Peu à peu je parvins à capter sa confiance et voici ce que j'appris sur sa vie, dont je lui ai, maintes fois, fait revivre les diverses périodes. Il est né à Champvent en 1812. Il est allé à l'école jusqu'à 18 ans, parce qu'il n'y apprenait pas grand'chose, ne pouvant y aller que l'hiver et faisant souvent l'école buissonnière. Il a fait son service militaire au 7e d'artillerie, à Besançon ; il devait rester pendant 7 ans au régiment, mais la mort de son père l'a fait libérer au bout de 4 ans. Il ne se souvient du nom d'aucun de ses officiers ; en revanche il sait qu'on s'amusait bien avec les camarades et les filles ; il me raconte ses équipées en se frisant la moustache.

« De retour au pays, il retrouve sa bonne amie Jeannette, qu'il devait épouser et dont il ne m'avait parlé qu'en rougissant, avant son départ. Maintenant il sait qu'il n'y a pas besoin d'épouser les femmes pour s'en servir ; il ne veut plus de mariage et garde Jeannette comme maîtresse. Je lui fais observer qu'il peut rendre cette pauvre fille enceinte : « Eh bien après, elle ne sera pas la première ni la dernière. » Il vieillit isolé, en faisant lui-même sa cuisine. Il a un frère marié dans le pays, et qui a des enfants ; il se plaint de leurs procédés à son égard et ne les voit pas. Il meurt âgé de 70 ans, après une longue maladie. Pendant la période correspondante à cette maladie, je lui demande s'il ne songe pas à faire venir le curé : « Ah bien ! tu te f... de moi. Tu crois, toi, à toutes les bêtises qu'il raconte ? Va ! quand on meurt, c'est pour toujours ! »

« Il meurt. Il se sent sortir de son corps, mais il y reste attaché pendant un temps assez long. Il a pu suivre son enterrement en flottant au-dessus de la bière. Il a compris vaguement que les gens disaient :

« Quel bon débarras ! » Les prières du curé l'ont calmé, mais cela a peu duré.

« Au cimetière, il est resté près de son corps et l'a senti se décomposer, ce dont il souffrait beaucoup. Son corps fluidique, qui s'était diffusé après la mort, a repris une forme plus compacte. Il vit dans l'obscurité qui lui est très pénible, mais il ne souffre pas « parce qu'il n'a ni tué, ni volé ». Seulement il a quelquefois soif, parce qu'il était assez ivrogne (1). Il reconnaît que la mort n'est pas ce qu'il pensait ; s'il avait su ce qu'il sait maintenant, il ne se serait pas tant moqué du curé. Je lui propose de le faire revivre. — « Ah ! c'est pour le coup que je t'aimerai. »

« Les ténèbres dans lesquelles il était plongé ont fini par être sillonnées de quelques lueurs ; il a eu l'inspiration de se réincarner et il s'est approché de celle qui devait être sa mère ; il l'a entourée jusqu'à ce que l'enfant vînt au monde ; alors il est entré peu à peu dans le corps de cet enfant. Jusque vers 7 ans, il y avait autour de ce corps comme une sorte de brouillard flottant avec lequel il voyait beaucoup de choses qu'il n'a plus revues depuis.

« Quand j'eus fini de tirer de Bourdon les renseignements que je jugeais utiles, je tentai de remonter encore plus haut. Une magnétisation prolongée pendant près de trois quarts d'heure, sans m'attarder à aucune étape, me ramena à Jean-Claude tout petit.

« Puis nouvelle personnalité. — C'est maintenant une vieille femme qui a été très méchante ; elle était une mauvaise langue et se plaisait à faire du tort aux gens. Aussi souffre-t-elle beaucoup. Elle est dans des ténèbres épaisses, entourée de mauvais esprits. Elle parle d'une voix faible, mais répond toujours d'une façon précise aux questions que je lui pose, au lieu d'ergoter à tout instant comme le faisait Jean-Claude. Elle s'appelle Philomène Carteron.

(1) Persistance des désirs.

« En approfondissant encore le sommeil, je provoque les manifestations de Philomène vivante. Elle ne souffre plus, paraît très calme, répond toujours très nettement et d'un ton sec. Elle sait qu'elle n'est pas aimée dans le pays, mais personne n'y perdra rien et elle saura bien se venger à l'occasion. Elle est née en 1702 ; elle s'appelait Philomène Charpigny quand elle était fille ; son grand-père maternel s'appelait Pierre Machon et habitait Ozan. Elle s'est mariée en 1732, à Chevroux, avec un nommé Carteron, dont elle a eu deux enfants qu'elle a perdus.

« Avant son incarnation, Philomène avait été une petite fille, morte en bas âge. Auparavant, elle avait été un homme qui avait *tué* ; c'est pour cela qu'elle a beaucoup souffert dans le noir, même après sa vie de petite fille où elle n'avait pas eu le temps de faire du mal, afin d'expier son crime. Je n'ai pas jugé utile de pousser plus loin le sommeil, parce que le sujet paraissait épuisé et faisait mal à voir dans ses crises.

« Mais, d'autre part, j'ai fait une observation qui tendrait à prouver que les révélations de ces médiums reposent sur une réalité objective. A Voiron, j'ai pour spectatrice habituelle de mes expériences une jeune fille d'esprit très posé, très réfléchi, et *nullement suggestible*, Mlle Louise, qui possède à un très haut degré la propriété (relativement commune à un degré moindre) de percevoir les effluves humains et par suite le corps fluidique. Quand Joséphine ravive la mémoire de son passé, on observe autour d'elle une *aura* lumineuse perçue par Louise. Or, aux yeux de Louise, cette *aura* devient sombre quand Joséphine se trouve dans la phase qui sépare deux existences. Dans tous les cas, Joséphine réagit vivement quand je touche des points de l'espace où Louise me dit percevoir l'*aura*, qu'elle soit lumineuse ou sombre.

« *Il est, du reste, fort difficile de concevoir comment des actions mécaniques, comme celles des passes, déterminent le phénomène de la régression de la mémoire d'une façon absolument certaine jusqu'à un moment déterminé, et que ces actions, continuées exactement de la même manière, changent brusquement, à ce moment-là, leur effet pour ne plus donner naissance qu'à des hallucinations.* »

* * *

Nous n'ajouterons rien à ces commentaires, dans la crainte de les affaiblir. Nous préférons passer sans transition à une autre série d'expériences de M. de Rochas, faites à Aix-en-Provence, expériences relatées, séance par séance, dans les *Annales des Sciences psychiques* de juillet 1905.

Le sujet est une jeune fille de 18 ans, jouissant d'une parfaite santé et n'ayant jamais entendu parler de magnétisme ni de spiritisme. Mlle Marie Mayo est la fille d'un ingénieur français, mort en Orient. Elle a été élevée à Beyrouth, où elle était confiée aux soins de domestiques indigènes ; elle y apprenait à lire et à écrire en arabe. Puis, elle a été ramenée en France et habite Aix avec une tante.

Les séances avaient pour témoins le docteur Bertrand, ancien maire d'Aix, médecin de la famille, et M. Lacoste, ingénieur, à qui on doit la rédaction de la plupart des procès-verbaux. Ces séances furent très nombreuses. L'énumération des faits remplit 50 pages des *Annales*. Les premières expériences, entreprises au cours de décembre 1904, portent sur la rénovation des souvenirs de la vie actuelle. Le sujet, plongé dans l'hypnose par la volonté du colonel recule par degrés dans le passé et revit les scènes de son enfance. Elle donne, à ses différents âges, des spécimens de son écriture que l'on peut contrôler. A 8 ans, elle écrit en arabe et trace des caractères qu'elle a oubliés depuis.

On obtient ensuite la rénovation des vies antérieures. Alternativement, remontant la chaîne de ses existences, ou bien la redescendant pour revenir vers l'époque actuelle, sous l'empire des procédés magnétiques que nous avons indiqués, le sujet passe et repasse par les mêmes étapes, dans le même ordre, soit direct, soit rétrograde, avec une lenteur, dit le colonel, « qui rend les explorations difficiles au delà d'un certain nombre de vies et de personnalités ».

La simulation n'est pas possible. Mayo traverse les différents états hypnotiques et, à chacun d'eux, elle manifeste les symptômes qui le caractérisent. A plusieurs reprises, le docteur Bertrand constate la catalepsie, la contracture, l'insensibilité complète. Mayo passe la main sur une bougie sans la sentir. « Elle ne sent absolument pas l'ammoniaque. Ses yeux ne réagissent pas à la lumière ; la pupille n'est pas impressionnée par une lampe ou une bougie avancée brusquement trop près de son œil ou reculée rapidement (1). » En revanche, la sensibilité à distance est très accentuée, ce qui démontre, en toute évidence, le phénomène de l'extériorisation. Citons les procès-verbaux :

« Je fais remonter à Mayo le cours des années ; elle va ainsi jusqu'à l'époque de sa naissance. En la poussant plus loin, elle se rappelle qu'elle a déjà vécu ; qu'elle s'appelait Line ; qu'elle est morte noyée, puis qu'elle s'est élevée dans l'air ; qu'elle y a vu des êtres lumineux ; mais qu'il ne lui avait pas été permis de leur parler. Au delà de la vie de Line, elle se retrouve encore dans l'erraticité, mais dans un état assez pénible, parce que, auparavant, elle avait été un homme « pas bon ».

« Dans cette incarnation, elle s'appelait Charles Mau-

(1) *Annales des sciences psychiques,* juillet 1905, p. 391.

villé. Elle débute dans la vie publique comme employé dans un bureau, à Paris (1). On se battait alors constamment dans les rues. Lui-même a tué du monde et y prenait plaisir ; il était méchant. On coupait des têtes sur la place.

« A 50 ans, il a quitté le bureau, est malade (elle tousse) et ne tarde pas à mourir. Il peut suivre son enterrement et entendre les gens dire qu'il « a trop fait la noce ». Il reste pendant quelque temps attaché à son corps. Il souffre, est malheureux. Enfin, il passe dans le corps de Line. »

Autres séances reconstituant l'existence de Line, la Bretonne : « Je ralentis les passes quand j'arrive à l'époque de sa mort ; la respiration devient alors entrecoupée ; le corps se balance comme porté par les vagues et elle présente des suffocations. »

Séance du 29 décembre 1904. — M. de Rochas commande : « Redeviens Line... au moment où elle s'est noyée. » Aussitôt, Mayo fait un brusque mouvement sur son fauteuil ; elle se retourne sur le côté droit, la figure dans ses mains et reste ainsi quelques secondes. On dirait une première phase de l'acte qui s'accomplit *volontairement*, car si Line meurt noyée, c'est une noyade volontaire, un suicide, ce qui donne à la scène un aspect tout particulier, bien différent d'une noyade involontaire.

« Puis Mayo revient brusquement du côté gauche. Les mouvements respiratoires se précipitent et deviennent difficiles ; la poitrine se soulève avec effort et irrégulièrement ; la figure exprime l'anxiété, l'angoisse ; les yeux sont effarés. Elle fait de véritables mouvements de déglutition, comme si elle avalait de l'eau, mais malgré elle, car on voit qu'elle résiste. Elle pousse à

(1) M. de Rochas fait constater que Mayo est bien alors « comme un garçon. Elle se laisse embrasser, mettre la main sur la poitrine, sans aucune opposition ». *Annales*, 1905, p. 339.

ce moment quelques cris inarticulés ; elle se tord plutôt qu'elle ne se débat et sa figure exprime une si réelle souffrance, que M. de Rochas lui ordonne de vieillir de quelques heures. Puis il lui demande :

« T'es-tu débattue longtemps ? — Oui.

« Est-ce une mauvaise mort ? — Oui.

« Où es-tu ? — Dans le gris. »

30 décembre 1904. — Existence de Ch. Mauville. Mayo retrace une des phases de la maladie qui l'emporte. Elle semble éprouver toutes les caractéristiques des maladies de poitrine : oppression, quintes de toux pénibles. Elle meurt et assiste à son convoi :

« Y avait-il beaucoup de monde derrière ton cercueil ? — Non.

« Que disait-on de toi ? Pas de bien, n'est-ce pas ? On rappelait que tu avais été un méchant homme ? — (Après hésitation et tout bas.) Oui.

« Elle est ensuite dans le « noir » ; le colonel le lui fait traverser rapidement, et elle se réincarne en Bretagne. Elle se voit enfant, puis jeune fille, elle a 16 ans et ne connaît pas encore son futur mari ; à 18 ans, elle le rencontre, l'épouse peu après et devient mère. Ici, nous assistons à une scène d'accouchement d'un réalisme frappant (1). Le sujet se renverse sur son fauteuil, ses membres se raidissent, sa figure se contracte, et ses souffrances paraissent si intenses que le colonel lui ordonne de passer rapidement.

« Elle a 22 ans, elle a perdu son mari dans un naufrage et son petit enfant est mort. Désespérée, elle se noie. Cet épisode, qu'elle a déjà reproduit dans une autre séance, est si douloureux, que le colonel lui prescrit de passer outre, ce qu'elle fait, mais non sans éprouver une violente secousse. Dans le « gris » où elle se voit ensuite, elle ne souffre pas, comme nous

---

(1) Cet incident ne lui sera pas naturellement révélé au réveil.

l'avons dit, alors qu'elle avait souffert dans le « noir », après la mort de Ch. Mauville. Elle se réincarne dans sa famille actuelle et est ramenée à son âge présent. Le changement a lieu au moyen de passes magnétiques transversales. »

31 décembre 1904. — « Je me propose dans cette séance d'obtenir quelques nouveaux détails sur la personnalité de Charles Mauville et de tâcher de pousser Mayo jusqu'à une vie précédente. J'approfondis, en conséquence, rapidement le sommeil au moyen de passes longitudinales jusqu'à l'enfance de Mauville. Au moment où je l'interroge, il a 5 ans; son père est contre-maître dans une manufacture, sa mère est vêtue de noir et porte un bonnet. Je continue à approfondir le sommeil.

« Avant sa naissance, il est dans le « noir », il souffre. Auparavant, il a été une dame dont le mari était gentilhomme, attaché à la Cour de Louis XIV ; elle s'appelait Madeleine de Saint-Marc.

« Enquête sur la vie de cette dame. Elle a connu Mlle de La Vallière qui lui était sympathique ; elle ne connaît presque pas Mme de Montespan. Mme de Maintenon lui déplaît.

« On dit que le Roi l'a épousée secrètement ? — Peuh! c'est tout simplement sa maîtresse.

« Et le Roi, comment le trouvez-vous ? — C'est un orgueilleux.

« Connaissez-vous M. Scarron ? — Dieu ! qu'il était laid.

« Avez-vous vu jouer M. de Molière ? — Oui, mais je ne l'aime pas beaucoup.

« Connaissez-vous M. Corneille ? — C'est un sauvage.

« Et M. Racine? — Je connais surtout ses œuvres ; je les aime beaucoup (1).

(1) Actuellement, Racine est son auteur préféré ; elle ne se souvient pas, à l'état de veille, d'avoir jamais entendu parler de Mlle de La Vallière.

« Je lui propose de la faire vieillir pour qu'elle voie ce qui lui arrivera plus tard. Elle s'y refuse absolument. C'est en vain que je commande avec autorité ; je ne parviens à vaincre sa résistance qu'au moyen d'énergiques passes transversales, auxquelles elle cherche à se dérober par tous les moyens.

« Au moment où je m'arrête, elle a 40 ans ; elle a quitté la cour ; elle tousse et se sent malade de la poitrine. Je la fais parler sur son caractère ; elle avoue qu'elle est égoïste et jalouse, surtout des jolies femmes.

« En continuant les passes transversales, je l'amène à 45 ans; elle se meurt phtisique. J'assiste à une courte agonie et elle entre dans le noir. Réveil sans arrêt par la continuation rapide des passes transversales. »

1er janvier 1905. — « Trois existences successives. D'abord Madeleine de Saint-Marc. Mayo reproduit les derniers moments de sa vie :

« Au bout de quelques instants elle tousse : une véritable quinte... puis elle meurt... et on comprend, à ses mouvements et à son attitude, qu'elle souffre. Puis elle redevient Charles Mauville. Un instant après, elle tousse encore (M. de Rochas rappelle que Charles Mauville est mort de la poitrine, vers 50 ans, comme était morte Madeleine). Charles Mauville meurt...

« Quelques instants après, sous l'influence des passes transversales, elle est de nouveau Line, à l'époque de sa grossesse, puis elle pleure, se tord, s'accroche à la redingote de M. de Rochas; *les seins sont véritablement plus volumineux qu'à l'ordinaire* (nous le constatons tous). — Line a de véritables *douleurs* — soudain, elle se calme. — C'est fini : l'enfant est né. — Line a accouché... Puis elle pleure : c'est son mari qui meurt... ; elle pleure encore... et soudain, mais très rapidement, elle se débat, soupire, se noie... et entre dans le gris.

« Elle passe enfin dans le corps de Mayo et arrive progressivement jusqu'à 18 ans. M. de Rochas la réveille complètement. »

⁂

Arrêtons-nous un instant, pour considérer l'ensemble de ces faits, rechercher les garanties d'authenticité qu'ils présentent et en dégager les enseignements.

Une chose nous frappe tout d'abord ; c'est, dans chaque vie rénovée, la répétition constante, au cours de séances multiples, des mêmes événements, dans le même ordre, soit ascendant, soit descendant, d'une façon spontanée, sans hésitation, erreur ni confusion (1).

Puis cette constatation unanime des expérimentateurs, en Espagne, à Genève, Grenoble, Aix, etc., constatation que j'ai pu faire moi-même, chaque fois que j'ai observé des phénomènes de ce genre. A chaque existence nouvelle qui se déroule, l'attitude, le geste, le langage du sujet changent ; l'expression du regard diffère, devenant plus dure, plus sauvage à mesure qu'on recule dans l'ordre des temps. On assiste à l'exhumation d'un ensemble de vues, de préjugés, de croyances en rapport avec l'époque et le milieu où cette existence s'est accomplie. Quand le sujet — toujours une femme dans les cas indiqués plus haut (2) — passe par

(1) Un autre expérimentateur, M. A. Bouvier, dit (*Paix universelle* de Lyon, 15 septembre 1906): « Chaque fois que le sujet repasse une même vie, quelles que soient les précautions prises pour le tromper ou le faire tromper, il reste toujours la même individualité, avec son caractère personnel, redressant au besoin les erreurs de ceux qui l'interrogent. »

(2) Je dois dire que j'ai vu expérimenter également sur de jeunes hommes.

une incarnation masculine, la physionomie est tout autre; la voix est plus forte, le ton plus élevé, les allures affectent une certaine brusquerie. Les différences ne sont pas moins accusées, lorsqu'on traverse une période enfantine.

Les états physiques et mentaux s'enchaînent, se relient toujours dans une étroite connexité, se complétant les uns par les autres et restant inséparables. Chaque souvenir évoqué, chaque scène revécue, mobilise tout un cortège de sensations et d'impressions, riantes ou pénibles, comiques ou poignantes, suivant les cas, mais parfaitement adéquates à la situation. La loi de corrélation constatée par Pierre Janet, Th. Ribot, etc., se retrouve et se manifeste ici dans toute sa rigueur, avec une précision mécanique, aussi bien en ce qui a trait aux scènes de la vie présente que pour celles se rattachant aux vies antérieures. A elle seule, cette corrélation constante suffirait à assurer à ces deux ordres de souvenirs le même caractère de probabilité. Les souvenirs de l'existence actuelle dans ses phases primaires, effacés de la mémoire normale du sujet, ayant pu être vérifiés exacts, ce qui est une preuve d'authenticité pour les uns devient également une forte présomption en faveur des autres.

D'autre part, les sujets ont reproduit avec une fidélité absolue, avec une vivacité d'impressions et de sensations nullement factices, des scènes aussi émouvantes que compliquées : asphyxie par immersion, agonies causées par la phtisie au plus haut degré, cas de grossesse suivi d'accouchement, avec toute la série des phénomènes physiques qui s'y rattachent : suffocations, douleurs, gonflement des seins, etc.

Or, ces sujets, presque tous des jeunes filles de 16 à 18 ans, sont très timides de leur nature et peu expertes en matière scientifique. De l'aveu même des expérimentateurs, dont l'un est médecin de la famille de Mayo, leur incapacité de simuler ces scènes est notoire. Elles ne possèdent aucune connaissance en physiologie ou en pathologie et n'ont été témoins, dans leur présente existence, d'aucun incident susceptible de leur fournir des indications et des enseignements sur des faits de cet ordre (1).

Toutes ces considérations nous portent à écarter les soupçons de fraude, de supercherie ou l'hypothèse d'un simple jeu de l'imagination.

Quel talent, quel art, quelle perfection d'attitude, de geste et d'accent ne faudrait-il pas dépenser, d'une façon soutenue, au cours de tant de séances, pour imaginer et simuler des scènes aussi réalistes, parfois dramatiques, en présence d'expérimentateurs habiles à démasquer l'imposture, de praticiens toujours en garde contre l'erreur ou la fourberie ? Un tel rôle ne saurait être attribué à de jeunes personnes ne possédant aucune expérience de la vie, n'ayant reçu qu'une instruction fort restreinte, voire élémentaire.

Autre chose dans l'enchaînement de ces récits, dans la destinée des êtres qui sont en

(1) Cette opinion a été émise en ma présence, lors de mon passage à Aix, par MM. Lacoste et le docteur Bertrand.

cause, dans les péripéties de leurs existences, nous retrouvons sans cesse la confirmation de cette haute loi de causalité ou de conséquence des actes qui régit le monde moral. Certes on ne peut pas voir là un reflet des opinions des sujets, puisque ceux-ci ne possèdent aucune notion sur ce point, le milieu où ils ont vécu, l'éducation reçue ne les ayant nullement préparés à la connaissance des vies successives, comme l'attestent les observateurs.

Évidemment, beaucoup de sceptiques penseront que ces faits sont encore trop peu nombreux pour qu'on puisse en dégager une théorie ferme et des conclusions définitives. On dira qu'il convient d'attendre pour cela une accumulation plus considérable de preuves et de témoignages. On nous objectera peut-être maintes expériences d'allures suspectes, où abondent les anachronismes, les contradictions, les faits apocryphes. Il se dégage de ces récits fantaisistes la forte impression que des observateurs bénévoles ont pu être joués, mystifiés. Mais en quoi les expériences sérieuses en seraient-elles amoindries? Les abus, les erreurs qui se produisent çà et là ne sauraient atteindre les études poursuivies avec une méthode précise et un rigoureux esprit de contrôle.

Somme toute, nous estimons pour notre part que les faits relatés plus haut, joints à beaucoup d'autres de même nature qu'il serait superflu d'énumérer ici, sont suffisants pour établir l'existence, à la base de l'édifice du moi, d'une sorte de crypte où s'entasse une immense réserve de connaissances et de souvenirs. Le long passé de l'être y a laissé ses traces ineffaçables qui, seules, pourront nous dire le secret des origines et de l'évolution, le mystère profond de la nature humaine.

Il est, dit Herbert Spencer, deux processus de construction de la conscience : l'assimilation et le souvenir. Mais, il faut bien le reconnaître : la conscience normale dont il parle n'est qu'une conscience précaire et restreinte. Elle vacille aux bords des abîmes de l'âme comme une flamme intermittente, éclairant un monde caché où sommeillent des forces, des images, où s'accumulent les impressions recueillies depuis le point initial de l'être.

Et tout cela, caché pendant la vie sous les voiles de la chair, se révèle dans la trance, sort de l'ombre avec d'autant plus de netteté que l'âme est plus dégagée de la matière et plus évoluée.

*
* *

Quant aux réserves faites par le colonel de Rochas à propos des inexactitudes relevées par lui dans les récits des hypnotisés, au cours de ses enquêtes, nous devons ajouter une chose. Il n'y a rien d'étonnant à ce que des erreurs aient pu se produire, étant donné l'état mental des sujets et la quantité d'éléments connus et inconnus — à l'heure présente — qui entrent en jeu dans ces phénomènes si nouveaux pour la science. Ceux-ci pourraient être attribués à trois causes différentes, soit à des réminiscences directes des sujets, soit à des visions ou encore à des suggestions d'origine extérieure. Pour le premier cas, remarquons-le, dans toutes les expériences ayant pour but de mettre en vibration les forces animiques, l'être ressemble à un foyer qui s'allume et s'avive, et, dans son activité, projette des vapeurs, des fumées qui voilent de temps à autre la flamme intérieure. Parfois, chez des sujets peu évolués, peu exercés, les souvenirs normaux, les impressions récentes se mêleront donc à des réminiscences plus lointaines. L'habileté des expérimentateurs consistera à faire la part de ces éléments troublants, à dissiper ces brumes et ces ombres, pour rendre au fait central son importance et son éclat.

On pourrait encore voir là les résultats de suggestions exercées par les magnétiseurs ou par des personnalités étrangères. Voici ce que dit, sur ce point, le colonel de Rochas (1) :

« Ces suggestions ne viennent certainement pas de moi, qui ai non seulement évité tout ce qui pouvait mettre le sujet sur une voie déterminée, mais qui ai souvent cherché en vain à l'égarer par des suggestions différentes. Il en a été de même pour les autres expérimentateurs qui se sont livrés à cette étude.

« Sont-elles l'effet d'idées qui, suivant l'expression populaire, « sont dans l'air » et qui agissent plus fortement sur l'esprit du sujet dégagé des liens du corps ? Cela pourrait bien être dans une certaine mesure, car on a remarqué que toutes les révélations des extatiques se ressentent plus ou moins du milieu dans lequel ils ont vécu.

(1) *Annales des sciences psychiques*, janvier 1906, p. 22.

« Sont-elles dues à des entités invisibles qui, voulant répandre parmi les hommes la croyance aux incarnations successives, procèdent comme la *Morale en action*, à l'aide de petites histoires sous des noms supposés, pour éviter les revendications entre vivants ?

Les Invisibles, consultés sur la même question par voie médiumnique, ont répondu (1) : « Lorsque le sujet n'est pas suffisamment dégagé pour lire en lui-même l'histoire de son passé, il arrive que nous procédons par tableaux successifs, reproduisant à sa vue ses propres existences. Ce sont bien alors des visions, et c'est pourquoi elles ne sauraient être toujours exactes. Dans certains cas, les sujets ne revivent donc pas leurs vies. D'en haut, nous leur communiquons les renseignements qu'ils fournissent aux expérimentateurs, et nous leur suggérons de subir les effets des circonstances qu'ils dépeignent.

« Nous pouvons vous initier à votre passé, sans toutefois préciser les dates et les lieux. N'oubliez pas que, dégagés des conventions terrestres, il n'y a plus pour nous ni temps ni espace. Vivant en dehors de ces limites, nous commettons facilement des erreurs en tout ce qui s'y rattache. Nous considérons tout cela comme de très petites choses et nous préférons vous entretenir de vos actes bons ou mauvais et de leurs conséquences. Si quelques dates, si quelques noms ne se retrouvent pas dans vos archives, vous en concluez que tout est faux. Erreur profonde de votre jugement ! Les difficultés sont grandes pour vous donner des connaissances aussi précises que vous l'exigez. Mais, croyez-nous, ne vous lassez pas dans vos recherches. Cette étude est la plus noble de toutes. Ne sentez-vous pas que répandre la lumière est beau ? Cependant, sur votre planète, hélas!

(1) Communication obtenue dans un groupe du Havre en juin 1907.

il se passera encore bien du temps avant que les masses comprennent vers quelle aurore elles doivent aller ! »

***

Il serait facile d'ajouter un grand nombre de faits se rattachant au même ordre de recherches. On peut voir, par exemple, dans le *Bulletin de la Société des études psychiques de Nancy* d'août 1902, le résumé des expériences de M. C..., ancien élève de l'École Polytechnique, sur un sujet clairvoyant, endormi et très lucide. Celui-ci a pu révéler les existences antérieures des expérimentateurs. Ces révélations, dit l'écrivain, ne sont pas chimériques, car chacun de nous « a reconnu en lui-même des concordances, des impressions singulières, justifiables par les susdites réincarnations. J'ai trouvé dans l'histoire un marin que j'avais été, répondant au signalement donné par le sujet ».

Enfin, le prince Adam Wiszniewski, rue du Débarcadère, 7, à Paris, nous communique la relation suivante. Il la doit aux témoins eux-mêmes, dont quelques-uns vivent encore et n'ont consenti à être désignés que par des initiales :

« Le prince Galitzin, le marquis de B..., le comte de R... étaient réunis, pendant l'été de 1862, aux eaux de Hombourg.

« Un soir, après avoir dîné très tard, ils se promenaient dans le parc du Casino ; ils y aperçurent une pauvresse couchée sur un banc. L'ayant abordée et interrogée, ils l'invitèrent à venir souper à l'hôtel. Après qu'elle eut soupé avec un grand appétit, le prince Galitzin, qui était magnétiseur, eut l'idée de l'endormir. Après de nombreuses passes, il y réussit. Quel ne fut pas l'étonnement des personnes présentes lorsque, profondément endormie, celle qui, dans la veille, ne s'exprimait qu'en un mauvais dialecte allemand, se mit à parler très correctement en français, racontant qu'elle s'était réincarnée pauvrement, par punition, pour avoir commis un crime dans sa vie précédente, au dix-huitième siècle. Elle habitait alors un château en Bretagne, au bord de la mer. Ayant pris un amant, elle voulut se débarrasser de son mari et le précipita à la mer du haut d'un rocher. Elle désigna le lieu du crime avec une grande précision.

« Grâce à ses indications, le prince Galitzin et le marquis de B... purent, plus tard, se rendre en Bretagne, dans les Côtes-du-Nord, séparément, et se livrer à deux enquêtes, dont les résultats furent identiques. Ayant questionné nombre de personnes, ils ne purent recueillir d'abord aucun renseignement. Ils trouvèrent enfin de vieux paysans qui se rappelèrent avoir entendu raconter, par leurs parents, l'histoire d'une jeune et belle châtelaine qui avait fait périr son époux en le précipitant à la mer. Tout ce que la pauvre femme de Hombourg avait dit, dans l'état somnambulique, fut reconnu exact.

« Le prince Galitzin, à son retour de France, repassant à Hombourg, interrogea le commissaire de police au sujet de cette femme. Ce fonctionnaire lui déclara qu'elle était dépourvue de toute instruction, ne parlait qu'un vulgaire dialecte allemand et ne vivait que des mesquines ressources d'une femme à soldats. »

On le voit, la doctrine des vies successives, enseignée par les grandes écoles philosophiques du passé et, de nos jours, par le spiritualisme kardéciste, reçoit, par les travaux des savants et des chercheurs, d'une façon tantôt directe, tantôt indirecte, de nouveaux et nombreux appoints. Grâce à l'expérimentation, les profondeurs les plus cachées de l'âme humaine s'entr'ouvrent, et notre propre histoire semble se reconstituer de la même manière que la géologie a pu reconstituer l'histoire du globe, en fouillant ses puissantes assises.

La question reste encore pendante, il est vrai. On doit apporter une extrême réserve dans les conclusions. Cependant, malgré les obscurités qui subsistent, nous avons considéré comme un devoir de publier ces faits et ces expériences, afin d'attirer sur eux l'attention des penseurs et de provoquer de nouvelles investigations. C'est à ce prix que la lumière se fera peu à peu, complète, sur ce problème, comme elle s'est faite sur tant d'autres.

***

En principe, nous l'avons dit, l'oubli des existences antérieures est une des conséquences de la réincarnation. Toutefois, cet oubli n'est pas absolu. Chez beaucoup de personnes, le passé se retrouve sous la forme d'impressions, sinon de souvenirs précis. Ces impressions influencent parfois nos actes ; ce sont celles qui ne proviennent ni de l'éducation, ni du milieu, ni de l'hérédité. Dans le nombre, on peut classer les sympathies et les antipathies soudaines, les intuitions rapides, les idées innées. Il suffit de descendre en nous-mêmes, de nous étudier avec attention, pour retrouver dans nos goûts, nos tendances, dans les traits de notre caractè de nombreux vestiges de ce passé. Malheureusement, trop peu, parmi nous, se livrent à cet examen d'une façon méthodique et attentive.

Il y a plus. On peut citer, à toutes les époques de l'histoire, un certain nombre d'hommes qui, grâce à des dispositions exceptionnelles de leur organisme psychique, ont conservé des souvenirs de leurs vies passées. Pour eux, la pluralité des existences n'est pas une théorie ; c'est un fait directement perçu.

Le témoignage de ces hommes revêt une importance considérable, en ce sens qu'ils occupaient, dans la société de leur temps, une haute situation ; presque tous, esprits supérieurs, ont exercé sur leur époque une grande influence. La faculté, très rare, dont ils jouissaient, était, sans doute, le résultat d'une immense évolution. La valeur d'un témoignage étant en rapport direct avec l'intelligence et l'intégrité du témoin, on ne saurait passer sous silence les affirmations de ces hommes, dont quelques-uns ont porté la couronne du génie.

C'est un fait bien connu que Pythagore se rappelait au moins trois de ses existences et les noms qu'il portait dans chacune d'elles (1). Il déclarait avoir été Hermotime, Euphorbe et l'un des Argonautes. Julien, dit l'Apostat, tant calomnié par les chrétiens, mais qui fut, en réalité, une des grandes figures de l'histoire romaine, se rappelait avoir été Alexandre de Macédoine. Empédocle affirmait que, quant à lui, « il se souvenait même d'avoir été garçon et fille » (2).

D'après Herder (Dialogues sur la Métempsychose),

---

(1) Hérodote, *Hist.*, T. II, chap. CXXIII ; Diogène Laerce, *Vie de Pythagore*, §§ 4 et 23.

(2) Fragment, vers. 11-12. Diogène Laerce, *Vie d'Empédocle*.

on doit ajouter à ces noms ceux de Yarchas et d'Apollonius de Thyane.

Au moyen âge, nous retrouvons cette faculté chez Jérôme Cardan.

Parmi les modernes, Lamartine déclare, dans son *Voyage en Orient*, avoir eu des réminiscences très nettes d'un passé lointain. Voici son témoignage :

« Je n'avais en Judée ni Bible ni voyage à la main ; personne pour me donner le nom des lieux et le nom antique des vallées et des montagnes. Pourtant je reconnus de suite la vallée de Térébinthe et le champ de bataille de Saül. Quand nous fûmes au couvent, les Pères me confirmèrent l'exactitude de mes prévisions. Mes compagnons ne pouvaient le croire. De même à Séphora, j'avais désigné du doigt et nommé par son nom une colline surmontée d'un château ruiné comme le lieu probable de la naissance de la Vierge. Le lendemain, au pied d'une montagne aride, je reconnus le tombeau des Macchabées et je disais vrai sans le savoir. Excepté les vallées du Liban, je n'ai presque jamais rencontré en Judée un lieu ou une chose *qui ne fût pour moi comme un souvenir*. Avons-nous donc vécu deux fois ou mille fois ? Notre mémoire n'est-elle qu'une image ternie que le souffle de Dieu ravive ? »

« Ces réminiscences — dit Gabriel Delanne (1) — ne peuvent être dues à des rappels de souvenirs provenant de lectures, car la Bible ne fait pas la description exacte des paysages où se passent les scènes historiques. Elle relate simplement les événements. Peut-on attribuer ces intuitions si exactes et si précises à une clairvoyance pendant le sommeil ? Il n'est nullement démontré que M. de Lamartine fût somnambule ; mais si l'on admet cette hypothèse, comment aurait-il fait pour connaître les noms exacts de chacun de ces en-

---

(1) Mémoire présenté au Congrès spirite international de Londres, 1898.

droits? Si ce sont des Esprits qui les lui ont indiqués, pourquoi se souvient-il seulement de ces paysages et nullement de ses instructeurs invisibles ? »

Chez Lamartine, la conception des vies multiples de l'être était si vive, qu'il se proposait d'en faire l'idée maîtresse, l'inspiratrice par excellence de ses œuvres. *La Chute d'un ange* était, dans sa pensée, le premier anneau, et *Jocelyn*, le dernier d'une série d'ouvrages qui devaient se rattacher les uns aux autres et retracer l'histoire de deux âmes poursuivant, à travers les temps, leur évolution douloureuse. Les agitations de la vie politique ne lui laissèrent pas le loisir de relier entre eux les anneaux épars de cette chaîne de chefs-d'œuvre (1).

Joseph Méry était pénétré des mêmes idées. Le *Journal littéraire*, du 25 novembre 1864, disait de lui, de son vivant :

« Il a des théories singulières, qui sont pour lui des convictions. Ainsi il croit fermement qu'il a vécu plusieurs fois; il se rappelle les moindres circonstances de ses existences antérieures, et il les détaille avec une verve de certitude qui impose comme une autorité. Ainsi, il a été un des amis de Virgile et d'Horace; il a connu Auguste, Germanicus ; il a fait la guerre dans les Gaules et en Germanie. Il était général et il commandait les troupes romaines lorsqu'elles ont traversé le Rhin. Il reconnaît dans les montagnes des sites où il a campé, dans les vallées des champs de bataille où il a combattu autrefois. Il s'appelait alors Minius. Ici se place un épisode qui semble bien établir que ces souvenirs ne sont pas simplement des mirages de son imagination.

« Un jour, dans sa vie présente, il était à Rome et

---

(1) Voir PETIT DE JULLEVILLE, *Histoire de la littérature française*, t. VII.

il visitait la bibliothèque du Vatican. Il y fut reçu par de jeunes hommes, des novices en longues robes brunes, qui se mirent à lui parler le latin le plus pur. Méry était bon latiniste, en tout ce qui tient à la théorie et aux choses écrites, mais il n'avait pas encore essayé de causer familièrement dans la langue de Juvénal. En entendant ces Romains d'aujourd'hui, en admirant ce magnifique idiome, si bien harmonisé avec les mœurs de l'époque où il était en usage, avec les monuments, il lui sembla qu'un voile tombait de ses yeux ; il lui sembla que lui-même avait conversé, en d'autres temps, avec des amis qui se servaient de ce langage divin. Des phrases toutes faites et irréprochables tombaient de ses lèvres ; il trouva immédiatement l'élégance et la correction ; il parla latin, enfin, comme il parle français. Tout cela ne pouvait se faire sans un apprentissage, et, s'il n'eût pas été un sujet d'Auguste, s'il n'eût pas traversé ce siècle de toutes les splendeurs, il ne se serait pas improvisé une science impossible à acquérir en quelques heures. »

« L'auteur a raison, dit G. Delanne (1). Il faut soigneusement distinguer ce fait des hyperesthésies de la mémoire, maintes fois observées dans le somnambulisme et la maladie. Dans ces états spéciaux, le sujet répète parfois des tirades entières, entendues autrefois au théâtre, ou lues anciennement et profondément oubliées à l'état normal. Mais une conversation soutenue dans une langue inusitée, sans hésitations, sans recherches, en jouissant pleinement de toutes ses facultés, ceci suppose évidemment, pour la prononciation et la traduction des idées, la mise en fonction d'un mécanisme longtemps inactif, mais qui se réveille au moment propice, sous la stimulation de ses efforts. On n'improvise pas un langage, alors même que l'on en connaît les mots et les règles grammaticales. Il reste la partie la plus difficile : celle de l'énonciation

---

(1) Mémoire présenté au Congrès de Londres, 1898.

des idées ; celle-ci dépend des muscles du larynx et des localisations cérébrales, et ne peut s'acquérir que par l'habitude. Si, à cette résurrection mnémonique, on joint les souvenirs précis de lieux jadis habités et reconnus, cette fois il y a de très fortes présomptions pour admettre les vies multiples comme l'explication la plus logique de ces phénomènes. »

Le *Journal littéraire*, toujours au sujet de Méry, reprend : « Son autre passage sur la terre a été aux Indes : voilà pourquoi il les connaît si bien ; voilà pourquoi, quand il a publié la *Guerre du Nizan*, il n'est pas un de ses lecteurs qui ait douté qu'il n'eût habité longtemps l'Asie. Ses descriptions sont si vivantes, ses tableaux sont si originaux, il fait toucher du doigt les moindres détails, il est impossible qu'il n'ait pas vu ce qu'il raconte ; le cachet de la vérité est là.

« Il prétend être entré dans ce pays avec l'expédition musulmane, en 1035. Il y a vécu cinquante ans, il y a passé de beaux jours et il s'y est fixé pour ne plus en sortir. Là, il était encore poète, mais moins lettré qu'à Rome et à Paris. Guerrier d'abord, rêveur ensuite, il a gardé dans son âme les images saisissantes des bords de la rivière sacrée et des sites indous. Il avait plusieurs demeures à la ville et à la campagne, il a prié dans le temple des Éléphants, il a connu la civilisation avancée de Java, il a vu les splendides ruines qu'il signale et que l'on connaît encore si peu.

« Il faut lui entendre raconter ses poèmes, car ce sont de vrais poèmes que ces souvenirs à la Swedenborg. Il est très sérieux, n'en doutez pas. Ce n'est pas une mystification arrangée aux dépens de ses auditeurs. C'est une réalité dont il parvient à vous convaincre. »

Paul Stapfer, dans son livre récemment publié : *Victor Hugo à Guernesey*, raconte ses entretiens avec le grand poète. Celui-ci lui disait sa croyance aux vies successives. Il croyait avoir été Eschyle, Juvénal, etc. Il faut reconnaître que ces propos ne brillent pas par un excès de modestie et manquent un peu de preuves démonstratives.

Le philosophe subtil et profond que fut Amiel, écrivait : « Quand je pense aux intuitions de toutes sortes que j'ai eues depuis mon adolescence, il me semble que j'ai vécu bien des douzaines et presque des centaines de vies. Toute individualité caractérise ce monde idéalement en moi ou plutôt me forme momentanément à son image. C'est ainsi que j'ai été mathématicien, musicien, moine, enfant, mère, etc. Dans ces états de sympathie universelle, j'ai même été animal et plante. »

Théophile Gautier, Alex. Dumas, Ponson du Terrail et beaucoup d'autres écrivains modernes partageaient ces convictions. Il en fut de même de Walter Scott, selon le témoignage de Lockart, son biographe (1).

Le comte de Résie, dans son *Histoire des sciences occultes* (2), dit :

« Nous pouvons citer notre propre témoignage, ainsi que les nombreuses surprises que nous a fait éprouver bien des fois l'aspect de beaucoup de lieux dans différentes parties du monde, dont la vue nous rappelait aussitôt un *ancien souvenir*, une chose qui ne nous était pas inconnue et que nous voyions pourtant pour la première fois. »

Ern. Volpi, directeur du *Vessillo Espiritista*, de Milan, dans son discours au Congrès des sciences psychiques de Chicago, disait ceci (3) : « C'est par des faits magnétiques et spirites, unis à d'autres circonstances de ma vie, que je suis arrivé à la conviction inébranlable que j'ai connu ma présente épouse dans d'autres

---

(1) Voir Lockart, *Vie de W. Scott*, VII, p. 114.
(2) T. II, p. 292.
(3) Voir *Moniteur des Sciences psychiques*, Paris, février 1894, p. 22.

existences terrestres, et que j'ai été lié à elle d'affection dans chacune d'elles. »

*
* *

Aux réminiscences d'hommes, illustres pour la plupart, il faut ajouter celles d'un grand nombre d'enfants.

Ici, le phénomène s'explique aisément. L'adaptation des sens psychiques à l'organisme matériel, à partir de la naissance, s'opère lentement et graduellement. Elle n'est complète que vers la septième année ; plus tard encore chez certains individus.

Jusqu'à cette époque, l'esprit de l'enfant, flottant autour de son enveloppe, vit encore, dans une certaine mesure, de la vie de l'espace. Il jouit de perceptions, de visions qui impressionnent parfois, de lueurs fugitives, le cerveau physique. C'est ainsi qu'on a pu recueillir, de certaines bouches juvéniles, des allusions à des vies antérieures, des descriptions de scènes et de personnages n'ayant aucun rapport avec la vie actuelle de ces jeunes êtres.

Ces visions, ces réminiscences s'évanouissent généralement vers l'âge adulte, lorsque l'âme de l'enfant est entrée en pleine possession de ses organes terrestres. Alors, c'est en vain qu'on l'interroge sur ces souvenirs fugaces. Toute transmission des vibrations périspritales a cessé ; la conscience profonde est devenue muette.

On n'a pas prêté jusqu'ici, à ces révélations, toute l'attention qu'elles méritent. Les parents, rendus inquiets par des manifestations considérées comme étranges et anormales, plutôt que de les provoquer, cherchent, au contraire, à en empêcher le retour. La science perd ainsi d'utiles indications. Si l'enfant, lorsqu'il s'essaie à traduire, dans son langage pénible et confus, les vibrations fugitives de son cerveau psychique, était encouragé, interrogé, au lieu d'être rebuté, ridiculisé, on pourrait obtenir sur le passé des éclaircies présentant un certain intérêt, tandis qu'elles sont actuellement perdues dans la plupart des cas.

En Orient, où la doctrine des vies successives est partout répandue, on attache plus d'importance à ces réminiscences. Elles y sont recueillies, contrôlées dans la mesure du possible et, souvent, reconnues exactes. En voici une preuve entre mille :

Une correspondance de Simla (Indes Orientales) à la *Daily Mail* (1) rapporte qu'un jeune enfant, né dans le district, est considéré comme la réincarnation de feu M. Tucker, surintendant de la contrée, assassiné, en 1894, par des « discoïts ». L'enfant se souvient des moindres incidents de sa précédente vie. Il a voulu se transporter à divers endroits familiers à M. Tucker. A la place du meurtre, il s'est mis à trembler et a donné tous les signes de la terreur. « Ces faits sont assez communs à Burma — ajoute le journal — où les réincarnés se souvenant de leur passé s'appellent des *win-sas*. »

M. C. de Lagrange, consul de France, écrivait de

---

(1) Reproduit par *le Matin* et *Paris-Nouvelles*, du 8 juillet 1903, sous le titre : Une réincarnation, correspondance de Londres, 7 juillet.

la Vera-Cruz (Mexique) à la *Revue spirite*, le 14 juillet 1880 (1) :

« Il y a deux ans, nous avions, à la Vera-Cruz, un enfant de sept ans qui possédait la faculté de médium guérisseur. Plusieurs personnes furent guéries, soit par l'apposition de ses petites mains, soit à l'aide de remèdes végétaux dont il donnait la recette et qu'il affirmait connaître. Lorsqu'on lui demandait où il avait appris ces choses, il répondait que, lorsqu'il était grand, il était médecin. Cet enfant a donc le souvenir d'une existence antérieure.

« Il parlait avec difficulté. Son nom était Jules Alphonse, né à la Vera-Cruz. Cette surprenante faculté s'est développée en lui à l'âge de 4 ans. Bien des personnes, incrédules d'abord, en ont été frappées et sont aujourd'hui convaincues. Lorsqu'il est seul avec ses parents, il leur redit souvent : Père, il ne faut pas croire que je resterai longtemps avec toi ; je ne suis ici que pour quelques années, puisqu'il faut que j'aille là-bas. Et si on lui demande : Mais où veux-tu aller ? — Loin d'ici, répond-il, et où l'on est mieux qu'ici.

« Cet enfant est très sobre, grand dans toutes ses actions, perspicace et très obéissant. » — Depuis ce temps l'enfant est mort.

Le *Banner of light*, de Boston, du 15 octobre 1892, publie la relation suivante de l'honorable Isaac-G. Forster, insérée également par le *Globe Democrat*, de Saint-Louis, 20 septembre 1892, le *Brooklyn Eagle* et le *Milwaukee Sentinel*, du 25 septembre 1892 :

« Il y a douze ans, j'habitais le comté d'Effingham (Illinois) et j'y perdis une enfant, Maria, au moment où elle entrait dans la puberté. L'année suivante, j'allais me fixer au Dakota. J'y eus, il y a neuf ans, une nouvelle petite fille, que nous avons appelée Nellie.

---

(1) *Revue spirite*, 1880, p. 361.

Depuis qu'elle fut en âge de parler, elle prétendit qu'elle ne se nommait pas Nellie, mais Maria ; que c'était son vrai nom que nous lui donnions autrefois.

« Je retournai dernièrement dans le comté d'Effingham pour y régler quelques affaires et j'emmenai Nellie avec moi. Elle reconnut notre ancienne demeure et bien des personnes qu'elle n'avait jamais vues, mais que ma première fille Maria connaissait fort bien.

« A un mille se trouve la maison d'école que Maria fréquentait. Nellie, qui ne l'avait jamais vue, en fit une description exacte et m'exprima le désir de la revoir. Je l'y conduisis et, une fois là, elle se dirigea directement vers le pupitre que sa sœur occupait, me disant : « Ce pupitre est le mien ! »

M. Henri Stecki écrivait, de Pétersbourg, à la *Revue spirite* (1) :

« Un de mes amis, M. C., causant avec sa petite fille, âgée de trois à quatre ans, fut surpris de l'entendre dire qu'elle était Polonaise. Les parents étant de la Suisse française, étonnés de cette réponse, car la petite n'avait jamais entendu parler de Pologne et de Polonais, lui firent remarquer qu'elle était Française, vu qu'eux-mêmes étaient Français. La logique de ce raisonnement ne put convaincre l'enfant.

« Non, dit-elle, je suis Polonaise, et je me souviens très bien quand maman est morte.

« — Tu ne sais ce que tu dis, objecta la mère, tu vois bien que je ne suis pas morte, puisque je te parle.

« — Il n'est pas question de toi, répondit l'enfant ; je parle de mon autre maman, la Polonaise (c'est ainsi qu'on la nommait toujours). Quand elle est morte, on lui mit une belle toilette, puis on la coucha entre une quantité de bougies allumées, au milieu d'un grand et

(1) Voir *Le Progrès spirite*, numéro du 5 septembre 1898.

beau salon. Des prêtres venaient et chantaient toute la journée. Un jour, on la mit dans un grand coffre rouge et on l'emporta. Mon autre maman était riche, nous avions un très grand et très bel appartement. Nous avions aussi des chevaux et des voitures.

« — Qui t'a raconté cette petite histoire ? — Oh ! personne ne me l'a racontée, je m'en souviens très bien, j'étais grande alors.

« M. et Mme C... ont plusieurs fois questionné leur fille, et toujours obtenu les mêmes réponses. Aujourd'hui, c'est une petite fille de dix à douze ans et elle ne se souvient plus de rien. »

Le Progrès spirite, du 5 avril 1900, publie en outre l'entretien suivant, qu'eut avec une dame, dont il admirait l'enfant, M. D.-F. Mary, demeurant rue Vauvillers, 5, à Paris :

« J'avais une belle petite fille, que la mort m'enleva lorsqu'elle allait avoir cinq ans et demi. Dans ses derniers moments, cet ange chéri, voyant mes larmes et mon désespoir profond, me dit les paroles mémorables suivantes :

« — Petite mère chérie... ne pleure pas... prends courage... je ne pars pas pour toujours... *je reviendrai un dimanche du mois d'avril.*

« Effectivement, au mois d'avril et un dimanche, la petite fille que vous avez la bonté de caresser vit le jour, et nous l'avons appelée Ninette.

« Tous ceux qui ont connu la première Ninette la reconnaissent dans la seconde. Elle ne sait que dire : papa, maman, mais jugez de mon bonheur, de ma joie, de mon immense surprise, lorsque, la semaine dernière, comme je la cajolais, pensant à la morte, en lui disant : Ah ! tu es certainement Ninette ! elle me répondit : *Oui, c'est moi !* »

Il existe en France de nombreux cas semblables, que les parents tiennent soigneusement cachés, par crainte de la raillerie et du ridicule. J'ai recueilli moi-même, au cours de mes voyages, plusieurs faits de ce genre, entre autres à Amiens et à Nancy.

M. N..., commis des hypothèques, à Amiens, homme sérieux et réfléchi, de tempérament froid, m'a affirmé avoir reconnu, dans sa seconde petite fille, un premier enfant décédé après quelques années d'existence. Cette mort prématurée avait plongé le père et la mère dans une morne tristesse. M. N... était matérialiste et n'avait jamais entendu parler de la doctrine des vies successives. Cependant, lorsqu'il pensait à la petite disparue, une sorte de voix intérieure lui répétait sans cesse : Tu la reverras ! Et lui de répondre, *in petto* : Comment pourrais-je la revoir, puisqu'elle est morte !

Quelques années plus tard, un nouvel enfant du même sexe vint au monde. A mesure qu'il se développait, les parents, surpris, retrouvaient en elle les mêmes petites manières, mille détails psychologiques, insignifiants pour des étrangers, mais auxquels un père, une mère, ne sauraient se tromper. La certitude du retour en ce monde, dans un corps nouveau, du premier enfant décédé persiste dans l'esprit de M. N... et de son épouse.

On peut rapprocher ce fait du poème célèbre de Victor Hugo : Le Revenant (1). La scène évoquée par le grand poète est presque identique. Les paroles de l'enfant mort, revenu une seconde fois dans la chair, sont sans doute présentes à la mémoire du lecteur :

> Elle (la mère) entendit, avec une voix bien connue,
> Le nouveau-né parler dans l'ombre entre ses bras
> Et tout bas murmurer : c'est moi, ne le dis pas !

Ce n'est là, dira-t-on, qu'une œuvre de poète !

---

(1) Victor Hugo, *Les Contemplations*, vol. I (autrefois), p. 46.

N'oublions pas qu'un des privilèges du génie consiste précisément dans l'intuition profonde des vérités méconnues.

**
* *

Les témoignages provenant du monde invisible sont aussi abondants que variés. Non seulement des Esprits, en grand nombre, affirment, dans leurs messages, avoir vécu plusieurs fois sur la terre ; mais il en est qui annoncent à l'avance leur réincarnation. Ils désignent leur futur sexe et l'époque de leur naissance ; ils fournissent des indices sur leurs apparences physiques ou leurs dispositions morales, qui permettent de les reconnaître à leur retour en ce monde ; ils prédisent ou énoncent des particularités de leur existence prochaine que l'on a pu vérifier.

On trouvera des relations de ce genre, avec attestations de témoins, dans les revues ou journaux spirites de tous pays et particulièrement dans *le Progrès spirite*, de Paris, et *la Paix universelle*, de Lyon.

Le prince E. de Witgenstein, aide de camp de l'empereur de Russie, écrivait de Vevey, le 18 décembre 1874, à la *Revue spirite*, de Paris, pour lui signaler le cas suivant : Il s'agissait de son fils, âgé de trois ans. Quelque temps avant sa naissance, les Esprits avaient annoncé que cet enfant posséderait de grands dons médianimiques, car, dans sa dernière existence, accomplie en Angleterre, il s'était appliqué à développer ses pouvoirs par les pratiques de la magie et de l'astrologie. Il en aurait mal usé, et aurait péri misérablement.

« Il y a quelques semaines, — dit le prince, — l'enfant était à jouer et à bavarder dans mon cabinet, quand je l'entends parler de l'Angleterre, dont, à mon su, on ne l'avait jamais entretenu. Je dresse l'oreille et je lui demande s'il sait ce qu'est l'Angleterre. Il me répond : Oh ! oui, c'est un pays, où j'ai été, il y a bien, bien longtemps.

« — Y étais-tu petit comme maintenant ? — Oh ! non, j'étais plus grand que toi et j'avais une longue barbe. — Est-ce que maman et moi y étions aussi ? — Non, j'avais un autre papa et une autre maman. — Et qu'y faisais-tu ? — Je jouais beaucoup avec le feu, et une fois je me suis brûlé si fort que j'en suis mort. »

On pourrait peut-être voir dans ce naïf récit une transmission inconsciente de la pensée du père à son fils, mais les réponses de l'enfant semblent bien émaner de son intelligence propre et s'être réveillées momentanément pour disparaître ensuite, comme cela a souvent lieu dans de semblables circonstances.

La Revue scientifique et morale du spiritisme, d'avril 1898, publie un procès-verbal dressé à Lyon, d'après lequel un médium à trance aurait prédit, sous l'influence d'un Esprit, la naissance d'un enfant du sexe féminin qui devait, afin de se faire reconnaître, porter une cicatrice au front. Il serait, en effet, né une fille avec la marque annoncée.

Le Progrès spirite, des 5 février, 20 mars, 5 août 1898 et 5 mars 1899, cite cinq attestations de même nature, qu'il serait trop long de reproduire en entier. Elles n'émanent plus de médiums endormis, mais de médiums typtologues et écrivains, de sorte que la clairvoyance ne peut être invoquée comme une explication de ces phénomènes.

Le *Progressive Thinker* du 13 décembre 1902 raconte qu'une toute jeune femme, n'ayant alors jamais entendu parler de médiumnité et, sans doute, non plus de réincarnation, eut conscience, quelques mois avant d'être mère, de la présence constante d'une personnalité invisible. L'intuition lui disait que c'était une femme plus âgée qu'elle. Peu à peu, cette dernière se rendit plus sensible ; elle alla jusqu'à se faire voir et entendre, donnant des détails nombreux sur son histoire personnelle. Enfin elle manifesta — la jeune femme ne le comprit que bien vaguement — son intention d'entrer dans un nouveau corps, pour compléter son expérience terrestre, et, dès la nuit précédant la naissance, les manifestations cessèrent. L'enfant, une fille, ressemblait parfaitement à l'Esprit vu par la mère, et étonna tout le monde par son aspect âgé.

Son caractère, plus tard, fut identique à celui de cet Esprit, dont la mère, à son grand étonnement, trouva l'histoire dans un vieux livre, complètement d'accord avec les récits de son amie invisible. Vers l'âge de 15 ans, la jeune fille prétendit aussi avoir porté jadis un des noms de ce personnage historique, que l'on citait en sa présence. Jamais cependant la mère, craignant d'être tournée en ridicule, n'avait parlé à qui que ce fût des manifestations dont elle avait été l'objet (1).

Parmi les témoignages d'Esprits affirmant avoir vécu plusieurs fois sur la terre, signalons celui du docteur Cailleux, publié par la *Revue spirite*, de 1866 (2) :

Cet Esprit dit à l'assistance, par la bouche du médium Morin entrancé, que, n'ayant pas eu à sa mort une conscience très nette de ses vies antérieures, il fut influencé magnétiquement par d'autres Esprits plus élevés et put voir alors, par une sorte d'introspection, tout son passé et l'enchaînement de ses vies écoulées.

(1) Voir la *Revue spirite* du mois de mars 1903.
(2) P. 175 et suivantes.

G. Delanne ajoute (1) : « Si l'on réfléchit que cela a été obtenu, il y a quarante ans, alors que l'on ignorait le moyen de produire la résurrection des souvenirs anciens par l'hypnotisme et le magnétisme, ne pourra-t-on pas voir dans ce fait une analogie favorable à la croyance aux vies successives ? »

Light, de Londres, du 3 octobre 1903, publie une longue étude sur la réincarnation, due à la plume d'un spirite expérimenté :

« J'ai fait — dit-il — longtemps opposition à cette doctrine. Cependant un groupe d'Esprits vint, il y a trois ans environ, se manifester dans notre cercle et affirmer par mon organe (l'écrivain est médium parlant dans la trance) que la réincarnation n'est pas une théorie seulement, mais un fait. Je protestai énergiquement et déclarai qu'il était déloyal de me faire plaider en faveur d'une cause dont j'étais l'adversaire. Mais, à plusieurs reprises, ces mêmes Esprits revinrent à la charge et ils finirent par nous intéresser, si bien que nous en vînmes à leur poser cette question : « Puisque, comme vous le prétendez, la réincarnation « est un fait et non pas une théorie, pouvez-vous en don-« ner la preuve ? »

« — Non seulement, répondirent-ils, nous le pouvons, mais aussi nous le voulons. Mais, ajoutèrent-ils, laissez-nous d'abord vous prouver notre existence et notre pouvoir dans un domaine qu'il vous est aisé de contrôler et, une fois que votre confiance nous sera acquise, nous passerons à des choses plus compliquées.

« Ces conditions nous paraissant raisonnables, elles furent acceptées. Séance après séance, ils nous fournirent les preuves les plus convaincantes de leur identité et de leur connaissance de choses passées et présentes et, dans bien des cas, de choses futures aussi.

(1) Mémoire présenté au Congrès de Londres, 1898, p. 59.

Notre confiance en eux parut, en conséquence, pleinement justifiée. »

L'écrivain relate ensuite tout un ensemble de circonstances provoquées par les Esprits, et qui le mirent en rapport avec une personne qu'il avait connue dans un passé lointain. Cette personne fut introduite ultérieurement dans le cercle dont il est parlé et, par voie médianimique, des preuves nombreuses et satisfaisantes furent données de l'existence de rapports antérieurs ayant uni ces deux êtres au cours d'une autre vie. L'écrivain ajoute qu'il pourrait encore citer d'autres exemples de la réalité des réincarnations. Ceci le démontre : la doctrine des vies successives n'est pas aussi étrangère qu'on a bien voulu le dire aux communications spirites obtenues en Angleterre.

*
* *

Nous avons indiqué dans ce chapitre les causes physiques de l'oubli des vies antérieures. En le terminant, ne convient-il pas de nous placer à un autre point de vue et de nous demander si cet oubli ne se justifie pas par une nécessité d'ordre moral ? Le souvenir du passé ne nous paraît pas désirable pour la majorité des hommes, faibles « roseaux pensants » qu'agite le souffle des passions. Au contraire, il semble indispensable à leur avancement que les vies d'autrefois soient momentanément effacées de leur mémoire.

La persistance des souvenirs entraînerait la persistance des idées erronées, des préjugés de caste, de temps et de milieu, en un mot, de tout un héritage mental, de tout un ensemble de vues et de choses que nous aurions d'autant plus de peine à modifier, à transformer, qu'il serait plus vivant en nous. Il y aurait là bien des entraves à notre éducation, à nos progrès ; notre jugement se trouverait souvent faussé dès la naissance. L'oubli, au contraire, en nous permettant de profiter plus largement des états différents que nous procure une nouvelle vie, nous aide à reconstruire notre personnalité sur un plan meilleur ; nos facultés et notre expérience y gagnent en étendue et en profondeur.

Autre considération, plus grave encore. La connaissance d'un passé taré, souillé, comme ce doit être le cas pour beaucoup d'entre nous, serait un lourd fardeau à porter. Il faut une volonté fortement trempée pour voir sans vertige se dérouler une longue suite de fautes, de défaillances, d'actes honteux, de crimes peut-être, pour en peser les conséquences et se résigner à les subir. La plupart des hommes actuels sont incapables d'un tel effort. Le souvenir des vies antérieures ne peut être profitable qu'à l'esprit assez évolué, assez maître de lui-même pour en supporter le poids sans faiblir, assez détaché des choses humaines pour contempler avec sérénité le spectacle de son histoire, revivre les peines endurées, les injustices souffertes, les trahisons de ceux qu'il a aimés. C'est un douloureux privilège de connaître le passé évanoui, passé de sang et de larmes, et c'est aussi une cause de tortures morales, de déchirements intérieurs.

Les visions qui s'y rattachent seraient, dans la plupart des cas, une source de cruels soucis pour l'âme faible, aux prises avec sa destinée,

Si nos vies précédentes ont été heureuses, la comparaison entre les joies qu'elles nous donnaient et les amertumes du présent rendrait celles-ci insupportables. Furent-elles coupables? l'attente perpétuelle des maux qu'elles entraînent paralyserait notre action, rendrait notre existence stérile. La persistance des remords, la lenteur de notre évolution nous feraient croire que la perfection est irréalisable !

Combien de choses ne voudrions-nous pas effacer de notre vie actuelle, qui sont autant d'obstacles à notre paix intérieure, autant d'entraves à notre liberté ? Que serait-ce donc si la perspective des siècles parcourus se déroulait sans cesse, dans tous ses détails, devant notre regard ? Ce qu'il importe d'apporter avec soi, ce sont les fruits utiles du passé, c'est-à-dire les capacités acquises ; c'est là l'instrument de travail, le moyen d'action de l'esprit. C'est aussi tout ce qui constitue le caractère, l'ensemble des qualités et des défauts, des goûts et des aspirations, tout ce qui déborde de la conscience profonde dans la conscience normale.

La connaissance intégrale des vies écoulées présenterait des inconvénients redoutables, non seulement pour l'individu, mais aussi pour la collectivité. Elle introduirait dans la vie sociale des éléments de discorde, des ferments de haine qui aggraveraient la situation de l'humanité et entraveraient tout progrès moral. Tous les criminels de l'histoire, réincarnés pour expier, seraient démasqués ; les hontes, les trahisons, les perfidies, les iniquités de tous les siècles seraient de nouveau étalées sous nos yeux. Le passé accusateur, connu de tous, redeviendrait une cause de profonde division et de vives souffrances.

L'homme, revenu ici-bas pour agir, développer ses facultés, conquérir de nouveaux mérites, doit regarder en avant et non en arrière. L'avenir s'ouvre devant lui, plein d'espérance et de promesses ; la grande loi lui commande d'avancer résolument et, pour lui rendre la marche plus facile, pour le délivrer de tout lien, de tout fardeau, elle étend un voile sur son passé. Remercions la Puissance infinie qui, en nous allégeant du bagage écrasant des souvenirs, nous a rendu l'ascension plus aisée, la réparation moins amère.

Parfois on nous objecte qu'il serait injuste d'être puni pour des fautes oubliées, comme si l'oubli effaçait la faute ! On nous dit (1), par exemple : « Une justice qui se trame dans le secret, et que nous ne pouvons pas juger nous-mêmes, doit être considérée comme une iniquité. »

Mais d'abord, est-ce que tout n'est pas un secret pour nous ? Le brin d'herbe qui pousse, le vent qui souffle, la vie qui s'agite, l'astre qui glisse dans la nuit silencieuse, tout est mystère. Si nous ne devons croire qu'aux choses bien comprises, à quoi croirons-nous ?

Si un criminel, condamné par les lois humaines, tombe malade et perd la mémoire de ses actions — nous avons vu que les cas d'amnésie

---

(1) *Journal de Charleroi*, 18 février 1899. C'est ce qu'objectait déjà, au quatrième siècle, Enée de Gaza, dans son *Théophraste*.

ne sont pas rares — s'en suit-il que sa responsabilité s'évanouit en même temps que ses souvenirs ? Aucune puissance ne peut faire que le passé n'ait pas été !

Dans beaucoup de cas, il serait plus atroce de savoir que d'ignorer. Quand l'esprit dont les vies lointaines furent coupables quitte la terre, et que les mauvais souvenirs se réveillent pour lui, lorsqu'il voit se dresser des ombres vengeresses, regrette-t-il le temps de l'oubli ? accuse-t-il Dieu de lui avoir ôté, avec la mémoire de ses fautes, la perspective des épreuves qu'elles entraînent ?

Qu'il nous suffise donc de connaître le but de la vie, de savoir que la divine justice gouverne le monde. Chacun est à la place qu'il s'est faite et rien n'arrive qui ne soit mérité. N'avons-nous pas notre conscience pour guide, et les enseignements des génies célestes ne brillent-ils pas d'un vif éclat dans notre nuit intellectuelle ?

Mais l'esprit humain flotte à tous les vents du doute et de la contradiction. Tantôt, il trouve que tout est bien et il demande de nouvelles puissances de vie ; tantôt il maudit l'existence et réclame le néant. La justice éternelle peut-elle conformer ses plans à nos vues mobiles et changeantes ? Poser la question, c'est la résoudre. La justice n'est éternelle que parce qu'elle est immuable. Dans le cas qui nous occupe, elle est l'harmonie parfaite s'établissant entre la liberté de nos actions et la fatalité de leurs conséquences. L'oubli temporaire de nos fautes n'entrave pas leur effet.

L'ignorance du passé est nécessaire, afin que toute l'activité de l'homme se porte vers le présent et vers l'avenir, afin qu'il se soumette à la loi de l'effort et se conforme aux conditions du milieu où il renaît.

*
* *

Pendant le sommeil, l'âme agit, pense, erre. Parfois elle remonte au monde des causes et retrouve la notion des vies écoulées. De même que les étoiles brillent seulement pendant la nuit, de même notre présent doit se voiler d'ombre pour que les lueurs du passé s'allument à l'horizon de la conscience.

La vie dans la chair, c'est le sommeil de l'âme ; c'est le rêve, triste ou joyeux. Pendant qu'il dure, nous oublions les rêves précédents, c'est-à-dire les incarnations passées. Cependant, c'est toujours la même individualité qui persiste sous ses deux formes d'existence. Dans son évolution, elle traverse alternativement des périodes de contraction et de dilatation, d'ombre et de lumière. La personnalité se restreint ou s'épanouit dans ces deux états successifs, comme elle se perd et se ressaisit à travers les alternatives du sommeil et de la veille, jusqu'à ce que l'âme, parvenue à l'apogée intellectuel et moral, ait fini pour toujours de rêver.

Il est en chacun de nous un livre mystérieux où tout s'inscrit en caractères ineffaçables. Fermé à nos yeux pendant la vie terrestre, il s'ouvre dans l'espace ; l'esprit avancé en parcourt à son gré les pages. Il y trouve des enseignements, des impressions et des sensations que l'homme matériel a peine à comprendre.

Ce livre, le subconscient des psychistes, est ce que nous appelons le périsprit. Plus celui-ci s'épure, plus les souvenirs se précisent. Nos vies, une à une, émergent de l'ombre et défilent devant nous, pour nous accuser ou nous glorifier. Les moindres faits, actes, pensées, tout reparaît et s'impose à notre attention. Alors l'esprit contemple la réalité redoutable ; il mesure son degré d'élévation ; sa conscience prononce sans recours. Qu'elles sont douces à l'âme, à cette heure, les bonnes actions accomplies, les œuvres de sacrifice ! Mais lourdes sont les défaillances, les œuvres d'égoïsme et d'iniquité !

Pendant l'incarnation, nous devons le rappeler, la matière couvre le périsprit de son épais manteau ; elle comprime, éteint ses radiations; de là, l'oubli. Délivré de ce lien, l'esprit élevé retrouve la plénitude de sa mémoire. L'esprit inférieur ne se souvient guère que de sa dernière existence. C'est l'essentiel pour lui, puisqu'elle est la somme des progrès acquis, la synthèse de tout son passé ; par elle, il peut mesurer sa situation. Ceux dont la pensée ne s'est pas imprégnée, sur notre monde, de la notion des préexistences, ignorent longtemps leurs vies premières, les plus éloignées. De là l'affirmation de nombreux Esprits, en certains pays, que la réincarnation n'est pas une loi. Ceux-là n'ont pas interrogé les profondeurs de leur être ; ils n'ont pas ouvert le livre fatidique où tout est gravé. Ils conservent les préjugés du milieu terrestre où ils ont vécu, et ces préjugés, au lieu de les inciter à cette recherche, les en détournent plutôt.

Les Esprits supérieurs, par un sentiment de charité, connaissant la faiblesse de ces âmes, jugeant que la connaissance du passé ne leur est pas encore nécessaire, évitent d'attirer sur ce point leur attention, afin de leur épargner la vue de pénibles tableaux. Mais un jour vient où, sous les suggestions d'en haut, leur volonté s'éveille et fouille ces replis cachés de la mémoire. Alors, les vies antérieures leur apparaissent comme un mirage lointain. Un temps viendra où, la connaissance de ces choses étant plus répandue, tous les esprits terrestres, initiés par une forte éducation à la loi des renaissances, verront le passé se dérouler devant eux aussitôt après la mort et même, en certains cas, pendant cette vie. Ils auront acquis la force morale nécessaire pour affronter ce spectacle sans faiblir.

Pour les âmes épurées, le souvenir est constant. L'esprit élevé a le pouvoir de revivre à volonté dans le passé, dans le présent et dans le mystérieux avenir, dont les profondeurs s'illuminent, par instants, pour lui, de rapides éclairs, pour replonger ensuite dans le sombre inconnu.

XV. — LES VIES SUCCESSIVES. — LES ENFANTS PRODIGES ET L'HÉRÉDITÉ

On peut considérer certaines manifestations précoces du génie comme autant de preuves des préexistences, en ce sens qu'elles sont une révélation des travaux accomplis par l'âme en d'autres cycles antérieurs.

Les phénomènes de ce genre dont parle l'histoire ne peuvent pas être des faits sans lien, sans attache avec le passé, se produisant au hasard, dans le vide des temps et de l'espace. Ils démontrent, au contraire, que le principe organisateur de la vie en nous est un être qui arrive en ce monde avec tout un passé de travail et d'évolution, résultat d'un plan tracé et d'un but poursuivi au cours de ses existences successives.

Chaque incarnation trouve dans l'âme qui réédite sa vie une culture particulière, des aptitudes, des acquisitions mentales qui expliquent sa facilité de travail et sa puissance d'assimilation. C'est pourquoi Platon disait : Apprendre, c'est se ressouvenir !

La loi de l'hérédité vient souvent entraver, dans une certaine mesure, ces manifestations de l'individualité, car l'esprit ne façonne son enveloppe qu'au moyen des éléments mis à sa disposition par cette hérédité. Cependant, en dépit des difficultés matérielles, on voit se produire chez certains êtres, dès l'âge le plus tendre, des facultés tellement supérieures et sans aucun rapport avec celles de leurs ascendants, qu'on ne peut, malgré toutes les subtilités de la casuistique matérialiste, les rattacher à aucune cause immédiate et connue..

On a souvent cité le cas de Mozart, exécutant une sonate sur le piano à 4 ans et, à 8 ans, composant un opéra. Paganini et Térésa Milanollo, tout enfants, jouaient du violon de façon merveilleuse. Liszt, Beethoven, Rubinstein, se faisaient applaudir à 10 ans. Michel-Ange, Salvator Rosa se révélèrent tout à coup avec des talents improvisés. Pascal, à 12 ans, découvrit la géométrie plane, et Rembrandt, avant de savoir lire, dessinait comme un grand maître (1).

Napoléon se fit remarquer par son aptitude prématurée pour la guerre. Dès sa première jeunesse, il ne jouait pas au petit soldat comme les enfants de son âge, mais avec une méthode extraordinaire, qu'il semblait puiser en lui-même.

Le seizième siècle nous a laissé le souvenir d'un prodigieux polyglotte, Jacques Chrichton, que Scaliger dénommait un « génie monstrueux ». Il était Écossais et, à 15 ans, discutait en latin, en grec, en hébreu, en arabe sur n'importe quelle question. Dès 14 ans, il avait conquis le grade de maître.

Henri de Heinecken, né à Lübeck en 1721, parla presque en naissant. A 2 ans, il savait trois langues. Il apprit à écrire en quelques jours et s'exerça bientôt à prononcer de petits discours. A 2 ans et demi, il subit un examen sur la géographie et l'histoire anciennes et mo-

---

(1) Voir C. Lombroso, *L'homme de génie*, traduction française.

dernes. Il ne vivait que du lait de sa nourrice; on voulut le sevrer, il dépérit et s'éteignit à Lübeck le 27 juin 1725, dans le cours de sa cinquième année, en affirmant ses espérances en l'autre vie. « Il était, disent les *Mémoires de Trévoux*, délicat, infirme, souvent malade. » Ce jeune phénomène eut la pleine conscience de sa fin prochaine. Il en parlait avec une sérénité au moins aussi admirable que sa science prématurée, et il voulut consoler ses parents en leur adressant des encouragements tirés de leurs communes croyances.

L'histoire des derniers siècles signale un grand nombre de ces enfants prodiges.

Le jeune Van de Kerkhove, de Bruges, mourut à 10 ans et 11 mois, le 12 août 1873, en laissant 350 petits tableaux de maître, dont quelques-uns, dit Adolphe Siret, membre de l'Académie royale des sciences, lettres et beaux-arts de Belgique, « auraient pu être signés des noms de Diaz, Salvator Rosa, Corot, Van Goyen, etc. »

Un autre enfant, William Hamilton, étudiait l'hébreu à 3 ans et, à 7 ans, il possédait des connaissances plus étendues que la plupart des candidats à l'agrégation. « Je le vois encore, disait un de ses parents, répondre à une question de mathématique ardue, puis s'éloigner en trottinant, traînant après lui sa petite charrette. » A 13 ans, il connaissait douze langues. A 18 ans, il étonnait tous les gens de son entourage, au point qu'un astronome irlandais disait de lui : « Je ne dis pas qu'il sera, mais qu'il est déjà le premier mathématicien de son temps. »

En ce moment, l'Italie s'honore de posséder un linguiste phénoménal, M. Trombetti, qui surpasse de beaucoup ses anciens compatriotes, le célèbre Pic de la Mirandole et le prodigieux Mezzofanti, ce cardinal qui discourait en soixante-dix langues.

Trombetti est né d'une famille de Bolonais pauvres et *complètement ignorants*. Il apprit, tout seul, à l'école primaire, le français et l'allemand et, au bout de deux mois, il lisait Voltaire et Gœthe. Il apprit l'arabe rien qu'en lisant une vie d'Abd-el-Kader dans cette langue. Un Persan, de passage à Bologne, lui enseigna sa langue en quelques semaines. A 12 ans, il apprit seul et simultanément le latin, le grec et l'hébreu. Depuis, il a étudié presque toutes les langues vivantes ou mortes ; ses amis assurent qu'il connaît aujourd'hui environ trois cents dialectes orientaux. Le roi d'Italie l'a nommé professeur de philologie à l'Université de Bologne.

En France, Florizel de Reuter, âgé de 12 ans, compose en ce moment, sur la demande de la reine de Roumanie, un opéra sur *Jeanne d'Arc*, dont elle a écrit le livret. Isaye, un des maîtres du jeune compositeur, l'a appelé « le génie le plus merveilleux qu'il ait jamais connu ». Il a déjà produit des œuvres nombreuses et hors de pair (1).

Au Congrès international de psychologie de Paris, en 1900, M. Ch. Richet, de l'Académie de médecine, présenta en assemblée générale,

---

(1) *Revue du Spiritualisme moderne*, mai 1906.

toutes sections réunies, un enfant espagnol de 3 ans et demi, nommé Pepito Arriola, qui joue et improvise, sur le piano, des airs variés, très riches comme sonorité. Nous reproduisons la communication faite par M. Ch. Richet aux congressistes, à la séance du 21 août 1900, au sujet de cet enfant, avant l'audition musicale (1) :

« Voici ce que raconte sa mère sur la manière dont, pour la première fois, elle s'aperçut des dons musicaux extraordinaires du jeune Pepito ; et je transcris exactement ses paroles. — « L'enfant avait à peu près 2 ans et demi lorsque je découvris pour la première fois, et par hasard, ses aptitudes musicales. A cette époque, un musicien de mes amis m'adressa une sienne composition, et je me mis à la jouer au piano assez fréquemment ; il est probable que l'enfant y faisait attention ; mais je ne m'en aperçus pas. Or, un matin, j'entends jouer dans une chambre voisine ce même air, mais avec tant d'autorité et de justesse, que je voulus savoir qui se permettait de jouer ainsi du piano chez moi.

« J'entrai dans le salon, et je vis mon petit garçon qui était seul et jouait cet air. Il était assis sur un siège élevé, où il s'était mis tout seul, et, en me voyant, il se mit à rire et me dit : *Coco, mama.* Je crus qu'il y avait là un miracle véritable. » — A partir de ce moment, le petit Pepito se mit à jouer, sans que sa mère lui donnât de leçons, tantôt les airs qu'elle jouait elle-même devant lui au piano, tantôt des airs qu'il inventait.

« Bientôt il fut assez habile — sans cependant qu'on puisse dire qu'il s'agisse de véritables progrès — pour

(1) Voir *Revue scientifique*, du 6 octobre 1900, p. 432, et *Compte rendu officiel du Congrès de psychologie*, 1900, F. ALCAN, p. 93.

pouvoir, le 4 décembre 1899, c'est-à-dire n'ayant pas encore 3 ans, jouer devant un assez nombreux auditoire de critiques et de musiciens ; le 26 décembre, c'est-à-dire âgé de 3 ans et 12 jours, il joua au Palais Royal de Madrid devant le roi et la reine-mère. Il a joué alors six compositions musicales de son invention qui ont été notées.

« Il ne sait pas lire, qu'il s'agisse de musique ou d'alphabet. Il n'a pas de talent spécial pour le dessin ; mais il s'amuse parfois à écrire des airs musicaux. Bien entendu, cette écriture n'a aucun sens. Mais il est assez amusant de le voir prendre un petit papier, faire en tête du papier un griffonnage (qui signifie, paraît-il, la nature du morceau, sonate, ou habanera, ou valse, etc.), puis, au-dessous, figurer des lignes qui seront les portées, avec un gribouillage qui veut dire clef de sol, et des lignes noires qui, assure-t-il, sont des notes. Il regarde ce papier avec satisfaction, le met sur le piano, et dit : Je vais jouer cela ; et en effet, ayant devant les yeux ce papier informe, *il improvise d'une manière étonnante.*

« Pour étudier méthodiquement la manière dont il joue du piano, je distinguerai l'exécution et l'invention.

« *Exécution*. — L'exécution est enfantine ; on voit qu'il a imaginé de toutes pièces, sans aucunes leçons, tout son doigté. Cependant ce doigté est très habile, autant que le permet la petitesse de sa main, qui ne peut faire une octave. Il a imaginé alors, — ce qui est curieux, — de remplacer l'octave par des arpèges adroitement exécutés et très rapides. Il joue des deux mains. Souvent il croise les deux mains pour certains effets ou certaines harmonies. Parfois aussi, comme les pianistes renommés, il lève la main très haut en l'air, avec le plus grand sérieux, pour la faire retomber sur la note juste. *Il n'est pas probable que cela lui ait été appris* ; car dans le jeu de sa mère, jeu qui est très honorable, mais sans rien de plus, il n'y a rien d'analogue. Il peut faire des traits, avec une agilité parfois étonnante et une vigueur surprenante chez un enfant de cet âge. Mais, malgré toutes ces qualités, il faut bien avouer que cette exécution est inégale. Il bafouille pendant une demi-minute, puis tout d'un coup, *comme s'il était inspiré*, il se met à jouer avec agilité et précision.

« Je lui ai entendu jouer des morceaux assez difficiles, une « Habanera » galicienne et la « Marche turque » de Mozart, avec une extrême habileté dans certains passages.....

« Plus que le doigté, l'harmonie est tout à fait extraordinaire : il trouve presque toujours l'accord juste ; et, s'il hésite, comme cela lui arrive au début d'un morceau, il tâtonne quelques secondes ; puis, se reprenant, il trouve l'harmonie vraie. Ce n'est pas une harmonie bien compliquée, et il s'agit presque toujours d'accords assez simples. *Mais quelquefois il en invente de tout à fait surprenants.*

« À vrai dire, ce qui est le plus stupéfiant, ce n'est ni le doigté, ni l'harmonie, ni l'agilité, mais l'expression. Il a une richesse d'expression étonnante. Qu'il s'agisse d'un morceau triste, ou gai, ou martial, ou énergique, *l'expression est saisissante*. J'ai fait jouer une fois à sa mère le même morceau qu'à lui : elle le jouait assurément beaucoup mieux, sans fausses notes, ni hésitations, ni tâtonnements, ni reprises, mais le petit bébé avait beaucoup plus d'expression que la mère.

« Souvent même cette expression est si forte, si tragique même, dans certains airs mélancoliques ou funèbres, qu'on a la sensation que Pepito ne peut pas, avec son doigté imparfait, exprimer toutes les idées musicales qui frémissent en lui : *de sorte que j'oserais presque dire qu'il est bien plus grand musicien qu'il ne paraît l'être*.....

« Non seulement il joue les morceaux qu'il vient d'entendre jouer au piano, mais encore il peut, quoique avec plus de difficulté, jouer au piano les airs chantés qu'il a entendus. *C'est merveille de lui voir alors trouver, imaginer, reconstituer les accords de la basse et de l'harmonie, comme pourrait le faire un musicien habile.* Dans une expérience faite récemment, un de mes amis lui a chanté une mélodie très compliquée. Après l'avoir entendue cinq à six fois, il s'est mis au piano, disant qu'il s'agissait d'une habanera, ce qui était vrai, et il l'a répétée, sinon tout entière, au moins dans ses parties essentielles.

« *Invention*. — Il est souvent bien difficile, quand on entend un improvisateur, de dire ce qui est invention et ce qui est reproduction par la mémoire d'airs et de morceaux déjà entendus. Toutefois, il est certain que lorsque Pepito se met à improviser, il n'est presque jamais à court, et il trouve souvent des mélodies extrêmement intéressantes, qui ont paru plus ou moins nouvelles à tous les assistants. Il y a une introduction, un milieu, une fin. En même temps une variété et une richesse de sonorités qui peut-être étonneraient, s'il s'agissait d'un musicien de profession, *mais qui, chez un enfant de 3 ans et demi, deviennent absolument stupéfiantes.* »

Depuis lors, le jeune artiste a poursuivi le cours de ses succès grandissants. Devenu violoniste incomparable, il étonne le monde musical par son précoce talent. Actuellement, il achève ses études à Leipzig, où il a été envoyé par les soins de la reine Marie-Christine, d'Espagne (1).

Citons encore *le Soir*, de Bruxelles (2), dans son énumération de quelques enfants remarquables d'outre-mer :

« Parmi les *boys* prodiges du Nouveau-Monde, il faut en citer un, l'ingénieur George Steuber, qui compte 13 printemps, et Harry Dugan, le plus fameux voya-

---

(1) D'après *l'Express*, du 5 juin 1904.
(2) Numéro du 25 juillet 1900.

geur de commerce des États-Unis, qui n'a pas encore atteint sa neuvième année. Harry Dugan vient de faire une tournée de 1.000 milles (environ 1.600 kilomètres) à travers la République étoilée, où il a fait des affaires colossales pour la maison qu'il représente.

« Si incroyable que cela paraisse, l'Université de la Nouvelle-Orléans vient de délivrer un certificat médical à un étudiant âgé de 5 ans et nommé Willie Gwin. Les examinateurs ont ensuite déclaré en séance publique que le jeune Esculape était le plus savant ostéologue auquel ils eussent jamais délivré un certificat. Willie Gwin est le fils d'un médecin connu.

« A ce propos, les journaux transatlantiques publient une liste de leurs enfants prodiges. L'un d'eux, à peine âgé de 11 ans, a récemment fondé un journal, appelé *The Sunny Home*, qui, dès le troisième numéro, tirait déjà à 20.000 exemplaires. Pierre Loti et Sully Prudhomme sont les collaborateurs du Chatterton américain.

« Parmi les prédicateurs célèbres des États-Unis, on cite le jeune Dennis Mahan, de Montana, qui dès l'âge de 6 ans (il en a actuellement 9) étonna les fidèles par sa profonde connaissance des Écritures et par l'éloquence de son verbe. »

Ajoutons à cette liste le nom du fameux ingénieur suédois Ericson, qui, à l'âge de 12 ans, était inspecteur au grand canal maritime de Suez et avait 600 ouvriers sous ses ordres (1).

* *

Reprenons le problème des enfants prodiges et examinons-le sous ses différents aspects. D'abord, deux hypothèses ont été proposées pour l'expliquer : l'hérédité et la médiumnité.

(1) Docteur WAHU, *Le Spiritisme dans le monde.*

L'hérédité, nul ne l'ignore, est la transmission des propriétés d'un individu à ses descendants. Les influences héréditaires sont considérables, aux deux points de vue physique et psychique. La transmission des parents aux enfants du tempérament, des traits du caractère et de l'intelligence, est très sensible chez certaines personnes. Nous retrouvons en nous, à différents titres, non seulement les particularités organiques de nos générateurs directs ou de nos ancêtres, mais encore leurs qualités ou leurs défauts. Dans l'homme actuel, revit toute la mystérieuse lignée d'êtres dont il résume les efforts séculaires vers une vie plus haute et plus pleine.

Mais, à côté des analogies, il y a des divergences plus considérables encore. Les membres d'une même famille, tout en présentant des ressemblances, des traits communs, offrent aussi parfois des différences très tranchées. Le fait peut être constaté partout, autour de nous, dans chaque famille, parmi des frères et des sœurs, et même chez des jumeaux. Beaucoup de ceux-ci, semblables au physique dans leurs premières années, au point qu'on peut difficilement les distinguer l'un de l'autre, présentent au cours de leur développement des différences sensibles de traits, de caractère et d'intelligence.

Pour expliquer ces dissemblances, il faudra donc faire intervenir un facteur nouveau dans la solution du problème; ce seront les antériorités de l'être, qui lui ont permis d'accroître ses facultés, son expérience, de vies en vies, de se constituer une individualité portant en elle son cachet d'originalité et ses aptitudes propres. Cette loi des renaissances, seule, pourra nous faire comprendre comment certains esprits, en s'incarnant, montrent, dès leurs premières années, ces facilités de travail et d'assimilation qui caractérisent les enfants prodiges. Ce sont là les résultats d'immenses labeurs qui ont familiarisé ces esprits avec les arts ou les sciences où ils excellent. De longues recherches, des études, des exercices séculaires ont laissé dans leur enveloppe périspritale des empreintes profondes, créant une sorte d'automatisme psychologique. Chez les musiciens notamment, cette faculté se manifeste de bonne heure par des procédés d'exécution qui étonnent les plus indifférents et rendent perplexes des savants comme le professeur Ch. Richet.

Il existe chez ces jeunes sujets des réserves considérables de connaissances emmagasinées dans la conscience profonde et qui, de là, débordent dans la conscience physique, de façon à produire ces manifestations précoces du talent et du génie. Tout en paraissant anormales, elles ne sont cependant que la conséquence du labeur et des efforts poursuivis à travers les temps. C'est cette réserve, ce capital indestructible de l'être que F. Myers appelle la conscience subliminale et que l'on retrouve en chacun de nous. Elle se révèle non seulement dans le sens artistique, scientifique ou littéraire, mais encore par toutes les acquisitions de l'esprit, aussi bien dans l'ordre moral que dans l'ordre intellectuel. La conception du bien, du juste, la notion du devoir sont beaucoup plus vives chez certains individus et dans certaines races que chez d'autres. Elles ne résultent pas seulement de l'éducation présente, comme on peut le reconnaître par une observation attentive des sujets dans leurs impulsions spontanées, mais d'un fonds personnel qu'ils apportent en naissant. L'éducation développe ces germes natifs, leur permet de s'épanouir et de produire tous leurs fruits. Seule, elle ne pourrait inculquer aussi profondément aux nouveaux venus ces notions supérieures qui dominent toute leur existence. On le constate journellement chez les races inférieures, réfractaires à certaines idées morales et sur qui l'éducation a peu de prise.

Les antériorités expliquent encore ces anomalies étranges d'êtres au caractère sauvage, indiscipliné, malfaisant, apparaissant tout à coup dans des milieux honnêtes et policés. On a vu des enfants de bonne famille commettre des vols, allumer des incendies, accomplir des forfaits avec une audace et une habileté consommées, subir des condamnations et déshonorer le nom qu'ils portaient. On cite chez d'autres enfants des actes de férocité sanguinaire, que rien n'explique dans leur entourage ni leur ascendance. Des adolescents, par exemple, tuent les animaux domestiques qui leur tombent sous la main, après les avoir torturés avec une cruauté raffinée.

Dans un sens opposé, on peut constater des cas de dévouement, extraordinaires pour l'âge ; des sauvetages sont effectués avec réflexion et décision par des enfants de dix ans et au-dessous. Ces sujets, comme les précédents, semblent apporter en ce monde des dispositions particulières qu'on ne retrouve pas chez leurs parents. De même qu'on voit des anges de pureté et de douceur naître et grandir en des milieux grossiers et dépravés, de même on rencontre des voleurs et des assassins dans des familles vertueuses; de part et d'autre, en des conditions telles qu'… un précédent atavique ne peut donner le mot de l'énigme.

Tous ces phénomènes, dans leur variété infinie, ont leur source dans le passé de l'âme, dans les nombreuses vies humaines qu'elle a parcourues. Chacun apporte en naissant les fruits de son évolution, l'intuition de ce qu'il a appris, les aptitudes acquises dans les divers domaines de la pensée et de l'œuvre sociale: dans l'art, la science, le commerce, l'industrie, la navigation, la guerre, etc., l'habileté pour telle chose plutôt que pour telle autre, selon que son activité s'est déjà exercée dans un sens particulier.

L'esprit est apte aux études les plus diverses. Mais dans le cours limité de la vie terrestre, par l'effet des conditions d'ambiance, par suite des exigences matérielles et sociales, il ne s'applique généralement qu'à l'étude d'un nombre restreint de questions. Et dès que sa volonté s'est orientée vers l'un des domaines de la vaste connaissance, par le fait de ses tendances et des notions accumulées en lui, sa supériorité en ce sens se dessine, s'accuse de plus en plus; elle se répercute d'existence en existence, se révélant, à chaque retour dans le champ terrestre, par des manifestations toujours plus précoces et plus accentuées. De là, les enfants prodiges et, dans un ordre plus effacé, les vocations, les prédispositions natives. De là, le talent, le génie, qui sont le résultat d'efforts persévérants et continus vers un objectif déterminé.

Cependant l'âme étant appelée à aborder toutes les formes de la connaissance et non à se restreindre à quelques-unes, la nécessité de stages successifs se démontre par le fait seul de la loi d'un développement sans limite. De même que la preuve des vies antérieures s'établit par les acquisitions réalisées avant la naissance, la nécessité des vies futures s'impose comme conséquence de nos actes actuels, cette conséquence, pour se dérouler, exigeant des conditions et des milieux en harmonie avec l'état des âmes. Nous avons derrière nous tout un infini de réminiscences et de souvenirs ; devant nous un autre infini de promesses et d'espérances. Mais de toute cette splendeur de vie, la plupart des hommes ne voient et ne veulent voir que ce fragment chétif de l'existence actuelle, existence d'un jour qu'ils croient sans précédent et sans lendemain. De là la faiblesse de la pensée philosophique et de l'action morale à notre époque.

Le travail antérieur effectué par chaque esprit peut être facilement calculé, mesuré par la rapidité avec laquelle il exécute de nouveau un travail semblable sur un même sujet, ou bien par la promptitude qu'il met à s'assimiler les éléments d'une science quelconque. A ce point de vue, la différence entre les individus est tellement considérable qu'elle resterait incompréhensible sans cette donnée des existences antérieures. Deux personnes également intelligentes, étudiant un même sujet, ne se l'assimileront pas de la même façon ; l'une en saisira à première vue les moindres éléments, l'autre ne s'en pénétrera que par un lent travail et une application soutenue. C'est que l'une a déjà connu ces matières et n'a qu'à se ressouvenir, tandis que l'autre se trouve pour la première fois en face de ces questions. Il en est de même de la facilité qu'ont certaines personnes à accepter telle vérité, tel principe, tel point d'une doctrine politique ou religieuse, tandis que d'autres ne se laissent convaincre qu'à la longue, à force d'arguments. Pour les uns, c'est là une chose familière à leur esprit, tandis qu'elle est nouvelle pour d'autres. Les mêmes considérations s'appliquent, nous l'avons vu, à la variété si grande des caractères et des dispositions morales. Sans la donnée des préexistences, la diversité sans bornes des intelligences et des consciences resterait un problème insoluble, et la liaison des différents éléments du moi en un tout harmonieux deviendrait un phénomène sans cause.

Le génie, disions-nous, ne s'explique pas par l'hérédité ; pas davantage par les conditions du milieu. Si l'hérédité pouvait produire le génie, il serait beaucoup plus fréquent. La plupart des hommes célèbres eurent des ascendants d'intelligence médiocre et leur descendance leur fut notoirement inférieure. Le Christ, Socrate, Jeanne d'Arc sont nés de familles obscures. Des savants illustres sont sortis des milieux les plus vulgaires, par exemple Bacon, Copernic, Galvani, Kepler, Hume, Kant, Locke, Malebranche, Réaumur, Spinosa, Laplace, etc. J.-J. Rousseau, fils d'un horloger, se passionne pour la philosophie et les lettres dans la boutique de son père; d'Alembert, enfant trouvé, fut ramassé, pendant une nuit d'hiver, sur le seuil d'une église et élevé par la femme d'un vitrier. Ni l'ascendance, ni le milieu n'expliquent les conceptions géniales de Shakespeare.

Les faits ne sont pas moins significatifs, lorsque nous considérons la descendance des hommes de génie. Leur puissance intellectuelle disparaît avec eux; on ne la retrouve pas chez leurs enfants. Les fils connus de tel grand poète, de tel grand mathématicien, sont incapables des œuvres les plus élémentaires dans ces deux modes de travaux. Parmi les hommes illustres, la plupart ont eu des fils stupides ou indignes. Périclès engendra deux sots tels que Parallas et Xantippe. Des dissemblances d'autre nature, mais aussi accentuées, se retrouvent chez Aristippe et son fils Lysimaque, chez Thucydide et Milésias. Sophocle, Aristarque, Thémistocle ne furent pas mieux partagés dans leurs enfants. Quel contraste entre Germanicus et Caligula, entre Cicéron et son fils, Vespasien et Domitien, Marc-Aurèle et Commode! Et des fils de Charlemagne, d'Henri IV, de Pierre le Grand, de Gœthe, de Napoléon, que peut-on dire?

Il est des cas cependant où le talent, la mémoire, l'imagination, les plus hautes facultés de l'esprit, semblent héréditaires. Ces ressemblances psychiques entre parents et enfants s'expliquent par l'attraction et la sympathie. Ce sont des esprits similaires, attirés les uns vers les autres par des penchants analogues et que d'anciens rapports ont unis. *Generans general sibi simile*. En ce qui concerne les aptitudes musicales, on peut constater ce fait dans les cas de Mozart et du jeune Pepito. Mais ces deux personnages dépassent de haut leurs ascendants. Mozart trône parmi les siens comme un soleil parmi d'obscures planètes. Les capacités musicales de sa famille ne suffisent pas à nous faire comprendre qu'à 4 ans il ait pu révéler des connaissances que personne ne lui avait encore enseignées, et montrer une science profonde des lois de l'harmonie. Lui seul est devenu célèbre ; tous les autres Mozart sont restés ignorés. Évidemment, quand ces hautes intelligences le peuvent, afin de manifester plus librement leurs facultés, elles choisissent, pour se réincarner, un milieu où leurs goûts sont partagés et où les organismes matériels sont, de génération en génération, exercés dans le sens qu'ils poursuivent. Cela se rencontre particulièrement parmi les grands musiciens, pour qui des conditions spéciales de sensation et de perception sont indispensables. Mais, dans la plupart des cas, le génie apparaît au sein d'une famille, sans précédent et sans successeur, dans l'enchaînement des générations. Les grands génies moralisateurs, les fondateurs de religion : Lao-Tsé, le Bouddha, Zarathustra, le Christ, Mahomet, appartiennent à cette classe d'esprits. C'est aussi le cas pour ces puissantes intelligences qui portèrent ici-bas les noms immortels de Platon, Dante, Newton, G. Bruno, etc.

Si les exceptions brillantes ou funestes, créées dans une famille par l'apparition d'un homme de génie ou d'un criminel, étaient de simples cas d'atavisme, on retrouverait dans la généalogie familiale l'ancêtre qui sert de modèle, de type primitif à cette manifestation. Or ce n'est presque jamais le cas, ni dans un sens ni dans l'autre. On pourrait nous demander comment nous concilierons ces dissemblances avec la loi des attractions et des similitudes, qui semble présider au rapprochement des âmes. La pénétration dans certaines familles d'êtres sensiblement supérieurs ou inférieurs, qui y viennent donner ou recevoir des enseignements, exercer ou subir des influences nouvelles, est facilement explicable. Elle peut résulter de l'enchaînement de destinées communes qui, sur certains points, se rejoignent et s'enlacent comme une conséquence d'affections ou de haines échangées dans le passé, forces également attractives qui réunissent les âmes sur des plans successifs, dans la vaste spirale de leur évolution.

*
* *

Pourrait-on expliquer par la médiumnité les phénomènes signalés plus haut? Quelques-uns l'ont tenté. Nous-même, dans un précédent ouvrage (1), avons reconnu que le génie doit beaucoup à l'inspiration, et celle-ci est une des formes de la médiumnité. Mais nous ajoutions que, même dans les cas où cette faculté spéciale s'accusait nettement, on ne pouvait considérer l'homme de génie comme un simple instrument, ce qu'est avant tout le médium proprement dit. Le génie, disions-nous, est surtout un acquis du passé, le résultat de patientes études séculaires, d'une lente et douloureuse initiation. Ces antécédents ont développé chez l'être une profonde sensibilité qui l'ouvre aux influences élevées.

Il y a une différence sensible entre les manifestations intellectuelles des enfants prodiges et la médiumnité prise dans son sens général. Celle-ci a un caractère intermittent, passager, anormal. Le médium ne peut exercer sa faculté à toute heure ; il lui faut des conditions spéciales, parfois difficiles à réunir ; tandis que les enfants prodiges peuvent utiliser leurs talents à tout moment, d'une façon permanente, comme nous le ferions nous-mêmes de nos propres acquisitions mentales.

Si nous analysons avec soin les cas signalés, nous reconnaîtrons que le génie des jeunes prodiges leur est bien personnel ; l'application en est réglée par leur propre volonté. Leurs œuvres, tout originales et étonnantes qu'elles paraissent, se ressentent toujours de leur âge et n'ont pas le caractère qu'elles revêtiraient, si elles émanaient d'une haute intelligence

---

(1) Voir *Dans l'Invisible*. La Médiumnité glorieuse, p. 123.

étrangère. Il y a dans leur façon de travailler et d'agir des recherches, des hésitations, des tâtonnements, qui ne se produiraient pas s'ils étaient les instruments passifs d'une volonté supérieure et occulte. C'est ce que nous constatons chez Pepito notamment, sur le cas duquel nous nous sommes plus longuement étendu.

On pourrait admettre d'ailleurs que, chez certains individus, ces deux causes : l'acquis personnel et l'inspiration extérieure, se combinent, se complètent l'une par l'autre. La doctrine de la réincarnation n'en serait pas affaiblie pour cela.

C'est toujours à elle qu'il faut recourir lorsqu'on aborde par quelque côté le problème des inégalités. Les âmes humaines sont plus ou moins développées suivant leurs âges et surtout suivant l'emploi qu'elles ont fait du temps vécu. Nous n'avons pas tous été lancés à la même heure dans le tourbillon de la vie. Nous n'avons pas tous marché du même pas, déroulé de la même façon le chapelet de nos existences. Nous parcourons une route infinie, de là vient que nos situations et nos valeurs respectives nous semblent si différentes ; mais le but est le même pour tous. Sous le fouet des épreuves, sous l'aiguillon de la douleur, tous montent, tous s'élèvent. L'âme n'est pas faite de toutes pièces, elle se fait ; elle se construit elle-même à travers les temps. Ses facultés, ses qualités, son avoir intellectuel et moral, loin de se perdre, se capitalisent, s'accroissent de siècle en siècle. Par la réincarnation, chacun vient, pour en poursuivre l'exécution, reprendre la tâche d'hier, cette tâche de perfectionnement interrompue par la mort. De là, la supériorité éclatante de certaines âmes qui ont beaucoup vécu, beaucoup acquis, beaucoup travaillé. De là, ces êtres extraordinaires qui apparaissent çà et là dans l'histoire et projettent de vives lueurs sur la route de l'humanité. Leur supériorité n'est faite que de l'expérience et des labeurs accumulés.

Considérée sous cette lumière, la marche de l'humanité revêt un caractère grandiose. Elle se dégage lentement de l'obscurité des âges, émerge des ténèbres de l'ignorance et de la barbarie et avance à pas mesurés, au milieu des obstacles et des tempêtes. Elle gravit la voie âpre, et, à chaque détour de sa route, entrevoit mieux les grandes cimes, les sommets lumineux où trônent la sagesse, la spiritualité, l'amour.

Et cette marche collective est aussi la marche individuelle, celle de chacun de nous. Car cette humanité, c'est nous-mêmes ; ce sont les mêmes êtres qui, après un temps de repos dans l'espace, reviennent de siècle en siècle, jusqu'à ce qu'ils soient mûrs pour une société meilleure, pour un monde plus beau. Nous étions parmi les générations écoulées et nous serons parmi les générations à venir. En réalité, nous ne formons qu'une immense famille humaine en marche pour réaliser le plan divin écrit en elle, le plan de ses magnifiques destinées.

Pour qui veut y prêter attention, tout un passé vit et tressaille en nous. Si l'histoire, si toutes les choses anciennes ont tant d'attrait à nos yeux, si elles éveillent en nos âmes tant d'impressions profondes, parfois douloureuses, si nous nous sentons vivre de la vie des hommes d'autrefois, souffrir de leurs maux, c'est parce que cette histoire est la nôtre. L'empressement mis par nous à étudier, à recueillir l'œuvre des aïeux, les impulsions soudaines qui nous portent vers telle cause ou telle croyance, n'ont pas d'autre raison d'être. Lorsque nous parcourons les annales des siècles, nous passionnant pour certaines époques, quand tout notre être s'anime et vibre aux souvenirs héroïques de la Grèce ou de la Gaule, du moyen âge, des croisades, de la Révolution, c'est le passé qui sort de l'ombre, s'anime et revit. A travers la trame tissée par les siècles, nous retrouvons les propres angoisses, les aspirations, les déchirements de notre être. Le souvenir en est momentanément voilé en nous ; mais, si nous interrogions notre subconscience, nous entendrions sortir de ses profondeurs des voix tantôt vagues et confuses, tantôt éclatantes. Ces voix nous parleraient de grandes épopées, de migrations d'hommes, de chevauchées furieuses qui passent comme des ouragans, emportant tout dans la nuit et dans la mort. Elles nous entretiendraient aussi des vies humbles, effacées, des larmes silencieuses, des souffrances oubliées, des heures lourdes et monotones passées à méditer, à œuvrer, à prier dans le silence des cloîtres ou la vulgarité des existences pauvres et désolées.

A certaines heures, tout un monde obscur, confus, mystérieux se réveille et vibre en nous, un monde dont les bruissements, les rumeurs nous émeuvent et nous enivrent. C'est la voix du passé ; elle parle dans la trance somnambulique et nous raconte les vicissitudes de notre pauvre âme, errante à travers le monde. Elle nous dit que notre moi actuel est fait de nombreuses personnalités qui se retrouvent en lui comme les affluents dans un fleuve, que notre principe de vie a animé bien des formes, dont la poussière repose là-bas parmi les débris des empires, sous les vestiges des civilisations mortes. Toutes ces existences ont laissé au plus profond de nous-mêmes des traces, des souvenirs, des impressions ineffaçables.

L'homme qui s'étudie et s'observe sent qu'il a vécu et revivra ; il hérite de lui-même, récoltant dans le présent ce qu'il a semé autrefois, et semant pour l'avenir.

Ainsi s'affirment la beauté et la grandeur de cette conception des vies successives, qui vient compléter la loi d'évolution entrevue par la science. S'exerçant à la fois dans tous les domaines, elle répartit à chacun suivant ses œuvres et nous montre, au-dessus de tout, cette majestueuse loi du progrès qui régit l'univers et entraîne la vie vers des états toujours plus beaux, toujours meilleurs.

XVI. — LES VIES SUCCESSIVES. — OBJECTIONS ET CRITIQUES

Nous avons répondu aux objections que fait naître tout d'abord dans la pensée l'oubli des vies antérieures. Il nous reste à en réfuter d'autres, d'un caractère soit philosophique, soit religieux, que les représentants des Églises opposent volontiers à la doctrine des réincarnations.

En premier lieu, nous dit-on, cette doctrine est insuffisante au point de vue moral. En ouvrant à l'homme d'aussi vastes perspectives sur l'avenir, en lui laissant la possibilité de tout réparer dans ses existences futures, elle l'encourage au vice et à l'indolence ; elle n'offre pas un stimulant assez puissant et assez actuel pour la pratique du bien ; pour toutes ces raisons, elle est moins efficace que la crainte d'un châtiment éternel après la mort.

Nous l'avons vu : la théorie des peines éternelles n'est, dans la pensée même de l'Église (1), qu'un épouvantail destiné à effrayer les méchants. Mais la menace de l'enfer, la crainte des supplices, efficace aux temps de foi aveugle, ne retient plus personne aujourd'hui. Elle est, au fond, une impiété envers Dieu, dont elle fait un Être cruel, punissant sans nécessité et sans but d'amélioration.

A sa place, la doctrine des réincarnations nous montre la véritable loi de nos destinées et, avec elle, la réalisation du progrès et de la justice dans l'Univers. En nous faisant connaître les causes antérieures de nos maux, elle met fin à cette conception inique du péché originel, d'après laquelle toute la descendance d'Adam, c'est-à-dire l'humanité entière porterait la peine des défaillances du premier homme. C'est pour-

(1) Voir *Christianisme et Spiritisme*, p. 109.

quoi son influence morale sera plus profonde que celle des fables enfantines de l'enfer et du paradis. Elle opposera un frein aux passions en nous montrant les conséquences de nos actes rejaillissant sur notre vie présente et sur nos vies futures, y semant des germes de douleur ou de félicité. En nous apprenant que l'âme est d'autant plus malheureuse qu'elle est plus imparfaite et plus coupable, elle stimulera nos efforts vers le bien. Il est vrai que cette doctrine est inflexible, mais du moins elle sait proportionner le châtiment à la faute, et, après la réparation, elle nous parle de relèvement et d'espérance. Tandis que le croyant orthodoxe, imbu de l'idée que la confession et l'absolution effacent ses péchés, se berce d'un vain espoir et se prépare des déceptions dans l'au-delà; l'homme éclairé des clartés nouvelles apprend à rectifier sa conduite, à se tenir sur ses gardes, à préparer soigneusement l'avenir.

Une autre objection consiste à dire : Si nous sommes convaincus que nos maux sont mérités, qu'ils sont une conséquence de la loi de justice, une telle croyance aura pour effet d'éteindre en nous toute pitié, toute compassion pour les souffrances d'autrui ; nous nous sentirons moins portés à secourir, à consoler nos semblables ; nous laisserons un libre cours à leurs épreuves, puisqu'elles doivent être pour eux une expiation nécessaire et un moyen d'avancement (1). Cette objection n'est que spécieuse ; elle émane d'une source intéressée.

(1) C'est aussi ce que H. Taine a exprimé en ces termes,

Considérons d'abord la question au point de vue social; nous l'envisagerons ensuite dans le sens individuel. Le spiritualisme moderne nous enseigne que les hommes sont solidaires les uns des autres, unis par un sort commun. Les imperfections sociales dont nous souffrons tous, plus ou moins, sont le résultat de nos errements collectifs dans le passé. Chacun de nous porte sa part de responsabilité et a le devoir de travailler à l'amélioration du sort général. L'éducation des âmes humaines les oblige à tour de rôle à occuper des situations diverses. Toutes doivent alternativement subir l'épreuve de la richesse et celle de la pauvreté, de l'infortune, de la maladie, de la douleur.

Devant toutes celles des misères de ce monde qui ne l'atteignent pas, l'égoïste se désintéresse et dit : Après moi le déluge ! Il croit échapper par la mort à l'action des lois terrestres et aux convulsions des sociétés. Avec la réincarnation,

dans ses *Nouveaux Essais de critique et d'histoire* :
« Si l'on croit que les malheureux ne sont malheureux qu'en punition de leurs fautes, que deviennent alors la *charité* et la *fraternité* ? On peut avoir pitié d'un malade qui souffre et qui se désespère : ne sera-t-on pas moins porté à la compassion vis-à-vis d'un coupable ? Bien plus, la compassion n'a plus de raison d'être, elle serait une faute, car c'est la justice de Dieu qui s'affirme et s'exerce dans les souffrances des hommes, et de quel droit pourrions-nous contrarier et entraver la justice divine ? L'esclavage même est légitime, et plus les hommes sont frappés, plus ils sont humiliés par la destinée, plus il faut les croire déchus et punis. »

On peut s'étonner qu'un esprit aussi pénétrant que celui d'H. Taine se soit placé à un point de vue si étroit pour envisager ce grave problème.

le point de vue change. Il faudra revenir encore et subir les maux que nous comptions léguer aux autres. Toutes les passions, toutes les iniquités que nous aurons tolérées, encouragées, entretenues, soit par faiblesse, soit par intérêt, se redresseront contre nous. Ce milieu social, pour l'amélioration duquel nous n'aurons rien fait, nous ressaisira de toute la force de son étreinte. Qui a écrasé, exploité les autres, sera exploité, écrasé à son tour. Qui a semé la division, la haine, en subira les effets. L'orgueilleux sera méprisé et le spoliateur dépouillé. Celui qui a fait souffrir, souffrira. Si vous voulez assurer votre propre avenir, travaillez donc dès maintenant à perfectionner, à rendre meilleur le milieu où vous devez renaître ; songez à vous améliorer vous-même. Voilà pour les misères collectives qui doivent être vaincues par l'effort de tous. Celui qui, pouvant aider ses semblables, néglige de le faire, manque à la loi de solidarité.

Quant aux maux individuels, nous dirons, en nous plaçant à un autre point de vue : Nous ne sommes pas juges des mesures précises où commence et où finit l'expiation. Savons-nous même dans quels cas il y a expiation ? Beaucoup d'âmes, sans être coupables, mais avides de progresser, demandent une vie d'épreuves pour évoluer plus rapidement. L'aide que nous devons à ces âmes peut être une des conditions de leur destinée comme de la nôtre, et il est possible que nous soyons placés à dessein sur leur chemin, pour les soulager, les éclairer, les réconforter. Tout bien, tout mal accompli revenant vers sa source avec ses effets, c'est toujours un mauvais calcul de notre part que de négliger la moindre occasion de nous rendre utiles et serviables.

« Hors la charité point de salut », a dit Allan Kardec. C'est là le précepte par excellence de la morale spirite. Partout où la souffrance s'éveille, elle doit rencontrer des cœurs compatissants, prêts à secourir et à consoler. La charité est la plus belle des vertus ; elle seule ouvre l'accès des mondes heureux.

*
* *

Beaucoup de personnes, pour qui la vie a été rude et difficile, s'épouvantent à la perspective de la renouveler indéfiniment. Cette longue et pénible ascension à travers les temps et parmi les mondes, remplit d'effroi ceux qui, pris de lassitude, escomptent un repos immédiat et un bonheur sans fin. Il est certain qu'il faut avoir l'âme trempée pour contempler sans vertige ces perspectives immenses. La conception catholique était plus séduisante pour les âmes timides, pour les esprits paresseux, qui, d'après elle, avaient peu d'efforts à faire pour gagner le salut. La vision de la destinée est formidable. Il faut des esprits vigoureux pour la considérer sans faiblir, pour retrouver dans la notion du destin le stimulant nécessaire, la compensation aux petites habitudes confessionnelles, le calme et la sérénité de la pensée.

Un bonheur, qu'il faut conquérir au prix de tant d'efforts, effraye plus qu'il n'attire les âmes humaines, encore faibles pour la plupart et inconscientes de leur magnifique avenir. Mais la vérité doit passer avant tout ! Il ne peut être question ici de nos convenances personnelles. La loi, qu'elle plaise ou non, est la loi ! C'est à nous à y adapter nos vues et nos actes, et non à elle à se plier à nos exigences.

La mort ne peut transformer un esprit inférieur en esprit élevé. Nous sommes, dans l'au-delà comme ici-bas, ce que nous nous sommes faits, intellectuellement et moralement. Toutes les manifestations spirites le démontrent. Cependant on nous dit que, seules, les âmes parfaites pénétreront aux célestes royaumes, et, d'autre part, on resserre nos moyens de perfectionnement dans le cercle d'une vie éphémère. Peut-on vaincre ses passions, redresser son caractère au cours d'une seule vie ? Si quelques-uns y ont réussi, que penser de la foule des êtres ignorants et vicieux qui peuplent notre planète ? Est-il admissible que leur évolution se borne à ce court passage sur la terre ? Et ceux qui se sont rendus coupables de grands crimes, où trouveront-ils les conditions nécessaires à la réparation ? Si ce n'est dans les réincarnations ultérieures, nous retomberions forcément dans l'ornière de l'enfer. Mais un enfer éternel est aussi impossible qu'un éternel paradis. Car il n'est pas d'acte si louable et il n'est pas de crime si affreux qui entraînent une éternité de récompenses ou de châtiments !

Il suffit de considérer l'œuvre de la nature depuis l'origine des temps, pour constater partout cette lente et tranquille évolution des êtres et des choses, qui convient si bien à la puissance éternelle et que proclament toutes les voix de l'Univers. L'âme humaine n'échappe pas à cette règle souveraine. Elle est la synthèse, le couronnement de ce prodigieux effort, le dernier anneau de la chaîne qui se déroule depuis les bas-fonds de la vie et couvre le globe entier. N'est-ce pas en l'homme que se résume toute l'évolution des règnes inférieurs et qu'apparaît avec éclat le principe sacré de perfectibilité ? Ce principe n'est-il pas son essence même et comme le sceau divin apposé sur sa nature ? Et, s'il en est ainsi, comment admettre que l'intelligence humaine puisse être placée en dehors des lois imposantes, émanées de la source première des Intelligences ?

Le flot de la vie qui roule à travers les âges pour aboutir à l'être humain et qui, dans sa course, est dirigé par cette règle grandiose de l'évolution, peut-il aboutir à l'immobilité ? Le principe du progrès est écrit partout : dans la nature et dans l'histoire. Tout le mouvement qu'il imprime aux forces en action sur notre monde aboutit à l'homme, et l'on voudrait que la partie essentielle de l'homme, son moi, sa conscience, échappe à cette loi de continuité et de progression ? Non ! la logique, sans parler des faits, nous le démontre : notre existence ne peut être isolée. Le drame de la vie ne peut se composer d'un seul acte ; il lui faut une suite, un prolongement, par lesquels s'expliquent et s'éclairent les incohérences apparentes et les obscurités du présent ; il faut un enchaînement d'existences, solidaires les unes des autres, et faisant ressortir le plan, l'économie qui président aux destinées des êtres humains.

En résulte-t-il que nous soyons condamnés à un labeur pénible et incessant? La loi d'ascension recule-t-elle indéfiniment la période de paix et de repos? Nullement. A l'issue de chaque vie terrestre, l'âme récolte le fruit des expériences acquises ; elle replie ses forces et ses facultés vers la vie intérieure et subjective. Elle procède à l'inventaire de son œuvre terrestre, s'en assimile les parties utiles et en rejette l'élément stérile. C'est la première occupation de l'au-delà, le travail par excellence de récapitulation et d'analyse. Le recueillement entre les périodes d'activité terrestre est nécessaire, et tout être qui suit la voie normale en bénéficie à son tour.

Nous disons recueillement, car, en réalité, l'esprit, à l'état libre, ignore le repos. L'activité est sa nature même. Ne le voyons-nous pas dans le sommeil? Les organes matériels de transmission, seuls, ressentent la fatigue et périclitent peu à peu. Dans la vie de l'espace, ces entraves sont inconnues; l'esprit peut se consacrer, sans gêne et sans contrainte, jusqu'à l'heure de la réincarnation, aux missions qui lui sont dévolues.

Son retour à la vie terrestre est pour lui comme un rajeunissement. A chaque renaissance, l'âme se reconstitue une sorte de virginité. L'oubli du passé, comme un Léthé bienfaisant et réparateur, refait d'elle un être neuf, qui recommence l'ascension vitale avec plus d'ardeur. Chaque vie réalise un progrès, chaque progrès augmente la puissance de l'âme et la rapproche de l'état de plénitude. Cette loi nous montre la vie éternelle dans son ampleur. Tous nous avons un idéal à réaliser : la beauté suprême et le suprême bonheur. Nous nous acheminons vers cet idéal plus ou moins rapidement, suivant l'impulsion de nos élans et l'intensité de nos désirs. Il n'existe aucune prédestination. Notre volonté et notre conscience, reflet vivant de la norme universelle, sont nos arbitres. Chaque existence humaine conditionne la suivante. Leur ensemble constitue la plénitude de la destinée, c'est-à-dire la communion avec l'infini.

*
* *

On nous demande souvent : Comment l'expiation, le rachat des fautes passées, peuvent-ils être méritoires et féconds pour l'esprit réincarné, puisque, oublieux et inconscient des causes qui l'oppriment, il ignore présentement le but et la raison d'être de ses épreuves ?

Nous avons vu que la souffrance n'est pas forcément une expiation. Toute la nature souffre ; tout ce qui vit : la plante, l'animal et l'homme, est soumis à la douleur. La souffrance est surtout un moyen d'évolution, d'éducation. Mais dans le cas proposé, il faut rappeler qu'une distinction doit être établie entre l'inconscience actuelle et la conscience virtuelle de la destinée dans l'esprit réincarné.

Lorsque l'esprit a compris, dans la lumière

intense de l'au-delà, qu'une vie d'épreuves lui était absolument nécessaire pour effacer les résultats fâcheux de ses précédentes existences, ce même esprit, dans un mouvement de pleine intelligence et de pleine liberté, a spontanément choisi ou accepté sa réincarnation future avec toutes les conséquences qu'elle entraîne, y compris l'oubli du passé, qui suit l'acte de réincarnation. Cette vue initiale, claire et totale, de sa destinée, au moment précis où l'esprit accepte la renaissance, suffit amplement à établir la conscience, la responsabilité et le mérite de cette nouvelle vie. Il en garde ici-bas l'intuition voilée, l'instinct assoupi, que la moindre réminiscence, le moindre rêve suffisent à réveiller et à faire revivre. C'est par ce lien invisible, mais réel et puissant, que la vie présente se rattache à la vie antérieure du même être et constitue l'unité morale et la logique implacable de son destin. Nous l'avons démontré, si nous ne nous souvenons pas du passé, c'est que, le plus souvent, nous ne faisons rien pour réveiller ces souvenirs endormis. Mais l'ordre des choses n'en subsiste pas moins ; aucun anneau de la chaîne magnétique de la destinée n'est oblitéré, encore moins rompu.

L'homme d'un âge mûr ne se souvient plus des détails de sa prime jeunesse ; cela l'empêche-t-il d'être l'enfant d'autrefois et d'en réaliser les promesses ? Le grand artiste qui, au soir d'un jour laborieux, cède à la fatigue et s'endort, ne garde-t-il pas, durant son sommeil, le plan virtuel, la vision intime de l'œuvre qu'il va reprendre et continuer dès son réveil ? Il en est ainsi de notre destinée. Elle aussi, est un labeur constant, entrecoupé plusieurs fois dans son cours par des sommeils, qui sont en réalité des activités de formes différentes illuminés par des rêves de lumière et de beauté !

La vie de l'homme est un drame logique et harmonieux dont les scènes et les décors changent, varient à l'infini, mais ne s'écartent jamais un seul instant de l'unité du but ni de l'harmonie de l'ensemble. C'est seulement à notre retour dans le monde invisible que nous comprendrons la valeur de chaque scène, l'enchaînement des actes, l'incomparable harmonie du tout dans ses rapports avec la vie et l'unité universelles.

Suivons donc avec foi et confiance la ligne tracée par un doigt infaillible. Allons à nos fins, comme les fleuves vont à la mer, en fécondant la terre et en réfléchissant le ciel.

*
* *

Deux objections appellent encore notre attention : « Si la théorie de la réincarnation était vraie — dit Jacques Brieu, dans le *Moniteur des Études psychiques*, — le progrès moral devrait être sensible depuis le commencement des temps historiques. Or, il en est tout autrement. Les hommes d'aujourd'hui sont aussi égoïstes, aussi violents, aussi cruels et aussi féroces qu'ils l'étaient il y a 2000 ans (1). »

Cette appréciation est excessive. Même en la

(1) Numéro du 5 mai 1901, p. 208.

considérant comme exacte, elle ne prouve rien contre la réincarnation. Les hommes les meilleurs, nous le savons, ceux qui, après une suite d'existences, ont atteint un certain degré de perfection, poursuivent leur évolution sur des mondes plus avancés et ne reviennent sur la terre qu'exceptionnellement, en qualité de missionnaires. D'autre part, des contingents d'esprits, venus de plans inférieurs, s'ajoutent chaque jour à la population du globe. Comment, dans ces conditions, s'étonner que le niveau moral s'élève trop peu ?

Seconde objection. La doctrine des vies successives, en se répandant dans l'humanité, amène des abus inévitables. N'en est-il pas ainsi de toutes choses au sein d'un monde peu avancé, dont la tendance est de corrompre, de dénaturer les enseignements les plus sublimes, de les accommoder à ses goûts, à ses passions, à ses bas intérêts ?

L'orgueil humain peut trouver là d'amples satisfactions, et, les Esprits moqueurs ou la suggestion automatique aidant, on assiste parfois aux révélations les plus burlesques. De même que beaucoup de gens ont la prétention de descendre d'une illustre lignée, de même, parmi les théosophes et les spirites, on rencontre maint croyant bénévole convaincu d'avoir été tel ou tel personnage célèbre du passé.

« De nos jours, — dit Myers (1), — Anna Kinglund et Edward Maitland prétendaient n'avoir été rien moins que la vierge Marie et saint Jean-Baptiste. »

(1) *La Personnalité humaine*, p. 831.

Pour mon compte personnel, je connais, de par le monde, une dizaine de personnes qui affirment avoir été Jeanne d'Arc. On n'en finirait pas, s'il fallait énumérer tous les cas de ce genre. Il y a pourtant là une part possible de vérité. Mais comment la distinguerons-nous des erreurs ? Il faut, en ces matières, se livrer à une analyse attentive et passer ces révélations au crible d'une critique rigoureuse ; rechercher d'abord si notre individualité présente des traits frappants avec la personne désignée ; puis réclamer, de la part des Esprits révélateurs, des preuves d'identité touchant ces personnalités du passé et l'indication de détails et de faits inconnus, dont la vérification soit possible ultérieurement.

Remarquons que ces abus, comme tant d'autres, ne tiennent pas à la nature de la cause incriminée, mais bien à l'infériorité du milieu où elle agit. Ces abus, fruits de l'ignorance et d'un faux jugement, s'atténueront et disparaîtront avec le temps, grâce à une éducation plus forte et plus pratique.

* * *

Une dernière difficulté subsiste encore. C'est celle qui résulte de la contradiction apparente des enseignements spirites au sujet de la réincarnation. Dans les pays anglo-saxons, elle fut longtemps passée sous silence dans les messages des Esprits ; plusieurs même la nièrent, et ce fut là un argument capital pour les adversaires du spiritisme.

Nous avons déjà répondu en partie à cette objection (1). Nous disions plus haut que cette anomalie s'expliquait par la nécessité où se trouvaient les Esprits, de ménager, au début, des préjugés religieux très invétérés en certains milieux. Plusieurs points de la doctrine ont été volontairement laissés dans l'ombre dans les pays protestants, plus hostiles à la réincarnation, pour être divulgués par la suite, à des moments jugés plus opportuns. En effet, après cette période de silence, nous voyons les affirmations spirites en faveur des vies successives, se produire aujourd'hui dans les pays d'outre-mer avec la même intensité que dans les pays latins. Il y a eu gradation sur quelques points de l'enseignement ; il n'y a pas eu contradiction.

Les négations émanent presque toujours d'Esprits trop peu avancés pour savoir et pouvoir lire en eux-mêmes et discerner l'avenir qui les attend. Nous savons que ces âmes subissent la réincarnation sans la prévoir et, l'heure venue, sont plongées dans la vie matérielle comme dans un sommeil anesthésique.

Les préjugés de race et de religion, qui ont exercé sur la terre une influence considérable sur ces esprits, persistent encore en eux dans l'autre vie. Tandis que l'entité élevée sait aisément s'en affranchir à la mort, les moins avancées y restent longtemps soumises.

Dans le nouveau continent, les préjugés de couleur ont fait considérer la loi des renaissances sous un tout autre aspect que dans l'ancien

---

(1) Voir chap. II, p. 42.

monde, où de vieilles traditions orientales et celtiques en avaient déposé le germe au fond de beaucoup d'âmes. Elle y paraissait tout d'abord si choquante, elle y soulevait tant de répulsion, que les Esprits directeurs du mouvement crurent plus sage de temporiser. Ils laissèrent d'abord l'idée se répandre dans des milieux mieux préparés pour, de là, gagner les centres réfractaires par des voies différentes, visibles et occultes, et, sous l'action simultanée des agents des deux mondes, s'y infiltrer lentement, comme cela a lieu à l'heure où nous sommes.

L'éducation protestante ne laisse dans la pensée des croyants orthodoxes aucune place à la notion des vies successives. D'après elle, l'âme, à la mort, est jugée et fixée définitivement, soit au paradis, soit dans l'enfer. Pour les catholiques, il existe un terme moyen ; c'est le purgatoire, milieu imprécis, non circonscrit, où l'âme doit expier ses fautes et se purifier par des moyens mal définis. Cette conception est un acheminement vers l'idée des renaissances terrestres. Le catholique peut ainsi relier les anciennes croyances aux nouvelles, tandis que le protestant orthodoxe se trouve dans la nécessité de faire table rase et d'édifier dans son entendement des doctrines absolument différentes de celles qui lui ont été suggérées par sa religion. De là, l'hostilité que le principe des vies multiples a rencontrée tout d'abord dans les pays anglo-saxons, ralliés au protestantisme ; de là, les préjugés qui persistent, même après la mort, chez une certaine catégorie d'Esprits.

Nous l'avons vu : une réaction se produit peu à peu, à l'heure présente. La croyance aux vies successives gagne chaque jour un peu plus de terrain dans les pays protestants, à mesure que l'idée de l'enfer leur devient étrangère. Elle compte déjà, en Angleterre et en Amérique, de nombreux partisans. Les principaux organes spirites de ces pays l'ont adoptée ou tout au moins la discutent avec une impartialité de bon aloi. Les témoignages des Esprits en sa faveur, si rares au début, se multiplient aujourd'hui. En voici quelques exemples :

Un important ouvrage a été publié en 1905, à New-York, sous le titre : *The Widow's Mite*, dans lequel il est parlé de la réincarnation. L'auteur, M. Funck, est, dit J. Colville, dans *Light*, « un homme très connu et hautement respecté dans les centres littéraires américains, comme le plus ancien associé de la firme *Funck and Wagnalls*, qui publie le fameux *Standard Dictionary*, dont l'autorité est reconnue partout où l'on parle anglais ».

« C'est un homme prudent, qui n'est arrivé que pas à pas, avec les plus grandes précautions, à la conclusion que la télépathie et la communication avec les Esprits sont désormais démontrées. Il a pris pour principes de peser toute apparence de preuves qui se présente à lui et, grâce à cela, il est arrivé, après vingt-cinq ans d'observations consciencieuses, à éditer une œuvre qui provoquera certainement dans beaucoup d'esprits une conviction plus profonde que s'il avait été moins scrupuleusement attentif aux détails. Ce livre contient une grande variété de phénomènes psychiques, observés dans les conditions les plus diverses et rapportés avec le plus grand soin par un témoin d'abord sceptique, et mérite de prendre un rang élevé dans la littérature spéciale. »

Dans l'ouvrage dont il est parlé, l'auteur expose d'abord les conditions d'expérimentation :

« Le lecteur doit considérer que le médium est une femme âgée, sans instruction et que, l'ayant rencontrée déjà dans une quarantaine de cercles, nous avons eu tout le loisir de l'étudier au point de vue de sa valeur morale. Dans la circonstance actuelle, je me suis absolument convaincu qu'elle n'avait aucun complice.

« La première communication, d'une nature très élevée, avait trait aux lois de la nature ; nous la laissons de côté, malgré son intérêt, et nous arrivons à la deuxième, qui traitait de la Réincarnation. La voix du contrôle (esprit-guide du groupe), Amos, se faisant entendre, dit : Il y a ici un Esprit lumineux que je vous présente ce soir. Il vient vous renseigner au sujet de la Réincarnation, qui a fait l'objet d'une de vos questions. C'est un Esprit très élevé, que nous considérons comme un instructeur pour nous-mêmes, et il vient sur nos instances. Vous vous rappelez que les questions que vous avez posées déjà, dans plusieurs soirées, n'avaient pas reçu de réponse satisfaisante. C'est pour cela que nous avons eu recours à lui et il a consenti à venir. Je regrette vivement que le professeur Hyslop soit absent, car il avait posé plusieurs questions à ce sujet, l'autre soir.

« Une voix beaucoup plus forte que la précédente et qui en diffère absolument prend ainsi la parole : « Mes « amis, *la Réincarnation est la loi du développement de* « *l'esprit, dans la voie de son progrès (et nous devons* « *tous progresser, lentement il est vrai, avec des temps* « *d'arrêt, plus ou moins prolongés, et cette croissance* « *demande de longs siècles).* Il vient un moment où l'es- « prit renaît de nouveau, en entrant dans une autre « sphère plus élevée de son existence. Je ne parle pas

« seulement de la réincarnation sur la terre. Il n'est
« pas fréquent qu'un Esprit *élevé* qui a vécu sur la
« terre y renaisse de nouveau. Quelquefois, cependant,
« les Esprits sont si attachés à la terre et à ses attrac-
« tions, qu'ils reprennent des corps humains et vivent
« de nouveau sur terre ; mais cela n'est pas nécessaire
« pour les Esprits élevés. Les progrès sont plus rapides
« dans le corps spirituel et dans les régions où nous
« nous trouvons que dans les conditions de la vie ter-
« restre, et ceci peut s'appliquer à chacune des sphères
« que nous parcourons successivement. »

Il dit ensuite que Jésus est descendu d'une sphère supérieure pour remplir une mission près des hommes et leur apporter la vérité.

Frédéric Myers, dans son magistral ouvrage : *la Personnalité humaine ; sa survivance* (édition anglaise), chap. X, § 1011, exprime une opinion analogue :

« Notre nouvelle connaissance, en confirmant la pensée ancienne, confirme aussi, pour le christianisme, les récits des apparitions du Christ après la mort et nous fait entrevoir la possibilité de la *réincarnation* bienfaisante d'Esprits qui ont déjà atteint un niveau plus élevé que celui de l'homme. »

Puis, page 403 : « Des trois hypothèses qui se proposent d'expliquer le mystère des variations individuelles, de l'apparition de qualités et propriétés nouvelles, la théorie des réminiscences de Platon me paraît la plus vraisemblable, à la condition de la fonder sur les données scientifiques établies de nos jours. »

Page 329 : « La doctrine de la réincarnation ne renferme rien qui soit contraire à la meilleure raison et aux instincts les plus élevés de l'homme. Il n'est certes pas facile d'établir une théorie posant la création directe d'Esprits à des phases d'avancement aussi diverses que celles dans lesquelles ces Esprits entrent dans la vie terrestre sous forme d'hommes mortels ; il *doit* exister une certaine continuité, une certaine forme de passé spirituel. Pour le moment, nous ne possédons aucune preuve en faveur de la réincarnation. »

Myers ne connaissait pas les expériences récentes dont nous parlons au chapitre XIV; cependant (p. 407) il affirme encore : « *l'évolution graduelle* (des âmes) à *nombreuses étapes*, à laquelle il est impossible d'assigner une limite. »

Plus récemment les *Lettres du monde des Esprits*, de Lord Carlingford, publiées en Angleterre, admettent les réincarnations comme une conséquence nécessaire de la loi d'évolution (1).

La doctrine des vies successives, disons-nous, se glisse un peu partout en ce moment, de l'autre côté de la Manche. Nous y voyons un philosophe, comme le professeur Taggart, l'adopter de préférence aux autres doctrines spiritualistes et déclarer, comme l'avait fait Hume avant lui, qu' « elle est la seule apportant des vues raisonnables sur l'immortalité ».

Au dernier congrès de l'Église anglicane, à Weymouth, le vénérable archidiacre Colley, recteur de Stockton (Warwickshire), fit une conférence sur la réincarnation, dans un sens favorable. Ce fait nous indique que les idées nouvelles font leur trouée jusqu'au sein des Églises d'Angleterre (*Light of Truth*).

Light, de Londres, publie la communication suivante :

« Il y a quelque vingt ans, comme il rentrait chez lui, après avoir acheté le numéro de la *Saturday Review* qui venait de paraître, M. Robert H. Russel-Davis raconte qu'il trouva sa femme souffrant d'un violent mal de tête. Par quelques passes magnétiques, il l'aida à s'endormir et se plongea dans la lecture de sa Revue, dont une phrase assez obscure sur la situation politique en France l'arrêta. Alors, à sa grande surprise,

(1) Voir *Revue scientifique et morale du spiritisme*, décembre 1905, p. 375.

sa femme se mit à traiter la question avec une grande compétence, des connaissances stupéfiantes sur la diplomatie française, et dans un style élégant, même raffiné, qui ne lui était pas naturel à l'état de veille. A la demande de son mari : quel Esprit parlait par sa bouche? elle dit : « C'est le mien. Je me suis aperçue « de l'intérêt que vous portiez à cet article et je l'ai « étudié, ce qui m'est d'autant plus facile que j'ai été « Française jadis, et que j'ai joué là-bas un rôle histo- « rique important. »

Enfin, nous lisons dans *le Journal*, du 18 septembre 1907, la dépêche suivante datée de Londres, 17 septembre :

« La presse anglaise relate un fait de réincarnation qui se serait produit près de Rangoon. Près de cette ville mourait, il y a quelques années, le major Welsh. Ces derniers temps, un enfant de trois ans étonnait ses parents en leur annonçant gravement qu'il était le major en question revenu à la vie, et le bambin leur décrivit, avec force détails, l'habitation de l'officier défunt, alla même jusqu'à donner un compte rendu de ses occupations et le nombre de ses poneys. Plus fort, il relata comment Welsh avait péri au cours d'une excursion sur le lac de Meiktolla avec deux autres personnes. Les parents sont absolument bouleversés, leur fils n'ayant jamais rien su auparavant du major et de sa famille. Ce cas préoccupe les milieux scientifiques anglais et les commentaires vont leur train. »

XVII. — LES VIES SUCCESSIVES. PREUVES HISTORIQUES

Notre étude serait incomplète si nous ne jetions un regard rapide sur le rôle qu'a joué dans l'histoire la croyance aux vies successives.

Cette doctrine domine toute l'antiquité. On la retrouve au cœur des grandes religions de l'Orient et dans les œuvres philosophiques les plus pures et les plus élevées. Elle a guidé dans leur marche les civilisations du passé et s'est perpétuée d'âge en âge. Malgré les persécutions et les éclipses temporaires, elle reparaît et persiste à travers les siècles, en tous pays.

De l'Inde, elle s'est répandue sur le monde. Bien avant que fussent apparus les grands révélateurs des temps historiques, elle était formulée dans les Védas et notamment dans la *Bhagavad Gita*. Le Brahmanisme et le Bouddhisme s'en inspirèrent, et, aujourd'hui encore, six cent millions d'Asiatiques — le double de ce que représentent toutes les confessions chrétiennes réunies — croient à la pluralité des existences.

Le Japon nous a montré, depuis peu, ce que peuvent chez un peuple de telles croyances. Le magnifique courage, l'esprit de sacrifice que montrent les Japonais en face de la mort, leur impassibilité devant la douleur, toutes ces qualités maîtresses, qui firent l'étonnement du monde en des circonstances mémorables, n'ont pas d'autres sources.

Après la bataille de Tsoushima, nous apprend le *Journal*, dans une scène de mélancolie grandiose, devant l'armée assemblée au cimetière d'Aoyama, à Tokio, l'amiral Togo parla au nom de la nation et harangua les morts en termes pathétiques. Il demanda aux âmes de ces héros de « protéger la marine japonaise, de hanter les navires et de se *réincarner* dans les nouveaux équipages » (1).

Si, avec le professeur Izoulet, commentant, au Collège de France, l'œuvre de l'auteur américain Alf. Mahan sur l'Extrême-Orient, nous admettons que la vraie civilisation est dans l'idéal spirituel et que, sans lui, les peuples tombent dans la corruption et la décadence, il faudra bien le reconnaître : le Japon est appelé à un grand avenir.

Revenons à l'antiquité. L'Égypte et la Grèce adoptèrent cette même doctrine. Sous un symbolisme plus ou moins obscur, partout se cache l'universelle palingénésie.

L'ancienne croyance des Égyptiens nous est révélée par les inscriptions des monuments et par les livres d'Hermès : « Prise à l'origine, nous dit M. de Vogüé, la doctrine égyptienne nous présente le *voyage aux terres divines* comme une série d'épreuves, au sortir desquelles s'opère l'ascension dans la lumière. » Mais la connaissance des lois profondes de la destinée était réservée aux seuls adeptes (2). Dans son livre récent : *La Vie et la Mort*, A. Dastre s'exprime ainsi (3) :

(1) Voir le *Journal* du 12 décembre, article de M. Ludovic Naudeau, témoin de la cérémonie. Voir surtout *Yamato Damachi* ou l'âme japonaise et le livre du professeur américain Hearn, engagé dans une Université japonaise : *Kokoro* ou l'idée de la préexistence.
(2) Voir *Après la Mort* : La doctrine secrète, l'Égypte, p. 89.
(3) Cité d'après P.-C. REVEL, *Le Hasard, sa loi et ses conséquences*, p. 193.

« En Égypte, la doctrine des transmigrations était représentée par des images hiératiques saisissantes. Chaque être avait son *double*. A la naissance, l'Égyptien est reproduit en deux figures. Pendant la vie de veille, les deux personnages se confondent en un seul; mais dans le sommeil, tandis que l'un se repose et répare ses organes, l'autre s'élance dans le pays des rêves. Toutefois, cette séparation n'est pas complète; elle ne le sera qu'à la mort, ou plutôt c'est cette séparation complète qui sera la mort même. Plus tard, ce double actif pourra venir vivifier un autre corps terrestre et accomplir ainsi une nouvelle existence semblable. »

En Grèce, on retrouve la doctrine des vies successives dans les poèmes orphiques. C'était la croyance de Pythagore, de Socrate, de Platon, d'Apollonius et d'Empédocle. Sous le nom de métempsycose (1), ils en parlent souvent, dans leurs œuvres, en termes voilés, car ils étaient liés, pour la plupart, par le serment initiatique. Cependant, l'affirmation en est précise dans le dernier livre de la *République*, dans *Phèdre*, le *Timée* et le *Phédon* :

(1) Le vulgaire ne veut voir aujourd'hui dans la métempsycose que le passage de l'âme humaine dans le corps d'êtres inférieurs. Dans l'Inde, en Égypte et en Grèce, elle était considérée d'une façon plus générale, comme la transmigration des âmes en d'autres corps humains. Nous sommes portés à croire que la descente de l'âme dans un corps inférieur à l'humanité n'était, comme l'idée de l'enfer dans le catholicisme, qu'un épouvantail destiné, dans la pensée des anciens, à effrayer les méchants. Toute rétrogradation de cette sorte serait contraire à la justice, à la logique, à la vérité. Elle est, d'ailleurs, rendue impossible par le fait que le développement de l'organisme fluidique ou périsprit ne permettrait plus à l'être humain de s'adapter aux conditions de la vie animale.

« Il est certain que les vivants naissent des morts ; que les âmes des morts renaissent encore. » (*Phèdre*.)

« L'âme est plus vieille que le corps. Les âmes renaissent sans cesse du Hadès, pour revenir à la vie actuelle. » (*Phédon*.)

La réincarnation était célébrée en Égypte dans les mystères d'Isis, et en Grèce, dans ceux d'Eleusis, sous le nom de mystère de Perséphone. Les initiés, seuls, participaient aux cérémonies.

Le mythe de Perséphone était la représentation dramatique des renaissances, l'histoire de l'âme humaine, passée, présente et future, sa descente dans la matière, sa captivité en des corps d'emprunt, sa réascension par étapes successives. Les fêtes éleusiniennes duraient trois jours et traduisaient, dans une émouvante trilogie, les alternances de la double vie, terrestre et céleste. Au terme de ces initiations solennelles, les adeptes étaient sacrés (1).

Presque tous les grands hommes de la Grèce furent des initiés, des fervents de la grande déesse. C'est dans ses enseignements secrets qu'ils puisèrent l'inspiration du génie, les formes sublimes de l'art et les préceptes de la divine sagesse. Quant au peuple, on ne lui présentait que des symboles. Mais, sous la transparence des mythes, la vérité initiatique apparaissait, comme à travers l'écorce de l'arbre transsude la sève de vie.

La grande doctrine était connue du monde romain. Ovide, Virgile, Cicéron, dans leurs

---

(1) Voir Ed. Schuré, *Sanctuaires d'Orient*, p. 254 et suiv.

œuvres impérissables, y font de fréquentes allusions. Virgile, dans l'*Énéide* (1), assure que l'âme, en plongeant dans le Léthé, perd le souvenir de ses existences passées.

L'école d'Alexandrie lui donna un vif éclat, par les œuvres de Philon, Plotin, Ammonius Sacchas, Porphyre, Jamblique, etc. Plotin dit, en parlant des dieux : « Ils assurent à chacun le corps qui lui convient et qui est en harmonie avec ses antécédents, selon ses existences successives. »

Les livres sacrés des Hébreux : le *Zohar*, la *Kabbale*, le *Talmud*, affirment également la préexistence et, sous le nom de résurrection, la réincarnation. C'était la croyance des Pharisiens et des Esséniens (2). L'ancien et le nouveau Testaments, au milieu de textes obscurs ou altérés, en portent encore des traces nombreuses ; par exemple dans certains passages de Jérémie et de Job, puis dans le cas de Jean-Baptiste, qui fut Élie, dans celui de l'aveugle-né et dans l'entretien secret de Jésus avec Nicodème.

On lit dans *Matthieu* (3) : « Je vous le dis en vérité,
« entre les enfants des femmes, il n'y en a point de plus
« grand que Jean-Baptiste. Et si vous voulez entendre,

---

(1) *Énéide*, VI, 713 et suiv.

(2) On lit dans le *Zohar*, II, fol. 99, b. sq. : « Toutes les âmes sont sujettes à la révolution (métempsycose, *aleen b'gilgulah*), mais les hommes ne connaissent pas les voies de Dieu, ce qui est heureux. » Josèphe (*Antiq.*, XVIII, I, § 3) dit que le vertueux aura le pouvoir de ressusciter et de vivre à nouveau.

(3) Matth., XI, 9, 14, 15.

« *il est lui-même Élie qui doit venir*. Que celui-là entende, « qui a des oreilles pour entendre. »

Un autre jour, les disciples du Christ l'interrogèrent disant (1) : « Pourquoi donc les Scribes disent-ils qu'il « faut d'abord qu'Élie revienne ? » Jésus leur répondit : « Il est vrai qu'Élie doit venir d'abord et rétablir « toutes choses ; mais je vous dis qu'Élie est déjà venu, « mais ils ne l'ont point reconnu et lui ont fait ce qu'ils « ont voulu. » Alors les disciples comprirent que *c'était de Jean-Baptiste* qu'il avait parlé. »

Un jour, Jésus demande à ses disciples ce que l'on dit de lui dans le peuple. Ceux-ci répondent (2) : « Les uns disent que tu es Jean-Baptiste, d'autres Élie, d'autres Jérémie, ou quelqu'un des anciens prophètes *revenus au monde.* » Jésus, loin de les dissuader, comme s'ils eussent débité des choses imaginaires, se contente d'ajouter : « Et vous, qui croyez-vous que je suis ? » Quand il rencontre l'aveugle-né, ses disciples lui demandent si cet homme est né aveugle à cause des péchés de ses parents, ou des péchés qu'il *a commis avant de naître.* Ils croyaient donc à la possibilité de la réincarnation et à la préexistence possible de l'âme. Leur langage ferait même croire que cette idée était répandue dans le peuple, et Jésus semble l'autoriser, au lieu de la combattre. Il parle des nombreuses demeures dont se compose la maison du Père, et Origène, commentant ces paroles, ajoute : « Le Seigneur fait allusion aux stations différentes que les âmes doivent occuper, après qu'elles ont été dépouillées de leurs corps actuels, et qu'elles en ont revêtu de nouveaux. »

Nous lisons dans l'évangile de Jean (3) : « Il y avait un homme d'entre les pharisiens, nommé Nicodème, l'un des principaux Juifs. Cet homme vint de nuit

---

(1) Matth., XVII, 10 à 15.
(2) Id., XVI, 13, 14 ; Marc, VIII, 28.
(3) Jean, III, 3 à 8.

trouver Jésus et lui dit : « Maître, nous savons que tu
« es un docteur venu de la part de Dieu, car personne
« ne saurait faire les miracles que tu fais si Dieu n'est
« avec lui. » Jésus lui répondit : « En vérité, je te le dis
« que si un homme ne *naît de nouveau*, il ne peut voir
« le royaume de Dieu. » Nicodème lui dit : « Comment
« un homme peut-il naître quand il est vieux ? Peut-il
« rentrer dans le ventre de sa mère et naître une
« seconde fois ? » Jésus répondit : « En vérité, je te dis
« que si un homme ne naît d'eau et d'esprit, il ne peut
« entrer dans le royaume de Dieu. Ce qui est né de la
« chair est chair, ce qui est né de l'esprit est esprit. Ne
« t'étonne point de ce que je t'ai dit ; il faut que vous
« naissiez de nouveau. Le vent souffle où il veut, et tu
« en entends le bruit, mais tu ne sais ni d'où il vient
« ni où il va. Il en est de même de tout homme qui est
« né de l'esprit. »

Chez les Hébreux, l'eau représentait l'essence de la matière, et quand Jésus avance que l'homme doit renaître *d'eau et d'esprit*, n'est-ce pas comme s'il disait qu'il doit renaître de matière et d'esprit, c'est-à-dire en corps et en âme ?

Jésus ajoute ces paroles : « Tu es maître en Israël et tu ignores ces choses ? » Il ne s'agissait donc pas du baptême, qui était connu de tous les Juifs. Les paroles de Jésus avaient un sens plus profond, et son étonnement devrait se traduire ainsi : « J'ai pour la multitude des enseignements à sa portée, et je ne lui livre la vérité que dans la mesure où elle peut la comprendre. Mais avec toi, qui es Maître en Israël et qui, en cette qualité, dois être initié à des mystères plus élevés, j'avais cru pouvoir aller plus avant. »

Cette interprétation semble d'autant plus exacte que le *Zohar*, avons-nous dit, enseigne la pluralité des mondes et des existences.

Le christianisme primitif possédait donc le vrai sens de la destinée. Mais avec les subtilités de la théologie byzantine, le sens caché disparut peu à peu ; la vertu secrète des rites initiatiques s'évanouit comme un subtil parfum. La scholastique étouffa la première révélation sous le poids des syllogismes, ou la ruina par son argumentation spécieuse.

Cependant, les premiers Pères de l'Église et, entre tous, Origène et saint Clément d'Alexandrie, se prononcèrent en faveur de la transmigration des âmes. Saint Jérôme et Ruffinus (*Lettre à Anastase*) affirment qu'elle était enseignée comme vérité traditionnelle à un certain nombre d'initiés.

Dans son œuvre capitale : *Des Principes*, livre Ier, Origène passe en revue les nombreux arguments qui montrent, dans la préexistence et la survivance des âmes en d'autres corps, le correctif nécessaire à l'inégalité des conditions humaines. Il se demande quel est le total des étapes parcourues par son âme dans ses pérégrinations à travers l'infini, quels sont les progrès accomplis à chacune de ses stations, les circonstances de cet immense voyage et la nature particulière de ses résidences.

Saint Grégoire de Nysse dit « qu'il y a nécessité de nature pour l'âme immortelle d'être guérie et purifiée, et que, si elle ne l'a pas été par sa vie terrestre, la guérison s'opère par les vies futures et subséquentes ».

Toutefois, cette haute doctrine ne pouvait se concilier avec certains dogmes et articles de foi, armes puissantes pour l'Église, tels que la prédestination, les peines éternelles et le jugement dernier. Avec elle, le catholicisme eût dû faire une plus large place à la liberté de l'esprit humain, appelé dans ses vies successives à s'élever par ses propres efforts et non pas seulement par une grâce d'en haut.

Aussi, ce fut un acte gros de conséquences funestes que la condamnation des vues d'Origène et des théories gnostiques par le concile de Constantinople, en 553. Elle entraîna le discrédit et le rejet du principe des réincarnations. On vit s'édifier alors, à la place d'une conception simple et claire de la destinée, compréhensible aux plus humbles intelligences, conciliant la justice divine avec l'inégalité des conditions et la souffrance humaines, tout un ensemble de dogmes, qui firent l'obscurité sur le problème de la vie, révoltèrent la raison et, finalement, éloignèrent l'homme de Dieu.

La doctrine des vies successives reparaît encore, à différentes époques, dans le monde chrétien, sous la forme des grandes hérésies et des écoles secrètes, mais elle fut souvent noyée dans le sang ou étouffée sous la cendre des bûchers.

Au moyen âge, elle s'éclipse presque entièrement et cesse d'influencer le développement de la pensée occidentale, au grand détriment de celle-ci. De là les erreurs et la confusion de cette sombre époque, le fanatisme étroit, la persécution cruelle, la geôle de l'esprit humain. Une sorte de nuit intellectuelle se fit sur l'Europe.

Pourtant, de loin en loin, comme un éclair, la grande pensée illumine encore, par une inspiration d'en haut, quelques belles âmes intuitives. Elle reste, pour les penseurs d'élite, la seule explication possible de ce qui était devenu, pour la masse, le profond mystère de la vie.

Non seulement les trouvères, dans leurs poèmes et leurs chants, y faisaient de discrètes allusions, mais de puissants esprits, comme Bonaventura et Dante Alighieri, la mentionnent d'une façon formelle. Ozanam, l'écrivain catholique, reconnaît que le plan de la *Divine Comédie* suit de très près les grandes lignes de l'initiation antique, basée, nous l'avons vu, sur la pluralité des existences.

Thomas Moore, Paracelse, Jacob Bœhme, Giordano Bruno, Campanella affirmèrent ou enseignèrent la grande synthèse, souvent à leurs dépens. Van Helmont, dans *De Revolutione animarum*, expose, en deux cents problèmes, tous les arguments en faveur de la réincarnation des âmes.

Ces hautes intelligences ne sont-elles pas comparables aux sommets des montagnes, à ces cimes glacées des Alpes, qui sont les premières à recevoir les feux du jour, à refléter les rayons du soleil, et qui les conservent encore lorsque le reste de la terre est déjà plongé dans la nuit ?

L'Islamisme lui-même, surtout dans le nouveau Coran, fait une place importante aux idées palingénésiques.

La philosophie, dans nos derniers siècles, s'en est enfin enrichie. Cudworth et Hume les considèrent comme la théorie la plus rationnelle de l'immortalité. Dans Lessing, Herder, Hegel, Schelling, Fichte le jeune, elles sont discutées avec élévation.

Mazzini, apostrophant les évêques dans son ouvrage *Dal Concilio a Dio*, dit :

« Nous croyons en une série indéfinie de réincarnations de l'âme, de vie en vie, de monde en monde, dont chacune constitue un progrès sur celle qui l'a précédée ; nous pouvons recommencer le stage parcouru lorsque nous n'avons pas mérité de passer à un degré supérieur ; mais nous ne pouvons ni rétrograder ni périr spirituellement. »

*
* *

Reportons-nous maintenant aux origines de notre race et nous verrons l'idée des vies successives planer sur la terre des Gaules : elle vibre dans les accents des bardes ; elle bruit dans la grande voix des forêts : « Je me suis agité dans cent mondes ; j'ai vécu dans cent cercles. » (Chant bardique ; *Barddas cad Goddeu.*)

C'est la tradition nationale par excellence ; elle inspirait à nos pères le mépris de la mort, l'héroïsme dans les combats. Elle doit être chère à tous ceux qui se sentent rattachés par le cœur ou par le sang à cette race celtique, mobile, enthousiaste, généreuse, passionnée pour la justice, toujours prête à lutter pour les grandes causes.

« Dans les combats contre les Romains, — dit d'A. de Jubainville, — les Druides restaient immobiles comme des statues, recevant des blessures sans fuir ni se défendre. Ils se savaient immortels et comptaient trouver, dans une autre partie du monde, un corps nouveau et toujours jeune (1). »

Les Druides n'étaient pas seulement des hommes braves, c'étaient aussi de profonds savants (2). Leur culte était celui de la nature, célébré sous la voûte sombre des chênes ou sur les falaises battues des tempêtes. Les *Triades* proclament l'évolution des âmes, parties d'*anoufn*, l'abîme, montant lentement la longue spirale des existences (*abred*), pour atteindre, après bien des morts et des renaissances, *gwynfyd*, le cercle de la félicité.

Les *Triades* sont le plus merveilleux monument qui nous reste de l'antique sagesse des bardes et des druides ; elles ouvrent des perspectives sans bornes au regard étonné du chercheur. Nous n'en citerons que trois, celles qui se rapportent plus directement à notre sujet, les *Triades* 19, 21 et 36 (3) :

19. « Trois conditions indispensables pour arriver à la plénitude (science et vertu) : transmigrer dans *abred*, transmigrer dans *gwynfyd*, et se ressouvenir de toutes choses passées jusque dans *anoufn*. »

21. « Trois moyens efficaces de Dieu, dans *abred*

---

(1) Voir Tacite : *Ab excessu Augusti*, liv. XIV, c. 30.
(2) C'est ce qu'affirmait Césan dans ses *Commentaires de la guerre des Gaules*, liv. VI, chap. XIX, édition Lemerre, 1819. Voir aussi *Alex. Poly. histor.*, fragment 138, dans le recueil des fragments des historiens grecs, édit. Didot, 1849 ; Strabon, *Géogr.*, liv. IV, chap. IV ; Diodore de Sicile, *Bibl. hist.*, liv. V, chap. XXVIII ; Saint Clément d'Alexandrie, *Stromates*, IV, chap. XXV.
(3) Les *Triades*, publiées par Ed. Williams, d'après l'original gallois et la traduction d'Edward Darydd. Voir Gatien Arnoult, *Philosophie gauloise*, t. Ier.

(cercle des mondes planétaires), pour dominer le mal et surmonter son opposition par rapport au cercle de *gwynfyd* (cercle des mondes heureux) : la nécessité, la perte de la mémoire et la mort. »

36. « Les trois puissances (fondements) de la science et de la sagesse : la transmigration complète par tous les états des êtres ; le souvenir de chaque transmigration et de ses incidents ; le pouvoir de passer à volonté de nouveau par un état quelconque en vue de l'expérience et du jugement. Et cela sera obtenu dans le cercle de *gwynfyd*. »

Certains auteurs ont cru comprendre, d'après les textes bardiques, que les vies ultérieures de l'âme se poursuivaient exclusivement sur les autres mondes. Voici deux cas démontrant que les Gaulois admettaient aussi la réincarnation sur la terre. Nous les puisons dans le *Cours de littérature celtique*, de M. d'Arbois de Jubainville, professeur au Collège de France (1).

Find Mac Cumail, le célèbre héros irlandais qui fut père d'Ossian, renaît en Mongân, fils de Fiachna, reine d'Ulster, en 603, et, plus tard, lui succède. Les *Annales de Tigernach* fixent la mort de Find en l'an 273 de notre ère, à la bataille d'Athbrea. « Une seconde naissance, dit d'Arbois de Jubainville, lui donne une vie nouvelle et un trône en Irlande. »

Les Celtes pratiquaient aussi l'évocation des défunts. Une contestation s'était élevée entre Mongân et Forgoll au sujet de la mort du roi Fothad, dont il avait été le témoin oculaire, et du lieu où ce roi

---

(1) T. I*ᵉʳ*, pp. 266, 267. Voir aussi H. D'ARBOIS DE JUBAINVILLE, *Les Druides et les dieux celtiques*, pp. 137 à 140. *Livre de Leinster*, p 41 ; *Annales de Tigernach*, publiées par Whitley Stokes ; *Revue Celtique*, t. XVII, p. 21. *Annales des quatre maîtres*, édition O. Donovan, t. I*ᵉʳ*, 118, 119.

avait perdu la vie : « Il évoqua, dit le même auteur, du royaume des morts, Cailté, compagnon de ses combats. Au moment où le troisième jour allait expirer, le témoignage de Cailté fournit la preuve que Mongân avait dit vrai. »

L'autre fait de réincarnation remonte à une époque beaucoup plus ancienne. Quelque temps avant notre ère, Eochaid Airem, roi suprême d'Irlande, avait épousé Etâin, fille d'Etar. Etâin était déjà née en pays celtique, plusieurs siècles auparavant. Dans cette vie antérieure, elle fut fille d'Aillil et épouse de Mider, déifié après sa mort pour ses exploits.

Il est probable que l'on retrouverait dans l'histoire des temps celtiques de nombreux cas de réincarnation ; mais, on le sait, les Druides ne confiaient rien à l'écriture et se contentaient de l'enseignement oral. Les documents relatifs à leur science et à leur philosophie sont rares et de date relativement récente.

La doctrine celtique, après des siècles d'oubli, a reparu dans la France moderne. Elle a été reconstituée ou soutenue par toute une pléiade de brillants écrivains : Ch. Bonnet, Dupont de Nemours, Ballanche, Jean Reynaud, Henri Martin, Pierre Leroux, Fourier, Esquiros, Michelet, Victor Hugo, Flammarion, Pezzani, Fauvety, Strada, etc.

« Naître, mourir, renaître et progresser sans cesse, telle est la loi », a dit Allan Kardec. Grâce à lui, grâce à l'école spirite dont il est le fondateur, la croyance aux vies successives de l'âme s'est vulgarisée, répandue dans tout l'Occident, où elle compte aujourd'hui des millions de partisans. Le témoignage des Esprits est venu lui donner une sanction définitive. A l'exception de quelques âmes peu évoluées, pour qui le passé est encore enveloppé de ténèbres, tous, dans les messages recueillis en notre pays, affirment la pluralité des existences et le progrès indéfini des êtres.

La vie terrestre, disent-ils en substance, n'est qu'un entraînement, une préparation à la vie éternelle. Limitée à une seule existence, dans son éphémère durée, elle ne saurait répondre à un aussi vaste objet. Les réincarnations sont les étapes de la voie que toutes les âmes parcourent dans leur ascension ; c'est l'échelle mystérieuse qui, des régions obscures, par tous les mondes de la forme, nous conduit au royaume de la lumière. Nos existences se déroulent à travers les siècles ; elles passent, se succèdent et se renouvellent. A chacune d'elles, nous laissons un peu du mal qui est en nous. Lentement, nous avançons, nous pénétrons plus avant dans la voie sacrée, jusqu'à ce que nous ayons acquis les mérites qui nous ouvriront l'accès des cercles supérieurs, d'où rayonnent éternellement la Beauté, la Sagesse, la Vérité, l'Amour !

.˙.

L'étude attentive de l'histoire des peuples ne nous montre pas seulement le caractère universel de la doctrine palingénésique. Elle nous permet encore de suivre l'enchaînement grandiose des causes et des effets qui se répercutent, à travers les temps, dans l'ordre social. Nous y voyons surtout que ces effets renaissent d'eux-mêmes et retournent à leur principe ; ils enserrent les individus et les nations dans le réseau d'une loi inéluctable.

A ce point de vue, les leçons du passé sont saisissantes. Le témoignage des siècles est empreint d'un caractère de majesté qui frappe l'homme le plus indifférent ; il nous démontre l'irrésistible force du droit. Tout le mal accompli, le sang versé, les larmes répandues retombent tôt ou tard, fatalement, sur leurs auteurs : individus ou collectivités. Les mêmes faits coupables, les mêmes erreurs entraînent les mêmes conséquences néfastes. Tant que les hommes persistent à vivre hostiles les uns aux autres, à s'opprimer, à se déchirer, les œuvres de sang et de deuil se poursuivent, l'humanité souffre jusqu'au plus profond de ses entrailles. Il est des expiations collectives, comme il est des réparations individuelles. A travers les temps, une immanente justice s'exerce ; elle fait épanouir les éléments de décadence et de destruction, les germes de mort, que les nations sèment dans leur propre sein chaque fois qu'elles violent les lois supérieures.

Si nous jetons nos regards sur l'histoire du monde, nous verrons que la jeunesse de l'humanité, comme celle de l'individu, a ses périodes de troubles, d'égarements, d'expériences douloureuses. A travers ses pages, se déroule le cortège des misères obligées. Les chutes profondes y alternent avec les élans, les triomphes avec les reculs.

Des civilisations précaires signalent les premiers âges. Les plus grands empires s'écroulent les uns après les autres dans la mêlée des passions. L'Égypte, Ninive, Babylone, l'empire des Perses sont tombés. Rome et Byzance, rongées par la corruption, s'effondrent sous la poussée des barbares.

Après la guerre de Cent ans et le supplice de Jeanne d'Arc, l'Angleterre est frappée par une terrible guerre civile, celle des deux Roses : York et Lancastre, qui la conduit à deux doigts de sa perte.

Qu'est devenue l'Espagne, responsable de tant de supplices et d'égorgements, l'Espagne avec ses *conquistadores* et son Saint-Office ? Où est aujourd'hui ce vaste empire sur lequel le soleil ne se couchait jamais ?

Voyez les Habsbourg, héritiers du Saint-Empire et, peut-être, réincarnations des bourreaux des Hussites ! La maison d'Autriche est frappée dans tous ses membres : Maximilien est fusillé ; Rodolphe tombe au milieu d'une orgie ; l'impératrice est assassinée. Et le vieil empereur, à la tête chenue, reste seul debout au milieu des débris de sa famille et de ses États que mine une lente désagrégation !

Où sont les empires fondés par le fer et par le sang, celui des Califes, celui des Mongols, celui des Carlovingiens, celui de Charles-Quint ? Napoléon l'a dit : Tout se paye ! Et lui-même a payé. La France a payé avec lui. L'empire de Napoléon est passé comme un météore !

Arrêtons-nous un instant sur cette prodigieuse destinée, qui, après avoir jeté, dans sa trajectoire à travers le monde, un fulgurant éclat, va s'éteindre misérablement sur un rocher de l'Atlantique. Elle est bien connue de tous, cette vie, et par conséquent, mieux que toute autre, elle doit servir d'exemple. Ainsi que le dit Maurice Maëterlinck, on peut y constater une chose. Ce sont les trois plus grandes iniquités commises par Napoléon qui ont été les trois causes principales de sa chute :

« Ce fut d'abord l'assassinat du duc d'Enghien, condamné par ordre, sans jugement et sans preuves, et exécuté dans les fossés de Vincennes. Assassinat qui sema autour du dictateur des haines désormais implacables, et un désir de vengeance qui ne désarma plus. Ce fut ensuite l'odieux guet-apens de Bayonne, où il attira par de basses intrigues, pour les dépouiller de leur couronne héréditaire, les débonnaires et trop confiants Bourbons d'Espagne, l'horrible guerre qui s'ensuivit, où s'engloutirent trois cent mille hommes, toute l'énergie, toute la moralité, la plus grande partie du prestige, presque toutes les certitudes, presque tous les dévouements et toutes les destinées heureuses de l'Empire. Ce fut enfin l'effroyable et inexcusable campagne de Russie, qui aboutit au désastre définitif de sa fortune, dans les glaces de la Bérézina et les neiges de la Pologne (1). »

L'histoire diplomatique de l'Europe, depuis cinquante ans, n'échappe pas à ces règles. Les fautes contre l'équité ont été frappées dans leurs auteurs, comme par une invisible main.

La Russie, après le déchirement de la Pologne, prêta son appui moral à la Prusse pour l'invasion des duchés danois, « le plus grand crime de piraterie, dit un historien, qui ait été commis dans les temps modernes ». Elle en fut punie,

---

(1) M. MAËTERLINCK, *Le Temple enseveli*, p. 85.

d'abord par la Prusse elle-même qui, en 1877, au Congrès de Berlin, la dépossédait de tous les avantages remportés sur la Turquie ; puis, plus cruellement encore, par les revers de la guerre de Mandchourie et leur terrible répercussion dans tout l'empire des tzars.

L'Angleterre, après avoir entraîné la France dans cette longue campagne de Crimée, qui fut toute en sa faveur, n'a cessé de poursuivre un peu partout une politique froide, égoïste et meurtrière. Elle se retrouve, après la guerre du Transvaal, plus affaiblie, touchant peut-être à ces temps prédits, en termes saisissants, par sir Robert : « L'habileté de nos hommes d'État les immortalisera s'ils adoucissent pour nous cette descente, de manière à l'empêcher de devenir une chute ; s'ils la conduisent de manière à la faire ressembler à la Hollande, plutôt qu'à Carthage et à Venise. »

Tel sera le sort de toutes les nations qui furent grandes par leurs philosophes et leurs penseurs, et qui ont eu la faiblesse de remettre leur destinée aux mains de politiciens avides et malhonnêtes.

Napoléon III, dans l'exil, Bismarck, dans la disgrâce et une douloureuse retraite, ont commencé à expier leur peu de respect des lois morales. Quant à l'Allemagne, qui sait ce que lui réserve l'avenir ?

Oui, l'histoire est un grand enseignement. Nous pouvons lire dans ses profondeurs l'action d'une loi puissante. A travers la succession des événements, parfois, nous sentons passer comme un souffle surhumain ; au milieu de la nuit des siècles, par instants, nous voyons luire comme des éclairs, les radiations d'une pensée éternelle.

Pour les peuples comme pour les individus, il est une justice. En ce qui concerne les peuples, nous pouvons suivre sa marche silencieuse. Souvent nous la voyons se manifester à travers l'enchaînement des faits. Pour l'individu, il n'en est pas de même. Elle n'est pas toujours visible comme dans la vie de Napoléon. On ne saurait suivre sa marche lorsque son action, au lieu d'être immédiate, ne s'exerce qu'à longue échéance. La réincarnation, la redescente dans la chair, le sombre capuchon de matière qui s'abat sur l'âme et fait l'oubli, nous cachent la succession des effets et des causes. Mais nous l'avons vu, particulièrement dans les phénomènes de la trance, dès que nous pouvons soulever le voile étendu sur le passé, et lire ce qui est gravé au fond de l'être humain, alors, dans l'adversité qui le frappe, dans les grandes douleurs, les revers, les afflictions poignantes, nous sommes contraints de reconnaître l'action d'une cause antérieure, d'une cause morale, et de nous incliner devant la majesté des lois qui président aux destinées des âmes, des sociétés et des mondes !

*
* *

Le plan de l'histoire se déroule en ses lignes formidables. Dieu envoie à l'humanité ses messies, ses révélateurs, visibles et invisibles, ses guides, ses éducateurs de tous ordres. Mais l'homme, libre dans sa pensée, dans sa conscience, les écoute, ou les renie. L'homme est libre ; les incohérences sociales sont son œuvre. Il jette sa note confuse dans le concert universel ; mais cette note discordante ne parvient pas toujours à dominer l'harmonie des siècles.

Les génies, envoyés d'en haut, brillent comme des flambeaux dans la nuit noire. Sans remonter à la plus haute antiquité, sans parler des Hermès, des Zoroastre, des Krishna, dès l'aurore des temps chrétiens, nous voyons se dresser la stature énorme des prophètes, géants qui dominent encore l'histoire. Ce sont eux, en effet, qui préparèrent les voies au christianisme, la religion maîtresse, dont naîtra plus tard, à l'évolution des temps, la fraternité universelle. Puis nous voyons le Christ, l'homme de douleur, l'homme d'amour, dont la pensée rayonne d'une beauté impérissable, le drame du Golgotha, la ruine de Jérusalem, la dispersion des Juifs.

De ce côté de la mer bleue, l'épanouissement du génie grec, foyer d'éducation, splendeur d'art et de science, où l'humanité viendra s'éclairer. Enfin, la puissance romaine, qui apprendra au monde le droit, la discipline, la vie sociale.

Ensuite reviennent les âges de sombre ignorance, mille ans de barbarie, la grande houle et le remous des invasions, l'émergence des éléments farouches dans la civilisation, l'abaissement du niveau intellectuel, la nuit de la pensée. Mais Gutenberg, Christophe Colomb,

Luther apparaissent. Les cathédrales gothiques s'élèvent ; des continents inconnus se révèlent, la religion se discipline. Grâce à l'imprimerie, la pensée nouvelle se répandra sur tous les points du monde. Après la Réforme viendra la Renaissance, puis les Révolutions !

Et voici qu'après bien des vicissitudes, des luttes et des déchirements, en dépit des persécutions religieuses, des tyrannies civiles et des inquisitions, la pensée s'émancipe. Le problème de la vie qui, avec les conceptions d'une Église devenue fanatique et aveugle, restait impénétrable, ce problème va s'éclairer de nouveau. Comme une étoile sur la mer brumeuse, la grande loi reparaît. Le monde va renaître à la vie de l'esprit. L'existence humaine ne sera plus une impasse obscure, mais une route largement ouverte sur l'avenir.

*
* *

Les lois de la nature et de l'histoire se complètent et s'affirment dans leur unité imposante. Une loi circulaire préside à l'évolution des êtres et des choses ; elle régit la marche des siècles et celle des humanités. Chaque destinée gravite dans un cercle immense, chaque vie décrit une orbe. Toute l'ascension humaine se divise en cycles, en spirales, qui vont s'agrandissant de façon à prendre un sens de plus en plus universel.

De même que la nature se renouvelle sans cesse en ses résurrections, depuis les métamorphoses des insectes jusqu'à la naissance et la mort des mondes, ainsi les collectivités humaines naissent, se développent et meurent en leurs formes successives. Mais elles ne meurent que pour renaître et croître en perfections, en institutions, arts et sciences, cultes et doctrines.

Aux heures de crise et d'égarement, des envoyés viennent rétablir les vérités obscurcies et remettre l'humanité dans sa voie. Et, malgré l'envol des meilleures âmes humaines vers les sphères supérieures, les civilisations terrestres s'amendent et les sociétés évoluent. En dépit des maux inhérents à notre planète, malgré les besoins multiples qui nous oppriment, le témoignage des siècles nous le dit : dans leur ascension séculaire, les intelligences s'affinent, les cœurs deviennent plus sensibles ; l'humanité, dans son ensemble, monte lentement. Dès aujourd'hui, elle aspire à la paix dans la solidarité.

A chaque renaissance, l'individu replonge dans la masse. L'âme, en se réincarnant, prend un masque nouveau. Ses personnalités antérieures s'effacent pour un temps. Cependant, à travers les siècles, on reconnaît certaines grandes figures du passé. On retrouve Krishna dans le Christ et, dans un ordre moins élevé, Virgile en Lamartine, Vercingétorix en Desaix, César en Napoléon.

Dans telle mendiante aux traits altiers, au regard impérieux, accroupie sur un fumier, aux portes de Rome, couverte d'ulcères et tendant la main aux passants, on aurait pu reconnaître, au siècle dernier, Messaline, d'après les indications des Esprits.

Combien d'autres âmes coupables vivent autour de nous, cachées en des corps difformes, en proie à des maux, à des infirmités qu'elles ont préparés, moulés elles-mêmes en quelque sorte, par leurs pensées, par leurs actes d'autrefois. Le docteur Pascal nous le dit :

« L'étude des vies antérieures de certains hommes, particulièrement frappés, a révélé d'étranges secrets : ici, une trahison causant un massacre est punie, des siècles plus tard, par une vie douloureuse dès l'enfance et par une infirmité portant en elle le sceau de son origine, — la mutité : les lèvres qui trahirent ne peuvent plus parler ; là, un inquisiteur retourne à l'incarnation avec un corps malade dès le bas âge, dans un milieu familial éminemment hostile et avec des intuitions nettes de cruauté passée : les souffrances physiques et morales les plus aiguës le poursuivent sans répit (1). »

Ces cas sont plus nombreux qu'on ne le suppose. Il faut voir en eux l'application d'une inflexible règle. Tous nos actes, suivant leur nature, se traduisent par un accroissement ou une diminution de liberté. De là, pour les coupables, la renaissance en des enveloppes misérables, prisons de l'âme, images et répercussion de leur passé.

Ni les problèmes de la vie individuelle, ni ceux de la vie sociale ne s'expliquent sans cette loi des renaissances. Tout le mystère de l'être est là ! Par elle, notre passé s'éclaire et l'avenir s'agrandit. Notre personnalité revêt une ampleur inattendue. Nous comprenons que nous

(1) Docteur Th. Pascal, *Les Lois de la destinée*, p. 208.

ne sommes pas apparus d'hier dans l'univers, comme beaucoup le croient encore; bien au contraire, notre point d'origine, notre première naissance recule dans la profondeur des temps. Nous nous sentons reliés à cette humanité par mille liens, qui se sont tissés lentement à travers les siècles; son histoire est la nôtre; nous avons voyagé avec elle sur l'océan des âges, affronté les mêmes périls, subi les mêmes revers. L'oubli de ces choses n'est que temporaire. Un jour, tout un monde de souvenirs se réveillera en nous. Le passé, l'avenir, l'histoire tout entière, prendront à nos yeux un caractère nouveau, un intérêt profond. Notre admiration s'accroîtra pour des destinées si vastes. Les lois divines nous paraîtront plus grandes, plus sublimes. Et la vie elle-même deviendra belle et désirable, malgré ses épreuves, malgré ses maux !

XVIII. — JUSTICE ET RESPONSABILITÉ ; LE PROBLÈME DU MAL

La loi des renaissances, avons-nous dit, régit la vie universelle. Avec un peu d'attention, nous pourrions lire dans toute la nature, comme en un livre, le mystère de la mort et de la résurrection.

Les saisons se succèdent dans leur rythme imposant. L'hiver, c'est le sommeil des choses; le printemps en est le réveil. Le jour alterne avec la nuit; le repos suit la veille;

l'esprit remonte vers les régions supérieures, pour redescendre ensuite et reprendre, avec plus de forces, la tâche interrompue.

Les transformations de la plante et de l'animal ne sont pas moins significatives. La plante meurt pour renaître à chaque retour de la sève ; tout se fane pour refleurir. La larve, la chrysalide, le papillon, sont autant d'exemples qui reproduisent, avec plus ou moins de fidélité, les phases alternantes de la vie immortelle.

Comment l'homme, seul, pourrait-il être placé en dehors de cette loi ? Alors que tout est relié par des liens puissants et nombreux, comment admettre que notre vie soit comme un point jeté, sans attaches, dans les tourbillons du temps et de l'espace ? rien avant, rien après ! Non, l'homme, comme toutes choses, est soumis à la loi éternelle. Tout ce qui a vécu revivra sous d'autres formes, pour évoluer et se perfectionner. La nature ne nous fait mourir que pour nous faire revivre. Déjà, par suite du renouvellement périodique des molécules de notre corps, dispersées et rapportées par les courants vitaux, par la nutrition et la déperdition quotidiennes, nous habitons nombre d'enveloppes différentes en une seule vie. N'est-il pas logique d'admettre que nous en habiterons d'autres encore dans l'avenir ?

La succession des existences s'offre donc à nous comme une œuvre de capitalisation et d'amélioration. Après chaque vie terrestre, l'âme moissonne et recueille, dans son corps fluidique, les expériences et les fruits de l'existence écoulée. Tous ses progrès se reflètent dans cette forme subtile dont elle est inséparable, dans ce corps éthéré, lucide, transparent, qui, s'épurant avec elle, devient l'instrument merveilleux, la harpe qui vibre à tous les souffles de l'infini.

Ainsi l'être psychique se retrouve dans toutes les phases de son ascension, tel qu'il s'est fait lui-même. Aucune noble aspiration n'est stérile ; aucun sacrifice n'est vain. Et dans l'œuvre immense, tous sont associés, depuis l'âme la plus obscure jusqu'au plus radieux génie. Une chaîne sans fin relie les êtres dans la majestueuse unité du Cosmos. C'est une effusion de lumière et d'amour qui, des sommets divins, ruisselle et s'épand sur tous, pour les régénérer et les féconder. Elle réunit toutes les âmes dans une communion universelle et éternelle, en vertu d'un principe qui est la plus magnifique révélation des temps modernes.

⁎⁎⁎

L'âme doit conquérir, un à un, tous les éléments, tous les attributs de sa grandeur, de sa puissance, de sa félicité. Et pour cela il lui faut l'obstacle, la nature résistante, hostile même, la matière adverse, dont les exigences et les rudes leçons provoquent ses efforts et forment son expérience. De là aussi, dans les étapes inférieures de la vie, la nécessité des épreuves et de la douleur, afin que sa sensibilité s'éveille et qu'en même temps s'exerce son libre choix et grandissent sa volonté et sa conscience. Il faut la lutte pour rendre le triomphe possible et faire surgir le héros. Sans l'iniquité, l'arbitraire, la trahison, pourrait-on souffrir et mourir pour la justice ?

Il faut la souffrance physique et l'angoisse morale pour que l'esprit s'affine, se débarrasse de ses particules grossières, pour que la faible étincelle qui couve dans les profondeurs de l'inconscience se change en une pure et ardente flamme, en une conscience rayonnante, centre de volonté, d'énergie et de vertu.

On ne connaît, on ne goûte et apprécie vraiment que les biens acquis par soi-même, lentement, péniblement. L'âme, créée parfaite, comme le voudraient certains penseurs, serait incapable d'apprécier et même de comprendre sa perfection, son bonheur. Sans termes de comparaison, sans échanges possibles avec ses semblables, parfaits comme elle, sans but à son activité, elle serait condamnée à l'inaction, à l'inertie, ce qui serait le pire des états. Car vivre, pour l'esprit, c'est agir, c'est grandir, c'est conquérir toujours de nouveaux titres, de nouveaux mérites, une place toujours plus haute dans la hiérarchie lumineuse et infinie. Et pour mériter, il faut avoir pâti, lutté, souffert. Pour goûter l'abondance, il faut avoir connu la privation. Pour apprécier la clarté des jours, il faut avoir traversé l'ombre des nuits. La douleur est la condition de la joie et le prix de la vertu. Et la vertu est le bien le plus précieux qu'il y ait dans l'Univers.

Construire son moi, son individualité, à travers mille et mille vies, accomplies sur des centaines de mondes et, sous la direction de nos frères aînés, de nos amis de l'espace, escalader les chemins du ciel, s'élancer toujours plus haut, se faire un champ d'action toujours plus large, proportionné à l'œuvre accomplie ou rêvée, devenir un des acteurs du drame divin, un des agents de Dieu dans l'Œuvre éternelle ; travailler pour l'univers comme l'univers travaille pour nous, voilà le secret de la destinée !

Ainsi l'âme monte de sphère en sphère, de cercles en cercles, unie aux êtres qu'elle a aimés ; elle va, poursuivant ses pérégrinations à la recherche des perfections divines. Parvenue aux régions supérieures, elle est affranchie de la loi des renaissances. La réincarnation n'est plus une obligation pour elle, mais seulement un acte de sa volonté, l'accomplissement d'une mission, une œuvre de sacrifice.

Quand il a atteint les hauteurs suprêmes, l'esprit se dit parfois : je suis libre ; j'ai brisé pour jamais les fers qui m'enchaînaient aux mondes matériels. J'ai acquis la science, l'énergie, l'amour. Mais ce que j'ai acquis, je veux le partager avec mes frères, les hommes, et pour cela, j'irai de nouveau vivre parmi eux ; j'irai leur offrir ce qu'il y a de meilleur en moi ; je reprendrai un corps de chair. Je redescendrai vers ceux qui peinent, vers ceux qui souffrent, vers ceux qui ignorent, pour les aider, les consoler, les éclairer ! Et alors, nous avons Laotseu ; nous avons le Bouddha ; nous avons Socrate ; nous avons le Christ : en un mot toutes les grandes âmes qui ont donné leur vie pour l'humanité !

* *
* *

Résumons-nous. Au cours de cette étude, nous avons démontré l'importance de la doctrine des réincarnations. Nous avons vu là une des bases essentielles sur lesquelles repose le nouveau spiritualisme. Sa portée est immense. Elle explique l'inégalité des conditions humaines, la variété infinie des aptitudes, des facultés, des caractères. Elle dissipe les troublants mystères et les contradictions de la vie ; elle résout le problème du mal. Par elle, l'ordre succède au désordre ; la lumière se fait au sein du chaos ; les injustices disparaissent, les iniquités apparentes du sort s'évanouissent, pour faire place à la loi forte et majestueuse de la répercussion des actes et de leurs conséquences. Et cette loi d'immanente justice qui gouverne les mondes, Dieu l'a inscrite au fond des choses et dans la conscience humaine.

La doctrine des réincarnations rapproche les hommes plus que toute autre croyance, en leur apprenant leur communauté d'origines et de fins, en leur montrant la solidarité qui les relie tous dans le passé, dans le présent, dans l'avenir. Elle leur dit qu'il n'y a, parmi eux, ni déshérités, ni favorisés ; chacun est fils de ses œuvres, maître de sa destinée. Nos souffrances, cachées ou apparentes, sont les conséquences du passé ou bien l'école austère où s'apprennent les hautes vertus et les grands devoirs.

Nous parcourrons tous les étapes de la route immense. Nous passerons tour à tour par toutes les conditions sociales, pour acquérir les qualités inhérentes à ces milieux. Ainsi cette solidarité qui nous lie compense, dans une harmonie finale, la variété infinie des êtres, résultant de l'inégalité de leurs efforts et aussi des nécessités de leur évolution. Avec elle, plus d'envie, plus de mépris, plus de haine! Les plus petits d'entre nous ont été grands peut-être, et les plus grands renaîtront petits, s'ils abusent de leur supériorité. Chacun à son tour, à la joie comme à la peine! De là, la vraie confraternité des âmes. Nous nous sentons tous unis à jamais sur les degrés de notre ascension collective ; nous apprenons à nous aider, à nous soutenir, à nous tendre la main !

A travers les cycles du temps, tous se perfectionnent et s'élèvent. Les criminels du passé deviendront les sages de l'avenir. Une heure viendra où nos défauts seront effacés, où nos vices, où nos plaies morales seront guéris. Les âmes frivoles deviendront sérieuses; les intelligences obscures s'illumineront. Toutes les forces du mal qui vibrent en nous se seront transformées en forces du bien. De l'être faible, indifférent, fermé à toutes les grandes pensées, sortira, à la suite des âges, un esprit puissant, qui réunira toutes les connaissances, toutes les vertus, et deviendra apte à réaliser les plus sublimes choses.

Ce sera l'œuvre des existences accumulées. Il en faudra un bien grand nombre sans doute pour opérer un tel changement, pour dépouiller l'écorce de nos imperfections, faire disparaître les aspérités de nos caractères, transformer les âmes de ténèbres en âmes de lumière ! Mais rien n'est puissant et durable qui n'a pris le temps nécessaire pour germer, sortir de l'ombre, monter vers le ciel. L'arbre, la forêt, la nature, les mondes nous le disent dans leur profond langage. Nulle semence ne se perd; nul effort n'est inutile. La tige ne donne sa feuille et son fruit qu'à l'heure dite. La vie n'éclôt sur les terres de l'espace qu'après d'immenses périodes géologiques.

Voyez ces diamants splendides qui ornent la beauté des femmes et étincellent de mille feux. Combien de métamorphoses n'ont-ils pas eu à subir pour acquérir cette pureté incomparable, cet éclat fulgurant? Quelle lente incubation au sein de la matière obscure !

Il en est de même de l'entité humaine. Pour se dépouiller de ses éléments grossiers et acquérir tout son éclat, il lui faut des périodes d'évolution plus vastes encore, de lentes incubations dans la chair.

C'est ici, dans ce travail de perfectionnement qu'apparaît l'utilité, l'importance des vies d'épreuves, des vies modestes et effacées, des existences de labeur et de devoir pour vaincre les passions farouches, l'orgueil et l'égoïsme, pour guérir les plaies morales. A ce point de vue, le rôle des humbles, des petits en ce monde, les tâches dédaignées se révèlent à nos yeux dans toute leur grandeur : nous comprenons mieux la nécessité du retour dans la chair pour se racheter et pour s'épurer.

*
* *

En résolvant le problème du mal, le nouveau

spiritualisme montre une fois de plus sa supériorité sur les autres doctrines.

Pour les matérialistes-évolutionnistes, le mal et la douleur sont constants, universels. Partout, disent Taine, Soury, Nietzsche, Hæckel, nous voyons le mal s'épanouir et toujours le mal régnera dans l'humanité. Cependant, ajoutent-ils, avec le progrès, le mal deviendra moins fréquent; mais il sera plus douloureux, parce que notre sensibilité physique et morale ira croissant. Et il faudra toujours souffrir et pleurer, sans espoir, sans consolation, par exemple dans le cas d'une catastrophe, à leurs yeux irréparable, comme la mort d'un être chéri. Par conséquent, le mal l'emportera toujours sur le bien.

Certaines doctrines religieuses ne sont pas beaucoup plus consolantes. D'après le catholicisme, le mal semble aussi prédominer dans l'Univers et Satan paraît bien plus puissant que Dieu. L'enfer, selon la parole fatidique, se peuple constamment de foules innombrables, tandis que le paradis est le partage de rares élus. Pour le croyant orthodoxe, la perte, la séparation des êtres qu'il a aimés est presque aussi définitive que pour le matérialiste. Il n'y a jamais pour lui certitude complète de les retrouver, de les rejoindre un jour.

Avec le nouveau spiritualisme, la question prend un tout autre aspect. Le mal n'est plus que l'état transitoire de l'être en voie d'évolution vers le bien. Le mal, c'est la mesure de l'infériorité des mondes et des individus; c'est aussi, nous l'avons vu, la sanction du passé. Toute échelle comporte des degrés. Nos vies terrestres représentent les degrés inférieurs de notre éternelle ascension.

Tout, autour de nous, démontre l'infériorité de la planète que nous habitons. Très inclinée sur son axe, sa situation astronomique est la cause de perturbations fréquentes et de brusques changements de température : tempêtes, raz de marée, convulsions sismiques, chaleurs torrides, froids rigoureux. L'humanité terrestre, pour subsister, est condamnée à un pénible labeur. Des millions d'hommes, courbés sous leur tâche, ne connaissent ni le repos ni le bien-être. Or, il existe des rapports étroits entre l'ordre physique des mondes et l'état moral des sociétés qui les peuplent. Les mondes imparfaits comme la Terre sont réservés, en général, aux âmes encore peu évoluées.

Toutefois notre séjour en ce milieu n'est que temporaire et subordonné aux exigences de notre éducation psychique. D'autres mondes, mieux partagés sous tous les rapports, nous attendent. Le mal, la douleur, la souffrance, attributs de la vie terrestre, ont leur rôle obligé. C'est le fouet, l'éperon qui nous stimulent et nous portent en avant.

Le mal, à ce point de vue, n'a plus qu'un caractère relatif et passager ; c'est la condition de l'âme encore enfant qui s'essaie à la vie. Par le fait même des progrès accomplis, il s'atténue peu à peu, disparaît, s'évanouit à mesure que l'âme monte les échelons conduisant à la puissance, à la vertu, à la sagesse !

Alors, la justice se révèle dans l'Univers.

Il n'y a plus d'élus ni de réprouvés. Tous subissent la conséquence de leurs actes, mais tous réparent, rachètent et se relèvent tôt ou tard, pour évoluer depuis les mondes obscurs et matériels jusqu'à la lumière divine. Toutes les âmes aimantes se retrouvent, se rejoignent dans leur ascension, pour coopérer ensemble au grand œuvre, pour participer à la communion universelle.

Il n'y a donc pas de mal réel, de mal absolu dans l'Univers, mais partout la réalisation lente et progressive d'un idéal supérieur ; partout l'action d'une force, d'une puissance, d'une cause qui, tout en nous laissant libres, nous attire et nous entraîne vers un état meilleur. Partout, le grand labeur des êtres travaillant à développer en eux, au prix d'immenses efforts, la sensibilité, le sentiment, la volonté, l'amour !

*
* *

Insistons sur la notion de justice qui est capitale. Capitale, car c'est un besoin, une nécessité impérieuse pour tous de savoir que la justice n'est pas un vain mot, qu'il y a une sanction à tous les devoirs et des compensations pour toutes douleurs. Aucun système ne peut satisfaire notre raison, notre conscience, s'il ne réalise la notion de justice dans toute son ampleur. Cette notion est gravée en nous ; elle est la loi de l'âme et de l'Univers, et c'est pour l'avoir méconnue que tant de doctrines s'affaiblissent et s'éteignent, à l'heure présente, autour de nous.

Or la doctrine des vies successives est un resplendissement de l'idée de justice. Elle lui donne un relief, un éclat incomparables. Toutes nos vies sont solidaires les unes des autres et s'enchaînent rigoureusement. Nos actes et leurs conséquences constituent une succession d'éléments qui se rattachent les uns aux autres par la relation étroite de cause à effet. Nous en subissons constamment en nous-mêmes, dans notre être intérieur comme dans les conditions extérieures de notre vie, les résultats inévitables. Notre volonté agissante est une cause génératrice d'effets plus ou moins lointains, bons ou mauvais, qui retombent sur nous et forment la trame de nos destins.

Le christianisme, renonçant à ce monde, rejetait le bonheur et la justice dans l'au-delà. Et si ses enseignements pouvaient suffire aux simples et aux croyants, il devenait facile aux sceptiques habiles de se dispenser de la justice, en prétextant que son règne n'était pas de la terre. Mais avec la preuve des vies successives, il en est tout autrement. La justice n'est plus reléguée dans un domaine chimérique et inconnu. C'est ici même ; c'est en nous et autour de nous qu'elle exerce son empire. L'homme doit réparer sur le plan physique le mal qu'il a accompli sur le même plan. Il redescend dans le creuset de la vie, dans le milieu même où il s'est rendu coupable, près de ceux qu'il a trompés, spoliés, dépouillés, subir les conséquences de ses agissements antérieurs.

Avec le principe des renaissances, l'idée de justice se précise et se vérifie. La loi morale, la loi du Bien se révèle dans toute son harmonie. L'homme le comprend enfin : cette vie n'est qu'un anneau de la grande chaîne de ses existences; tout ce qu'il sème, il le récoltera tôt ou tard. Dès lors, il n'est plus possible de méconnaître nos devoirs ni d'éluder nos responsabilités. En ceci, comme en tout, le lendemain devient le produit de la veille. Sous l'apparente confusion des faits, nous découvrons les rapports qui les lient. Au lieu d'être asservis à une destinée inflexible dont la cause nous est extérieure, nous en devenons les maîtres et les auteurs. Bien loin d'être dominé par le sort, l'homme le domine et le crée, par sa volonté et ses actes. L'idéal de justice n'est plus rejeté dans un monde transcendantal; nous pouvons en définir les termes dans chaque vie humaine renouvelée, dans son rapport avec les lois universelles, dans le domaine des choses réelles et tangibles.

Cette grande lumière se fait précisément à l'heure où les vieilles croyances s'affaissent sous le poids du temps, où tous les systèmes se lézardent, où les dieux du passé se voilent et s'éloignent, les dieux de notre enfance, ceux que nos pères et nos mères ont adorés. Depuis longtemps, la pensée humaine, anxieuse, tâtonne dans la nuit à la recherche du nouvel édifice moral qui doit l'abriter. Et voici que la doctrine des renaissances vient lui offrir l'idéal nécessaire à toute société en marche et, en même temps, le correctif indispensable aux appétits violents, aux ambitions démesurées, à l'avidité des richesses, des places, des honneurs, une digue au débordement de sensualisme qui menace de nous submerger.

Avec elle, l'homme apprend à supporter sans amertume et sans révolte les existences douloureuses, indispensables à sa purification. Il apprend à se soumettre aux inégalités naturelles et passagères qui sont le résultat de la loi d'évolution, à dédaigner les divisions factices et malsaines, provenant des préjugés de castes, de religions ou de races. Ces préjugés s'évanouissent entièrement le jour où l'on sait que tout esprit, dans ses vies ascendantes, doit passer par les milieux les plus divers.

Grâce à la notion des vies successives, en même temps que les responsabilités individuelles, celles des collectivités nous apparaissent plus distinctes. Il y a chez nos contemporains une tendance à rejeter le poids des difficultés présentes sur les générations à venir. Persuadés qu'ils ne reviendront plus sur la terre, ils laissent à nos successeurs le soin de résoudre les problèmes épineux de la vie politique et sociale.

Avec la loi des destinées, la question change aussitôt d'aspect. Non seulement le mal que nous aurons accompli retombera sur nous et nous devrons payer nos dettes jusqu'à la dernière obole, mais l'état social que nous aurons contribué à perpétuer avec ses vices, ses iniquités, nous reprendra dans son lourd engrenage à notre retour sur la terre, et nous souffrirons de toutes ses imperfections. Cette société, à laquelle nous aurons beaucoup demandé et peu donné, redeviendra de nouveau *notre* société,

société marâtre pour ses fils égoïstes et ingrats.

Au cours de nos étapes terrestres, tantôt puissants ou faibles, dirigeants ou dirigés, nous sentirons souvent retomber sur nous le poids des injustices que nous avons laissé perpétuer. Et n'oublions pas une chose. Les existences obscures, les vies humbles et effacées seront de beaucoup les plus nombreuses pour chacun de nous, aussi longtemps que les hommes possédant l'aisance, l'éducation, l'instruction ne représenteront qu'une minorité dans l'ensemble des populations du globe.

Mais quand la grande doctrine sera devenue la base de l'éducation humaine et le partage de tous, quand la preuve des vies successives apparaîtra à tous les yeux, alors, les plus instruits, les plus réfléchis, développant en eux les intuitions du passé, comprendront qu'ils ont vécu dans tous les milieux sociaux, et ils en éprouveront plus de tolérance et de bienveillance envers les petits. Ils sentiront qu'il y a moins de méchanceté et d'aigreur que de souffrance révoltée dans l'âme des déshérités, et quel parti admirable ils peuvent tirer de leur propre expérience, en répandant autour d'eux la lumière, l'espérance, la consolation.

Alors l'intérêt, le bien personnel deviendra le bien de tous. Chacun se sentira porté à coopérer plus activement à l'amélioration de cette société, au sein de laquelle il faudra renaître pour progresser avec elle et avancer vers l'avenir.

*
**

L'heure présente est encore une heure de luttes : lutte des nations pour la conquête du globe, lutte des classes pour la conquête du bien-être et du pouvoir. Autour de nous s'agitent des forces aveugles et profondes, forces qui s'ignoraient hier et qui, aujourd'hui, s'organisent et entrent en action. Une société agonise; une autre naît. L'idéal du passé s'effondre. Quel sera celui de demain ?

Une période de transition s'est ouverte ; une phase différente de l'évolution humaine est commencée, phase obscure, pleine, à la fois, de promesses et de menaces. Dans l'âme des générations qui montent, reposent les germes de floraisons nouvelles : fleurs du mal ou fleurs du bien ?

Beaucoup s'alarment; beaucoup s'épouvantent. Ne doutons pas de l'avenir de l'humanité, de son ascension vers la lumière, et répandons autour de nous, avec un courage et une persévérance inlassables, les vérités qui assurent les lendemains et font les sociétés fortes et heureuses.

Les défectuosités de notre organisation sociale proviennent surtout de ceci : nos législateurs, dans leurs conceptions étroites, n'embrassent que l'horizon d'une vie matérielle. Ne comprenant pas le but évolutif de l'existence et l'enchaînement de nos vies terrestres, ils ont établi un état de choses incompatible avec les fins réelles de l'homme et de la société.

La conquête du pouvoir par le grand nombre

n'est pas faite pour élargir ce point de vue. Le peuple suit l'instinct sourd qui le pousse. Incapable de mesurer le mérite et la valeur de ses représentants, il porte trop souvent au pouvoir ceux qui épousent ses passions et partagent sa cécité. L'éducation populaire est à refaire entièrement ; car, seul, l'homme éclairé pourra collaborer avec intelligence, courage et conscience à la rénovation sociale.

Dans les revendications actuelles, on spécule beaucoup trop sur la notion de droit ; on surexcite les appétits, on exalte les esprits. On oublie que le droit est inséparable du devoir et même qu'il n'en est que la résultante. De là, une rupture d'équilibre, une interversion des rapports de cause à effet, c'est-à-dire du devoir au droit dans la répartition des avantages sociaux, ce qui constitue une cause permanente de division et de haine entre les hommes. L'individu qui envisage seulement son intérêt propre et son droit personnel est encore placé bien bas sur l'échelle d'évolution.

Ainsi que l'a dit Godin, le fondateur du familistère de Guise : « Le droit est fait avec du devoir accompli. » Les services rendus à l'humanité étant la cause, le droit devient l'effet. Dans une société bien organisée, chaque citoyen se classera d'après sa valeur personnelle, son degré d'évolution et dans la mesure de son apport social.

L'individu ne doit occuper qu'une situation méritée. Son droit est en proportion égale avec sa capacité pour le bien. Telle est la règle, telle est la base de l'ordre universel, et aussi longtemps que l'ordre social n'en sera pas le décalque, l'image fidèle, il sera précaire et instable.

En vertu de cette règle, chaque membre d'une collectivité, au lieu de revendiquer des droits fictifs, doit s'efforcer de s'en rendre digne en accroissant sa valeur propre et sa participation à l'œuvre commune. L'idéal social se transforme, le sens de l'harmonie se développe, le champ de l'altruisme s'élargit.

Mais, dans l'état actuel des choses, au sein d'une société où fermentent tant de passions, où s'agitent tant de forces brutales, au milieu d'une civilisation faite d'égoïsme et de convoitise, d'incohérence et de mauvais vouloir, de sensualité et de souffrance, bien des convulsions sont à craindre.

Parfois, on entend monter le flot grondant. La plainte de ceux qui souffrent se change en cris de colère. Les foules se comptent. Des intérêts séculaires sont menacés. Mais une foi nouvelle se lève, illuminée par un rayon d'en haut et appuyée sur des faits, sur des preuves sensibles. Elle dit à tous : Soyez unis, car vous êtes frères, frères ici-bas, frères dans l'immortalité. Travaillez en commun à rendre plus douces les conditions de la vie sociale, plus faciles vos tâches de demain. Travaillez à augmenter les trésors de savoir, de sagesse, de puissance qui sont l'héritage de l'humanité. Le bonheur n'est pas dans la lutte, dans la vengeance ; il est dans l'union des cœurs et des volontés !

XIX. — LA LOI DES DESTINÉES

La preuve des vies successives étant faite, le chemin de l'existence se trouve déblayé, la route ferme et sûre, tracée. L'âme voit clairement sa destinée, qui est l'ascension vers la sagesse la plus haute, vers la lumière la plus vive. L'équité gouverne le monde ; notre bonheur est entre nos mains. L'Univers ne peut plus faillir, son but étant la beauté, ses moyens, la justice et l'amour. Dès lors, toute crainte chimérique, toute terreur de l'au-delà s'évanouit. Au lieu de redouter l'avenir, l'homme goûte la joie des certitudes éternelles. Avec la confiance aux lendemains, ses forces redoublent ; son effort vers le bien en sera centuplé.

Pourtant une question se pose encore : Par quels ressorts secrets l'action de la justice s'exerce-t-elle dans l'enchaînement de nos existences ?

Remarquons tout d'abord que le fonctionnement de la justice humaine ne nous offre rien de comparable à la loi divine des destinées. Celle-ci s'accomplit d'elle-même, sans intervention extérieure, aussi bien pour les individus que pour les collectivités. Ce que nous appelons le mal, l'offense, la trahison, le meurtre, déterminent chez les coupables un état d'âme qui les livre aux coups du sort, dans une mesure proportionnelle à la gravité de leurs actes.

Cette loi immuable est, avant tout, une loi d'équilibre. Elle établit l'ordre dans le monde moral de la même manière que les lois de la gravitation et de la pesanteur assurent l'ordre et l'équilibre dans le monde physique. Son mécanisme est à la fois simple et grand. Tout mal se rachète par la douleur. Ce que l'homme accomplit en accord avec la loi du bien lui procure la quiétude et contribue à son élévation ; toute violation provoque la souffrance. Celle-ci poursuit son œuvre intérieure ; elle fouille aux profondeurs de l'être ; elle met à jour les trésors de sagesse et de beauté qu'il contient, et en même temps, en élimine les germes malsains. Elle prolongera son action et reviendra à la charge aussi longtemps qu'il le faudra, jusqu'à ce qu'il s'épanouisse dans le bien et vibre à l'unisson des forces divines. Mais, dans la poursuite de cette œuvre grandiose, des compensations seront réservées à l'âme. Des joies, des affections, des périodes de repos et de bonheur alterneront dans le chapelet de ses vies avec les existences de lutte, de rachat et de réparation. Ainsi tout est ménagé, disposé avec un art, une science, une bonté infinis dans l'œuvre providentielle.

Au début de sa course, dans son ignorance et sa faiblesse, l'homme méconnaît et transgresse souvent la loi. De là, les épreuves, les infirmités, les servitudes matérielles. Mais dès qu'il s'éclaire, dès qu'il apprend à mettre les actes de sa vie en harmonie avec la règle universelle, par cela même, il offre de moins en moins prise à l'adversité.

Nos actes et nos pensées se traduisent en mouvements vibratoires, et leur foyer d'émission, par la répétition fréquente de ces mêmes actes et pensées, se transforme peu à peu en un générateur puissant pour le bien ou pour le mal. L'être se classe ainsi lui-même, par la nature des énergies dont il devient le centre rayonnant. Mais tandis que les forces du bien se multiplient par elles-mêmes et grandissent sans cesse, les forces du mal se détruisent par leurs propres effets, car ces effets reviennent vers leur cause, vers leur centre d'émission et se traduisent toujours en conséquences douloureuses. Le méchant, comme tous les êtres, étant soumis à l'impulsion évolutive, voit par là s'accroître forcément sa sensibilité. Les vibrations de ses actes, de ses pensées mauvaises, après avoir effectué leur trajectoire, reviennent tôt ou tard vers lui, l'oppriment et l'acculent à la nécessité de se réformer.

Ce phénomène pourrait s'expliquer scientifiquement par la corrélation des forces, par cette sorte de synchronisme vibratoire qui ramène toujours l'effet à sa cause. Nous en avons une démonstration dans ce fait bien connu : en temps d'épidémie, de contagion, ce sont surtout les personnes dont les forces vitales s'harmonisent avec les causes morbides en action qui sont frappées, tandis que les individus doués d'une volonté ferme et exempts de crainte restent généralement indemnes.

Il en est de même dans l'ordre moral. Les pensées de haine et de vengeance, les désirs de nuire, venus du dehors, ne peuvent agir sur nous et nous influencer, qu'à la condition d'y rencontrer des éléments qui vibrent à l'unisson de ces pensées, de ces désirs. S'il n'existe rien en nous de similaire, ces forces mauvaises glissent sans nous pénétrer ; elles retournent vers celui qui les a projetées, pour le frapper à son tour, soit dans le présent, soit dans l'avenir, lorsque des circonstances particulières les feront entrer dans le courant de sa destinée.

*
* *

La loi de répercussion des actes a donc quelque chose de mécanique, d'automatique en apparence. Pourtant, lorsqu'elle entraîne de grandes expiations, des réparations douloureuses, de grands Esprits interviennent pour en régler l'exercice et accélérer la marche des âmes en voie d'évolution. Leur influence se fait surtout sentir à l'heure de la réincarnation, afin de guider ces âmes dans leurs choix, en déterminant les conditions et les milieux favorables à la guérison de leurs maladies morales et au rachat des fautes antérieures.

Nous savons qu'il n'est pas d'éducation complète sans la douleur. En nous plaçant à ce point de vue, il faut nous garder de voir, dans les épreuves et les douleurs de l'humanité, la conséquence exclusive de fautes passées. Tous ceux qui souffrent ne sont pas forcément des coupables en voie d'expiation. Beaucoup sont simplement des esprits avides de progrès, qui ont choisi des vies pénibles et laborieuses, pour retirer le bénéfice moral s'attachant à toute peine endurée.

Cependant, en thèse générale, c'est du choc, c'est du conflit de l'être inférieur qui s'ignore encore, avec la loi d'harmonie, que naît le mal, la souffrance. C'est par le retour graduel et volontaire du même être dans cette harmonie que se rétablit le bien, c'est-à-dire l'équilibre moral. Dans toute pensée, dans toute œuvre, il y a action et réaction et celle-ci est toujours proportionnelle en intensité à l'action réalisée. Aussi pouvons-nous dire : l'être récolte exactement ce qu'il a semé.

Il le récolte effectivement puisque, par son action continue, il modifie sa propre nature, il affine ou matérialise son enveloppe fluidique, le véhicule de l'âme, l'instrument qui sert à toutes ses manifestations et sur lequel se calque, se moule le corps physique à chaque renaissance.

Nous l'avons vu précédemment, notre situation dans l'au-delà résulte des actions répétées que nos pensées et notre volonté exercent constamment sur le périsprit. Suivant leur nature et leur objectif, elles le transforment peu à peu en un organisme subtil et radiant, ouvert aux plus hautes perceptions, aux sensations les plus délicates de la vie de l'espace, capable de vibrer harmoniquement avec les esprits élevés, et de participer aux joies et aux impressions de l'infini. Dans le sens inverse, elles en feront une forme opaque, grossière, enchaînée à la terre par sa matérialité même et condamnée à rester confinée dans les basses régions.

Cette action continue de la pensée et de la volonté, exercée à la suite des siècles et des existences sur le périsprit, nous fait comprendre comment se créent et se développent nos aptitudes physiques, aussi bien que nos facultés intellectuelles et nos qualités morales.

Nos aptitudes pour chaque genre de travail, notre habileté, notre dextérité en toutes choses sont le résultat d'innombrables actions mécaniques accumulées et enregistrées par le corps subtil, de même que tous les souvenirs et les acquis mentaux sont gravés dans la conscience profonde. A la renaissance, ces aptitudes sont transmises, par une nouvelle éducation, de la conscience externe aux organes matériels. Ainsi s'explique l'habileté consommée et presque native de certains musiciens et, en général, de tous ceux qui montrent, dans un domaine quelconque, une supériorité d'exécution qui surprend à première vue.

Il en est de même des facultés et des vertus, de toutes les richesses de l'âme acquises à la suite des temps. Le génie est un long et immense effort dans l'ordre intellectuel, et la sainteté a été conquise par une lutte séculaire contre les passions et les attractions inférieures.

Avec un peu d'attention nous pourrions étudier et suivre en nous le processus de notre évolution morale. Chaque fois que nous accomplissons une bonne action, un acte généreux, une œuvre de charité, de dévouement, à chaque sacrifice du moi, ne sentons-nous pas une sorte de dilatation intérieure ? Quelque chose semble s'épanouir en nous. Une flamme s'allume ou s'avive aux profondeurs de l'être.

Cette sensation n'est pas illusoire. L'esprit s'éclaire à chaque pensée altruiste, à chaque élan de solidarité et de pur amour. Si ces pensées et ces actes se répètent, se multiplient, s'accumulent, l'homme se trouve comme transformé à l'issue de son existence terrestre. L'âme et son enveloppe fluidique auront acquis un pouvoir de radiation plus intense.

Dans le sens contraire, toute pensée mauvaise, tout acte coupable, toute fâcheuse habitude provoque un resserrement, une contraction de l'être psychique, dont les éléments se condensent, s'enténèbrent, se chargent de fluides grossiers.

Les actes violents, la cruauté, le meurtre, le suicide, produisent dans l'organisme du coupable un trouble, un ébranlement prolongé, qui se répercute de renaissance en renaissance sur le corps matériel et se traduit en maladies nerveuses, en tics, convulsions et même en difformités, en infirmités, en cas de folie, suivant la gravité des causes et la puissance des forces en action. Tout manquement à la loi entraîne un amoindrissement, un malaise, une privation de liberté.

Les vies impures, la luxure, l'ivrognerie, la débauche, nous ramènent en des corps débiles, dépourvus de vigueur, de santé, de beauté. L'être humain qui abuse de ses forces vitales se condamne lui-même à un avenir misérable, à des infirmités plus ou moins cruelles.

Tantôt la réparation s'effectue en une longue vie de souffrances, nécessaire pour détruire en nous les causes du mal, ou bien en une existence courte et difficile, close par une mort tragique. Une attraction mystérieuse rassemble parfois les coupables de fort loin sur un point donné, pour les frapper en commun. De là, les catastrophes célèbres, les naufrages, les grands sinistres, les morts collectives, tels que la débâcle de Saint-Gervais, l'incendie du bazar de la Charité, l'explosion de Courrières, celle de l'*Iéna*, etc.

Ainsi s'expliquent les brèves existences. Elles sont le complément de vies précédentes, trop tôt closes, abrégées prématurément, soit par des excès, des abus ou par toute autre cause morale, et qui, normalement, auraient dû se prolonger.

Il faut se garder d'assimiler à ces cas les morts d'enfants en bas âge. La courte vie d'un enfant peut être une épreuve pour les parents, comme pour l'esprit qui veut s'incarner. En général, c'est simplement une entrée manquée sur le théâtre de la vie, soit pour des causes physiques, soit par un défaut d'adaptation entre les fluides. Dans ce cas, la tentative d'incarnation se renouvelle peu après dans le même milieu ; elle se reproduit jusqu'à réussite complète, ou bien, si les difficultés sont insurmontables, elle s'effectue dans un milieu plus favorable.

*
* *

Toutes ces considérations le démontrent : pour assurer l'épuration fluidique et le bon état moral de l'être, il y a une discipline de la pensée à établir, une hygiène de l'âme à suivre, comme il y a une hygiène physique à observer pour maintenir la santé du corps.

D'après cette action constante de la pensée et de la volonté sur le périsprit, on voit que la rétribution est absolument parfaite. Chacun recueille le fruit impérissable de ses œuvres passées et présentes. Il le recueille, non pas par l'effet d'une cause extérieure, mais par un enchaînement qui relie en nous-même la peine à la joie, l'effort au succès, la faute au châtiment. C'est donc dans l'intimité secrète de nos pensées et le grand jour de nos actes, qu'il faut chercher la cause efficiente de notre situation présente et à venir.

Nous sommes placés suivant nos mérites et dans le milieu où nos antécédents nous appellent. Si nous nous trouvons malheureux, c'est parce que nous ne sommes pas assez parfaits pour jouir d'un meilleur sort. Mais notre destinée s'améliorera dès que nous saurons faire naître en nous plus de désintéressement, de justice et d'amour. L'être doit perfectionner, embellir sans cesse sa nature intime, augmenter sa valeur propre, construire l'édifice de sa conscience : tel est le but de son évolution.

Chacun de nous possède ce génie particulier que les Druides appelaient l'*awen*, c'est-à-dire l'aptitude primordiale de tout être à réaliser une des formes spéciales de la pensée divine. Dieu a déposé au fond de l'âme les germes de facultés puissantes et variées ; toutefois, il est une des formes de son génie qu'elle est appelée à développer par-dessus toutes les autres, par un travail constant, jusqu'à ce qu'elle l'ait porté à son point d'excellence. Ces formes sont innombrables. Ce sont les aspects multiples de l'in telligence, de la sagesse et de la beauté éternelles : la musique, la poésie, l'éloquence, le don d'invention, la prévision de l'avenir et des choses cachées, la science ou la force, la bonté, le don d'éducation, le pouvoir de guérir, etc.

En projetant l'entité humaine, la pensée divine l'imprègne plus particulièrement d'une de ces forces et par cela même lui assigne un rôle spécial dans le vaste concert universel.

Les missions de l'être, sa destinée, son action dans l'évolution générale se préciseront de plus en plus dans le sens de ses aptitudes propres, aptitudes d'abord latentes et confuses au début de sa course, mais qui vont s'éveiller, grandir, s'accentuer, à mesure qu'il parcourra la spirale immense. Les intuitions, les inspirations qu'il recevra d'en haut répondront à ce côté spécial de son caractère. Selon ses besoins et ses appels, c'est sous cette forme qu'il percevra, au fond de lui-même, la mélodie divine.

Ainsi Dieu, de la variété infinie des contrastes, sait faire jaillir l'harmonie, aussi bien dans la nature qu'au sein des humanités.

Et si l'âme abuse de ces dons, si elle les applique aux œuvres du mal, si elle en conçoit de la vanité ou de l'orgueil, il lui faudra, comme expiation, renaître en des organismes impuissants à les manifester. Elle vivra, génie méconnu, humilié, parmi les hommes, assez longtemps pour que la douleur ait triomphé des excès de la personnalité et lui ait permis de reprendre son essor sublime, sa course, un moment interrompue, vers l'idéal.

*
* *

Ames humaines qui parcourez ces pages, élevez vos pensées et vos résolutions à la hauteur des tâches qui vous échoient. Les routes de l'infini s'ouvrent devant vous, semées de merveilles inépuisables. En quelque point que votre essor vous porte, partout des sujets d'étude vous attendent, avec des sources intarissables de joies et des éblouissements de lumière et de beauté. Partout et toujours, des horizons insoupçonnés succéderont aux horizons parcourus.

Tout est beauté dans l'œuvre divine. Dans votre ascension, il vous est réservé d'en goûter les aspects innombrables, souriants ou terribles, depuis la fleur délicate jusqu'aux astres flamboyants, d'assister aux éclosions des mondes et des humanités. En même temps, vous sentirez se développer votre compréhension des choses célestes et s'accroître votre désir ardent de pénétrer Dieu, de plonger en lui, dans sa lumière, dans son amour ; en Dieu, notre source, notre essence, notre vie !

L'intelligence humaine ne saurait décrire les avenirs pressentis, les ascensions entrevues. Notre esprit, enfermé dans un corps d'argile, dans les liens d'un organisme périssable, ne peut y trouver les ressources nécessaires pour exprimer ces splendeurs ; l'expression restera toujours au-dessous des réalités. L'âme, dans ses intuitions profondes, a la sensation des choses infinies dont elle participe et auxquelles elle aspire. Sa destinée est d'en vivre et d'en jouir dans une mesure croissante. Mais elle chercherait en vain à les exprimer avec les balbutiements d'une faible langue humaine; en vain, elle s'ingénierait à traduire les choses éternelles dans le pauvre langage de la terre. La parole est impuissante, mais la conscience évoluée perçoit les subtiles radiations de la vie supérieure.

Un jour viendra où l'âme agrandie dominera le temps et l'espace. Un siècle ne sera plus pour elle qu'un instant dans la durée et, d'un éclair de sa pensée, elle franchira les abîmes du ciel. Son organisme subtil, affiné par des milliers de vies, vibrera à tous les souffles, à toutes les voix, à tous les appels de l'immensité. Sa mémoire plongera aux âges évanouis. Elle pourra revivre à volonté tout ce qu'elle aura vécu, appeler à elle ou rejoindre les âmes chéries qui ont partagé ses joies et ses douleurs.

Car toutes les affections du passé se retrouvent et se relient dans la vie de l'espace; de nouvelles amitiés se nouent et, de proche en proche, une communion plus puissante rassemble les êtres dans une unité de vie, de sentiment et d'action.

Crois, aime, espère, homme, mon frère, puis... agis ! Applique-toi à faire passer dans ton œuvre les reflets et les espérances de ta pensée, les aspirations de ton cœur, les joies et les certitudes de ton âme immortelle. Communique ta foi aux intelligences qui t'entourent et partagent ta vie, afin qu'elles te secondent dans ta tâche et que, par toute la terre, un effort puissant soulève le fardeau des oppressions matérielles, triomphe des passions grossières, ouvre une large issue aux envolées de l'esprit.

Bientôt une science jeune et renouvelée — non plus la science des préjugés, des routines, des méthodes étroites et vieillies — mais une science ouverte à toutes les recherches, à toutes les investigations, la science de l'invisible et de l'au-delà, viendra féconder l'enseignement, éclairer la destinée, fortifier la conscience. La foi en la survivance s'édifiera sous des formes plus belles, appuyées sur le roc de l'expérience et défiant toute critique.

Un art plus idéaliste et plus pur, éclairé des lumières qui ne s'éteignent pas, image de la vie radieuse, reflet du ciel entrevu, viendra réjouir et vivifier l'esprit et les sens.

Et il en sera de même des religions, des croyances, des systèmes. Dans l'essor de la pensée pour s'élever des vérités d'ordre relatif aux vérités d'ordre supérieur, ils arriveront à se rapprocher, à se joindre, à se fondre, pour faire des croyances multiples du passé, hostiles ou mortes, une foi vivante qui réunira l'humanité dans un même élan d'adoration et de prière.

Travaille de toutes les puissances de ton être à préparer cette évolution. Il faut que l'activité humaine se porte avec plus d'intensité vers les routes de l'esprit. Après l'humanité physique, il faut créer l'humanité morale; après les corps, les âmes ! Ce qui a été conquis en énergies matérielles, en forces extérieures, a été perdu en connaissances profondes, en révélations du sens intime. L'homme a triomphé du monde visible ; ses trouées pratiquées dans l'Univers physique sont immenses; il lui reste à conquérir le monde intérieur, à connaître sa propre nature et le secret de son splendide avenir.

Ne discute donc pas, mais agis. La discussion est vaine; la critique, stérile. Mais l'action peut être grande, si elle consiste à te grandir toi-même en agrandissant les autres, à faire ton être meilleur et plus beau. Car n'oublie pas que tu travailles pour toi en travaillant pour tous, en t'associant à la tâche commune. L'Univers, comme ton âme, se renouvelle, se perpétue et s'embellit sans cesse par le travail et par l'échange. Et Dieu, en perfectionnant son ouvrage, en jouit, comme tu jouis du tien en l'embellissant. Ton œuvre la plus belle, c'est toi-même. Par tes efforts constants, tu peux faire de ton intelligence, de ta conscience, une œuvre admirable, dont tu jouiras indéfiniment. Chacune de tes vies est un creuset fécond d'où tu dois sortir apte à des tâches, à des missions toujours plus hautes, appropriées à tes forces, et dont chacune sera ta récompense et ta joie.

Ainsi, de tes mains, jour par jour, tu façonnes ta destinée. Tu renaîtras dans les formes que tes désirs construisent, que tes œuvres enfantent, jusqu'à ce que tes désirs et tes appels aient préparé pour toi des formes et des organismes supérieurs à ceux de la terre. Tu renaîtras dans les milieux que tu aimes, près des êtres chéris, qui, déjà, ont été associés à tes travaux, à tes vies, et qui revivront avec toi et pour toi, comme tu revivras avec eux et pour eux.

Puis, ton évolution terrestre achevée, lorsque

tu auras exalté tes facultés et tes forces à un degré de puissance suffisante, quand tu auras vidé la coupe des souffrances, des amertumes et des félicités que nous offre ce monde, creusé ses sciences et ses croyances, communié avec tous les aspects du génie humain, alors tu monteras avec tes aimés vers d'autres mondes plus beaux, mondes de paix et d'harmonie.

Et, ta dernière enveloppe humaine retournée aux poussières terrestres, ton essence épurée parvenue aux régions spirituelles, ton souvenir et ton œuvre soutiendront encore les hommes, tes frères, dans leurs luttes et leurs épreuves, et tu pourras te dire avec la joie d'une conscience sereine : Mon passage sur la terre n'aura pas été stérile; mes efforts n'auront pas été vains !

TROISIÈME PARTIE
LES PUISSANCES DE L'AME

XX. — LA VOLONTÉ

L'étude de l'être, à laquelle nous avons consacré la première partie de cet ouvrage, nous a laissé entrevoir le puissant réseau des forces, des énergies cachées en nous. Elle nous a montré que tout notre avenir, dans son développement illimité, y est contenu en germe. Les causes du bonheur ne se trouvent pas en des lieux déterminés de l'espace ; elles sont en nous, dans les profondeurs mystérieuses de l'âme.

C'est ce que confirment toutes les grandes doctrines :

« Le royaume des cieux est au-dedans de vous », a dit le Christ.

La même pensée est exprimée sous une autre forme dans les Védas : « Tu portes en toi un ami sublime que tu ne connais pas. »

La sagesse persane n'est pas moins affirmative : « Vous vivez au milieu de magasins pleins de richesses et vous mourez de faim à la porte. » (Suffis Ferdousis.)

Tous les grands enseignements concordent sur ce point : c'est dans la vie intérieure, dans l'éclosion de nos pouvoirs, de nos facultés, de nos vertus qu'est la source des félicités futures.

Regardons attentivement au fond de nous-mêmes ; fermons notre entendement aux choses externes et, après avoir habitué nos sens psychiques à l'obscurité et au silence, nous verrons surgir des lumières inattendues, nous entendrons des voix fortifiantes et consolatrices. Mais il est peu d'hommes qui sachent lire en eux, explorer ces retraites où dorment des trésors inestimables. Nous dépensons notre vie en choses banales, oiseuses ; nous parcourons le chemin de l'existence sans rien savoir de nous-mêmes, de ces richesses psychiques dont la mise en valeur nous procurerait des jouissances sans nombre.

Il y a dans toute âme humaine deux centres ou plutôt deux sphères d'action et d'expression : l'une, extérieure à l'autre, manifeste la personnalité, le moi, avec ses passions, ses faiblesses, sa mobilité, son insuffisance. Aussi longtemps qu'elle règle notre conduite, c'est la vie inférieure, semée d'épreuves et de maux.

L'autre, intérieure, profonde, immuable, est à la fois le siège de la conscience, la source de la vie spirituelle, le temple de Dieu en nous. C'est seulement lorsque ce centre d'action domine l'autre, lorsque ses impulsions nous dirigent, que se révèlent nos puissances cachées et que l'esprit s'affirme dans son éclat et sa beauté. C'est par lui que nous nous tenons en communion avec « ce Père qui demeure en nous » suivant la parole du Christ, ce Père qui est le foyer de tout amour, le principe de toutes les grandes actions.

Par l'un, nous nous perpétuons dans les mondes matériels où tout est infériorité, incertitude et douleur ; par l'autre, nous accédons aux mondes célestes, où tout est paix, sérénité, grandeur. Ce n'est que par la manifestation croissante de l'esprit divin en nous que nous parvenons à vaincre le moi égoïste, à nous associer pleinement à l'œuvre universelle et éternelle, à nous créer une vie heureuse et parfaite.

Par quel moyen mettrons-nous en mouvement ces puissances intérieures et les orienterons-nous vers un haut idéal ? Par la volonté ! L'usage persistant, tenace, de cette faculté maîtresse nous permettra de modifier notre nature, de vaincre tous les obstacles, de dominer la matière, la maladie et la mort.

C'est par la volonté que nous dirigeons nos pensées vers un but précis. Chez la plupart des hommes, les pensées flottent sans cesse. Leur mobilité constante, leur variété infinie laissent peu de prise aux influences supérieures. Il faut savoir se concentrer, mettre son moi en accord avec la pensée divine. Alors se produit la fécondation de l'âme humaine par l'Esprit divin qui l'enveloppe, la pénètre, la rend apte à réaliser de nobles tâches, la prépare à cette vie de l'espace, dont elle entrevoit, dès ce monde, les splendeurs affaiblies. Les Esprits élevés se voient et s'entendent penser. Leurs pensées sont des harmonies pénétrantes, tandis que les nôtres ne sont trop souvent que discordance et confusion. Apprenons donc à nous servir de notre volonté et, par elle, à unir nos pensées à tout ce qui est grand, à l'harmonie universelle, dont les vibrations emplissent l'espace et bercent les mondes.

*
* *

La volonté est le plus grand de tous les pouvoirs. Dans son action, elle est comparable à un aimant. La volonté de vivre, de développer en soi la vie, attire à nous de nouvelles ressources vitales. C'est là le secret de la loi d'évolution. La volonté peut agir avec intensité sur le corps fluidique, activer ses vibrations et, par là, l'approprier à un mode toujours plus élevé de sensations, le préparer à un plus haut degré de l'existence.

Le principe d'évolution n'est pas dans la matière ; il est dans la volonté, dont l'action s'étend à l'ordre invisible des choses comme à l'ordre visible et matériel. Celui-ci n'est qu'une conséquence de celui-là. Le principe supérieur, le moteur de l'existence, c'est la volonté. La volonté divine est le grand moteur de la vie universelle.

Ce qui importe par-dessus tout, c'est de comprendre que nous pouvons tout réaliser dans le domaine psychique. Aucune force ne reste stérile lorsqu'elle s'exerce d'une façon constante, en vue d'un but conforme au droit et à la justice. C'est le cas pour la volonté ; elle peut agir également dans le sommeil et dans la veille, car l'âme vaillante qui s'est fixé un but, le recherche avec ténacité dans l'une comme dans l'autre des phases de sa vie, et détermine ainsi un courant puissant qui mine lentement, silencieusement tous les obstacles.

Et il en est pour la préservation comme pour l'action. La volonté, la confiance, l'optimisme sont autant de forces préservatrices, autant de remparts opposés en nous à toute cause de trouble, de perturbation, intérieure et extérieure. Elles suffisent parfois, à elles seules, à détourner le mal, tandis que le découragement, la crainte, la mauvaise humeur, nous désarment, nous livrent à lui sans défense. Le fait seul de regarder en face ce que nous appelons le mal, le danger, la douleur, la résolution de les affronter, de les vaincre, en diminue l'importance et l'effet.

Les Américains, sous le nom de *mind-cure* (cure mentale) ou science chrétienne, ont appliqué cette méthode à la thérapeutique, et on ne peut nier que les résultats atteints soient considérables. Cette méthode se résume dans la formule suivante : « Le pessimisme rend faible ; l'optimisme rend fort. » Elle consiste dans une élimination graduelle de l'égoïsme, dans l'union complète avec la Volonté suprême, source des forces infinies. Les cas de guérison sont nombreux et s'appuient sur des témoignages irrécusables (1).

(1) Voir W. JAMES, de l'Université Harvard, *l'Expérience*

Ce fut là, du reste, dans tous les temps et sous des formes diverses, le principe de la santé physique et morale.

Dans l'ordre physique, par exemple, on ne détruit pas les infusoires, les infiniment petits qui vivent et se multiplient en nous; mais on se fortifie afin de leur laisser moins de prise. De même, dans l'ordre moral, on n'éloigne pas toujours les vicissitudes du sort; mais on peut se rendre assez fort pour les supporter allègrement; on s'élève au-dessus d'elles par un effort mental; on les domine, on les asservit de telle façon qu'elles perdent tout caractère menaçant, pour se transformer en auxiliaires de notre progrès et de notre bien.

Nous avons démontré ailleurs, en nous appuyant sur des faits récents, le pouvoir de l'âme sur le corps dans la suggestion et l'autosuggestion (1). Nous rappellerons seulement quelques autres exemples encore plus concluants :

Louise Lateau, la stigmatisée de Bois-d'Haine, — dont le cas fut étudié par une commission de l'Académie de médecine de Belgique, — en méditant sur la passion du Christ, se faisait saigner à volonté, des pieds, des mains et du côté gauche. L'hémorragie durait pendant plusieurs heures (2).

---

religieuse, pp. 86, 87. Traduction française d'Abauzit. Félix Alcan, éditeur, Paris, 1906.

(1) Voir *Après la Mort*, chap. XXXII. La volonté et les fluides. *Dans l'Invisible*, chap. XV.

(2) Docteur WARLOMONT, *Louise Lateau, la stigmatisée de Bois-d'Haine*, Bruxelles, 1873.

Pierre Janet a observé des cas analogues à la Salpêtrière, à Paris. Une extatique présentait des stigmates aux pieds alors que ceux-ci étaient enfermés dans un appareil (1).

Louis Vivé, dans ses crises, se donnait l'ordre de saigner à des heures déterminées, et le phénomène se produisait avec exactitude.

Le même ordre de faits se retrouve en certains rêves, ainsi que dans les phénomènes dits *nœvi* ou marques de naissance (2). Dans tous les domaines de l'observation, nous rencontrons la preuve que la volonté impressionne la matière et peut l'asservir à ses desseins. Cette loi se manifeste avec plus d'intensité encore dans le champ de la vie invisible. C'est en vertu des mêmes règles, que les Esprits créent les formes et les attributs qui nous permettent de les reconnaître dans les séances de matérialisation.

Par la volonté créatrice des grands Esprits et, par-dessus tout, de l'Esprit divin, toute une vie merveilleuse se développe et s'étage, de degrés en degrés, à l'infini, dans les profondeurs du ciel, vie incomparablement supérieure à toutes les féeries enfantées par l'art humain, et d'autant plus parfaite qu'elle se rapproche davantage de Dieu.

Si l'homme connaissait l'étendue des ressources qui germent en lui, il en serait peut-être ébloui ; mais, au lieu de se croire faible et de craindre l'avenir, il comprendrait sa force ;

---

(1) P. JANET, Une extatique. *Bulletin de l'Institut psychologique*, juillet, août, septembre 1901.
(2) Voir, entre autres, *le Bulletin de la Société psychique de Marseille*, octobre 1903.

il sentirait qu'il peut lui-même créer cet avenir.

Chaque âme est un foyer de vibrations que la volonté actionne. Une société est un groupement de volontés qui, lorsqu'elles sont unies, concentrées vers un même but, constituent un centre de forces irrésistibles. Les humanités sont des foyers plus puissants encore qui vibrent à travers l'immensité.

Par l'éducation et l'entraînement de la volonté, certains peuples arrivent à des résultats qui semblent tenir du prodige.

L'énergie mentale, la vigueur d'esprit des Japonais, leur mépris de la douleur, leur impassibilité devant la mort, ont fait l'étonnement des Occidentaux et ont été pour ceux-ci une sorte de révélation. Le Japonais est habitué dès l'enfance à dominer ses impressions, à ne rien laisser trahir des ennuis, des déceptions, des souffrances qu'il endure, à rester impénétrable, à ne jamais se plaindre, jamais s'emporter, à faire toujours bon visage à mauvaise fortune.

Une telle éducation trempe les courages et assure le succès en toutes choses. Dans la grande tragédie de l'existence et de l'histoire, l'héroïsme joue le rôle capital, et c'est la volonté qui fait les héros.

Cet état d'esprit n'est pas spécial aux Japonais. Les Hindous, au moyen de ce qu'ils appellent la hâtha-yoga ou exercice de la volonté, arrivent aussi à supprimer en eux le sentiment de la douleur physique.

Dans une conférence faite à l'Institut psychologique

de Paris et reproduite par les *Annales des sciences psychiques* de novembre 1906, Annie Besant cite plusieurs cas remarquables dus à ces pratiques persistantes.

Un Hindou possédera assez de puissance de volonté pour tenir un bras levé jusqu'à ce qu'il soit atrophié. Un autre s'allongera sur un lit garni de pointes de fer sans éprouver aucune douleur. On retrouve même ce pouvoir chez des personnes qui n'ont pas pratiqué la hâtha-yoga. La conférencière cite le cas d'un de ses amis qui, étant allé à la chasse au tigre et ayant reçu, du fait d'un chasseur maladroit, une balle dans la cuisse, refusa de se soumettre à l'influence du chloroforme pour l'extraction du projectile, assurant au chirurgien qu'il aurait assez d'empire sur lui-même pour rester immobile et impassible pendant l'opération. Celle-ci eut lieu ; le blessé était tout à fait conscient et ne fit pas un seul mouvement. « Ce qui, pour un autre, eût été une torture atroce, n'était rien pour lui. Il avait fixé sa conscience dans sa tête et n'avait ressenti aucune douleur. Sans être *yogi*, il possédait ce pouvoir de concentrer la volonté, que l'on rencontre souvent aux Indes. »

On peut juger par là combien l'éducation mentale et l'objectif des Asiatiques sont différents des nôtres. Tout, chez eux, tend à développer l'homme intérieur, sa volonté, sa conscience, en vue des vastes cycles d'évolution qui lui sont ouverts, tandis que l'Européen adopte de préférence comme objectif les biens immédiats, limités par le cercle de la vie présente. Les buts à atteindre, dans les deux cas, sont divergents, et cette divergence résulte d'une conception essentiellement différente du rôle de l'être dans l'univers. Longtemps, les Asiatiques ont considéré avec un étonnement mêlé de pitié notre agitation fébrile, notre engouement pour des choses contingentes et sans lendemain, notre ignorance des choses stables, profondes, indestructibles, qui constituent la véritable force de l'homme. De là, le contraste frappant qu'offrent les civilisations de l'Orient et de l'Occident. La supériorité appartient évidemment à celle qui embrasse le plus vaste horizon et s'inspire des véritables lois de l'âme et de son avenir. Elle a pu paraître arriérée aux observateurs superficiels, aussi longtemps que les deux civilisations ont évolué parallèlement sans trop se heurter. Mais, depuis que les nécessités de l'existence et la pression croissante des peuples d'Occident ont forcé les Asiatiques à entrer dans le courant des progrès modernes — et c'est le cas pour les Japonais — on a pu voir que les qualités éminentes de cette race, en se manifestant dans le domaine matériel, pouvaient également leur assurer la suprématie. Si cet état de choses s'accentue, comme c'est à craindre, si le Japon réussit à entraîner avec lui tout l'Extrême-Orient, il est possible que la domination du monde change d'axe et passe d'une race à l'autre, surtout si l'Europe persiste à se désintéresser de ce qui constitue le plus haut objectif de la vie humaine, et à se contenter d'un idéal inférieur et quasi-barbare.

Même en restreignant le champ de nos observations à la seule race blanche, nous devons constater que, là aussi, les nations à volonté plus ferme, plus tenace, prennent peu à peu le dessus sur les autres. C'est le cas pour les peuples anglo-saxons et germaniques. Nous voyons ce qu'a pu réaliser l'Angleterre dans la poursuite, à travers les siècles, de son plan d'action. L'Allemagne, avec son esprit de méthode et de continuité, a su créer et maintenir sa puissante cohésion, au détriment de ses voisins, non moins bien doués qu'elle, mais moins résolus et moins persévérants. L'Amérique du Nord se fait également une grande place dans le concert des peuples.

La France, par contre, est, en général, une nation à volonté faible et changeante. Nous passons d'une idée à une autre, avec une extrême mobilité, et ce travers n'est pas étranger aux vicissitudes de notre histoire. Les premiers élans sont, chez nous, admirables ; l'enthousiasme est vibrant. Mais si nous entreprenons facilement une œuvre, nous l'abandonnons non moins vite, alors que déjà elle s'édifie en pensée et que les éléments de réussite se groupent en silence autour d'elle. Aussi le monde présente partout des traces à demi effacées de notre action passagère, de nos efforts trop tôt suspendus.

Le pessimisme et le matérialisme, qui se répandent de plus en plus parmi nous, tendent encore à amoindrir les qualités généreuses de notre race. Le positivisme et l'agnosticisme travaillent systématiquement à éteindre ce qui restait de viril dans l'âme française ; et les ressources profondes de l'esprit national s'atrophient, faute d'une éducation forte et d'un idéal élevé.

Apprenons donc à nous créer une « volonté de puissance » d'une nature plus haute que celle rêvée par Nietzsche. Fortifions autour de nous les esprits et les cœurs, si nous ne voulons pas voir notre pays voué à une décadence irrémédiable.

*
* *

Vouloir, c'est pouvoir ! La puissance de la volonté est sans limites. L'homme conscient de lui-même, de ses ressources latentes, sent croître ses forces en raison de ses efforts. Il sait que tout ce qu'il désire de bien et de bon doit s'accomplir tôt ou tard, inévitablement, soit dans le présent, soit dans la suite de ses existences, lorsque sa pensée s'accorde avec la loi divine. Et c'est en cela que se vérifie la parole céleste : « La foi transporte les montagnes. »

N'est-il pas consolant et beau de pouvoir se dire : Je suis une intelligence et une volonté libres ; je me suis fait moi-même, inconsciemment, à travers les âges ; j'ai édifié lentement mon individualité et ma liberté, et maintenant je connais la grandeur et la force qui sont en moi. Je m'appuierai sur elles ; je ne les laisserai pas se voiler d'un seul doute même un seul instant, et, par elles, avec l'aide de Dieu et de mes frères de l'espace, je m'élèverai au-dessus de toutes les difficultés ; je vaincrai le mal en moi ; je me détacherai de tout ce qui m'enchaîne aux choses grossières, pour prendre mon essor vers les mondes heureux.

Je vois clairement la route qui se déroule et que je suis appelé à parcourir ; elle se poursuit à travers l'étendue et n'a pas de fin. Mais, pour me conduire dans cette route infinie, j'ai un guide sûr: c'est la foi en mon avenir; c'est la compréhension de la loi de vie, de progrès et d'amour qui régit toutes choses. J'ai appris à me connaître, à croire en moi et en Dieu. Par là, je possède la clé de toute élévation. Et dans cette voie immense qui s'ouvre devant mes pas, je me tiendrai ferme, inébranlable, dans ma volonté de grandir et de m'élever plus haut et, avec le secours de mon intelligence qui est fille de Dieu, j'attirerai à moi toutes les richesses morales et participerai à toutes les merveilles du Cosmos.

Ma volonté me crie : En avant, toujours en avant ; toujours plus de connaissance, plus de vie, de vie divine ! Et par elle, je conquerrai cette plénitude d'existence, je me construirai une personnalité meilleure, plus rayonnante et plus aimante. Je suis sorti pour toujours de l'état inférieur de l'être ignorant, inconscient de sa valeur et de son pouvoir ; je m'affirme dans l'indépendance et la dignité de ma conscience et tends la main à tous mes frères en leur disant :

Réveillez-vous de votre lourd sommeil ; déchirez le voile matériel qui vous enveloppe. Apprenez à vous connaître, à connaître les puissances qui sont en vous et à les utiliser. Toutes les voix de la nature, toutes les voix de l'espace vous crient : Levez-vous et marchez ! hâtez-vous pour la conquête de vos destinées !

A vous tous qui ployez sous le poids de la vie, qui, vous croyant seuls et faibles, vous laissez aller à la tristesse, au désespoir, ou qui aspirez au néant, je viens dire : Il n'y a pas de néant ; la mort est une nouvelle naissance, un acheminement vers de nouvelles tâches, de nouveaux travaux, de nouvelles moissons. La vie est une communion universelle et éternelle qui relie Dieu à tous ses enfants.

A vous tous qui vous croyez usés par les souffrances et les déceptions, pauvres êtres affligés, cœurs desséchés par l'âpre vent des épreuves, esprits froissés, déchirés par la roue de fer de l'adversité, je viens dire : Il n'est pas d'âme incapable de renaissances et de floraisons nouvelles. Vous n'avez qu'à vouloir et vous sentirez s'éveiller en vous des forces inconnues. Croyez en vous, à votre rajeunissement en de nouvelles vies ; croyez à vos destinées immortelles. Croyez en Dieu, soleil des soleils, foyer immense dont une étincelle brille en vous et peut allumer une ardente et généreuse flamme!

Sachez que tout homme peut être bon et heureux ; pour le devenir il suffit qu'il le veuille avec énergie et continuité. Cette conception mentale de l'être, mûrie dans l'obscurité des existences douloureuses, préparée par la lente évolution des âges, s'épanouira dans la lumière des vies supérieures, et tous acquerront cette magnifique individualité qui nous est réservée.

Dirigez sans cesse votre pensée vers cette vérité, que vous pouvez devenir ce que vous voudrez être, et sachez vouloir être toujours plus grands et meilleurs. C'est là la notion du progrès éternel et le moyen de le réaliser ; c'est là le secret de la force mentale d'où découlent toutes les forces magnétiques et physiques. Quand vous aurez acquis cette maîtrise sur vous-mêmes, vous n'aurez plus à redouter ni les reculs, ni les chutes, ni les maladies, ni la mort; vous aurez fait de votre *moi* inférieur et fragile une individualité haute, stable, puissante!

XXI. — La conscience, le sens intime

Nos études précédentes nous l'ont démontré: l'âme est une émanation, une parcelle de l'Absolu. Ses vies ont pour but la manifestation grandissante de ce qu'il y a de divin en elle, l'accroissement de l'empire qu'elle est appelée à exercer au dedans et au dehors, à l'aide de ses sens et de ses énergies latentes.

On peut atteindre ce résultat par des procédés divers, par la science ou la méditation, par le travail ou l'entraînement moral. Le meilleur procédé consiste à utiliser tous ces modes d'application, à les compléter les uns par les autres. Mais le plus efficace de tous est encore l'examen intérieur, l'introspection. Ajoutons-y l'affranchissement des liens matériels, la ferme volonté de s'améliorer, l'union avec Dieu, en esprit et en vérité, et nous verrons que toute religion véritable, toute philosophie profonde trouve là sa source et se résume en ces formules. Le reste, doctrines, formes cultuelles, rites et pratiques, n'est que le vêtement extérieur qui cache, aux yeux des foules, l'âme des religions.

Victor Hugo écrivait dans le *Post-scriptum de ma vie* : « C'est au dedans de soi, qu'il faut regarder le dehors... En nous penchant sur ce puits, notre esprit, nous y apercevons, à une distance d'abîme, dans un cercle étroit, le monde immense. »

Emerson le disait également : « L'âme est supérieure à ce qu'on peut savoir d'elle, et plus sage qu'aucune de ses œuvres. »

L'âme se relie, par ses profondeurs, à la grande Ame universelle et éternelle, dont elle est comme une vibration. Cette origine, cette participation à la divine nature expliquent les besoins irrésistibles de l'esprit évolué : besoin d'infini, de justice, de lumière, besoin de sonder tous les mystères, d'étancher sa soif aux sources vives et intarissables dont il pressent l'existence, mais qu'il ne parvient pas à découvrir dans le plan de ses vies terrestres.

De là proviennent nos aspirations les plus hautes, notre désir de savoir, jamais satisfait, notre sentiment du beau et du bien ; de là les lueurs soudaines qui illuminent de temps à autre les ténèbres de l'existence, et ces pressentiments, cette prévision de l'avenir, éclairs fugitifs dans l'abîme du temps qui luisent parfois pour certaines intelligences.

Au-dessous de la surface du moi, surface agitée par les désirs, les espérances et les craintes, est le sanctuaire où trône la Conscience intégrale, calme, paisible, sereine, le principe de la Sagesse et de la Raison, dont la plupart des hommes n'ont connaissance que par de sourdes impulsions ou par de vagues reflets entrevus.

Tout le secret du bonheur, de la perfection est dans l'identification, dans la fusion en nous de ces deux plans ou foyers psychiques. La cause de tous nos maux, de toutes nos misères morales est dans leur opposition.

Dans la *Critique de la Raison pure*, le grand philosophe de Kœnigsberg a démontré que la raison humaine, c'est-à-dire cette raison de surface dont nous parlons, ne pouvait, d'elle-même, rien saisir, rien prouver de ce qui touche aux réalités du monde transcendantal, aux sources de la vie, à l'esprit, à l'âme, à Dieu. Cette argumentation aboutit logiquement et nécessairement à cette conséquence, qu'il existe en nous un principe, une raison plus profonde qui, au moyen de la révélation intérieure, nous initie aux vérités et aux lois du monde spirituel.

William James le reconnaît en ces termes : « Le Moi conscient ne fait qu'un avec un Moi plus grand d'où lui vient la délivrance (1). » Et plus loin :

« Les prolongements du moi conscient s'étendent bien au delà du monde de la sensation et de la raison, dans une région qu'on peut appeler ou bien mystique, ou bien surnaturelle. Pour autant que nos tendances vers l'idéal ont leur origine dans cette région, — et c'est le cas de la plupart d'entre elles, car elles nous possèdent d'une manière dont nous ne pouvons nous rendre compte, — nous y sommes enracinés plus profondément que dans le monde visible ; car nos aspirations les plus hautes sont le centre de notre personnalité. Mais ce monde invisible n'est pas seulement idéal :

(1) W. James, *L'Expérience religieuse*, pp. 421 et 429.

il produit des effets dans le monde sensible. Par la communion avec l'invisible, le moi fini se transforme; nous devenons des hommes nouveaux, et notre régénération, modifiant notre conduite, a sa répercussion dans le monde matériel. Mais comment refuser le nom de réalité à ce qui produit des effets au sein d'une autre réalité? De quel droit les philosophes diraient-ils que le monde invisible est irréel? »

*
* *

La conscience est donc, comme le dirait W. James, le centre de la personnalité, centre permanent, indestructible, qui persiste et se maintient à travers toutes les transformations de l'individu. La conscience est non seulement la faculté de percevoir, mais encore le sentiment que nous avons de vivre, d'agir, de penser, de vouloir. Elle est une et indivisible. La pluralité de ses états ne prouve rien, nous l'avons vu (1), contre cette unité. Ces états sont successifs, comme les perceptions qui s'y rattachent, et non simultanés. Pour démontrer qu'il existe en nous plusieurs centres autonomes de conscience, il faudrait prouver aussi qu'il y a des actions et des perceptions simultanées et différentes; mais cela n'est pas et ne peut pas être.

Toutefois la conscience, dans son unité, présente, nous le savons, plusieurs plans, plusieurs aspects. Physique, elle se confond avec ce que la science appelle le *sensorium*, c'est-à-dire la faculté de concentrer les sensations extérieures, de les coordonner, de les définir, d'en saisir

(1) Chap. III.

les causes et d'en déterminer les effets. Peu à peu, par le fait même de l'évolution, ces sensations se multiplient et s'affinent et la conscience intellectuelle s'éveille. Désormais, son développement n'aura plus de bornes, puisqu'elle pourra embrasser toutes les manifestations de la vie infinie. Alors, écloront le sentiment et le jugement, et l'âme se percevra elle-même. Elle deviendra à la fois sujet et objet. Dans la multiplicité et la variété de ses opérations mentales, elle aura toujours conscience de ce qu'elle pense et veut.

Le moi s'affirme et grandit et la personnalité se complète par la manifestation de la conscience morale ou spirituelle. La faculté de percevoir les effets du monde sensible s'exercera sous des modes plus élevés. Elle deviendra la possibilité de ressentir les vibrations du monde moral, d'en discerner les causes et les lois.

C'est par ses sens intérieurs que l'être humain perçoit les faits et les vérités d'ordre transcendantal. Les sens physiques sont trompeurs ; ils ne distinguent que l'apparence des choses et ne seraient rien sans ce *sensorium* qui groupe, centralise leurs perceptions et les transmet à l'âme ; celle-ci enregistre le tout et en dégage l'effet utile. Mais au-dessous de ce *sensorium* de surface, il en est un autre plus caché, qui discerne les règles et les choses du monde métaphysique. C'est ce sens profond méconnu, inutilisé par la plupart des hommes, que certains expérimentateurs ont désigné sous le nom de conscience subliminale.

La plupart des grandes découvertes n'ont été

que la confirmation, dans l'ordre physique, des idées perçues par l'intuition ou le sens intime. Par exemple, Newton avait conçu depuis longtemps la pensée de l'attraction universelle lorsque la chute d'une pomme vint en faire, à ses sens matériels, la démonstration objective.

De même qu'il existe en nous un organisme et un sensorium physiques qui nous mettent en rapport avec les êtres et les choses du plan matériel, de même il est un sens spirituel à l'aide duquel certains hommes pénètrent, dès maintenant, dans le domaine de la vie invisible. Après la mort, dès que le voile de la chair sera tombé, ce sens deviendra le centre unique de nos perceptions.

C'est dans l'extension et la libération croissantes de ce sens spirituel qu'est la loi de notre évolution psychique, la rénovation de l'être, le secret de son illumination intérieure et progressive. Par lui nous nous détachons du relatif et de l'illusoire, de toutes les contingences matérielles, pour nous attacher de plus en plus à l'immuable et à l'absolu.

Aussi la science expérimentale sera-t-elle toujours insuffisante, malgré les avantages qu'elle offre et les conquêtes qu'elle réalise, si elle n'est complétée par l'intuition, par cette sorte de divination intérieure qui nous fait découvrir les vérités essentielles. Il est une merveille surpassant toutes celles du dehors; cette merveille, c'est nous-mêmes; c'est ce miroir caché dans l'homme et qui réfléchit tout l'univers.

Ceux qui s'absorbent dans l'étude exclusive

des phénomènes, dans la poursuite des formes changeantes et des faits extérieurs, cherchent souvent bien loin cette certitude, ce critérium qui est en eux. Ils négligent d'écouter les voix intimes, de consulter les facultés d'entendement qui se développent et s'affinent dans l'étude silencieuse et recueillie. C'est pourquoi les choses de l'invisible, de l'impalpable, du divin, imperceptibles pour tant de savants, sont perçues parfois par des ignorants. Le plus beau livre est en nous-mêmes. L'infini s'y révèle. Heureux celui qui peut y lire !

Tout ce domaine reste fermé au positiviste, qui dédaigne la seule clef, le seul instrument à l'aide duquel on puisse y pénétrer. Il s'évertue à expérimenter, au moyen des sens physiques et d'instruments matériels, ce qui échappe à toute mesure objective. Aussi l'homme des sens extérieurs raisonne-t-il du monde et des êtres métaphysiques comme un sourd raisonne des règles de la mélodie, et un aveugle des lois de l'optique. Mais que le sens intime s'éveille et s'illumine en lui ; alors, comparée à cette lumière qui l'inonde, la science terrestre, si grande à ses yeux auparavant, se rapetissera aussitôt.

L'éminent psychologue américain, William James, recteur de l'Université Harvard (1), le déclare en ces termes :

« Je puis me mettre dans l'attitude de l'homme de science, et me représenter vivement qu'il n'existe rien en dehors de la sensation et des lois de la matière. Mais je ne puis le faire sans entendre une admonition

(1) W. JAMES, *L'Expérience religieuse*, p. 436.

intérieure : « Fantasmagorie que tout cela ! » Toute l'expérience humaine, dans sa vivante réalité, me pousse irrésistiblement à sortir des étroites limites où prétend nous enfermer la science. Le monde réel est autrement constitué, bien plus riche et plus complexe que celui de la science. »

Après Myers et Flournoy, dont nous avons cité les opinions, W. James établit à son tour que la psychologie officielle ne peut plus méconnaître ces seuils de la conscience profonde, placés au-dessous de la conscience normale. Il le dit formellement (1) :

« Notre conscience normale n'est qu'un type particulier de conscience, séparé, comme par une fine membrane, de plusieurs autres qui attendent le moment favorable pour entrer en jeu. Nous pouvons traverser la vie sans soupçonner leur existence ; mais, en présence du stimulant convenable, ils apparaissent réels et complets. »

A propos de certaines conversions, il ajoute (2) :

« L'on découvre des profondeurs nouvelles dans l'âme au fur et à mesure qu'elle se transforme, comme si elle était formée de couches superposées, dont chacune reste inconnue tant qu'elle est recouverte par d'autres. »

Et plus loin (3) :

« Quand un homme tend consciemment vers un idéal, c'est en général vers quelque chose de vague et d'imprécis. Et cependant, tout au fond de son organisme, il existe des forces qui grandissent et vont dans un sens déterminé; les faibles efforts qu'éclaire sa conscience suscitent des efforts subconscients, alliés vigoureux qui travaillent dans l'ombre; mais ces forces or-

---

(1) W. JAMES, *L'Expérience religieuse*, p. 329.
(2) *Id.*, p. 160.
(3) *Id.*, p. 178.

ganiques convergent vers un résultat qui souvent n'est pas le même et qui est toujours mieux déterminé que l'idéal conçu, médité, voulu par la conscience claire. »

Tout ceci le confirme : la cause initiale, le principe de la sensation n'est pas dans le corps, mais dans l'âme. Les sens physiques ne sont que la manifestation extérieure et grossière, le prolongement, à la surface de l'être, des sens intimes et cachés (1).

(1) Le *Chicago Chronicle*, de décembre 1903, rapporte un cas extraordinaire de manifestation du sixième sens, que nous croyons devoir citer ici. Il s'agit d'une jeune fille de 17 ans, aveugle et sourde-muette depuis l'âge de 6 ans, et chez laquelle s'est développée, depuis cette époque, une faculté nouvelle :

« Ella Hopkins appartient à une bonne famille d'Utica, N. Y. Il y a 3 ans, elle fut placée par ses parents dans une institution de New-York destinée à l'instruction des sourds-muets. Comme aux autres enfants de cette maison, on lui apprit à lire, à entendre et à s'exprimer au moyen des doigts.

« Non seulement Ella s'est approprié rapidement ce langage, mais elle en est arrivée à percevoir ce qui se passe autour d'elle aussi aisément que si elle jouissait de ses sens normaux. Elle sait qui entre et sort, si c'est une personne de connaissance ou un étranger. Elle suit et saisit la conversation tenue à voix basse dans la pièce où elle se trouve, et, sur votre demande, la retrace fidèlement par écrit. Il ne s'agit pas d'une lecture de pensée directe, puisque la jeune fille ne comprend la pensée des personnes présentes que lorsqu'elles lui donnent une expression vocale.

« Mais cette faculté a des intermittences et se montre parfois sous d'autres aspects.

« La mémoire d'Ella est des plus remarquables. Ce qu'elle a une fois appris — et elle apprend vite — n'est jamais oublié. Assise devant sa machine à écrire, les yeux fixés — comme s'ils voyaient — avec un intérêt intense sur les touches de l'instrument, dont elle se sert avec une extrême précision, elle a toute l'apparence d'une jeune femme intel-

Pour développer, affiner la perception d'une façon générale, il faut travailler d'abord à développer le sens intime, le sens spirituel. La médiumnité nous démontre qu'il est des êtres humains beaucoup mieux doués, sous le rapport de la vision et de l'audition intérieures, que certains Esprits vivant dans l'espace et dont les perceptions sont extrêmement limitées, par suite de l'insuffisance de leur évolution.

ligente, en pleine possession de ses facultés normales. Les yeux sont clairs et expressifs, la physionomie animée et changeante. On ne se douterait nullement qu'Ella est aveugle, sourde et muette.

« Le directeur de l'Institution, M. Currier, est habitué, il faut croire, à l'éclosion de facultés anormales chez ces pauvres affligés, puisqu'il ne paraît pas étonné du cas de la jeune fille. « Nous sommes tous, dit-il, conscients de cer-
« taines choses, sans le secours apparent des sens ordi-
« naires... Ceux qui sont privés de deux ou trois de ces
« sens et forcés de compter sur le développement d'autres
« facultés pour les remplacer, voient naturellement celles-ci
« grandir et se fortifier. »

« Il y a, dans la même classe qu'Ella, deux autres jeunes filles également aveugles, sourdes et muettes, qui possèdent aussi ce « sixième sens », quoique à un degré moindre. C'est plaisir, paraît-il, de les voir toutes trois échanger rapidement le vol de leurs pensées, ayant à peine besoin du contact léger de leurs doigts sensitifs. »

A l'énumération de ces faits nous ajouterons un témoignage de haute valeur, celui du professeur César Lombroso, de l'Université de Turin. Il écrivait dans la revue italienne *Aréna* (juin 1907) :

« Jusqu'en 1890, je fus l'adversaire le plus opiniâtre du
« spiritisme..... Mais voilà qu'en 1891 j'eus à me débattre,
« dans ma pratique médicale, contre l'un des phénomènes
« les plus curieux qui se soient jamais présentés à moi.
« J'eus à soigner la fille d'un haut fonctionnaire de ma
« ville natale ; cette personne fut soudain atteinte,

Plus les pensées et les actes sont purs et désintéressés, en un mot, plus la vie spirituelle est intense et prédomine sur la vie physique, plus les sens intérieurs s'accroissent. Le voile qui nous cache le monde fluidique s'amincit, devient transparent et, derrière lui, l'âme perçoit un merveilleux ensemble d'harmonies et de beautés. En même temps, elle devient plus apte à recueillir et à transmettre les révélations, les inspirations des Êtres supérieurs, car le développement des sens internes coïncide généralement avec une extension des facultés de l'esprit, avec une attirance plus énergique des radiations éthérées.

Chaque plan de l'Univers, chaque cercle de la vie correspond à un nombre de vibrations qui s'accentuent et deviennent plus rapides,

« à l'époque de la puberté, d'un violent accès d'hys-
« térie avec accompagnement de symptômes dont ni
« la pathologie, ni la physiologie ne pouvaient donner
« l'explication. Par moments, ses yeux perdaient totalement
« la faculté de voir, et en revanche la malade voyait par les
« oreilles. Elle était capable de lire, les yeux bandés, quel-
« ques lignes d'imprimerie qu'on présentait à son oreille.
« Lorsqu'on plaçait une loupe entre son oreille et la lumière
« solaire, elle éprouvait comme une brûlure des yeux ; elle
« s'écriait qu'on voulait l'aveugler..... Bien que ces faits ne
« fussent pas nouveaux, ils n'en étaient pas moins singu-
« liers. J'avoue que, du moins, ils me paraissaient inexpli-
« cables par les théories physiologiques et pathologiques
« établies jusqu'alors. Une seule chose me paraissait bien
« claire, c'est que l'hystérie (?) mettait en action, chez une
« personne entièrement normale auparavant, des forces sin-
« gulières, en rapport avec des sens inconnus. C'est alors
« que j'eus l'idée que peut-être le spiritisme me faciliterait
« l'approche de la vérité. »

plus subtiles, à mesure qu'elles se rapprochent de la vie parfaite. Les êtres doués d'une faible puissance de radiation ne peuvent percevoir les formes de vie qui leur sont supérieures. Mais tout esprit est capable d'obtenir, par l'entraînement de la volonté et l'éducation des sens intimes, une puissance de vibration qui lui permet d'agir sur des plans très étendus. Nous trouvons une preuve de l'intensité de ce mode d'émission mentale dans ce fait qu'on a vu des mourants, ou des personnes en danger de mort, impressionner télépathiquement, à de grandes distances, plusieurs sujets à la fois (1).

En réalité, chacun de nous pourrait, s'il le voulait, communiquer à toute heure avec le monde invisible. Nous sommes esprits ; par la volonté, nous pouvons commander à la matière et nous dégager de ses liens pour vivre dans une sphère plus libre, la sphère de la vie super-consciente. Pour cela, une chose est nécessaire, se spiritualiser, revenir à la vie de l'esprit par une concentration parfaite de nos forces intérieures. Alors nous nous trouvons face à face avec un ordre de choses, que ni l'instinct, ni l'expérience, ni même la raison ne peuvent saisir.

L'âme, dans son expansion, peut briser la muraille de chair qui l'enserre et communier par ses sens propres avec les mondes supérieurs et divins. C'est ce qu'ont pu faire les voyants et les vrais saints, les grands mystiques de tous les temps et de toutes les religions.

(1) Voir *Annales des Sciences psychiques*, octobre 1906, pp. 611, 613.

William James le constate en ces termes (1) :

« Le plus important résultat de l'extase est de faire tomber toute barrière entre l'individu et l'Absolu. Par elle, nous nous rendons compte de notre identité avec l'infini ; c'est l'éternelle et triomphante expérience du mysticisme qu'on retrouve sous tous les climats et dans toutes les religions. Toutes font entendre les mêmes accents avec une imposante unanimité ; toutes proclament l'unité de l'homme avec Dieu. »

Ailleurs, il expose encore ses vues sur le mysticisme (2) :

« Les états mystiques apparaissent au sujet comme une forme de connaissance. Ils lui révèlent des profondeurs de vérité insondables à la raison discursive. C'est une illumination d'une richesse inépuisable, dont on sent qu'elle aura sur toute la vie un immense retentissement.

« Parvenus à leur plein développement, ces états s'imposent en fait et en droit, avec une absolue autorité à ceux qui les éprouvent... Ils s'opposent à l'autorité de la conscience purement rationnelle, fondée uniquement sur l'entendement et les sens, en prouvant qu'elle n'est qu'un des modes de la conscience. »

William James pense également que les états mystiques pourraient être considérés comme des fenêtres donnant sur un monde plus étendu et plus complet, et il ajoute (3) :

« Quand même chaque mystique verrait par sa fenêtre un monde différent, cette diversité n'infirmerait en rien notre hypothèse. C'est que le monde plus grand qu'ils aperçoivent serait aussi complexe qu'est le nôtre,

---

(1) W. JAMES, *L'Expérience religieuse*, p. 355.
(2) *Id.*, pp. 325 et 358.
(3) *Id.*, p. 362.

voilà tout. Il aurait ses régions célestes et ses régions infernales, ses tentations et ses délivrances, ses expériences vraies et ses illusions; il ressemblerait à notre monde, tout en étant plus grand que lui. »

* * *

Le spiritisme, dans une certaine mesure, démontre la justesse de ces appréciations. La médiumnité, sous ses formes si variées, est aussi la résultante d'un entraînement psychique, qui permet aux sens de l'âme d'entrer en action, de se substituer, pour un moment, aux sens physiques et de percevoir ce qui est imperceptible pour les autres hommes. Elle se caractérise et se développe suivant les aptitudes qu'a le sens intime à prédominer d'une façon ou de l'autre et à se manifester par l'une des voies habituelles de la sensation. L'Esprit désirant se communiquer reconnaît à première vue le sens organique qui, chez le médium, lui servira d'intermédiaire et il agit sur ce point. Tantôt, c'est la parole ou bien l'écriture, par l'action mécanique de la main; c'est le cerveau, quand il s'agit de la médiumnité intuitive. Dans les incorporations temporaires, c'est la possession pleine et entière et l'adaptation des sens spirituels du possesseur aux sens physiques du sujet.

La faculté la plus commune est la clairvoyance, c'est-à-dire la perception, les yeux étant fermés, de ce qui se passe au loin, soit dans le temps, soit dans l'espace, dans le passé comme dans l'avenir. C'est la pénétration de l'esprit du clairvoyant dans les milieux fluidiques, où s'enregistrent les faits accomplis et où s'élaborent les plans des choses futures. Le plus souvent, la clairvoyance s'exerce inconsciemment, sans aucune préparation. Dans ce cas, elle résulte de l'évolution naturelle du percipient; mais on peut aussi la provoquer, de même que la vision spirite. Celle-ci n'a pas toujours pour objectif une réalité permanente, mais plutôt la perception d'êtres ou d'objets fluidiques temporairement matérialisés. Cette vision peut s'exercer directement ou bien dans le miroir, le verre d'eau, la boule de cristal.

On peut acquérir aussi la clairaudience, l'audition des voix intérieures, mode de communication possible avec les Esprits. Une autre manifestation des sens intimes est la lecture des événements enregistrés, photographiés, en quelque sorte, dans l'ambiance d'un objet antique ou moderne. Par exemple, un débris d'arme, une médaille, un fragment de sarcophage, une pierre provenant d'une ruine, évoqueront, dans l'âme du voyant, toute une suite d'images se rattachant aux temps et aux lieux auxquels ces objets ont appartenu. C'est ce qu'on a appelé la psychométrie.

Ajoutons encore les rêves symboliques, les rêves prémonitoires et même les pressentiments obscurs qui nous avertissent d'un danger insoupçonné.

Beaucoup de personnes, avons-nous dit, ont, sans le savoir, la possibilité de communiquer par le sens intime avec leurs amis de l'espace. De ce nombre sont les âmes vraiment religieuses, c'est-à-dire idéalisées, chez qui les épreuves, les souffrances, un long entraînement moral ont affiné les sens subtils, les ont rendus plus sensibles aux vibrations des pensées extérieures. Souvent, des âmes humaines en détresse se sont adressées à moi pour solliciter, de l'au-delà, des avis, des conseils, des indications qu'il ne m'était pas possible de leur procurer. Je leur recommandais alors l'expérience suivante, qui, parfois, réussissait. Repliez-vous sur vous-même, leur disais-je, dans l'isolement et le silence. Élevez vos pensées vers Dieu ; appelez votre esprit protecteur, ce guide tutélaire que la Providence attache à nos pas dans le voyage de la vie. Interrogez-le sur les questions qui vous préoccupent, à la condition qu'elles soient dignes de lui, dégagées de tout bas intérêt ; puis, attendez ! écoutez attentivement en vous-même et, au bout d'un instant, dans les profondeurs de votre conscience, vous entendrez comme l'écho affaibli d'une voix lointaine, ou plutôt vous percevrez les vibrations d'une pensée mystérieuse, qui chassera vos doutes, dissipera vos angoisses, vous bercera, vous consolera.

C'est là, en effet, une des formes de la médiumnité et non des moins belles. Tous peuvent l'obtenir et participer à cette communion des vivants et des morts, qui est appelée à s'étendre un jour à l'humanité entière.

On peut même, par ce procédé, correspondre avec le plan divin. En des circonstances difficiles de ma vie, lorsque j'hésitais entre des résolutions contraires au sujet de la tâche qui m'a été confiée de répandre les vérités consolatrices du néo-spiritualisme, faisant appel à l'Entité suprême, j'entendais toujours retentir en moi une voix grave et solennelle qui me dictait mon devoir. Claire et distincte pourtant, cette voix semblait provenir d'un point très éloigné. Son accent de tendresse me touchait jusqu'aux larmes.

*
* *

L'intuition n'est donc, le plus souvent, qu'une des formes employées par les habitants du monde invisible pour nous transmettre leurs avertissements, leurs instructions. D'autres fois, elle sera la révélation de la conscience profonde à la conscience normale. Dans le premier cas, elle peut être considérée comme une inspiration. Par la médiumnité, l'Esprit infuse ses idées dans l'entendement du transmetteur. Celui-ci fournira l'expression, la forme, le langage et, dans la mesure de son développement cérébral, l'Esprit trouvera en lui des moyens plus ou moins sûrs et abondants pour communiquer sa pensée dans toute son étendue et son éclat.

La pensée de l'Esprit agissant est une en son principe d'émission, mais elle varie dans ses manifestations, suivant l'état plus ou moins parfait des instruments qu'elle emploie. Chaque médium marque de l'empreinte de sa personnalité l'inspiration qui lui vient de plus haut. Plus l'intellect du sujet est cultivé et spiritualisé, plus les instincts matériels sont comprimés en lui, et plus la pensée supérieure sera transmise avec pureté et fidélité.

La large nappe d'un fleuve ne peut s'écouler à travers un étroit canal; de même l'Esprit inspirateur ne réussira à transmettre par l'organisme du médium que celles de ses conceptions qui y trouveront une issue préparée. Par un grand effort mental, sous l'excitation d'une force extérieure, le médium pourra exprimer des conceptions au-dessus de son propre savoir ; mais, dans l'expression des idées suggérées, on retrouvera ses termes favoris, ses tournures de phrases habituelles, quoique le stimulant qu'il subit prête, pour un instant, plus d'ampleur et d'élévation à son langage.

Nous voyons par là quelles difficultés, quels obstacles l'organisme humain oppose à la transmission fidèle et entière des conceptions de l'âme, et combien un long entraînement, une éducation prolongée sont nécessaires pour l'assouplir et l'adapter aux besoins de l'intelligence qui le meut. Et ceci ne s'applique pas seulement à l'Esprit désincarné qui veut se manifester à l'aide d'un intermédiaire mortel, mais aussi à l'âme incarnée elle-même, dont les conceptions profondes ne parviennent jamais à se faire jour dans leur plénitude sur le plan terrestre, comme l'affirment tous les hommes de génie et, particulièrement, les compositeurs et les poètes.

Au premier degré, l'inspiration est consciente ; mais, dès que l'action de l'Esprit s'accentue, le médium se trouve sous l'influence d'une force qui le fait agir indépendamment de sa volonté. Ou bien, une sorte de pesanteur l'envahit ; ses yeux se voilent et il perd conscience de lui-même pour passer sous une domination invisible. Dans ce cas, le médium n'est plus qu'un instrument, un appareil de réception et de transmission. Comme une machine obéit au courant électrique qui l'actionne, le médium obéit alors au courant de pensées qui l'envahit.

Dans l'exercice de la médiumnité intuitive, à l'état de veille, beaucoup se découragent devant l'impossibilité de distinguer les idées qui nous sont propres de celles qui nous sont suggérées. Il est cependant facile, croyons-nous, de reconnaître les idées de provenance étrangère. Elles jaillissent spontanément, à l'improviste, comme des lueurs subites émanant d'un foyer inconnu ; tandis que nos idées personnelles, celles qui proviennent de notre fonds, sont toujours à notre disposition et occupent, d'une façon permanente, notre intellect. Non seulement les idées inspirées surgissent comme par enchantement, mais elles se suivent, s'enchaînent d'elles-mêmes et s'expriment avec rapidité, parfois d'une manière fébrile.

Presque tous les auteurs, écrivains, orateurs, poètes, sont médiums à certains moments ; ils ont l'intuition d'une assistance occulte qui les inspire et participe à leurs travaux. Ils l'avouent eux-mêmes aux heures d'épanchement.

Thomas Paine écrivait :

« Il n'est personne qui, s'étant occupé des progrès de l'esprit humain, n'ait fait cette observation qu'il y a deux classes bien distinctes de ce qu'on nomme Idées ou Pensées : celles qui sont produites en nous-mêmes par la réflexion et celles qui se précipitent d'elles-mêmes dans notre esprit. Je me suis fait une règle de toujours accueillir avec politesse ces visiteurs inattendus et de rechercher avec tout le soin dont j'étais capable s'ils méritaient mon attention. Je déclare que c'est à ces hôtes étrangers que je dois toutes les connaissances que je possède. »

Emerson parle en ces termes du phénomène de l'inspiration :

« Les pensées ne me viennent pas successivement, comme dans un problème de mathématiques, mais elles pénètrent d'elles-mêmes dans mon intellect, semblables à un éclair qui brille dans les ténèbres de la nuit. La vérité m'arrive, non par le raisonnement, mais par intuition. »

La rapidité avec laquelle Walter Scott, *le barde d'Aven*, écrivait ses romans était un sujet d'étonnement pour ses contemporains. Voici l'explication qu'il en donne lui-même :

« Vingt fois je me suis mis à l'ouvrage, ayant composé le cadre, et jamais de la vie je ne l'ai suivi. — Mes doigts travaillent indépendants de ma pensée ; — c'est ainsi qu'après avoir écrit le second volume de *Woodstock*, je n'avais pas la moindre idée que l'histoire se déroulerait en une catastrophe dans le troisième volume. »

Parlant de *l'Antiquaire*, il dit encore :

« J'ai un plan général ; mais, aussitôt que je prendrai la plume, elle courra assez vite sur le papier, à tel point que souvent je suis tenté de la laisser aller toute seule, pour voir si elle n'écrira pas aussi bien qu'avec l'assistance de ma pensée. »

Novalis, dont les *Fragments* et les *Disciples de Saïs* demeureront parmi les plus puissants efforts de l'esprit humain, écrivait :

« Il semble à l'homme qu'il soit engagé dans une conversation et que quelque être inconnu et spirituel le détermine d'une manière merveilleuse à développer les pensées les plus évidentes. Cet être doit être supérieur et homogène, parce qu'il se tient en rapport avec l'homme d'une façon qui n'est pas possible à un être soumis aux phénomènes. »

Rappelons aussi la célèbre inspiration de Jean-Jacques Rousseau, décrite par lui-même et devenue, pour ainsi dire, classique :

« J'allais voir Diderot, alors prisonnier à Vincennes; j'avais dans ma poche un *Mercure de France*, que je me mis à feuilleter le long du chemin. Je tombe sur la question de l'Académie de Dijon qui a donné lieu à mon premier écrit. Si jamais quelque chose a ressemblé à une inspiration subite, c'est le mouvement qui se fit en moi à cette lecture; tout à coup, je me sentis l'esprit ébloui de mille lumières; des foules d'idées vives se présentent à la fois, avec une force et une confiance qui me jeta dans un trouble inexprimable. Je sens ma tête prise par un étourdissement semblable à l'ivresse. Une violente palpitation m'oppresse, soulève ma poitrine ; ne pouvant plus respirer en marchant, je me laisse tomber sous un des arbres de l'avenue, et j'y passe une demi-heure dans une telle agitation, qu'en me relevant j'aperçus tout le devant de ma veste mouillée de mes larmes, sans avoir senti que j'en répandais. Oh ! si j'avais jamais pu écrire le quart de ce que j'ai vu et senti sous cet arbre, avec quelle clarté j'aurais fait voir toutes les contradictions du système social; avec quelle force j'aurais exposé tous les abus de nos institutions, avec quelle simplicité j'aurais démontré que l'homme est bon naturellement... Tout ce que j'ai pu retenir de ces foules de grandes vérités qui, dans un quart d'heure, m'illuminèrent sous cet arbre, a été facilement épars dans mes trois principaux écrits : savoir, ce premier discours, celui de l'*Inégalité* et le *Traité de l'éducation...* Tout le reste a été perdu et il n'y a eu d'écrit sur le lieu même que la prosopopée de Fabricius. »

Le cas d'inspiration médiumnique le plus extraordinaire, peut-être, des temps modernes est celui d'Andrews Jackson Davis, appelé aussi le « voyant de Poughkeepsie ». Ce personnage apparaît à l'aurore du néo-spiritualisme américain comme une sorte d'apôtre d'un relief puissant. Grâce à une faculté restée sans rivale, il a pu exercer une influence irrésistible sur son époque et sur son pays.

Nous empruntons les détails suivants à l'ouvrage de Mme Emma Hardinge, intitulé : *Spiritualisme moderne américain :*

« A l'âge de 15 ans, le jeune Davis devint d'abord célèbre à New-York et dans le Connecticut pour son habileté à diagnostiquer les maladies et à prescrire des remèdes, grâce à une étonnante faculté de clairvoyance. De tempérament chétif et délicat, le jeune guérisseur possédait un degré de culture intuitive qui compensait son absence totale d'éducation, et une aisance mondaine qu'on n'aurait pu attendre de sa très humble origine, car il était le fils et l'apprenti d'un pauvre cordonnier du pays.

« Il avait par hasard été magnétisé à 14 ans par un certain Livingston, de Poughkeepsie, qui, découvrant que le garçon cordonnier possédait d'étonnants pouvoirs de clairvoyance et un don extraordinaire pour guérir les maladies, le retira de son échoppe et se l'associa.

« Depuis que le hasard avait découvert à M. Livingston les dons merveilleux du jeune Davis, le temps de ce dernier avait été si bien employé que, ni à ce moment, ni à aucune époque de sa carrière, il ne put trouver le loisir d'ajouter un iota au maigre bagage de son instruction villageoise. L'humble rang, les moyens limités de ses parents avaient privé le jeune Davis de toute chance de culture, sauf pendant cinq mois, où il avait fréquenté l'école du village et les rudes paysans des districts arriérés. La célébrité extraordinaire à laquelle il est parvenu a rendu publics les moindres détails de son enfance ; il est donc parfaitement avéré que sa plus haute science, à l'époque de ce qu'on peut appeler son illumination spirituelle, se bornait à savoir lire, écrire, compter passablement, et toute sa littérature se résumait en un conte appelé : « Les trois Espagnols ».

« Davis avait 18 ans quand il annonça au cercle d'admirateurs qu'intéressait sa clairvoyance, qu'il allait être l'instrument d'une phase nouvelle et étonnante de pouvoir spirituel, commençant par une série de conférences, appelées à produire un effet considérable sur le monde scientifique et sur les opinions religieuses de l'humanité.

« En exécution de cette prophétie, M. Davis commença le cours de ses conférences, et choisit pour son magnétiseur le docteur Lyon, de Bridgeport, pour secrétaire le Rev. William Fishbough, et pour témoins spéciaux le Rev. Y. N. Parker, R. Lapham, Esq., et le docteur L. Smith, de New-York. En outre, plusieurs autres personnes, de haute situation ou de connaissances étendues en littérature et en science, étaient invitées de temps en temps à assister à ces conférences. C'est ainsi que fut produit le vaste entassement de connaissances littéraires, scientifiques, philosophiques et historiques, intitulé : *Divines Révélations de la Nature*. Le caractère merveilleux de cette œuvre, émanant d'une personne si complètement incapable de la produire dans les circonstances ordinaires, excita le plus profond étonnement dans toutes les classes de la société.

« Les *Révélations* furent bientôt suivies de *la Grande Harmonie*, de *l'Age présent* et de *la Vie intérieure*. D'autres volumineuses productions encore, jointes aux conférences de Davis, à ses travaux d'éditeur, aux associations qu'il groupa et à sa large influence personnelle, ont réalisé une révolution complète aux États-Unis, dans les esprits d'une classe nombreuse de penseurs appelés *les avocats de la philosophie harmonique*; et cette révolution doit incontestablement son origine au pauvre garçon cordonnier.

« M. James Victor Wilson, de New-Orléans, bien connu pour ses travaux littéraires et auteur d'un excellent traité de magnétisme, dit, en parlant de ces premières conférences :

« Le monde connaîtra bientôt par M. Davis le triomphe de la clairvoyance et ce sera une grande surprise. Au cours de l'année passée, cet aimable jeune homme, sans éducation, sans préparation, a dicté jour par jour un livre extraordinaire, bien conçu, bien lié, traitant de toutes les grandes questions de l'époque, des sciences physiques, de la Nature dans toutes ses ramifications infinies, de l'homme dans ses innombrables modes d'existence, de Dieu dans l'abîme insondable de son amour, de sa sagesse et de sa puissance...

« Des milliers de personnes, qui l'ont vu dans ses examens médicaux ou dans ses exposés scientifiques, témoignent de l'étonnante élévation d'esprit possédée par M. Davis dans son état anormal. Ses manuscrits furent souvent soumis à l'investigation des plus hautes intelligences du pays, qui s'assurèrent, de la façon la plus approfondie, de l'impossibilité qu'il ait jamais pu acquérir les connaissances dont il faisait preuve dans son état anormal. Le résultat le plus clair de la vie de ce personnage phénoménal fut la démonstration de la clairvoyance, et la glorieuse révélation que l'âme de l'homme pouvait communiquer spirituellement avec les Esprits de l'autre monde, comme avec ceux de celui-ci, et aspirer à acquérir des connaissances s'étendant bien au-delà de la sphère terrestre. »

.*.

Nous avons parlé incidemment de la méthode à suivre pour le développement des sens psychiques. Elle consiste à s'isoler à certaines heures du jour ou de la nuit, à suspendre l'activité des sens extérieurs, à écarter de soi les images et les bruits de la vie du dehors. La chose est possible, même dans les conditions sociales les plus humbles, au sein des occupations les plus vulgaires. Il faut, pour ainsi dire, se replier sur soi-même et, dans le calme et le recueillement de la pensée, faire un effort mental pour voir et lire dans le grand livre mystérieux qui est en nous. Dans ces moments, écartez de votre esprit tout ce qui est passager, terrestre, changeant. Les préoccupations d'ordre matériel créent des courants vibratoires horizontaux, qui font obstacle aux radiations éthérées et restreignent nos perceptions. Au contraire, la méditation, la contemplation, l'effort constant vers le bien et le beau forment des courants ascensionnels, qui établissent le rapport avec les plans supérieurs et facilitent la pénétration en nous des effluves divins. Par cet exercice répété et prolongé, l'être intérieur se trouve peu à peu illuminé, fécondé, régénéré ; cette œuvre d'entraînement est longue et difficile ; elle nécessite parfois plus d'une existence. Aussi n'est-il jamais trop tôt pour l'entreprendre. Ses bons effets ne tarderont pas à se faire sentir. Tout ce que vous perdrez en sensations d'ordre inférieur, vous le gagnerez en perceptions supra-terrestres, en équilibre mental et moral, en joies de l'esprit. Votre sens intime acquerra une délicatesse, une acuité extraordinaires ; vous arriverez à communiquer un jour avec les plus hautes sphères spirituelles. Ces pouvoirs, les religions ont cherché à les constituer au moyen de la communion et de la prière. Mais la prière en usage dans les Églises, ensemble de formules apprises et répétées mécaniquement, pendant des heures entières, est impuissante à donner à l'âme l'essor nécessaire, à établir le lien fluidique, le fil conducteur par lequel le rapport s'établira. Il faut un appel, un élan plus vigoureux, une concentration, un recueillement plus profonds. C'est pour cela que nous avons toujours préconisé la prière improvisée, le cri de l'âme qui, dans sa foi et son amour, s'élance de toutes les forces accumulées en elle vers l'objet de son désir.

Au lieu de convier, au moyen de l'évocation, les Esprits célestes à descendre vers nous, on apprendra ainsi à se dégager soi-même et à monter vers eux.

Toutefois, certaines précautions sont nécessaires. Le monde invisible est peuplé d'entités de tous ordres, et celui qui y pénètre doit posséder une perfection suffisante, être inspiré par des sentiments assez élevés pour le mettre à l'abri de toutes les suggestions du mal. Tout au moins, doit-il être conduit dans ses recherches, par un guide sûr et éclairé. C'est par le progrès moral que l'on obtient l'autorité, l'énergie nécessaires pour commander aux Esprits légers et arriérés qui fourmillent autour de nous. La pleine possession de soi-même, la connaissance profonde et tranquille des lois éternelles nous préservent des dangers, des pièges, des illusions de l'au-delà ; elles nous procurent les moyens de contrôler les forces en action sur le plan occulte.

XXII. — LE LIBRE ARBITRE

La liberté est la condition nécessaire de l'âme humaine, qui, sans elle, ne pourrait édifier sa destinée. C'est en vain que les philosophes et les théologiens ont argumenté à perte de vue sur cette question. Ils l'ont obscurcie à l'envi par leurs théories, leurs sophismes, vouant l'humanité à la servitude, au lieu de la conduire vers la lumière libératrice. La notion est simple et claire. Les Druides l'avaient formulée dès les premiers temps de notre histoire. Elle est exprimée en ces termes, dans les *Triades* : « Il y a trois unités primitives : Dieu, la lumière et la liberté. »

Tout d'abord, à première vue, la liberté de l'homme paraît bien restreinte au milieu du cercle de fatalités qui l'enserre : nécessités physiques, conditions sociales, intérêts ou instincts. Mais, en considérant la question de plus près, on voit que cette liberté est toujours suffisante pour permettre à l'âme de briser ce cercle et d'échapper aux forces oppressives.

La liberté et la responsabilité sont corrélatives chez l'être et augmentent avec son élévation. C'est la responsabilité de l'homme qui fait sa dignité et sa moralité ; sans elle, il ne serait qu'une machine aveugle, un jouet des forces ambiantes. La notion de moralité est inséparable de celle de liberté.

La responsabilité est établie par le témoignage de la conscience, qui nous approuve ou nous blâme suivant la nature de nos actes. La sensation du remords est une preuve plus démonstrative que tous les arguments philosophiques. Pour tout esprit quelque peu évolué, la loi du devoir brille comme un phare à travers la brume des passions et des intérêts. Aussi, voyons-nous tous les jours des hommes, dans les situations les plus humbles et les plus difficiles, accepter de dures épreuves plutôt que de s'abaisser à commettre des actes indignes.

Si la liberté humaine est restreinte, elle est du moins en voie de perpétuel développement, car le progrès n'est pas autre chose que l'extension du libre arbitre dans l'individu et dans la collectivité. La lutte entre la matière et l'esprit a précisément pour but de libérer celui-ci, dans une mesure croissante, du joug des forces aveugles. L'intelligence et la volonté arrivent à prédominer peu à peu sur ce qui représente à nos yeux la fatalité. Le libre arbitre est donc un épanouissement de la personnalité et de la conscience. Pour être libre, il faut vouloir l'être et faire effort pour le devenir, en s'affranchissant des servitudes de l'ignorance et des basses passions, en substituant l'empire de la raison à celui des sensations et des instincts.

Cela ne peut s'obtenir que par une éducation et un entraînement prolongés des facultés humaines : libération physique par la limitation des appétits; libération intellectuelle par la conquête de la vérité ; libération morale par la recherche de la vertu. C'est là l'œuvre des siècles. Mais à tous les degrés de son ascension, dans la répartition des biens et des maux de la vie, à côté de l'enchaînement des causes, sans préjudice des destinées que notre passé nous inflige, il y a toujours une place pour la libre volonté de l'homme.

*
* *

Comment concilier notre libre arbitre avec la prescience divine ? Devant la connaissance anticipée que Dieu a de toutes choses, peut-on vraiment affirmer la liberté humaine ? Question complexe et ardue en apparence, qui a fait couler des flots d'encre, et dont la solution est cependant des plus simples. Mais l'homme n'aime pas les choses simples. Il préfère l'obscur, le compliqué et n'accepte la vérité qu'après avoir épuisé toutes les formes de l'erreur.

Dieu, dont la science infinie embrasse toutes choses, connaît la nature de chaque homme et les impulsions, les tendances d'après lesquelles il pourra se déterminer. Nous-mêmes, connaissant le caractère d'une personne, nous pourrions facilement prévoir dans quel sens, en telle circonstance donnée, elle se décidera, soit d'après l'intérêt, soit d'après le devoir. Une résolution ne peut naître de rien. Elle est forcément reliée à une série de causes et d'effets antérieurs dont elle dérive et qui l'expliquent.

Dieu, connaissant chaque âme dans ses moindres replis, peut donc rigoureusement, avec certitude, déduire de la connaissance qu'il a de cette âme, et des conditions où elle est appelée à agir, les déterminations que, librement, elle prendra.

Remarquons que la prévision de nos actes ne les fait pas naître. Si Dieu ne pouvait prévoir nos résolutions, elles n'en auraient pas moins leur libre cours.

C'est ainsi que la liberté humaine et la prévoyance divine se réconcilient et se combinent, quand on considère le problème aux clartés de la raison.

Le cercle dans lequel s'exerce la volonté de l'homme est, d'ailleurs, trop restreint pour qu'il puisse, en aucun cas, entraver l'action divine, dont les effets se déroulent dans l'immensité sans bornes. Le faible insecte perdu dans un coin de jardin ne saurait, en dérangeant les quelques atomes à sa portée, troubler l'harmonie de l'ensemble et entraver l'œuvre du divin Jardinier.

*
* *

La question du libre arbitre a une importance capitale et de graves conséquences pour l'ordre social tout entier, par son action et sa répercussion sur l'éducation, la moralité, la justice, la législation, etc. Elle a déterminé deux courants opposés d'opinion : les négateurs du libre arbitre et ceux qui l'admettent avec restriction.

Les arguments des fatalistes et des déterministes se résument ainsi : « L'homme est soumis aux impulsions de sa nature, qui le dominent et l'obligent à vouloir, à se déterminer dans un sens plutôt que dans un autre. Par suite, il n'est pas libre. »

L'école opposée, celle qui admet la libre volonté de l'homme, en face de ce système négatif, élève la théorie des causes indéterminantes. Son plus brillant représentant, à notre époque, fut Ch. Renouvier.

Les vues de ce philosophe ont été confirmées plus récemment par les beaux travaux de Wundt sur *l'aperception*, d'Alfred Fouillée sur *l'idée-force* et de Boutroux sur *la contingence de la loi naturelle*.

Les éléments que la révélation néo-spiritualiste nous apporte sur la nature et le devenir de l'être, donnent à la théorie du libre arbitre une sanction définitive. Ils viennent arracher la conscience moderne à l'influence délétère du matérialisme et orienter la pensée vers une conception de la destinée, qui aura pour effet, comme le disait C. du Prel, de rajeunir la vie intérieure de la civilisation.

Jusqu'ici, aussi bien au point de vue théologique que déterministe, la question était restée à peu près insoluble. Il ne pouvait en être autrement, puisque chacun de ces systèmes partait de cette donnée inexacte, que l'être humain a une seule existence terrestre à parcourir. Il en est tout autrement si l'on élargit le cercle de la vie et si l'on considère le problème à la lumière que projette la doctrine des renaissances. Ainsi, chaque être conquiert sa propre liberté au cours de l'évolution qu'il doit accomplir.

Suppléée d'abord par l'instinct, qui disparaît peu à peu pour faire place à la raison, notre liberté est très limitée dans nos étapes inférieures et dans toute la période de notre éducation première. Elle prend une extension considérable dès que l'esprit a acquis la compréhension de la loi. Et toujours, à tous les degrés de son ascension, à l'heure des résolutions importantes, il sera assisté, guidé, conseillé par des Intelligences supérieures, par des Esprits plus grands et plus éclairés que lui.

Le libre arbitre, la libre volonté de l'esprit s'exercent surtout à l'heure des réincarnations. En choisissant telle famille, tel milieu social, il sait d'avance quelles sont les épreuves qui l'attendent, mais il comprend également la nécessité de ces épreuves pour développer ses qualités, guérir ses défauts, dépouiller ses préjugés et ses vices. Ces épreuves peuvent être aussi la conséquence d'un passé néfaste qu'il faut réparer, et il les accepte avec résignation, avec confiance, car il sait que ses grands frères de l'espace ne l'abandonneront pas aux heures difficiles.

L'avenir lui apparaît alors, non pas dans ses détails, mais dans ses traits les plus saillants, c'est-à-dire dans la mesure où cet avenir est la résultante d'actes antérieurs. Ces faits représentent la part de fatalité ou la « prédestination » que certains hommes sont portés à voir en toute vie. Ce sont simplement, nous l'avons vu, les effets ou les réactions de causes éloignées. En réalité, rien n'est fatal, et quel que soit le poids des responsabilités encourues, on peut toujours atténuer, modifier son sort par des œuvres de dévouement, de bonté, de charité, par un long sacrifice au devoir.

*
* *

Le problème du libre arbitre a, disions-nous, une grande importance au point de vue juridique. Tout en tenant compte du droit de répression et de préservation sociale, il est très difficile de préciser, dans tous les cas relevant des tribunaux, l'étendue des responsabilités individuelles. On ne pourrait le faire qu'en établissant le degré d'évolution des coupables. Le néo-spiritualisme nous en fournirait peut-être les moyens. Mais la justice humaine, peu versée en ces matières, reste aveugle et imparfaite dans ses décisions et ses arrêts.

Le méchant, le coupable, n'est en réalité qu'un esprit jeune et ignorant, chez qui la raison n'a pas eu le temps de mûrir. « Le crime, a dit Duclos, est toujours le résultat d'un faux jugement. » C'est pourquoi les pénalités infligées devraient être établies de façon à contraindre le condamné à rentrer en lui-même, à s'instruire, à s'éclairer, à s'amender. La société doit corriger avec amour et non avec haine, sans quoi elle se rend elle-même coupable.

Nous l'avons démontré, les âmes sont équivalentes à leur point de départ. Elles sont différentes par leurs degrés infinis d'avancement;

les unes, jeunes; les autres, vieilles, et, par suite, diversement développées en moralité et en sagesse, suivant leur âge. Il serait injuste de demander à l'esprit enfant des mérites égaux à ceux qu'on peut attendre d'un esprit ayant beaucoup vu, beaucoup appris. De là, une très grande différenciation dans les responsabilités.

L'être n'est vraiment mûr pour la liberté que le jour où les lois universelles, extérieures à lui, sont devenues intérieures et conscientes par le fait même de son évolution. Le jour où il s'est pénétré de la loi et en a fait la règle de ses actions, il a atteint le point moral où l'homme se possède, se domine et se gouverne lui-même. Dès lors, il n'a plus besoin de la contrainte et de l'autorité sociales pour se diriger. Et il en est de la collectivité comme de l'individu. Un peuple n'est vraiment libre, digne de la liberté, que s'il a appris à obéir à cette loi intérieure, loi morale, éternelle et universelle, qui n'émane ni du pouvoir d'une caste ni de la volonté des foules, mais d'une Puissance plus haute. Sans la discipline morale que chacun doit s'imposer, les libertés publiques ne sont qu'un leurre. On a l'apparence, on n'a pas les mœurs d'un peuple libre. La société reste exposée, par la violence de ses passions et l'intensité de ses appétits, à toutes les complications, à tous les désordres.

Tout ce qui se hausse vers la lumière, se hausse vers la liberté. Celle-ci s'épanouit, pleine et entière, dans la vie supérieure. L'âme subit d'autant plus le poids des fatalités matérielles qu'elle est plus arriérée et plus inconsciente; elle est d'autant plus libre qu'elle s'élève davantage et se rapproche du divin. Dans son état d'ignorance, il est heureux pour elle d'être soumise à une direction. Entièrement livrée à elle-même, elle se perdrait dans les bas-fonds de l'existence. Mais, devenue sage et parfaite, elle jouit de sa liberté dans la lumière divine.

En thèse générale, tout homme parvenu à l'état de raison est libre et responsable, dans la mesure de son avancement. Je laisse de côté les cas où, sous l'empire d'une cause quelconque, physique ou morale, maladie ou obsession, l'homme a perdu l'usage de ses facultés. On ne peut méconnaître que le physique exerce parfois une grande influence sur le moral. Cependant, dans la lutte engagée entre eux, les âmes fortes triomphent toujours. Socrate disait qu'il avait senti germer en lui les instincts les plus pervers et qu'il les avait domptés. Il y avait chez ce philosophe deux courants de forces contraires : l'un, orienté vers le mal ; l'autre, vers le bien, et c'est ce dernier qui l'emportait.

Il est aussi des causes secrètes qui, souvent, agissent sur nous. Parfois l'intuition vient combattre le raisonnement. Des impulsions parties de la conscience profonde nous déterminent dans un sens non prévu. Ceci n'est pas une négation du libre arbitre ; c'est l'action de l'âme dans sa plénitude, intervenant dans le cours de ses destinées. Ou bien, ce sera l'influence de nos guides invisibles qui s'exerce et nous pousse dans le sens du plan divin, l'intervention d'une Intelligence, qui, voyant de plus loin et de plus haut, cherche à nous arracher aux contingences inférieures et à nous porter vers les altitudes. Mais, dans tous ces cas, c'est notre volonté seule qui rejette ou accepte et décide en dernier ressort.

En résumé, au lieu de nier ou d'affirmer le libre arbitre, suivant l'école philosophique à laquelle on se rattache, il serait plus exact de dire : L'homme est l'artisan de sa libération. Il n'atteint l'état complet de liberté que par la culture intérieure et la mise en valeur de ses puissances cachées. Les obstacles accumulés sur sa route ne sont, au fond, que des moyens de le contraindre à sortir de son indifférence et à utiliser ses forces latentes. Toutes les difficultés matérielles peuvent être vaincues.

Nous sommes tous solidaires et la liberté de chacun de nous se relie à la liberté des autres. En se libérant des passions et de l'ignorance, chaque homme libère ses semblables. Tout ce qui contribue à dissiper la nuit de l'intelligence et à faire reculer le mal, rend l'humanité plus libre, plus consciente d'elle-même, de ses devoirs et de ses pouvoirs. Et, comme l'état de pleine liberté est le point culminant de l'ascension et l'entrée de l'être dans le plan supérieur et magnifique des choses, tout, dans notre marche vers ce but, doit concourir au développement de nos facultés et de nos aptitudes morales, car elles sont à la fois notre couronne de lumière et l'épanouissement de notre libre arbitre.

Élevons-nous donc à la conscience de notre rôle et de notre but, et nous serons libres. Assurons par nos efforts, nos enseignements et nos exemples, le triomphe de la volonté ainsi que du bien et, au lieu de former des êtres passifs courbés sous le joug de la matière, en proie à l'incertitude et à l'inertie, nous aurons façonné des âmes vraiment libres, affranchies des chaînes de la fatalité et planant sur le monde par la supériorité des qualités acquises.

XXIII. — LA PENSÉE

La pensée est créatrice. De même que la pensée éternelle projette sans cesse dans l'espace les germes des êtres et des mondes, de même celle de l'écrivain, de l'orateur, du poète, de l'artiste fait jaillir une incessante floraison d'idées, d'œuvres, de conceptions, qui vont influencer, impressionner, en bien ou en mal, suivant leur nature, l'immense foule humaine.

C'est pourquoi la mission des ouvriers de la pensée est, à la fois, grande, redoutable et sacrée.

Grande et sacrée, car la pensée dissipe les ombres du chemin, résout les énigmes de la vie et trace la route de l'humanité ; c'est sa flamme qui réchauffe les âmes et illumine les déserts de l'existence. Redoutable aussi, puisque ses effets sont puissants pour la descente comme pour l'ascension.

Tôt ou tard, tout produit de l'esprit revient vers son auteur avec ses conséquences, entraînant pour celui-ci, selon le cas, la souffrance, un amoindrissement, une privation de liberté, ou bien des satisfactions intimes, une dilatation, une élévation de son être

La vie présente est, on le sait, un simple épisode de notre longue histoire, un fragment de la grande chaîne qui se déroule, pour tous, à travers l'immensité. Et, constamment, retombent sur nous, en brumes ou en rayons, les résultats de nos œuvres. L'âme humaine parcourt sa voie, entourée d'une atmosphère radieuse ou sombre, peuplée des créations de sa pensée. Et c'est là, dans la vie de l'au-delà, sa gloire ou sa honte.

*
* *

Pour donner à la pensée toute sa force et son ampleur, rien n'est plus efficace que la recherche des grands problèmes.

Pour bien exprimer, il faut sentir puissamment ; pour goûter les sensations hautes et profondes, il faut remonter à la source d'où découle toute vie, toute harmonie, toute beauté.

Ce qu'il y a de noble et d'élevé dans le domaine de l'intelligence émane d'une cause éternelle, vivante et pensante. Plus l'essor de la pensée vers cette cause est grand, plus haut elle plane, plus radieuses aussi sont les clartés entrevues, plus enivrantes les joies ressenties, plus puissantes les forces acquises, plus géniales les inspirations ! Après chaque essor, la pensée redescend, vivifiée, éclairée, dans le champ terrestre, pour reprendre la tâche par laquelle elle grandira encore, car c'est le travail qui fait l'intelligence, comme c'est l'intelligence qui fait la beauté, la splendeur de l'œuvre accomplie.

Élève ton regard, ô penseur, ô poète ! jette ton cri d'appel, d'aspiration, de prière ! Devant la mer aux reflets changeants, à la vue de blanches cimes lointaines ou de l'infini étoilé, n'as-tu jamais éprouvé ces heures d'extase et d'ivresse où l'âme se sent plongée dans un rêve divin, où l'inspiration arrive, puissante, comme un éclair, rapide messager du ciel à la terre ?

Prête l'oreille ! n'as-tu jamais entendu, au fond de ton être, vibrer ces harmonies étranges et confuses, ces rumeurs du monde invisible, voix de l'ombre qui bercent ta pensée et la préparent aux intuitions suprêmes ?

En tout poète, artiste, écrivain, il est des germes de médiumnité, inconscients, insoupçonnés et qui ne demandent qu'à éclore ; par eux, l'ouvrier de la pensée entre en rapport avec la source inépuisable et reçoit sa part de révélation. Cette révélation d'esthétique appropriée à sa nature, à son genre de talent, il a pour mission de l'exprimer en des œuvres qui feront pénétrer dans l'âme des foules une vibration des forces divines, une radiation des vérités éternelles.

C'est dans la communion fréquente et consciente avec le monde des Esprits que les génies de l'avenir puiseront les éléments de leurs œuvres. Dès aujourd'hui, la pénétration des secrets de sa double vie vient offrir à l'homme des secours et des lumières que les religions défaillantes ne sauraient plus lui procurer. Dans tous les domaines, l'idée spirite va féconder la pensée en travail.

La science lui devra une rénovation complète

de ses théories et de ses méthodes. Elle lui devra la découverte de forces incalculables et la conquête de l'univers occulte. La philosophie y gagnera une connaissance plus étendue et plus précise de la personnalité humaine. Celle-ci, dans la trance et l'extériorisation, est comme une crypte qui s'ouvre, remplie de choses étranges, et où se cache la clé du mystère de l'être.

Les religions de l'avenir trouveront dans le spiritisme, les preuves de la survivance et les règles de la vie dans l'au-delà, en même temps que le principe d'une union étroite des deux humanités, visible et invisible, dans leur ascension vers le Père commun.

L'art, sous toutes ses formes, y découvrira des sources inépuisables d'inspiration et d'émotion.

L'homme du peuple, aux heures de lassitude, y puisera le courage moral. Il comprendra que l'âme peut grandir aussi bien par le labeur humble que par l'œuvre altière et qu'aucun devoir n'est négligeable ; que l'envie est sœur de la haine et que, souvent, on est moins heureux dans le luxe que dans la médiocrité. Le puissant y apprendra la bonté, avec le sentiment de cette solidarité qui nous relie tous à travers nos vies, et peut nous contraindre à revenir petits pour acquérir les vertus modestes.

Le sceptique y trouvera la foi ; le découragé, les longs espoirs et les viriles résolutions ; tous ceux qui souffrent, l'idée profonde qu'une loi de justice préside à toutes choses ; qu'il n'y a pas, en aucun domaine, d'effet sans cause, pas d'enfantement sans douleur, pas de victoire sans combat, pas de triomphe sans rudes efforts, mais qu'au-dessus de tout règne une parfaite et majestueuse sanction, et que nul n'est abandonné de Dieu, dont il est parcelle.

Ainsi s'opérera, lentement, la rénovation de l'humanité, si jeune encore, si ignorante d'elle-même, mais dont le désir se porte peu à peu vers la compréhension de sa tâche et de son but, en même temps que s'agrandit son champ d'exploration et la perspective d'un avenir sans fin. Et bientôt voici qu'elle avance, plus consciente d'elle-même et de sa force, consciente de sa magnifique destinée. A chaque étape franchie, voyant et voulant davantage, sentant briller et s'aviver le foyer qui est en elle, elle voit aussi les ténèbres reculer, les sombres énigmes du monde se fondre et se résoudre, et le chemin s'éclairer d'un rayon puissant. Avec les ombres, s'évanouissent peu à peu les préjugés, les terreurs vaines; les contradictions apparentes de l'univers se dissipent; l'harmonie se fait dans les âmes et dans les choses. Alors la confiance et l'allégresse pénètrent en elle, et l'homme sent grandir sa pensée et son cœur. Et il avance de nouveau, sur la route des âges, vers le terme de son œuvre; mais son œuvre n'a pas de terme. Car chaque fois que l'humanité se hausse vers un idéal nouveau, elle croit avoir atteint l'idéal suprême; alors qu'elle n'a atteint, en réalité, que la croyance ou le système correspondant à son degré d'évolution. Mais chaque fois aussi, de ses élans, de ses succès, découlent pour elle des félicités et des forces nouvelles, et elle trouve la récompense de ses labeurs et de ses angoisses dans le labeur même, dans la joie de vivre et de progresser, qui est la loi des êtres, dans une communion plus intime avec l'Univers, dans une possession un peu plus entière du Bien et du Beau.

*
* *

O écrivains, artistes, poètes, vous dont le nombre s'accroît tous les jours, dont les productions se multiplient et montent comme un flot grandissant, souvent belles par la forme, mais faibles par le fond, superficielles et matérielles, que de talent ne dépensez-vous pas pour des causes médiocres ! Que d'efforts gaspillés ou mis au service de passions malsaines, de voluptés inférieures et d'intérêts vils !

Alors que de vastes et magnifiques horizons se déploient, que le livre merveilleux de l'univers et de l'âme s'ouvre, tout grand, devant vous et que le Génie de la pensée vous convie à de nobles tâches, à des œuvres pleines de sève, fécondes pour l'avancement de l'humanité, vous vous complaisez trop souvent à de puériles et stériles études, à des travaux où la conscience s'étiole, où l'intelligence s'affaisse et s'alanguit dans le culte exagéré des sens et des impurs instincts.

Qui de vous dira l'épopée de l'âme, luttant pour la conquête de ses destinées dans le cycle immense des âges et des mondes ; ses douleurs et ses joies, ses chutes et ses relèvements, la descente dans les gouffres de vie, les coups d'aile dans la lumière, les immolations, les holocaustes qui sont un rachat, les missions rédemptrices, la participation grandissante aux conceptions divines !

Qui dira aussi les puissantes harmonies de l'univers, harpe gigantesque vibrant sous la pensée de Dieu, le chant des mondes, le rythme éternel qui berce la genèse des astres et des humanités !

Ou bien la lente élaboration, la douloureuse gestation de la conscience à travers les stades inférieurs, la construction laborieuse d'une individualité, d'un être moral ! Qui dira la conquête de la vie, toujours plus pleine, plus large, plus sereine, plus éclairée des rayons d'en haut, la marche de sommet en sommet, à la poursuite du bonheur, de la puissance et du pur amour ? Qui chantera l'œuvre de l'homme, lutteur immortel, élevant à travers ses doutes, ses déchirements, ses angoisses et ses larmes, l'édifice harmonique et sublime de sa personnalité pensante et consciente ? Toujours en avant, toujours plus loin, toujours plus haut !

On répondra : nous ne savons. Et l'on demande : qui nous enseignera ces choses ?

Qui ! Les voix intérieures et les voix de l'au-delà ! Apprenez à ouvrir, à feuilleter, à lire le livre caché en vous, le livre des métamorphoses de l'être. Il vous dira ce que vous avez été et ce que vous serez. Il vous apprendra le plus grand des mystères, la création du *soi* par l'effort constant, l'action souveraine qui, dans la pensée silencieuse, fait germer l'œuvre et, suivant vos aptitudes, votre genre de talent, vous fera peindre les plus belles toiles, sculpter les plus idéales formes, composer les symphonies les plus harmonieuses, écrire les plus belles pages, réaliser les plus beaux poèmes.

Tout est là, en vous, autour de vous ! Tout parle, tout vibre, le visible et l'invisible, tout chante et célèbre la gloire de vivre, l'ivresse de penser, de créer, de s'associer à l'œuvre universelle. Splendeurs des mers et du ciel étoilé, majesté des cimes, parfums des fleurs, effluves et rayons, bruits mystérieux des forêts, mélodies de la terre et de l'espace, voix de l'invisible qui parlent dans le silence du soir, voix de la conscience, écho de la voix divine, tout est enseignement et révélation pour qui sait voir, écouter, comprendre, penser, agir !

Puis, au-dessus de tout, la Vision Suprême, la vision sans formes, la Pensée incréée, vérité totale, harmonie finale des essences et des lois, qui, depuis le fond de notre être, jusqu'à la plus lointaine étoile, relie tout et tous dans son unité resplendissante. Et la chaîne de vie, qui s'étage et se déroule dans l'infini, échelle des puissances spirituelles qui portent à Dieu les appels de l'homme par la prière, et, à l'homme la réponse de Dieu par l'inspiration.

Et maintenant, une question dernière. Pourquoi, au milieu de l'immense labeur et de l'abondante production intellectuelle qui caractérisent notre époque, trouve-t-on si peu d'œuvres fortes et de conceptions géniales ? Parce que nous avons cessé de voir les choses divines par les yeux de l'âme ! Parce que nous avons cessé de croire et d'aimer !

Remontons donc aux sources célestes et éternelles ; c'est le seul remède à notre anémie morale. Tournons notre pensée vers les choses solennelles et profondes. Que la science s'éclaire et se complète par les intuitions de la conscience et les facultés supérieures de l'esprit. Le spiritualisme moderne nous y aidera.

XXIV. — LA DISCIPLINE DE LA PENSÉE ET LA RÉFORME DU CARACTÈRE

La pensée est créatrice, disions-nous. Elle n'agit pas seulement autour de nous, influençant nos semblables en bien ou en mal ; elle agit surtout en nous. Elle génère nos paroles, nos actions et, par elle, nous construisons chaque jour l'édifice, grandiose ou misérable, de notre vie, présente et à venir. Nous façonnons notre âme et son enveloppe par nos pensées ; celles-ci produisent des formes, des images qui s'impriment dans la matière subtile dont le corps fluidique est composé. Ainsi, peu à peu, notre être se peuple de formes, frivoles ou austères, gracieuses ou terribles, grossières ou sublimes ; l'âme s'ennoblit, se pare de beauté, ou se fait une atmosphère de laideur. Selon l'idéal poursuivi, la flamme intérieure s'avive ou s'obscurcit.

Il n'est pas de sujet plus important que l'étude de la pensée, de ses pouvoirs, de son action. Elle est la cause initiale de notre élévation ou de notre abaissement ; elle prépare toutes les découvertes de la science, toutes les merveilles de l'art, mais aussi toutes les misères et toutes les hontes de l'humanité. Suivant l'impulsion donnée, elle fonde ou détruit les institutions comme les empires, les caractères comme les consciences. L'homme n'est grand, l'homme ne vaut que par sa pensée ; par elle ses œuvres rayonnent et se perpétuent à travers les siècles.

Le spiritualisme expérimental, beaucoup mieux que toutes les doctrines antérieures, nous permet de saisir, de comprendre toute la force de projection de la pensée. Elle est le principe de la communion universelle. Nous la voyons agir dans le phénomène spirite qu'elle facilite ou entrave ; son rôle dans les séances d'expérimentation est toujours considérable. La télépathie nous a démontré que les âmes peuvent s'impressionner, s'influencer à toutes distances. C'est le moyen dont se servent les humanités de l'espace pour communiquer entre elles à travers les immensités sidérales. Dans tout le champ des activités sociales, dans tous les domaines du monde visible ou invisible, l'action de la pensée est souveraine. Elle ne l'est pas moins, répétons-le, en nous-mêmes et sur nous-mêmes, modifiant constamment notre nature intime.

Les vibrations de nos pensées, de nos paroles, en se renouvelant dans un sens uniforme, chassent de notre enveloppe les éléments qui ne peuvent vibrer en harmonie avec elles ; elles attirent des éléments similaires qui accentuent les tendances de l'être. Une œuvre, souvent inconsciente, s'élabore ; mille ouvriers mystérieux travaillent dans l'ombre ; aux profondeurs de l'âme, toute une destinée s'ébauche ; dans sa gangue, le diamant caché s'épure ou se ternit.

Si nous méditons sur des sujets élevés, sur la sagesse, le devoir, le sacrifice, notre être s'imprègne peu à peu des qualités de notre pensée. Voilà pourquoi la prière improvisée, ardente, l'élan de l'âme vers les puissances infinies, a tant de vertu. Dans ce dialogue solennel de l'être avec sa cause, l'influx d'en haut nous envahit et des sens nouveaux s'éveillent. La compréhension, la conscience de la vie s'augmente et nous sentons, mieux qu'on ne peut l'exprimer, la gravité et la grandeur de la plus humble des existences. La prière, la communion par la pensée avec l'univers spirituel et divin, c'est l'effort de l'âme vers la beauté et la vérité éternelles ; c'est l'entrée pour un instant dans les sphères de la vie réelle et supérieure, celle qui n'a pas de terme.

Si, au contraire, notre pensée est inspirée par de mauvais désirs, par la passion, la jalousie, la haine, les images qu'elle enfante se succèdent, s'accumulent dans notre corps fluidique et l'enténèbrent. Ainsi, nous pouvons, à volonté, faire en nous la lumière ou l'ombre. C'est ce qu'affirment tant de communications d'outre tombe.

Nous sommes ce que nous pensons, à la condition de penser avec force, volonté, persistance. Mais presque toujours nos pensées passent constamment d'un sujet à l'autre. Nous pensons rarement par nous-mêmes, nous reflétons les mille pensées incohérentes du milieu où nous vivons. Peu d'hommes savent vivre de leur propre pensée, puiser aux sources profondes, à ce grand réservoir d'inspirations que chacun porte en soi, mais que la plupart ignorent. Aussi se font-ils une enveloppe peuplée des formes les plus disparates. Leur esprit est comme une demeure ouverte à tous les passants. Les rayons du bien et les ombres du mal s'y confondent en un perpétuel chaos. C'est l'incessant combat de la passion et du devoir, où, presque toujours, la passion l'emporte. Avant tout, il faut apprendre à contrôler nos pensées, à les discipliner, à leur imprimer une direction précise, un but noble et digne.

Le contrôle des pensées entraîne le contrôle des actes, car si les unes sont bonnes, les autres le seront également, et toute notre conduite se trouvera réglée par un enchaînement harmonique. Tandis que si nos actes sont bons et nos pensées mauvaises, il ne peut y avoir là qu'une fausse apparence du bien, et nous continuerons à porter en nous un foyer malfaisant, dont les influences se répandront tôt ou tard, fatalement, sur notre vie.

Parfois nous remarquons une contradiction frappante entre les pensées, les écrits et les actions de certains hommes, et nous sommes portés, par cette contradiction même, à douter de leur bonne foi, de leur sincérité. Ce n'est là souvent qu'une fausse interprétation de notre part. Les actes de ces hommes résultent de l'impulsion sourde des pensées et des forces qu'ils ont accumulées en eux dans le passé.

Leurs aspirations présentes, plus élevées, leurs pensées, plus généreuses, seront réalisées en actes dans l'avenir. Ainsi tout s'accorde et s'explique, quand on considère les choses au point de vue élargi de l'évolution ; tandis que tout reste obscur, incompréhensible, contradictoire, avec la théorie d'une vie unique pour chacun de nous.

*
* *

Il est bon de vivre en contact par la pensée avec les écrivains de génie, avec les auteurs véritablement grands de tous les temps et de tous les pays, en lisant, en méditant leurs œuvres, en imprégnant tout notre être de la substance de leur âme. Les radiations de leurs pensées éveilleront en nous des effets semblables et amèneront à la longue des modifications de notre caractère par la nature même des impressions ressenties.

Il faut choisir nos lectures avec soin, puis les mûrir et s'en assimiler la quintessence. En général, on lit trop, on lit hâtivement, et l'on ne médite pas. Il serait préférable de lire moins et de réfléchir davantage à ce qu'on a lu. C'est un sûr moyen de fortifier notre intelligence, de recueillir les fruits de sagesse et de beauté que peuvent contenir nos lectures. En cela, comme en toutes choses, le beau attire et génère le beau, de même que la bonté attire le bonheur, et le mal, la souffrance.

L'étude silencieuse et recueillie est toujours féconde pour le développement de la pensée.

C'est dans le silence que s'élaborent les œuvres fortes. La parole est brillante, mais elle dégénère trop souvent en propos stériles, parfois malfaisants ; par là, la pensée s'affaiblit et l'âme se vide. Tandis que dans la méditation, l'esprit se concentre ; il se tourne vers le côté grave et solennel des choses ; la lumière du monde spirituel le baigne de ses ondes. Il y a autour du penseur de grands Êtres invisibles qui ne demandent qu'à l'inspirer ; c'est dans le demi-jour des heures tranquilles, ou bien sous la lumière discrète de sa lampe de travail qu'ils peuvent le mieux entrer en communication avec lui. Partout et toujours, une vie occulte se mêle à notre vie.

Évitons les discussions bruyantes, les paroles vaines, les lectures frivoles. Soyons sobres de journaux. La lecture des journaux, en nous faisant passer sans cesse d'un sujet à un autre, rend l'esprit encore plus instable. Nous vivons à une époque d'anémie intellectuelle, qui est causée par la rareté des études sérieuses, par la recherche abusive du mot pour le mot, de la forme enjolivée et vide, et surtout par l'insuffisance des éducateurs de la jeunesse. Attachons-nous à des œuvres plus substantielles, à tout ce qui peut nous éclairer sur les lois profondes de la vie et faciliter notre évolution. Peu à peu s'édifieront en nous une intelligence, une conscience plus fortes, et notre corps fluidique s'illuminera des reflets d'une pensée haute et pure.

Nous l'avons dit, l'âme recèle des profondeurs où la pensée descend rarement, parce que mille objets extérieurs l'occupent sans cesse. Sa surface, comme celle d'une mer, en est souvent agitée ; mais au-dessous s'étendent des régions que les orages n'atteignent pas. Là dorment ces puissances cachées, qui attendent notre appel pour émerger et apparaître. L'appel se fait rarement entendre, et l'homme s'agite dans son indigence, ignorant des trésors inappréciables qui reposent en lui.

Il faut le choc des épreuves, les heures tristes et désolées, pour lui faire comprendre la fragilité des choses extérieures et le conduire vers la recherche de soi-même, vers la découverte de ses véritables richesses spirituelles.

C'est pourquoi les grandes âmes deviennent d'autant plus nobles et plus belles que leurs douleurs sont plus vives. A chaque nouveau malheur qui les frappe, elles ont la sensation de s'être rapprochées un peu plus de la vérité et de la perfection, et, à cette pensée, elles éprouvent comme une volupté amère. Une étoile nouvelle s'est levée dans le ciel de leur destinée, une étoile dont les rayons tremblants pénètrent au sanctuaire de leur conscience, en éclairent les replis cachés. Chez les intelligences de haute culture, le malheur sème : chaque douleur est un sillon où lève une moisson de vertu et de beauté.

A certaines heures de notre vie, à la mort de notre mère, à l'écroulement d'une espérance ardemment caressée, à la perte d'une femme, d'un enfant aimés, chaque fois que se brise un des liens qui nous attachaient à ce monde, une voix mystérieuse s'élève dans les profondeurs de notre âme, voix solennelle qui nous parle de mille lois plus augustes, plus vénérables que celles de la terre, et tout un monde idéal s'entr'ouvre. Mais les bruits du dehors l'ont bientôt étouffée, et l'être humain retombe presque toujours dans ses doutes, ses hésitations, dans la plate vulgarité de son existence.

∴

Il n'est pas de progrès possible sans une observation attentive de soi-même. Il faut surveiller tous nos actes impulsifs, afin d'arriver à savoir dans quel sens nous devons porter nos efforts pour nous améliorer. D'abord, régler la vie physique, réduire les besoins matériels au nécessaire, afin d'assurer la santé du corps, cet instrument indispensable de notre rôle terrestre. Puis, discipliner ses impressions, ses émotions; s'exercer à les dominer, à les utiliser comme des agents de notre perfectionnement moral. Apprendre surtout à s'oublier, à faire le sacrifice du moi, à nous dégager de tout sentiment d'égoïsme. On n'est vraiment heureux en ce monde que dans la mesure où l'on sait s'oublier.

Il ne suffit pas de croire et de savoir, il faut vivre sa croyance, c'est-à-dire faire pénétrer dans la pratique quotidienne de la vie les principes supérieurs que nous avons adoptés. Il faut s'habituer à communier par la pensée et par le cœur avec les Esprits éminents qui en ont été les révélateurs, avec toutes les âmes d'élite qui ont servi de guides à l'humanité, vivre avec eux dans une intimité de chaque jour, nous inspirer de leurs vues et ressentir leur influence par cette perception intime que développent nos rapports avec le monde invisible.

Parmi ces grandes âmes, il est bon d'en choisir une comme exemple, la plus digne de notre admiration, et dans toutes les circonstances difficiles, dans tous les cas où notre conscience oscille entre deux partis à prendre, nous demander ce qu'elle aurait résolu et agir dans le même sens.

Ainsi nous nous construirons peu à peu, d'après ce modèle, un idéal moral qui se reflétera dans tous nos actes. Tout homme, dans l'humble réalité de chaque jour, peut se modeler une conscience sublime. L'œuvre est lente et difficile, mais les siècles nous sont donnés pour cela.

Concentrons donc souvent nos pensées, pour les ramener, par la volonté, vers l'idéal rêvé. Méditons sur lui chaque jour, à une heure choisie, le matin de préférence, lorsque tout est calme et repose encore autour de nous, à ce moment que le poète appelle « l'heure divine », quand la nature, fraîche et reposée, s'éveille aux clartés de l'aube. Aux heures matinales, l'âme, par la prière et la méditation, s'élève d'un plus facile élan jusqu'à ces hauteurs d'où l'on voit et comprend que tout — la vie, les actes, les pensées, — tout est lié à quelque chose de grand et d'éternel, et que nous habitons un monde où des puissances invisibles vivent et travaillent avec nous. Dans la vie la plus simple, dans la tâche la plus modeste, dans l'existence la plus effacée, se montrent alors des côtés profonds, une réserve d'idéal, des sources possibles de beauté. Chaque âme peut se faire, par ses pensées, une atmosphère spirituelle aussi belle, aussi resplendissante que dans les paysages les plus enchanteurs; et dans la demeure la plus chétive, dans le logis le plus misérable, il y a des ouvertures vers Dieu et vers l'infini !

*
* *

Dans toutes nos relations sociales, dans nos rapports avec nos semblables, il faut constamment se rappeler ceci : les hommes sont des voyageurs en marche, occupant des points divers sur l'échelle d'évolution que nous gravissons tous. Par conséquent, nous ne devons rien exiger, rien attendre d'eux qui ne soit en rapport avec leur degré d'avancement.

A tous, nous devons la tolérance, la bienveillance et même le pardon ; car si l'on nous cause du préjudice, si l'on nous raille et nous offense, c'est presque toujours par suite du manque de compréhension et de savoir qui résulte d'un développement insuffisant. Dieu ne demande aux hommes que ce qu'ils ont pu acquérir par leurs lents et pénibles travaux. Nous n'avons pas le droit d'en exiger davantage. N'avons-nous pas été semblables aux plus arriérés d'entre eux ? Si chacun de nous pouvait lire dans son passé ce qu'il a été, ce qu'il a fait, combien nous serions plus indulgents pour les fautes d'autrui ! Parfois encore, nous avons besoin de la même indulgence que nous leur devons. Soyons sévères pour nous-mêmes et tolérants pour les autres. Instruisons-les, éclairons-les, guidons-les avec douceur : c'est là ce que la loi de solidarité nous commande.

*
* *

Enfin il faut savoir supporter toutes choses avec patience et sérénité. Quels que soient les agissements de nos semblables envers nous, nous ne devons en concevoir aucune animosité, aucun ressentiment ; mais, au contraire, faire servir toutes les causes d'ennui ou d'affliction à notre propre éducation morale. Nul revers ne pourrait nous atteindre, si, par nos vies antérieures et coupables, nous n'avions laissé prise à l'adversité. Voilà ce qu'il faut souvent se dire. Nous arriverons ainsi à accepter sans amertume toutes les épreuves, en les considérant comme une réparation du passé, ou comme un moyen de perfectionnement.

De degré en degré, nous parviendrons ainsi à ce calme d'esprit, à cette possession de soi-même, à cette confiance absolue en l'avenir, qui donnent la force, la quiétude, la satisfaction intime et nous permettent de rester fermes au milieu des plus dures vicissitudes.

Quand l'âge est venu, les illusions, les vaines espérances tombent comme des feuilles mortes ; mais les hautes vérités n'en apparaissent que plus brillantes, comme les étoiles dans le ciel d'hiver, à travers les branches dépouillées de nos jardins.

Il importe peu alors que la destinée ne nous ait offert aucune gloire, aucun sourire, aucun rayon de joie, si elle a enrichi notre âme d'une vertu de plus, d'un peu de beauté morale. Les vies obscures et tourmentées sont parfois les plus fécondes, tandis que les vies éclatantes nous rivent trop souvent et pour longtemps à la chaîne redoutable des responsabilités.

Le bonheur n'est pas dans les choses extérieures ou les hasards du dehors, mais seulement en nous-mêmes, dans la vie intérieure que nous savons nous faire. Qu'importe que le ciel soit noir sur nos têtes et les hommes mauvais autour de nous, si nous avons la lumière au front, la joie du bien et la liberté morale au cœur. Mais si j'ai honte de moi-même, si le mal a envahi ma pensée, si le crime et la trahison habitent en moi, toutes les faveurs, toutes les félicités de la terre ne me rendront pas la paix silencieuse et la joie de la conscience. Le sage, dès ce monde, se crée en lui-même un refuge assuré, un lieu sacré, une retraite profonde, où ne parviennent pas les discordes et les contradictions du dehors. De même, dans la vie de l'espace, la sanction du devoir et la réalisation de la justice sont d'ordre tout intime. Chaque âme porte en soi sa clarté ou son ombre, son paradis ou son enfer. Mais souvenons-nous qu'il n'est rien d'irréparable : la situation présente de l'esprit inférieur n'est qu'un point presque imperceptible dans l'immensité de ses destinées.

XXV. — L'AMOUR

L'amour, tel qu'on l'entend communément sur la terre, est un sentiment, une impulsion de l'être qui le porte vers un autre être avec le désir de s'unir à lui. Mais, en réalité, l'amour revêt des formes infinies, depuis les plus vulgaires jusqu'aux plus sublimes. Principe de la vie universelle, il procure à l'âme, dans ses manifestations les plus hautes et les plus pures, cette intensité de radiation qui réchauffe, vivifie tout autour d'elle ; c'est par lui qu'elle se sent reliée étroitement à la Puissance divine, foyer ardent de toute vie, de tout amour.

Par-dessus tout, Dieu est amour ; c'est par amour qu'il a créé les êtres, pour les associer à ses joies, à son œuvre. L'amour est un sacrifice ; Dieu a puisé en lui la vie pour la donner aux âmes. En même temps que l'effusion vitale, elles recevaient le principe affectif destiné à germer et à s'épanouir en elles, par l'épreuve des siècles, jusqu'à ce qu'elles aient appris à se donner à leur tour, c'est-à-dire à se dévouer, à se sacrifier pour les autres. Par ce sacrifice, loin de s'amoindrir, elles grandissent encore, s'ennoblissent et se rapprochent du foyer suprême.

L'amour est une force inépuisable ; il se renouvelle sans cesse et enrichit à la fois celui qui donne et celui qui reçoit. C'est par l'amour, soleil des âmes, que Dieu agit le plus efficacement dans le monde ; par là, il attire à lui tous les pauvres êtres attardés dans les bas-fonds de la passion, les esprits captifs dans la matière ; il les élève et les entraîne dans la spirale de l'ascension infinie, vers les splendeurs de la lumière et de la liberté.

L'amour conjugal, l'amour maternel, l'amour filial ou fraternel, l'amour du pays, de la race, de l'humanité, sont des réfractions, des rayons brisés de l'amour divin, qui embrasse, pénètre tous les êtres et, en se diffusant en eux, fait éclore et fleurir mille formes variées, mille splendides floraisons d'amour.

Jusqu'aux profondeurs de l'abîme de vie, les radiations de l'amour divin se glissent et vont allumer chez les êtres les plus rudimentaires, par l'attachement à la compagne et aux petits, les premières lueurs qui, dans ce milieu d'égoïsme féroce, seront comme l'aube indécise et la promesse d'une vie plus haute.

C'est l'appel de l'être à l'être, c'est l'amour qui provoquera, au fond des âmes embryonnaires, les premiers éveils de l'altruisme, de la pitié, de la bonté. Plus haut dans l'échelle évolutive, il initiera l'être humain aux premières félicités, aux seules sensations de bonheur parfait qu'il lui soit donné de goûter sur la terre, sensations plus fortes et plus douces que toutes les joies physiques, et connues seulement des âmes qui savent véritablement aimer.

Ainsi, d'étapes en étapes, sous l'influence et le rayonnement de l'amour, l'âme se développera, grandira, verra s'élargir le cercle de ses sensations. Lentement, ce qui n'était en elle que passion, désir charnel, s'épurera, se transformera en un sentiment noble et désintéressé.

L'attachement à un seul ou à quelques-uns deviendra l'attachement à tous, à la famille, à la patrie, à l'humanité. Et l'âme acquerra la plénitude de son développement lorsqu'elle sera apte à comprendre la vie céleste, qui est tout amour, et à y participer.

L'amour est plus fort que la haine, plus fort que la mort. Si le Christ a été le plus grand des missionnaires et des prophètes, s'il a pris tant d'empire sur les hommes, c'est qu'il portait en lui un reflet plus puissant de l'amour divin. Jésus a passé peu de temps sur la terre; trois années d'évangélisation lui ont suffi pour s'emparer de l'esprit des nations. Ce n'est ni par la science, ni par l'art oratoire qu'il a séduit, captivé les foules, c'est par l'amour ! Et depuis sa mort, son amour est resté dans le monde comme un foyer toujours vivant, toujours brûlant. Voilà pourquoi, malgré les erreurs et les fautes de ses représentants, malgré tant de sang versé par eux, tant de flammes allumées, tant de voiles étendus sur son enseignement, le Christianisme est resté la plus grande des religions. Il a discipliné, façonné l'âme humaine, adouci l'humeur farouche des barbares, arraché des races entières au sensualisme ou à la bestialité.

Le Christ n'est pas l'unique exemple à proposer. D'une façon générale, on peut, sur notre sphère, constater qu'il se dégage des âmes éminentes des radiations, des effluves régénérateurs, qui constituent comme une atmosphère de paix, une sorte de protection, de préservation, de providence particulière. Tous ceux qui vivent sous cette bienfaisante influence morale ressentent un calme, un repos d'esprit, une sorte de sérénité qui donne un avant-goût des quiétudes célestes. Cette sensation est plus accusée encore dans les séances spirites dirigées et inspirées par des âmes supérieures ; souvent, nous l'avons éprouvée nous-même en présence des entités qui présidaient aux travaux de notre groupe de Tours (1).

Ces impressions se retrouvent de plus en plus vives à mesure qu'on s'éloigne des plans inférieurs, où règnent les impulsions égoïstes et fatales, et qu'on gravit les degrés de la glorieuse hiérarchie spirituelle pour se rapprocher du foyer divin. On peut constater ainsi, par une expérience qui vient compléter nos intuitions, que chaque âme est un système de forces et un générateur d'amour, dont la puissance d'action s'accroît avec l'élévation.

Par là, s'expliquent encore et s'affirment la solidarité et la fraternité universelles. Un jour, quand la véritable notion de l'être se dégagera des doutes et des incertitudes qui obsèdent la pensée humaine, on comprendra cette grande fraternité reliant les âmes. On sentira que toutes sont enveloppées par le magnétisme divin, par le grand souffle d'amour qui emplit les espaces.

A part ce lien puissant, les âmes constituent aussi des groupements séparés, des familles, qui se sont formées peu à peu à travers les siècles, par la communauté des joies et des douleurs éprouvées. La véritable famille est celle

---

(1) Voir *Dans l'Invisible*, pp. 300 et suiv.

de l'espace; celle de la terre n'en est qu'une image, une réduction affaiblie, comme le sont les choses de ce monde comparées à celles du ciel. La vraie famille se compose des esprits qui ont gravi ensemble les rudes sentiers de la destinée et sont faits pour se comprendre et pour s'aimer.

Qui pourrait décrire les sentiments intimes et tendres qui unissent ces êtres, les joies ineffables nées de la fusion des intelligences et des consciences, l'union fluidique des âmes sous le sourire de Dieu?

Ces groupements spirituels sont les milieux bénis où toutes les passions terrestres s'apaisent, où les égoïsmes s'évanouissent, où les cœurs se dilatent, où viennent se retremper et se consoler tous ceux qui ont souffert, lorsque, délivrés par la mort, ils rejoignent les bien-aimés réunis pour fêter leur retour.

Qui pourra peindre les extases que procure aux âmes épurées, parvenues aux sommets de lumière, l'effusion en elles de l'amour divin? Et les fiançailles célestes par lesquelles deux esprits se lient pour jamais au sein des familles de l'espace, assemblées pour consacrer, par un rite solennel, cette union symbolique et indestructible? C'est là l'hyménée véritable, celui des âmes-sœurs que Dieu réunit par un fil d'or pour l'éternité. Par ces fêtes de l'amour, les esprits qui ont appris à se rendre libres et à user de leur liberté, fusionnent dans un même fluide, sous le regard ému de leurs frères. Ils se suivront désormais dans leurs pérégrinations à travers les mondes; ils marcheront la main dans la main, souriant au malheur et puisant dans leur commune tendresse la force de supporter tous les revers, toutes les amertumes du sort. Quelquefois, séparés par les renaissances, ils conserveront l'intuition secrète que leur isolement n'est que passager : après les épreuves de la séparation, ils entrevoient l'ivresse du retour au seuil des immensités.

Parmi ceux qui marchent ici-bas, solitaires, attristés, courbés sous le fardeau de la vie, il en est qui gardent au fond du cœur le vague souvenir de leur famille spirituelle. Ceux-là souffrent cruellement de la nostalgie des espaces et du céleste amour, et rien, parmi les joies de la terre, ne peut les distraire et les consoler. Leur pensée va souvent dans la veille, et plus encore dans le sommeil, rejoindre les êtres chéris qui les attendent dans la paix sereine des au-delà. Le sentiment profond des compensations attendues explique leur force morale dans la lutte et leur aspiration vers un monde meilleur. Et l'espérance sème de fleurs austères les sentiers déserts qu'ils parcourent.

*
* *

Toute la puissance de l'âme se résume en trois mots : Vouloir, savoir, aimer !

Vouloir, c'est-à-dire faire converger toute son activité, toute son énergie vers le but à atteindre ; développer sa volonté et apprendre à la diriger.

Savoir, parce que, sans l'étude approfondie, sans la connaissance des choses et des lois, la pensée et la volonté peuvent s'égarer au milieu des forces qu'elles cherchent à conquérir, et des éléments qu'elles aspirent à commander.

Mais, par-dessus tout, il faut aimer, car, sans l'amour, la volonté et la science seraient incomplètes et, souvent, stériles. L'amour les éclaire, les féconde, centuple leurs ressources. Il ne s'agit pas ici de l'amour qui contemple sans agir, mais de celui qui s'emploie à répandre le bien et la vérité dans le monde. La vie terrestre est un conflit entre les forces du mal et celles du bien. Le devoir de toute âme virile est de prendre part au combat, d'y apporter tous ses élans, tous ses moyens d'action, de lutter pour les autres, pour tous ceux qui s'agitent encore dans la voie obscure. Le plus noble usage que l'on puisse faire de ses facultés, c'est de travailler à agrandir, à développer dans le sens du bien et du beau, cette civilisation, cette société humaine, qui a ses plaies et ses laideurs, sans doute, mais qui est riche d'espérances et de magnifiques promesses. Ces promesses se transformeront en réalités vivantes, le jour où l'humanité aura appris à communier, par la pensée et par le cœur, avec le foyer d'amour qui est la splendeur de Dieu.

Aimons donc de toute la puissance de notre cœur ; aimons jusqu'au sacrifice, comme Jeanne d'Arc a aimé la France, comme le Christ a aimé l'humanité ; et tous ceux qui nous entourent subiront notre influence, ils se sentiront naître à une nouvelle vie.

O homme, recherche autour de toi les plaies à panser, les maux à guérir, les afflictions à consoler. Élargis les intelligences ; ramène les cœurs égarés ; associe les forces et les âmes. Travaille à bâtir la haute cité de paix et d'harmonie qui sera la cité d'amour, la cité de Dieu ! Éclaire, relève, purifie ! Et qu'importe si l'on se rit de toi ; qu'importe si l'ingratitude et la méchanceté se dressent sur ton chemin. Celui qui aime ne recule pas pour si peu. Même s'il ne récolte que des épines et des ronces, il poursuit son œuvre, parce que son devoir est là. Il sait que l'abnégation nous grandit.

Et puis, le sacrifice, lui aussi, a ses joies ; accompli avec amour, il transforme les pleurs en sourires, il fait naître en nous des allégresses inconnues de l'égoïste et du méchant. Pour celui qui sait aimer, les choses les plus banales prennent de l'intérêt ; tout semble s'illuminer ; mille sensations nouvelles s'éveillent en lui.

Il faut à la sagesse et à la science de longs efforts, une lente et pénible ascension pour nous conduire aux altitudes de la pensée. L'amour et le sacrifice y parviennent d'un seul bond, d'un seul coup d'aile. Dans leur élan, ils conquièrent la patience, le courage, la bienveillance, toutes les vertus fortes et douces. L'amour affine l'intelligence, élargit le cœur, et c'est à la somme d'amour accumulée en nous que nous pouvons mesurer le chemin que nous avons fait vers Dieu.

* *
*

A toutes les interrogations de l'homme, à ses hésitations, à ses craintes, à ses blasphèmes, une grande voix, puissante et mystérieuse, répond : Apprends à aimer ! L'amour est le sommet de tout, le but de tout, la fin de tout. De ce sommet se déploie et s'étend sans cesse, sur l'univers, l'immense réseau d'amour, tissé d'or et de lumière. Aimer est le secret du bonheur. D'un seul mot, l'amour résout tous les problèmes, dissipe toutes les obscurités. L'amour sauvera le monde ; sa chaleur fera fondre les glaces du doute, de l'égoïsme, de la haine ; il attendrira les cœurs les plus durs, les plus réfractaires.

Même en ses dérivés magnifiques, l'amour est toujours un effort vers la beauté. Il n'est pas jusqu'à l'amour sexuel, celui de l'homme et de la femme, qui, tout matériel qu'il paraisse, ne puisse s'auréoler d'idéal et de poésie, perdre tout caractère vulgaire, s'il s'y mêle un sentiment d'esthétique et une pensée supérieure. Et ceci dépend surtout de la femme. Celle qui aime sent et voit des choses que l'homme ne peut connaître. Elle possède en son cœur d'inépuisables réserves d'amour, une sorte d'intuition qui peut donner une idée de l'amour éternel.

La femme est toujours par quelque côté sœur du mystère, et la partie de son être qui touche à l'infini semble avoir plus d'étendue que chez nous. Quand l'homme répond comme elle aux appels de l'invisible, quand leur amour est exempt de tout désir brutal ; s'ils ne font plus qu'un par l'esprit comme par le corps, alors, dans l'étreinte de ces deux êtres se pénétrant, se complétant pour transmettre la vie, passera comme un éclair, comme une flamme, le reflet de plus hautes félicités entrevues. Pourtant les joies de l'amour terrestre sont fugitives et mêlées d'amertumes. Elles ne vont pas sans déceptions, sans reculs et sans chutes. Dieu seul est l'amour dans sa plénitude. Il est le brasier ardent et, en même temps, l'abîme de pensée et de lumière, d'où émanent et vers qui remontent, éternellement, les chauds effluves de tous les astres, les tendresses passionnées de tous les cœurs de femmes, de mères, d'épouses, les affections viriles de tous les cœurs d'hommes. Dieu génère et appelle l'amour, car il est la Beauté infinie, parfaite, et le propre de la beauté est de provoquer l'amour.

Qui donc, en un jour d'été, quand le soleil rayonne, alors que l'immense coupole azurée se déroule sur nos têtes et que, des prairies et des bois, des monts et de la mer, monte l'adoration, la prière muette des êtres et des choses, qui donc n'a ressenti ces radiations d'amour emplissant l'infini ?

Il faut n'avoir jamais ouvert son âme à ces subtiles influences pour les ignorer ou les nier. Trop d'âmes terrestres, il est vrai, restent hermétiquement fermées aux choses divines. Ou bien, si elles en ressentent les harmonies et les beautés, elles en cachent soigneusement le secret en elles-mêmes. Elles semblent avoir honte d'avouer ce qu'elles connaissent ou éprouvent de plus grand et de meilleur.

Mais, tentez l'expérience ! ouvrez votre être intérieur, ouvrez les fenêtres de la prison de l'âme aux effluves de la vie universelle et, soudain, cette prison s'emplira de clartés, de mélodies ; tout un monde de lumière pénétrera en vous. Votre âme ravie connaîtra des extases, des félicités qui ne peuvent se décrire ; elle comprendra qu'il y a autour d'elle un océan d'amour, de force et de vie divine, dans lequel elle est plongée et qu'il lui suffit de le vouloir pour être baignée par ses ondes régénératrices. Elle sentira dans l'univers une Puissance souveraine et merveilleuse qui nous aime, nous enveloppe, nous soutient, qui veille sur nous comme un avare sur un joyau précieux, et qu'en l'invoquant, en lui adressant un ardent appel, elle sera pénétrée aussitôt de sa présence et de son amour. Ces choses se sentent et s'expriment difficilement ; seuls peuvent les comprendre ceux qui les ont goûtées. Mais tous peuvent arriver à les connaître, à les posséder, en éveillant le divin en eux ; il n'est pas d'homme si ténébreux, si méchant qui, dans une heure d'abandon et de souffrance, ne voie s'ouvrir l'issue par où un peu de la clarté des choses supérieures, un peu d'amour ne filtre jusqu'à lui.

Il suffit d'avoir éprouvé une seule fois ces impressions pour ne plus les oublier. Et quand le soir de la vie est venu, avec ses désenchantements, quand les ombres crépusculaires s'appesantissent sur nous, alors ces sensations puissantes se réveillent avec la mémoire de toutes les joies ressenties. Et ce souvenir des heures où nous avons vraiment aimé, comme une rosée délicieuse, descend sur nos âmes desséchées par l'âpre vent des épreuves et de la douleur.

XXVI. — LA DOULEUR

Tout ce qui vit, souffre ici-bas : la nature, l'animal et l'homme. Et cependant l'amour est la loi de l'univers, et c'est par amour que Dieu a formé les êtres. Contradiction formidable, en apparence, problème angoissant, qui a troublé tant de penseurs et les a portés au doute et au pessimisme !

L'animal est assujetti à la lutte ardente pour la vie. Parmi les herbes de la prairie, sous le feuillage et la ramure des bois, dans les airs, au sein des eaux, partout, se déroulent des drames ignorés. Dans nos cités se poursuit sans cesse l'hécatombe de pauvres bêtes inoffensives, sacrifiées à nos besoins, ou livrées, dans les laboratoires, au supplice de la vivisection.

Quant à l'humanité, son histoire n'est qu'un long martyrologe. A travers les temps, au-dessus des siècles, roule la triste mélopée des souffrances humaines ; la plainte des malheureux monte avec une intensité déchirante qui a la régularité d'une vague.

La douleur suit chacun de nos pas ; elle nous guette à tous les détours du chemin. Et devant ce sphinx qui le fixe de son regard étrange, l'homme se pose l'éternelle question : Pourquoi la douleur ?

Est-elle, en ce qui le concerne, une punition, une expiation, comme le disent quelques-uns ? Est-elle la réparation du passé, le rachat des fautes commises ?

Au fond, la douleur n'est qu'une loi d'équilibre et d'éducation. Sans doute, les fautes du passé retombent sur nous de tout leur poids et déterminent les conditions de notre destinée. La souffrance n'est souvent que le contre-coup des violations commises envers l'ordre éternel ; mais, étant le partage de tous, elle doit être considérée comme une nécessité d'ordre général, comme un agent de développement, une condition du progrès. Tous les êtres doivent la subir à leur tour. Son action est bienfaisante pour qui sait la comprendre. Mais seuls peuvent la comprendre ceux qui ont ressenti ses effets puissants. C'est à eux surtout que j'adresse ces pages, à tous ceux qui souffrent, ont souffert ou sont dignes de souffrir !

*
* *

La douleur et le plaisir sont les deux formes extrêmes de la sensation. Pour supprimer l'une ou l'autre, il faudrait supprimer la sensibilité. Elles sont donc inséparables, en principe, et toutes deux nécessaires à l'éducation de l'être qui, dans son évolution, doit épuiser toutes les formes illimitées du plaisir comme de la douleur.

La douleur physique produit des sensations ; la souffrance morale, des sentiments. Mais, ainsi que nous l'avons vu plus haut (1), dans le sensorium intime, sensation et sentiment se confondent et ne font qu'un.

(1) Chap. XXI : La Conscience ; le sens intime.

Le plaisir et la douleur résident donc bien moins dans les choses extérieures qu'en nous-mêmes. Et c'est pourquoi il appartient à chacun de nous, en réglant ses sensations, en disciplinant ses sentiments, de commander aux unes et aux autres et d'en limiter les effets. Epictète disait : « Les choses ne sont que ce que nous nous figurons qu'elles sont. » Ainsi, par la volonté, nous pouvons dompter, vaincre la douleur, ou tout au moins la retourner à notre profit, en faire un instrument d'élévation.

L'idée que nous nous faisons du bonheur et du malheur, de la joie et de la peine, varie à l'infini suivant l'évolution individuelle. L'âme pure, bonne, sage, ne peut être heureuse de la même manière que l'âme vulgaire. Ce qui charme l'une laisse l'autre indifférente. A mesure que l'on monte, l'aspect des choses change. Comme l'enfant, en grandissant, dédaigne les jeux qui le captivaient autrefois, l'âme qui s'élève recherche des satisfactions de plus en plus nobles, graves et profondes. L'esprit qui juge de haut et considère le but grandiose de la vie trouvera plus de félicité, de paix sereine dans une belle pensée, une bonne œuvre, un acte de vertu et même dans le malheur qui purifie, que dans tous les biens matériels et dans l'éclat des gloires terrestres, car ceux-ci nous troublent, nous corrompent, nous grisent d'une ivresse menteuse.

Il est assez difficile de faire entendre aux hommes que la souffrance est bonne. Chacun voudrait refaire et embellir la vie à son gré, la parer de tous les agréments, sans songer qu'il n'y a pas de bien sans peine, pas d'ascension sans sueurs et sans efforts.

La tendance générale consiste à s'enfermer dans le cercle étroit de l'individualisme, du chacun pour soi ; par là l'homme se rapetisse ; il réduit à d'étroites limites tout ce qui est grand en lui, destiné à grandir, à s'étendre, à se dilater, à prendre l'essor : la pensée, la conscience, toute son âme, en un mot. Or, les jouissances, les plaisirs, l'oisiveté stérile, ne font que resserrer encore ces limites, rendre plus étroits notre vie et notre cœur. Pour briser ce cercle, pour que toutes les vertus cachées s'épanchent au dehors, il faut la douleur. Le malheur, les épreuves font jaillir en nous les sources d'une vie inconnue et plus belle. La tristesse, la souffrance, nous font voir, entendre, sentir mille choses, délicates ou puissantes, que l'homme heureux ou l'homme vulgaire ne peuvent percevoir. Le monde matériel s'obscurcit ; un autre se dessine, vaguement d'abord, mais qui deviendra de plus en plus distinct, à mesure que notre regard se détache des choses inférieures et plonge dans l'illimité.

Le génie n'est pas seulement le résultat de travaux séculaires ; c'est aussi l'apothéose, le couronnement de la souffrance. D'Homère au Dante, à Camoens, au Tasse, à Milton, et, après eux, tous les grands hommes ont souffert. La douleur a fait vibrer leurs âmes ; elle leur a inspiré cette noblesse de sentiment, cette intensité d'émotion qu'ils ont su rendre avec les accents du génie et qui les ont immortalisés. L'âme ne chante jamais mieux que dans la douleur. Quand celle-ci touche aux profondeurs de l'être, elle en fait jaillir ces cris éloquents, ces appels puissants qui émeuvent et entraînent les foules.

Il en est de même de tous les héros, de tous les grands caractères, des cœurs généreux, des esprits les plus éminents. Leur élévation se mesure à la somme des souffrances endurées. Devant la douleur et la mort, l'âme du héros, du martyr se révèle dans sa beauté touchante, dans sa grandeur tragique qui confine parfois au sublime, et l'auréole d'une lumière inextinguible.

Supprimez la douleur et vous supprimez du même coup ce qui est le plus digne d'admiration en ce monde, c'est-à-dire le courage de la supporter. Le plus noble enseignement que l'on puisse proposer aux hommes, n'est-ce pas la mémoire de ceux qui ont souffert et sont morts pour la vérité et la justice ? Y a-t-il chose plus auguste, plus vénérable que leurs tombes ? Rien n'égale la puissance morale qui s'en dégage. Les âmes qui donnèrent de tels exemples grandissent à nos yeux avec les siècles et paraissent de loin plus imposantes encore. Elles sont comme autant de sources de force et de beauté, où viennent se retremper les générations. A travers le temps et l'espace, leur rayonnement, comme la lumière des astres, s'étend encore sur la terre. Leur mort a enfanté la vie, et leur souvenir, comme un subtil arome, va jeter partout la semence des enthousiasmes futurs.

Elles nous l'ont appris, ces âmes, c'est par le dévouement, par les souffrances dignement supportées qu'on gravit les chemins du ciel.

Et l'histoire du monde n'est pas autre chose que le sacre de l'esprit par la douleur. Sans elle, il ne peut y avoir de vertu complète ni de gloire impérissable.

*
* *

Il faut souffrir pour acquérir et pour conquérir. Les actes de sacrifice accroissent les radiations psychiques. Il y a comme une traînée lumineuse qui suit, dans l'espace, les esprits des héros et des martyrs.

Ceux qui n'ont pas souffert ne peuvent guère comprendre ces choses car, chez eux, la surface de l'être, seule, est défrichée, mise en valeur. Leurs sentiments n'ont pas d'ampleur; leur cœur, pas d'effusion; leur pensée n'embrasse que des horizons étroits. Il faut les infortunes, les angoisses, pour donner à l'âme son velouté, sa beauté morale, pour éveiller ses sens endormis. La vie douloureuse est un alambic où se distillent les êtres pour des mondes meilleurs. La forme comme le cœur, tout s'embellit d'avoir souffert. Il y a, dès cette vie, quelque chose de grave et d'attendri sur les visages que les larmes ont souvent trempés. Ils prennent une expression de beauté austère, une sorte de majesté qui impressionne et séduit.

Michel-Ange avait adopté pour règle de conduite les préceptes suivants : « Rentre en toi-même et fais comme le sculpteur fait à l'œuvre qu'il veut rendre belle; retranche tout ce qui est superflu, rend net ce qui est obscur, porte la lumière partout et ne cesse de ciseler ta propre statue. »

Maxime sublime, qui contient le principe de tout perfectionnement intime. Notre âme est notre œuvre, en effet, œuvre capitale et féconde, qui dépasse en grandeur toutes les manifestations partielles de l'art, de la science, du génie.

Toutefois les difficultés de l'exécution sont en rapport avec la splendeur du but. Et devant cette pénible tâche de la réforme intérieure, du combat incessant livré à la passion, à la matière, combien de fois l'artisan ne se décourage-t-il pas ? Combien de fois n'abandonne-t-il pas le ciseau ? C'est alors que Dieu lui envoie un aide, la douleur ! Elle fouille hardiment dans ces profondeurs de la conscience que l'ouvrier hésitant et malhabile ne pouvait ou ne savait atteindre ; elle en creuse les replis, en modèle les contours ; elle élimine ou détruit ce qui était inutile ou mauvais.

Et du marbre froid, sans forme, sans beauté, de la statue laide et grossière que nos mains avaient à peine ébauchée, elle fera surgir, avec le temps, la statue vivante, le chef-d'œuvre incomparable, les formes harmoniques et suaves de la divine Psyché !

*

« La douleur ne frappe donc pas seulement les coupables. Sur notre monde, l'honnête homme souffre autant que le méchant. Et cela s'explique. D'abord, l'âme vertueuse étant plus évoluée, est plus sensible. De plus, elle aime souvent et re-

cherche la douleur, en connaissant tout le prix.
Il en est encore, parmi ces âmes, qui ne viennent pas pour autre chose, ici-bas, que pour donner à tous l'exemple de la grandeur dans la souffrance. Ce sont des missionnaires, elles aussi, et leur mission n'est pas moins belle et touchante que celle des grands révélateurs. On les rencontre dans tous les temps et elles occupent tous les plans de la vie. Elles sont debout sur les sommets resplendissants de l'histoire et on les retrouve, humbles et cachées, parmi les foules.

Nous admirons le Christ, Socrate, Antigone, Jeanne d'Arc; mais combien de victimes obscures du devoir ou de l'amour tombent chaque jour, sur lesquelles se font le silence et l'oubli. Leurs exemples ne sont pourtant pas perdus : ils illuminent toute la vie des quelques hommes qui en sont témoins.

Pour être pleine et féconde, il n'est pas indispensable qu'une vie soit parsemée de ces grands actes de sacrifice ni couronnée par une mort qui la sacre aux yeux de tous. Telle existence morne et triste, en apparence, incolore et effacée, n'est au fond qu'un effort continuel, une lutte de tous les instants contre le malheur et la souffrance. Nous ne sommes pas juges de tout ce qui se passe dans le secret des âmes ; beaucoup, par pudeur, cachent des plaies douloureuses, des maux cruels, qui les rendraient aussi intéressantes à nos yeux que les martyrs les plus célèbres. Par le combat incessant qu'elles poursuivent contre la destinée, elles sont grandes et héroïques aussi, ces âmes !

Leurs triomphes restent ignorés, mais tous les trésors d'énergie, de passion généreuse, de patience ou d'amour qu'elles ont accumulés dans cet effort de chaque jour, leur constitueront un capital de force, de beauté morale, qui peut les rendre, dans l'au-delà, les égales des plus nobles figures de l'histoire.

Dans l'atelier auguste où se forgent les âmes, le génie et la gloire ne suffisent pas à les faire vraiment belles. Toujours, pour leur donner le dernier trait sublime, il a fallu la douleur. Si certaines existences obscures sont devenues aussi saintes et aussi sacrées que des dévouements célèbres, c'est que chez elles la souffrance fut continue. Ce n'est pas seulement une fois, dans telle circonstance ou à l'heure de la mort, que la douleur les a élevées au-dessus d'elles-mêmes et proposées à l'admiration des siècles ; c'est parce que toute leur vie fut une immolation constante.

Et cette œuvre d'épuration lente, ce long défilé des heures douloureuses, cet affinage mystérieux des êtres qui se préparent ainsi aux ultimes ascensions, force l'admiration des Esprits eux-mêmes. C'est ce spectacle touchant qui leur inspire la volonté de renaître parmi nous, afin de souffrir et de mourir encore pour tout ce qui est grand, pour tout ce qu'ils aiment, et, par ce nouveau sacrifice, rendre plus vif leur propre éclat.

*
* *

Après ces considérations d'ordre général,

reprenons la question dans ses éléments primaires.

La douleur physique est, le plus souvent, un avertissement de la nature qui cherche à nous préserver des excès. Sans elle, nous abuserions de nos organes au point de les détruire avant l'heure. Lorsqu'un mal dangereux se glisse en nous, qu'adviendrait-il si nous n'en ressentions pas aussitôt les effets désagréables ? Il gagnerait de proche en proche, nous envahirait et tarirait en nous les sources de la vie.

Et même lorsque, persistant à méconnaître les avis répétés de la nature, nous laissons la maladie se développer en nous, celle-ci peut être encore un bienfait, si, causée par nos abus et nos vices, elle nous apprend à les détester et à nous en corriger. Il faut souffrir pour se connaître et pour bien connaître la vie.

Épictète, que nous aimons à citer, disait encore : « C'est un faux langage de prétendre que la santé est un bien, la maladie, un mal. User bien de la santé est un bien ; en user mal est un mal. User bien de la maladie, c'est un bien ; en user mal est un mal. On tire le bien de tout, et de la mort même. »

Aux âmes faibles, la maladie vient apprendre la patience, la sagesse, le gouvernement de soi-même. Aux âmes fortes, elle peut offrir des compensations d'idéal, en laissant à l'esprit le libre essor de ses aspirations au point d'oublier les souffrances physiques.

L'action de la douleur n'est pas moins efficace pour les collectivités que pour les individus. N'est-ce pas grâce à elle que se sont constitués les premiers groupements humains ? N'est-ce pas la menace des fauves, de la faim, des fléaux qui a contraint l'homme à rechercher son semblable pour s'associer à lui ? Et de leur vie commune, de leurs communes souffrances, de leur intelligence et de leur labeur est sortie toute la civilisation, avec ses arts, ses sciences, son industrie !

La douleur physique, pourrait-on dire encore, résulte de la disproportion entre notre faiblesse corporelle et l'ensemble des forces qui nous entourent, forces colossales et fécondes qui sont autant de manifestations de la vie universelle. Nous ne pouvons nous en assimiler qu'une infime partie ; mais en agissant sur nous, elles travaillent à accroître, à élargir sans cesse la sphère de notre activité et la gamme de nos sensations. Leur action sur le corps organique se répercute sur la forme fluidique ; elle contribue à l'enrichir, à la dilater, à la rendre plus impressionnable, en un mot apte à des perfectionnements nouveaux.

La souffrance, par son action chimique, a toujours un résultat utile, mais ce résultat varie à l'infini suivant les individus et leur état d'avancement. En affinant notre enveloppe matérielle, elle donne plus de force à l'être intérieur, plus de facilité à se détacher des choses terrestres. Chez d'autres, plus évolués, elle agira dans le sens moral. La douleur est comme une aile prêtée à l'âme asservie à la chair, pour l'aider à s'en dégager et à s'élever plus haut.

∴

Le premier mouvement de l'homme malheureux est de se révolter sous les coups du sort. Mais, plus tard, quand l'esprit a gravi les pentes et qu'il contemple l'âpre chemin parcouru, le défilé mouvant de ses existences, c'est avec un attendrissement joyeux qu'il se souvient des épreuves, des tribulations à l'aide desquelles il a pu gagner le faîte.

Si, aux heures d'épreuves, nous savions observer le travail intérieur, l'action mystérieuse de la douleur en nous, en notre moi, en notre conscience, nous comprendrions mieux son œuvre sublime d'éducation et de perfectionnement. Nous verrions qu'elle frappe toujours à l'endroit sensible. La main qui dirige le ciseau est celle d'un artiste incomparable ; elle ne se lasse pas d'agir jusqu'à ce que les angles de notre caractère soient arrondis, polis, usés. Pour cela, elle reviendra à la charge aussi longtemps qu'il sera nécessaire. Et sous les coups de marteau répétés, il faudra bien que la morgue, la personnalité excessive tombent chez celui-ci ; il faudra que la mollesse, l'apathie, l'indifférence disparaissent chez tel autre ; la dureté, la colère, la fureur chez un troisième. Pour tous, elle aura des procédés différents, variés à l'infini suivant les individus, mais chez tous, elle agira avec efficacité, de façon à faire naître ou à développer la sensibilité, la délicatesse, la bonté, la tendresse, à faire sortir des déchirements et des larmes, quelque qualité inconnue qui dormait silencieuse au fond de l'être, ou bien telle noblesse nouvelle, parure de l'âme, acquise pour jamais.

Et plus celle-ci monte, grandit, se fait belle, plus la douleur se spiritualise et devient subtile. Aux méchants, il faut des épreuves nombreuses, comme sur l'arbre il faut beaucoup de fleurs pour produire quelques fruits. Mais plus l'être humain se perfectionne, plus les fruits de la douleur deviennent admirables en lui. Aux âmes frustes, mal dégrossies, incombent les souffrances physiques, les douleurs violentes; aux égoïstes, aux avares écherront les pertes de fortune, les noires inquiétudes, les tourments de l'esprit. Puis, aux êtres délicats, aux mères, aux amantes, aux épouses, les tortures cachées, les blessures du cœur. Aux nobles penseurs, aux inspirés, la douleur subtile et profonde qui fait jaillir le cri sublime, l'éclair du génie !

Oui, derrière la douleur, il y a quelqu'un d'invisible qui conduit son action et la règle suivant les besoins de chacun, avec un art, une sagesse infinis, travaillant ainsi à augmenter notre beauté intérieure, jamais achevée, toujours poursuivie, de lumière en lumière, de vertu en vertu, jusqu'à ce que nous soyons devenus des esprits célestes.

Si étonnant que cela puisse paraître à première vue, la douleur n'est qu'un moyen de la Puissance infinie pour nous attirer à elle et, en même temps, nous faire accéder plus rapidement au bonheur spirituel, le seul durable. C'est donc bien par amour pour nous que Dieu nous envoie la souffrance. Il nous frappe, il nous corrige comme la mère corrige son enfant, pour le redresser et le rendre meilleur. Il travaille sans cesse à assouplir, à purifier, à embellir nos âmes, parce qu'elles ne peuvent être vraiment et complètement heureuses que dans la mesure de leurs perfections.

Et pour cela, sur cette terre d'apprentissage, Dieu a mis, à côté de joies rares et fugitives, des douleurs fréquentes et prolongées, afin de nous faire sentir que notre monde est un lieu de passage et non un but. Jouissances et souffrances, plaisirs et douleurs, Dieu a réparti ces choses dans l'existence comme un grand artiste qui, sur sa toile, a uni les ombres et les clartés pour produire un chef-d'œuvre.

*
* *

La souffrance chez les animaux est déjà un travail d'évolution pour le principe de vie qui est en eux ; ils acquièrent par là les premiers rudiments de la conscience. Et il en est de même de l'être humain dans ses réincarnations successives. Si, dès ses premières étapes terrestres, l'âme vivait exempte de maux, elle resterait inerte, passive, ignorante des choses profondes et des forces morales qui gisent en elle.

Notre but est en avant ; notre destinée est de marcher vers ce but, sans nous attarder en chemin. Or, les bonheurs de ce monde nous immobilisent ; on s'y attarde ; on s'y oublie. Mais quand nous nous attardons outre mesure, la douleur vient qui nous pousse en avant.

Dès que s'ouvre pour nous une source de

plaisirs, par exemple dans la jeunesse, l'amour, le mariage, et que nous nous oublions dans l'enchantement des heures bénies, il est bien rare que, peu après, une circonstance imprévue ne survienne, et l'aiguillon se fait sentir.

A mesure que nous avançons dans la vie, les joies diminuent et les douleurs augmentent. Le corps devient plus pesant, le fardeau des ans plus lourd. Presque toujours, l'existence commence dans le bonheur et finit dans la tristesse. Le déclin amène pour la plupart des hommes la période morose de la vieillesse, avec ses lassitudes, ses infirmités, ses abandons. Les lumières s'éteignent; les sympathies, les consolations se retirent; les rêves, les espérances s'évanouissent. Les fosses se creusent, de plus en plus nombreuses autour de nous. Alors s'ouvrent de longues heures d'immobilité, d'inaction, de souffrance. Elles nous obligent à rentrer en nous-mêmes, à passer souvent en revue les actes et les souvenirs de notre vie. C'est là une épreuve nécessaire, afin que l'âme, avant de quitter son enveloppe, acquière cette maturité, ce jugement, cette clairvoyance des choses qui seront le couronnement de sa carrière terrestre. Aussi, lorsque nous maudissons les heures en apparence stériles et désolées de la vieillesse infirme, solitaire, nous méconnaissons un des plus grands bienfaits que la nature nous offre. Nous oublions que la vieillesse douloureuse est le creuset où se complètent les épurations.

A ce moment de l'existence, les rayons et les forces que, durant les années de jeunesse et de virilité, nous dispersions de toutes parts dans notre activité et notre exubérance, se concentrent, convergent vers les profondeurs de l'être, attisant la conscience et procurant à l'homme plus de sagesse et de maturité. Peu à peu, l'harmonie se fait entre nos pensées et les radiations extérieures ; la mélodie intime s'accorde avec la mélodie divine.

Il y a alors, dans la vieillesse résignée, plus de grandeur et de beauté sereine que dans l'éclat de la jeunesse et la puissance de l'âge mûr. Sous l'action du temps, ce qu'il y a de profond, d'immuable en nous se dégage, et le front de certains vieillards s'auréole des clartés de l'au-delà.

A tous ceux qui demandent : Pourquoi la douleur ? je réponds : Pourquoi polir la pierre, sculpter le marbre, fondre le vitrail, marteler le fer ? C'est afin de bâtir et d'orner le temple magnifique, plein de rayons, de vibrations, d'hymnes, de parfums, où tous les arts se combinent pour exprimer le divin, préparer l'apothéose de la pensée consciente, célébrer la libération de l'esprit !

Et voyez le résultat obtenu ! De ce qui était en nous éléments épars, matériaux informes et parfois même, chez le vicieux et le déchu, ruines et débris, la douleur a dressé, construit dans le cœur de l'homme un autel splendide à la Beauté morale, à la Vérité éternelle.

La statue, dans ses formes idéales et parfaites, est enfouie, cachée dans le bloc grossier. Quand l'homme n'a pas l'énergie, le savoir, la volonté de frapper, alors, avons-nous dit, vient la douleur. Elle prend le marteau, le ciseau et peu à peu, à coups violents, ou bien sous le lent et persistant travail du burin, la statue vivante se dessine en ses contours souples et merveilleux; sous le quartz brisé, l'émeraude étincelle !

Oui, pour que la forme se dégage dans ses lignes pures et délicates, que l'esprit triomphe de la substance, que la pensée jaillisse en élans sublimes et que le poète trouve ses accents immortels, le musicien ses suaves accords, il faut dans nos cœurs l'aiguillon de la destinée, les deuils et les pleurs, l'ingratitude, les trahisons de l'amitié et de l'amour, les angoisses et les déchirements; il faut les cercueils chéris qui descendent sous la terre, la jeunesse qui s'enfuit, la vieillesse glacée qui monte, les déceptions, les tristesses amères qui se succèdent. Il faut à l'homme des souffrances comme au fruit de la vigne le pressoir qui en extrait la liqueur exquise !

*
* *

Considérons encore le problème de la douleur au point de vue des sanctions pénales.

On a reproché à Allan Kardec d'avoir trop insisté dans ses œuvres sur l'idée de châtiment et d'expiation. Celle-ci a soulevé de nombreuses critiques. Elle donne, nous dit-on, une fausse notion de l'action divine; elle entraîne un luxe de punitions incompatible avec la suprême Bonté.

Ce jugement résulte d'un examen trop superficiel des ouvrages du grand initiateur. L'idée, l'expression de châtiment, excessive peut-être si on s'attache à certains passages isolés, mal interprétés dans beaucoup de cas, s'atténue et s'efface lorsqu'on étudie l'œuvre entière.

C'est surtout dans la conscience, nous le savons, qu'est la sanction du bien et du mal. Elle enregistre minutieusement tous nos actes et, tôt ou tard, devient un juge sévère pour le coupable, qui, par suite de son évolution, finit toujours par entendre sa voix et subir ses arrêts. Pour l'esprit, les souvenirs du passé s'unissent au présent dans l'espace et forment un tout inséparable. Il vit en dehors de la durée, au delà des limites du temps et souffre aussi vivement des fautes lointaines que des plus récentes. Aussi demande-t-il souvent une réincarnation rapide et douloureuse, qui rachètera le passé, tout en faisant trêve à ses souvenirs obsédants.

Avec la différence de plan, la souffrance changera d'aspect. Sur terre, elle deviendra à la fois physique et morale et constituera un mode de réparation. Elle plongera le coupable dans sa flamme pour le purifier; elle reforgera, dans le laminoir de l'épreuve, l'âme déformée par le mal. Ainsi, chacun de nous a pu ou pourra effacer son passé, les tristes pages du début de son histoire, les fautes graves, commises lorsqu'il n'était qu'un esprit ignorant ou fougueux. Par la souffrance nous apprendrons l'humilité, en même temps que l'indulgence et la compassion pour tous ceux qui succombent autour de nous sous la poussée des instincts inférieurs, comme cela nous est arrivé à nous-mêmes, tant de fois, jadis.

Ce n'est donc pas par vengeance que la loi nous frappe, mais parce qu'il est bon et profitable de souffrir, puisque la souffrance nous libère en donnant satisfaction à la conscience dont elle exécute le verdict.

Tout se rachète et se répare par la douleur. Nous l'avons vu, il y a un art profond dans les procédés qu'elle met en œuvre pour façonner l'âme humaine et, lorsqu'elle est égarée, la ramener dans l'ordre sublime des choses.

On a souvent parlé d'une loi du talion. En réalité, la réparation ne se présente pas toujours sous la même forme que la faute commise. Les conditions sociales, l'évolution historique s'y opposent. En même temps que les supplices du moyen âge, bien des fléaux ont disparu. Cependant la somme des souffrances humaines, sous leurs formes variées, innombrables, se représente, toujours proportionnée à la cause qui les produit. En vain des progrès se réalisent, la civilisation s'étend, l'hygiène et le bien-être se développent. Des maladies nouvelles apparaissent et l'homme est impuissant à les guérir. Il faut reconnaître en cela la manifestation de cette loi supérieure d'équilibre dont nous avons parlé. La douleur sera nécessaire tant que l'homme n'aura pas mis sa pensée et ses actes en harmonie avec les lois éternelles ; elle cessera de se faire sentir dès que l'accord sera établi. Tous nos maux viennent de ce que nous agissons dans un sens opposé au courant de la vie divine ; si nous rentrons dans ce courant, la douleur disparaît avec les causes qui l'ont fait naître.

Longtemps encore, l'humanité terrestre, ignorante des lois supérieures, inconsciente du devenir et du devoir, aura besoin de la douleur, pour la stimuler dans sa voie, pour transformer ce qui prédomine en elle, les instincts primitifs et grossiers, en sentiments purs et généreux. Longtemps l'homme devra passer par l'initiation amère pour arriver à la connaissance de lui-même et de son but. Il ne songe présentement qu'à appliquer ses facultés et son énergie à combattre la souffrance sur le plan physique, à augmenter le bien-être et la richesse, à rendre plus agréables les conditions de la vie matérielle. Mais ce sera en vain. Les souffrances pourront varier, se déplacer, changer d'aspect, la douleur n'en persistera pas moins, tant que l'égoïsme et l'intérêt régiront les sociétés terrestres, tant que la pensée se détournera des choses profondes, tant que la fleur de l'âme ne sera pas épanouie.

Toutes les doctrines économiques et sociales seront impuissantes à réformer le monde, à pallier les maux de l'humanité, parce que leur base est trop étroite et qu'elles placent dans l'unique vie présente la raison d'être, le but de cette vie et de tous nos efforts. Pour éteindre le mal social, il faut élever l'âme humaine à la conscience de son rôle, lui faire comprendre que son sort dépend d'elle seule, et que sa félicité sera toujours proportionnelle à l'étendue de ses triomphes sur elle-même et de son dévouement pour les autres.

Alors la question sociale sera résolue par la substitution de l'altruisme au personnalisme exclusif et étroit. Les hommes se sentiront frères, frères et égaux devant la loi divine, qui répartit à chacun les biens et les maux nécessaires à son évolution, les moyens de se vaincre et de hâter son ascension. Dès ce jour, seulement, la douleur verra diminuer son empire. Fruit de l'ignorance et de l'infériorité, fruit de la haine, de l'envie, de l'égoïsme, de toutes les passions animales qui s'agitent encore au fond de l'être humain, elle s'évanouira avec les causes qui la produisent, grâce à une éducation plus haute, à la réalisation en nous de la beauté morale, de la justice et de l'amour.

Le mal moral est dans l'âme seule, dans ses dissonnances avec l'harmonie divine. Mais à mesure qu'elle monte vers une clarté plus vive, vers une vérité plus large, vers une sagesse plus parfaite, les causes de souffrance s'atténuent, en même temps que se dissipent ses vaines ambitions, ses désirs matériels. Et d'étapes en étapes, de vies en vies, elle pénètre dans la grande lumière et la grande paix, où le mal est inconnu, où le bien, seul, règne !

*
* *

Bien souvent, j'ai entendu dire par certaines personnes dont l'existence fut pénible et semée d'épreuves : Je ne voudrais pas renaître en une vie nouvelle ; je ne veux pas revenir sur la terre. Quand on a beaucoup souffert, que l'on a été violemment secoué par les orages de ce monde, il est très légitime d'aspirer au repos. Je comprends qu'une âme accablée recule à la pensée de recommencer cette bataille de la vie, où elle a reçu des blessures qui saignent encore. Mais la loi est inexorable. Pour monter plus haut dans la hiérarchie des mondes, il faut avoir laissé ici-bas tout l'encombrant bagage des goûts, des appétits qui nous attache à la terre. Ces liens, nous les emportons trop souvent avec nous dans l'au-delà et ce sont eux qui nous retiennent dans les basses régions. Parfois, nous nous croyons capables et dignes de gagner les altitudes et, à notre insu, mille chaînes nous rivent encore à cette planète inférieure. Nous ne comprenons ni l'amour dans sa sublime essence, ni le sacrifice tel qu'on le pratique dans ces humanités épurées où l'on ne vit plus pour soi ou pour quelques-uns, mais pour tous. Or, ceux qui sont mûrs pour une telle vie peuvent seuls la posséder. Pour s'en rendre dignes, il faudra donc redescendre encore dans le creuset, dans la fournaise où fondront comme cire les duretés de notre cœur. Et lorsque les scories de notre âme auront été rejetées, éliminées, quand notre essence sera devenue exempt d'alliage, alors Dieu nous appellera à une vie plus haute, à une tâche plus belle.

Par-dessus tout, il faut mesurer à leur juste valeur les soucis, les tristesses de ce monde. Pour nous, ce sont choses bien cruelles ; mais comme tout cela se rapetisse et s'efface si on le considère à distance, si l'esprit, s'élevant au-dessus des détails de l'existence, embrasse d'un large regard les perspectives de sa destinée. Celui-là seul saura peser, mesurer ces choses dont la pensée sonde sans trouble les deux océans de l'espace et du temps : l'immensité et l'éternité !

*
* *

O vous tous qui vous plaignez amèrement des déceptions, des petites misères, des tribulations dont toute existence est semée et qui vous sentez envahis par la lassitude et le découragement, si vous voulez retrouver la résolution, le courage perdus, si vous voulez apprendre à braver allègrement la mauvaise fortune, à supporter, résignés, le sort qui vous échoit, jetez un regard attentif autour de vous ! Considérez les douleurs trop ignorées des petits, des déshérités, les souffrances de milliers d'êtres qui sont hommes comme vous ; considérez ces afflictions sans nombre : aveugles privés du rayon qui guide et réjouit, paralytiques, impotents, corps que l'existence a tordus, ankylosés, brisés, qui pâtissent de maux héréditaires ! Et ceux qui manquent du nécessaire, sur qui l'hiver souffle, glacial ! Songez à toutes ces vies mornes, obscures, souffreteuses ; comparez vos maux trop souvent imaginaires aux tortures de vos frères de douleur, et vous vous estimerez moins malheureux ; vous reprendrez patience et courage et, de votre cœur, descendra sur la foule des humains, sur tous ces pèlerins de la vie qui se traînent accablés sur le chemin aride, le sentiment d'une pitié sans bornes et d'un immense amour !

XXVII. — RÉVÉLATION PAR LA DOULEUR

C'est surtout devant la souffrance que se montre la nécessité, l'efficacité d'une croyance robuste, puissamment assise à la fois sur la raison, le sentiment et les faits, et qui explique l'énigme de la vie, le problème de la douleur.

Quelles consolations le matérialisme et l'athéisme peuvent-ils offrir à l'homme atteint d'un mal incurable? Que diront-ils pour calmer les désespoirs, préparer l'âme de celui qui va mourir? Quel langage tiendront-ils au père, à la mère agenouillés devant le berceau d'un enfant mort, à tous ceux qui voient descendre sous la terre les cercueils des êtres chéris? Ici se montre toute la pauvreté, toute l'insuffisance des doctrines du néant.

La douleur n'est pas seulement le critérium par excellence de la vie, le juge qui pèse les caractères, les consciences et mesure la véritable grandeur de l'homme. Elle est aussi un procédé infaillible pour reconnaître la valeur des théories philosophiques et des doctrines religieuses. La meilleure sera évidemment celle qui nous réconforte, celle qui dit pourquoi les larmes sont le lot de l'humanité et fournit les moyens de les étancher. Par la douleur, on découvre plus sûrement le lieu où luit le plus beau, le plus doux rayon de la vérité, celui qui ne s'éteint pas.

Si l'univers n'est qu'un champ clos ouvert aux forces capricieuses et aveugles de la nature, une odieuse fatalité qui nous broie; s'il n'y a en lui ni conscience, ni justice, ni bonté, alors la douleur n'a pas de sens, pas d'utilité ; elle ne comporte pas de consolations. Il n'y a plus qu'à imposer silence à notre cœur brisé, car il serait puéril et vain d'importuner les hommes et le ciel de nos plaintes !

Pour tous ceux dont la vie est limitée par les horizons étroits du matérialisme, le problème de la douleur est insoluble ; il n'est pas d'espérance pour celui qui souffre.

N'est-ce pas vraiment chose étrange que l'impuissance de tant de sages, de philosophes, de penseurs, depuis des milliers d'années, à expliquer et à consoler la douleur, à nous la faire accepter lorsqu'elle est inévitable ? Les uns l'ont niée, ce qui est puéril. D'autres ont conseillé de l'oublier, de s'en distraire, ce qui est vain, ce qui est lâche quand il s'agit de la perte de ceux que nous avons aimés. En général, on nous a appris à la redouter, à la craindre, à la détester. Bien peu l'ont comprise ; bien peu l'ont expliquée !

Aussi, autour de nous, dans les rapports de chaque jour, combien sont devenues pauvres, banales, enfantines, les paroles de sympathie, les tentatives de consolation prodiguées à ceux que le malheur a touchés. Quels froids propos sur les lèvres, quelle absence de chaleur et de lumière dans les pensées et dans les cœurs ! Quelle faiblesse, quel vide dans les procédés employés pour réconforter les âmes endeuillées, procédés qui aggravent plutôt et redoublent leurs maux, leur tristesse. Tout cela résulte uniquement de l'obscurité qui règne sur le problème de la douleur, des fausses données répandues dans les esprits par les doctrines négatives et certaines philosophies spiritualistes. En effet, c'est le propre des théories erronées de décourager, d'accabler, d'assombrir l'âme aux heures difficiles, au lieu de lui procurer les moyens de faire face au destin avec une ferme résolution.

Et les religions, pourrait-on me dire ? Oui, sans doute, les religions ont trouvé des secours spirituels pour les âmes en détresse ; cependant les consolations qu'elles offrent reposent sur une conception trop étroite du but de la vie et des lois de la destinée. Nous l'avons suffisamment démontré pour n'avoir pas à y revenir.

Les religions chrétiennes, surtout, ont compris le rôle grandiose de la souffrance, mais elles en ont exagéré, dénaturé le sens. Le paganisme exprimait la joie ; ses dieux se couronnaient de fleurs et présidaient aux fêtes. Pourtant, les stoïciens et, avec eux, certaines écoles secrètes considéraient déjà la douleur comme un élément indispensable à l'ordre du monde. Le christianisme, lui, l'a glorifiée, déifiée en la personne de Jésus. Devant la croix du Calvaire, l'humanité a trouvé la sienne moins lourde. Le souvenir du grand supplicié a aidé les hommes à souffrir et à mourir. Toutefois, en poussant les choses à l'extrême, le christianisme a donné à la vie, à la mort, à la religion, à Dieu, des aspects lugubres, parfois terrifiants. Il est nécessaire de réagir et de remettre les choses au point, car, en raison même des excès des religions, celles-ci voient s'amoindrir chaque jour leur empire. Le matérialisme gagne peu à peu le terrain qu'elles ont perdu ; la conscience populaire s'obscurcit; la notion du devoir s'effondre, faute d'une doctrine adaptée aux nécessités du temps et aux besoins de l'évolution humaine.

C'est pourquoi nous dirons aux prêtres de toutes les religions : Élargissez le cadre de vos enseignements ; donnez à l'homme une notion plus étendue de ses destins, une vue plus claire de l'au-delà, une idée plus haute du but à atteindre. Faites-lui comprendre que son œuvre consiste à construire lui-même, avec l'aide de la douleur, sa conscience, sa personnalité morale, et cela à travers l'infini des temps et des espaces. Si, à l'heure présente, votre influence s'affaiblit, si votre puissance est ébranlée, ce n'est pas à cause de la morale que vous enseignez. C'est par suite de l'insuffisance de votre conception de la vie, qui ne montre pas nettement la justice dans les lois et dans les choses, et, par conséquent, ne montre pas Dieu. Vos théologies ont enfermé la pensée dans un cercle qui l'étouffe ; elles lui ont fixé une base trop restreinte et, sur cette base, tout l'édifice chancelle et menace de s'écrouler. Cessez de discuter sur des textes et d'opprimer les consciences ; sortez des cryptes où vous avez enfermé l'esprit ; marchez et agissez !

Une nouvelle doctrine se lève, grandit, s'étend, qui aidera la pensée à accomplir son œuvre de transformation. Ce nouveau spiritualisme contient toutes les ressources nécessaires pour consoler les afflictions, enrichir la philosophie, régénérer les religions, s'attirer à la fois l'affection du plus humble disciple et le respect du plus fier génie.

Il peut satisfaire les plus nobles élans de l'intelligence et les aspirations du cœur. Et, en même temps, il explique la faiblesse humaine, le côté obscur, tourmenté de l'âme inférieure livrée aux passions, et il lui procure les moyens de s'élever à la connaissance et à la plénitude.

Enfin, il constitue le remède moral le plus puissant contre la douleur. Dans l'explication qu'il en donne, dans les consolations qu'il vient offrir à l'infortune, se trouve la preuve la plus évidente, la plus touchante de son caractère véridique et de sa solidité inébranlable.

Mieux que toute autre doctrine philosophique ou religieuse, il nous révèle le grand rôle de la souffrance et nous apprend à l'accepter. En faisant d'elle un procédé éducatif ou réparateur, il nous montre la justice et l'amour divins intervenant jusque dans nos épreuves et dans nos maux. Au lieu de désespérés que les doctrines négatives font de nous, au lieu de déchus, de réprouvés ou de maudits, le spiritisme nous montre dans les malheureux des apprentis, des néophytes que la douleur éclaire, initie, des candidats à la perfection et au bonheur.

En donnant à la vie un but infini, le nouveau spiritualisme vient nous offrir une raison de vivre et de souffrir qui mérite vraiment que l'on vive et que l'on souffre, en un mot, un objectif digne de l'âme et digne de Dieu. Dans le désordre apparent et la confusion des choses, il nous montre l'ordre qui, lentement, s'ébauche et se réalise, le futur qui s'élabore dans le présent et, au-dessus de tout, le déploiement d'une immense et divine harmonie !

Et voyez les conséquences de cet enseignement. La douleur perd son caractère effrayant ; elle n'est plus un ennemi, un monstre redouté ; c'est un aide, un auxiliaire et son rôle est providentiel. Elle purifie, grandit, refond l'être dans sa flamme ; elle le revêt d'une beauté qu'on ne lui connaissait pas. L'homme, d'abord étonné, inquiet à son aspect, apprend à la connaître, à l'apprécier, à se familiariser avec elle ; il finit presque par l'aimer. Certaines âmes héroïques, au lieu de s'en détourner, de la fuir, iront à elle pour s'y plonger librement et s'y régénérer.

La destinée, étant illimitée, nous ménage des possibilités toujours nouvelles d'amélioration. La souffrance n'est qu'un correctif à nos abus, à nos erreurs, un stimulant dans notre marche. Ainsi les lois souveraines se montrent parfaitement justes et bonnes. Elles n'infligent à personne des peines inutiles ou imméritées. L'étude de l'univers moral nous remplit d'admiration pour la Puissance qui, au moyen de la douleur, transforme peu à peu les forces du mal en forces du bien, fait sortir du vice, la vertu, de l'égoïsme, l'amour !

Dès lors, assuré du résultat de ses efforts, l'homme accepte avec courage les épreuves inévitables. La vieillesse peut venir, la vie décroître et rouler sur la pente rapide des ans, sa foi l'aide à traverser les périodes accidentées et les heures tristes de l'existence. A mesure que celle-ci décline et s'enveloppe de brume, la grande lumière de l'au-delà se fait plus vive et le sentiment de la justice, de la bonté, de l'amour qui président à la destinée de tous les êtres, devient pour lui une force aux heures de lassitude ; elle lui rend plus facile la préparation au départ.

.·.

Pour le matérialiste et même pour beaucoup de croyants, le décès des êtres aimés creuse entre eux et nous un abîme que rien ne peut combler, abîme d'ombre et de nuit où ne brille aucun rayon, aucune espérance. Le protestant, incertain de leur destinée, ne prie même pas pour ses morts. Le catholique, non moins anxieux, peut redouter pour les siens le jugement qui sépare à jamais les élus des réprouvés.

Mais voici la doctrine nouvelle avec ses certitudes inébranlables. Pour ceux qui l'ont adoptée, la mort, comme la douleur, sera sans effroi. Chaque tombe qui se creuse est un portique de délivrance, une issue ouverte vers les libres espaces; chaque ami qui disparaît va préparer la demeure future, jalonner la route à suivre sur laquelle nous nous rejoignons tous. La séparation n'est même qu'apparente. Nous savons que ces âmes ne nous ont pas quittés sans retour ; une communion intime peut encore s'établir d'elles à nous. Si leurs manifestations, dans l'ordre sensible, rencontrent des obstacles, nous pourrons du moins correspondre avec elles par la pensée.

Vous connaissez la loi télépathique. Il n'est pas de cri, pas de larme, pas d'appel d'amour qui n'ait sa répercussion et sa réponse. Solidarité admirable des âmes pour qui nous prions et qui prient pour nous, échanges de pensées vibrantes et d'appels régénérateurs qui traversent l'espace, pénètrent les cœurs angoissés de radiations de force et d'espérance et ne manquent jamais le but !

Vous croyiez souffrir seul, mais non, près de vous, autour de vous et jusque dans l'étendue sans bornes, il est des êtres qui vibrent de votre souffrance et participent à votre douleur. Ne la rendez pas trop vive, afin de les épargner eux-mêmes.

A la peine, à la tristesse humaine, Dieu a donné pour compagne la sympathie céleste. Et cette sympathie prend souvent la forme d'un être aimé qui, dans les jours d'épreuves, descend, plein de sollicitude, et recueille chacune de nos douleurs pour nous en faire une couronne de lumière dans l'espace.

Combien d'époux, de fiancés, d'amants, séparés par la mort, vivent dans une union nouvelle, plus étroite et plus intime. Aux heures d'affliction, l'esprit d'un père, d'une mère, tous les amis du ciel se penchent vers nous et baignent nos fronts de leurs fluides doux et affectueux ; ils enveloppent nos cœurs de chaudes palpitations d'amour. Comment se laisser aller au mal ou au désespoir en présence de tels témoins, en songeant qu'ils voient nos soucis, lisent nos pensées, qu'ils nous attendent et s'apprêtent à nous recevoir au seuil de l'immensité !

En quittant la terre, nous les retrouverons tous, et, avec eux, un bien plus grand nombre d'esprits amis que nous avions oubliés durant notre dernier séjour terrestre, la foule de ceux qui partagèrent nos vies passées et composent notre famille spirituelle.

Tous nos compagnons du grand voyage éternel se grouperont pour nous accueillir, non pas comme de pâles ombres, de vagues fantômes animés d'une vie indécise, mais dans la plénitude de toutes leurs facultés accrues ; comme des êtres actifs, s'intéressant encore aux choses de la terre, participant à l'œuvre universelle, coopérant à nos efforts, à nos travaux, à nos projets.

Les liens du passé se renoueront avec une force nouvelle. L'amour, l'amitié, la paternité, ébauchés autrefois, en de multiples existences, se cimenteront par des engagements nouveaux, pris en vue de l'avenir, afin d'augmenter sans cesse et d'élever à leur suprême puissance les sentiments qui nous unissent tous. Et les tristesses des séparations passagères, l'éloignement apparent des âmes causé par la mort, tout se fondra en des effusions de bonheur, dans le ravissement des retours et des réunions ineffables.

N'ajoutez donc aucune foi aux sombres doctrines qui vous parlent de lois d'airain ou bien de condamnation, d'enfer et de paradis éloignant les uns des autres, et pour toujours, ceux qui se sont aimés. Sachez qu'il est une puissance supérieure à toutes les autres, qui, en dépit des mérites et des démérites, rapproche, irrésistiblement, les âmes unies sur la terre. Il n'est pas d'abîme que l'amour ne puisse combler. Dieu, tout amour, n'a pu condamner à s'éteindre le sentiment le plus beau, le plus noble de tous ceux qui vibrent au cœur de l'homme. L'amour est immortel comme l'âme elle-même.

Aux heures de souffrance, d'angoisse, d'accablement, recueillez-vous et, d'un appel ardent, attirez à vous ces Êtres qui furent, comme nous, des hommes et qui sont maintenant des esprits célestes, et des forces inconnues pénétreront en vous ; elles vous aideront à supporter vos misères et vos maux.

Hommes, pauvres voyageurs qui gravissez péniblement la montée douloureuse de l'existence, sachez que partout, sur notre route, des êtres invisibles, puissants et bons, cheminent à nos côtés. Aux passages difficiles, leurs fluides secourables soutiennent notre marche chancelante. Ouvrez-leur vos âmes ; mettez vos pensées en accord avec leurs pensées et aussitôt vous sentirez la joie de leur présence; une atmosphère de paix et de bénédiction vous enveloppera; de suaves consolations descendront en vous.

*
* *

Au milieu des épreuves, les vérités que nous venons de rappeler ne nous dispensent pas des émotions et des larmes ; ce serait contre nature. Du moins, elles nous apprennent à ne pas murmurer, à ne pas rester accablés sous les coups de la douleur. Elles écartent de nous ces funestes pensées de révolte, de désespoir ou de suicide qui hantent souvent le cerveau des néantistes. Si nous continuons à pleurer, c'est sans amertume et sans blasphème.

Même lorsqu'il s'agit du suicide de jeunes hommes emportés par l'ardeur de leurs passions, devant la douleur immense d'une mère, le nouveau spiritualisme ne reste pas impuissant. Il verse encore l'espérance aux cœurs désolés. Il leur procure par la prière, par la pensée ardente, la possibilité de soulager ces âmes qui flottent dans les ténèbres spirituelles entre la terre et l'espace, ou restent confinées, par leurs fluides grossiers, dans les milieux où elles ont vécu. Il atténue leur peine en leur disant qu'il n'est rien d'irréparable, rien de définitif dans le mal ; toute évolution entravée reprend son cours quand le coupable a payé sa dette à la justice.

Partout et en tout, cette doctrine nous offre une base, un point d'appui d'où l'âme peut prendre son essor vers l'avenir et se consoler des choses présentes par la perspective des choses futures. La confiance, la foi en nos destins projette devant nous une lumière qui éclaire le sens de la vie, nous fixe le devoir, élargit notre sphère d'action et nous apprend à agir pour les autres. Nous sentons qu'il y a dans l'univers une force, une puissance, une sagesse incomparables ; mais aussi que nous faisons nous-mêmes partie de cette force et de cette puissance dont nous sommes issus.

Nous comprenons que les vues de Dieu sur nous, son plan, son œuvre, son but, tout a son principe et sa source dans son amour. En toutes choses, Dieu veut notre bien et le poursuit par des voies tantôt claires, tantôt mystérieuses, mais constamment appropriées à nos besoins. S'il nous sépare de ceux que nous aimons, c'est pour nous faire trouver plus vives les joies du retour. S'il permet pour nous les déceptions, les abandons, les maladies, les revers, c'est afin de nous obliger à détacher nos regards de la terre et à les élever vers lui, à rechercher des joies supérieures à toutes celles que nous pouvons goûter en ce monde.

L'Univers est justice et amour; dans la spirale infinie des ascensions, la somme des souffrances, divine alchimie, se change là-haut en flots de lumière et en gerbes de félicité.

Avez-vous remarqué, au fond de certaines douleurs, comme une saveur particulière et si nouvelle que l'on ne peut s'empêcher d'y reconnaître une intervention bienfaisante? Quelquefois, l'âme frappée voit briller une clarté inconnue, d'autant plus vive que le désastre est plus grand. D'un seul coup, la douleur l'enlève à des hauteurs telles qu'il faudrait vingt années d'études et d'efforts pour les atteindre.

Je ne puis résister au désir de citer deux exemples, parmi beaucoup d'autres qui me sont connus. Il s'agit de deux hommes, devenus depuis mes amis, pères de deux jeunes filles charmantes qui étaient toute leur joie en ce monde, et que la mort enleva brutalement en quelques jours. L'un est officier supérieur dans un régiment du Midi. Sa fille aînée, parée de tous les dons de l'intelligence et de la beauté, était fiancée à un jeune homme d'une très honorable famille. D'un caractère sérieux, elle dédaignait volontiers les plaisirs de son âge et partageait les travaux de son père, écrivain militaire et publiciste de talent. Aussi lui avait-il voué une affection qui allait jusqu'au culte. En peu de temps, une maladie sans remède enlevait la jeune fille à la tendresse des siens. Dans ses papiers on trouva un cahier de notes portant ce titre : A mon père quand je ne serai plus ! Quoique jouissant d'une santé parfaite au moment où elle traçait ces pages, elle avait le pressentiment de sa mort prochaine et adressait à son père des consolations touchantes. Grâce à un livre qu'il découvrit dans le bureau de son enfant, nous entrâmes en rapport. Peu à peu, en procédant avec méthode et persistance, il devint médium voyant, et aujourd'hui il a, non seulement la faveur d'être initié aux mystères de la survivance, mais aussi celle de revoir souvent sa fille près de lui et de recevoir les témoignages de son amour. L'esprit d'Yvonne se communique également à son fiancé et à un de ses cousins, sous-officier dans le régiment de son père. Ces manifestations se complètent et se contrôlent les unes par les autres, et sont encore perçues par deux animaux familiers, ainsi que l'attestent les lettres du colonel.

Le deuxième cas, visé ici, est celui de M. Debrus, négociant à Valence, dont l'unique enfant, Rose, née après de nombreuses années de mariage, était tendrement aimée. Toutes les espérances du père et de la mère reposaient sur cette tête chérie. Mais, à 12 ans, l'enfant fut frappée brusquement d'une méningite aiguë qui l'emporta. Le désespoir des parents fut inexprimable et l'idée du suicide hanta plus d'une fois l'esprit du pauvre père. Il se ressaisit cependant, ayant quelque connaissance du spiritisme, et, comme le colonel, eut la joie de devenir médium. Aujourd'hui, il communique sans intermédiaire, librement et sûrement avec sa fille. Celle-ci intervient fréquemment dans la vie intime des siens et produit parfois autour d'eux des phénomènes lumineux d'une grande intensité.

Les uns comme les autres, ils ne savaient rien de l'au-delà et vivaient dans une indifférence coupable à l'endroit des problèmes de la vie future et de la destinée. Maintenant, tout s'est éclairé à leurs yeux. Après avoir souffert, ils ont été consolés et ils consolent les autres à leur tour, travaillant à répandre la vérité autour d'eux, impressionnant tous ceux qui les approchent par la hauteur de leurs vues et la fermeté de leurs convictions. Leurs enfants sont revenus vers eux, transfigurés et rayonnants. Et ils sont arrivés à comprendre pourquoi Dieu les avait séparés, et comment il leur ménage une vie commune dans la lumière et dans la paix des espaces. Voilà l'œuvre de la douleur !

*
* *

Pour le matérialiste, répétons-le, il n'est pas d'explication à l'énigme du monde, ni au problème de la douleur. Toute la magnifique évolution de la vie, toutes les formes d'existence et de beauté, lentement développées au cours des siècles, tout cela à ses yeux est dû au caprice d'un hasard aveugle et n'a d'autre issue que le néant. A la fin des temps, il en sera de l'humanité comme si elle n'avait jamais existé. Tous ses efforts pour s'élever à un état supérieur, toutes ses plaintes, ses souffrances, ses misères accumulées, tout s'évanouira comme une ombre, tout aura été inutile et vain.

Mais au lieu de cette théorie de la stérilité et du désespoir, nous qui avons la certitude de la vie future et du monde spirituel, nous voyons dans l'univers l'immense laboratoire où s'affine et s'épure l'âme humaine, à travers des existences alternativement célestes et terrestres. Celles-ci n'ont qu'un but : l'éducation des intelligences associées aux corps. La matière est un instrument de progrès. Ce que nous appelons le mal, la douleur, n'est qu'un moyen d'élévation.

Le moi est chose haïssable, a-t-on dit. Cependant, qu'on me permette un aveu. Chaque fois que l'ange de la douleur m'a touché de son aile, j'ai senti frémir en moi des puissances inconnues ; j'ai entendu des voix intérieures chanter le cantique éternel de la vie et de la lumière. Et maintenant, après avoir participé à tous les maux de mes compagnons de route, je bénis la souffrance ; elle a façonné mon être ; elle m'a procuré un jugement plus sûr, un sentiment plus précis des hautes vérités éternelles. Ma vie fut plus d'une fois secouée par le malheur, comme le chêne par l'orage ; mais il n'est pas une épreuve qui ne m'ait appris à me connaître un peu plus, à me posséder davantage.

Voici venir la vieillesse. Le terme de mon œuvre approche. Après cinquante années d'études, de travail, de méditation, d'expériences, il m'est doux de pouvoir affirmer à tous ceux qui souffrent, à tous les affligés de ce monde, qu'il est dans l'univers une justice infaillible. Rien n'est perdu de nos maux ; il n'y a pas de peine sans compensation, pas de labeur sans profit. Nous marchons tous, à travers les vicissitudes et les larmes, vers un but grandiose, fixé par Dieu, et nous avons à nos côtés un guide sûr, un conseiller invisible pour nous soutenir et nous consoler.

Homme, mon frère, apprends à souffrir, car la douleur est sainte ! Elle est le plus noble agent de la perfection. Pénétrante et féconde, elle est indispensable à la vie de quiconque ne veut pas rester pétrifié dans l'égoïsme et l'indifférence. C'est une vérité philosophique que Dieu envoie la souffrance à ceux qu'il aime : « Je suis esclave, estropié, disait Épictète, un autre Irus en pauvreté et en misère et, cependant, aimé des Dieux. »

Apprends à souffrir ! Je ne te dirai pas : Recherche la douleur. Mais quand elle se dresse, inévitable, sur ton chemin, accueille-la comme une amie ; apprends à la connaître, à apprécier sa beauté austère, à saisir ses secrets enseignements. Étudie son œuvre cachée ; au lieu de te révolter contre elle ou bien de rester accablé, inerte et veule sous son action, associe ta volonté, ta pensée au but qu'elle se fixe ; cherche à retirer de son passage dans ta vie tout le profit qu'elle peut offrir à ton esprit et à ton cœur.

Efforce-toi d'être à ton tour un exemple pour les autres ; par ton attitude dans la souffrance, ton acceptation volontaire et courageuse, ta confiance en l'avenir, rends-la plus acceptable aux yeux d'autrui.

En un mot, fais la douleur plus belle. L'harmonie et la beauté sont des lois universelles et, dans cet ensemble, la douleur a son rôle esthétique. Il serait puéril de maugréer contre cet élément nécessaire à la beauté du monde. Relevons-la plutôt par des vues et des espérances plus hautes ! Voyons en elle le suprême remède à tous les vices, à toutes les déchéances, à toutes les chutes !

Vous tous qui ployez sous le fardeau de vos épreuves ou qui pleurez dans le silence, quoi qu'il advienne, ne désespérez jamais. Souvenez-vous que rien n'arrive en vain ni sans cause. Presque toutes nos douleurs viennent de nous-mêmes, de notre passé, et elles nous ouvrent les chemins du ciel. La souffrance est une initiatrice. Elle nous révèle le sens grave, le sérieux imposant de la vie. Celle-ci n'est pas une comédie frivole, mais plutôt une tragédie poignante ; c'est la lutte pour la conquête de la vie spirituelle, et dans cette lutte, ce qu'il y a de plus grand, c'est la résignation, la patience, la fermeté, l'héroïsme. Au fond, les légendes allégoriques de Prométhée, des Argonautes, des Niebelungen, les mystères sacrés de l'Orient n'ont pas d'autre sens.

Un instinct profond nous fait admirer ceux

dont l'existence n'est qu'un combat perpétuel contre la douleur, un effort constant pour gravir les pentes abruptes qui conduisent aux cimes vierges, aux trésors inviolés. Et nous n'admirons pas seulement l'héroïsme au grand jour, les actions qui provoquent l'enthousiasme des foules, mais aussi la lutte obscure et cachée contre les privations, la maladie, la misère, tout ce qui détache des liens matériels et des choses qui passent.

Tendre les volontés ; tremper les caractères pour le combat de la vie ; développer la force de résistance ; écarter de l'âme de l'enfant tout ce qui peut l'amollir ; élever l'idéal à un niveau supérieur de force et de grandeur : Voilà ce que l'éducation moderne devrait adopter pour objectif essentiel. Mais, à notre époque, on s'est déshabitué des luttes morales, pour rechercher les plaisirs du corps et de l'esprit. Aussi la sensualité nous déborde, les caractères s'affaissent, la décadence sociale s'accentue.

En haut les cœurs, les pensées, les volontés ! Ouvrons nos âmes aux grands souffles de l'espace ! Levons nos regards vers l'avenir sans limites ; rappelons-nous que cet avenir nous appartient : notre tâche est de le conquérir.

Nous vivons en des temps de crise. Pour que les intelligences s'ouvrent aux vérités nouvelles, pour que les cœurs parlent, des avertissements éclatants seront nécessaires. Il faudra les dures leçons de l'adversité. Nous connaîtrons des jours sombres et des périodes difficiles. Le malheur rapprochera les hommes. Ils ne se sentent vraiment frères que par la douleur.

Il semble que notre nation suive une route bordée de précipices. L'alcoolisme, l'immoralité, le suicide, le crime, l'anarchie exercent leurs ravages. A chaque instant, des scandales éclatent, éveillant des curiosités malsaines, remuant la vase où fermentent les corruptions. La pensée rampe sans s'élever. L'âme de la France, qui fut souvent l'initiatrice des peuples, leur guide dans la voie sacrée, cette grande âme souffre de se sentir vivre dans un corps vicié.

O âme vivante de la France, sépare-toi de cette enveloppe gangrenée, évoque les grands souvenirs, les hautes pensées, les sublimes inspirations de ton génie. Car ton génie n'est pas mort ; il sommeille. Demain, il se réveillera !

La décomposition précède le renouvellement. De la fermentation sociale sortira une autre vie, plus pure et plus belle. Sous l'influx de l'idée nouvelle, la France retrouvera la croyance et la confiance. Elle se relèvera plus grande et plus forte pour accomplir son œuvre en ce monde !

PROFESSION DE FOI DU XXᵉ SIECLE

Au point d'évolution où la pensée humaine est parvenue ; considérant, du haut des systèmes philosophiques et religieux, le problème formidable de l'être, de l'univers et de la destinée, en quels termes pourrait-on résumer les notions acquises ; en un mot, que pourrait être le *Credo* philosophique du vingtième siècle ?

J'ai déjà essayé de résumer, dans *Après la mort*, en guise de conclusion, les principes essentiels du spiritualisme moderne. Si nous reprenons ce travail sous une autre forme, en adoptant pour base, comme l'a fait Descartes, la notion même de l'être pensant, mais en la développant et en l'élargissant, nous pourrons dire :

I. — *Le premier principe de la connaissance, c'est l'idée d'Être (Intelligence et Vie). L'idée d'être s'impose :* Je suis ! *Cette affirmation est indiscutable. On ne peut douter de soi-même. Mais, seule, cette idée ne peut se suffire ; elle doit se compléter par l'idée d'action et de vie progressive :* Je suis et je veux être, toujours plus et mieux !

L'Être, en son moi conscient : l'âme, est la seule unité vivante, la seule monade indivisible et indestructible de substance simple, qu'on cherche vainement dans la matière, car elle n'existe qu'en nous-mêmes. L'âme reste invariable, en son unité, à travers les mille et mille formes, les mille corps de chair qu'elle construit et anime, pour les besoins de son évolution éternelle ; elle est toujours différente par les qualités acquises et les progrès réalisés, de plus en plus consciente et libre, dans la spirale infinie de ses existences planétaires et célestes.

II. — Cependant, l'âme ne s'appartient qu'à moitié. Pour l'autre moitié, elle appartient à l'univers, au tout dont elle est partie. C'est pourquoi elle ne peut se connaître entièrement qu'en étudiant l'univers.

La poursuite de cette double connaissance est la raison même et l'objet de sa vie, de toutes ses vies, la mort n'étant que le renouvellement des forces vitales nécessaires à une nouvelle étape en avant.

III. — L'étude de l'univers démontre, tout d'abord, qu'une action supérieure, intelligente, souveraine, gouverne le monde.

Le caractère essentiel de cette action, par le fait même qu'elle se perpétue, c'est la durée. Par la nécessité d'être absolue, cette durée ne saurait comporter de limites : d'où l'éternité.

IV. — L'éternité, vivante et agissante, implique l'être éternel et infini : Dieu, cause première, principe générateur, source de tous les êtres. Nous disons éternel et infini, car l'illimité dans la durée entraîne mathématiquement l'illimité dans l'étendue.

V. — L'action infinie est liée aux nécessités de la durée. Or, là où il y a liaison, relation, il y a Loi.

La loi de l'univers, c'est la conservation, c'est

l'ordre et l'harmonie. De l'ordre, découle le bien ; de l'harmonie, découle la beauté.

Le but le plus élevé de l'univers, c'est la Beauté sous tous ses aspects : matériel, intellectuel, moral. La Justice et l'Amour sont ses moyens. La Beauté, dans son essence, est donc inséparable du Bien et tous deux, par leur union étroite, constituent l'absolue Vérité, la suprême Intelligence, la Perfection !

VI. — Le but de l'âme, dans son évolution, est d'atteindre et de réaliser, en elle et autour d'elle, à travers les temps et les stations ascendantes de l'univers, par l'épanouissement des puissances qu'elle possède en germe, cette notion éternelle du Beau et du Bien, qu'exprime l'idée de Dieu, l'idée même de perfection.

VII. — De la loi d'ascension bien entendue découle l'explication de tous les problèmes de l'être : l'évolution de l'âme qui reçoit d'abord, par la transmission atavique, toutes ses qualités ancestrales, puis les développe par son action propre pour y ajouter des qualités nouvelles ; la liberté relative de l'être relatif dans l'Être absolu ; la lente formation de la conscience humaine à travers les siècles et ses accroissements successifs dans les infinis de l'avenir ; l'unité d'essence et la solidarité éternelle des âmes dans leur marche à la conquête des hauts sommets.

TABLE DES MATIÈRES

Nota. — *Le folio est placé au bas des pages.*

	Pages
Introduction	1

Première Partie. — Le Problème de l'Être.

I. L'Évolution de la pensée	19
II. Le Critérium de la doctrine des Esprits	31
III. Le Problème de l'Être	68
IV. La Personnalité intégrale	78
V. L'Ame et les différents états du sommeil	94
VI. Dégagement et extériorisation. Projections télépathiques	114
VII. Manifestations après le décès	125
VIII. États vibratoires de l'âme. La Mémoire	145
IX. Évolution et finalité de l'âme	153
X. La Mort	169
XI. La Vie dans l'au-delà	191
XII. Les Missions. La Vie supérieure	205

Deuxième Partie. — Le Problème de la destinée.

XIII. Les Vies successives. La Réincarnation et ses lois	213
XIV. Les Vies successives. Preuves expérimentales. Rénovation de la mémoire	240

	Pages
XV. Les Vies successives. Les Enfants prodiges et l'hérédité.	316
XVI. Les Vies successives. Objections et critiques	338
XVII. Les Vies successives. Preuves historiques	358
XVIII. Justice et responsabilité. Le Problème du Mal.	383
XIX. La Loi des destinées	401

TROISIÈME PARTIE. — **Les Puissances de l'Ame.**

XX. La Volonté.	417
XXI. La Conscience. Le Sens intime	431
XXII. Le Libre arbitre.	457
XXIII. La Pensée.	467
XXIV. La Discipline de la pensée et la réforme du caractère	475
XXV. L'Amour	487
XXVI. La Douleur.	498
XXVII. Révélation par la douleur	521
PROFESSION DE FOI DU XXᵉ SIÈCLE	540

LIBRAIRIE DES SCIENCES PSYCHIQUES

42, RUE SAINT-JACQUES. — PARIS

EXTRAIT DU CATALOGUE

LÉON DENIS. — *Après la mort*, un vol. in-18 jésus, . . . 2 50
— *Christianisme et Spiritisme*, un vol. in-18 jésus, . . . 2 50
— *Dans l'Invisible (Spiritisme et Médiumnité)*, un vol. in-18 jésus, 5ᵉ mille . . . 2 50
— *Pourquoi la Vie ?* brochure in-18 de 48 pages, 85ᵉ mille . . . » 10

~~~~~~~~~~

G. DELANNE. — *Le Spiritisme devant la Science* . . . 3 50
— *Le Phénomène spirite* . . . 2 »
— *L'Âme est immortelle* . . . 3 50
— *L'Évolution animique* . . . 3 50
— *Recherches sur la Médiumnité* . . . 3 50
METZGER. — *Autour des « Indes à la Planète Mars »* . 2 50
GARDY. — *Le Médium Home* . . . 1 »
De ROCHAS. — *Extériorisation de la Motricité* . . . 8 »
— *Extériorisation de la Sensibilité* . . . 7 »
W. CROOKES. — *Recherches sur le Spiritualisme* . 3 50
AKSAKOFF. — *Animisme et Spiritisme* . . . 10 »
GIBIER (Dʳ). — *Fakirisme occidental* . . . 4 »
Dʳ E. GYEL. — *L'Être subconscient* . . . 3 50
H. CONSTANT. — *Le Christ et la Religion de l'Avenir* 3 50
Mᵐᵉ RUFINA NOEGGERATH. — *La Survie (Édit. augmentée)* . . . 3 50
ED. GRIMARD. — *Une Échappée sur l'Infini* . . . 3 50
Mᵐᵉ DE L. — *Katie King, ses apparitions* . . . 2 »
BONNEMÈRE. — *L'Âme et ses manifestations* . . . 3 50
NUS. — *Les Grands Mystères* . . . 3 50
CLAIRE (G.). — *Problèmes spirites* . . . 3 »

TOURS. — IMPRIMERIE E. ARRAULT ET Cⁱᵉ

www.ingramcontent.com/pod-product-compliance
Lightning Source LLC
Chambersburg PA
CBHW070838230426
43667CB00011B/1847